귀화를 넘어서
러시아로 간 한인 이야기

귀화를 넘어서

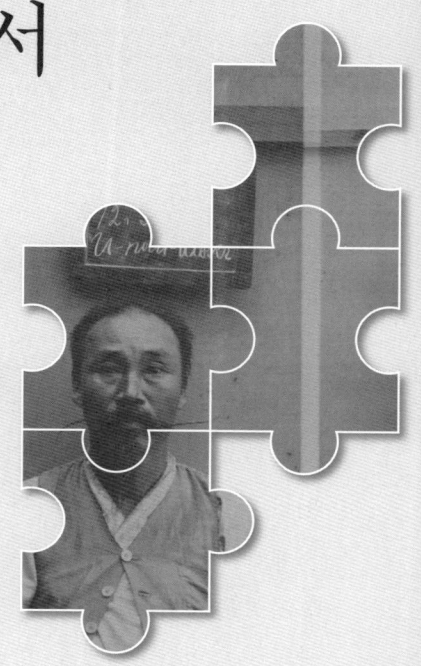

러시아로 간 한인 이야기

송영화 지음

한국학중앙연구원출판부

책머리에

 한국 밖의 세계는 나에게 늘 낯설고 먼 이야기였다. 요즘 사람들은 여행을 떠나거나 이민을 가는 모습을 흔히 볼 수 있지만, 한동안 비행기 타는 것조차 꺼려하던 나에게는 다른 나라로 나간다는 행위 자체가 와닿지 않았다. 그래서였을까, 한국을 벗어난 세상에 대한 호기심은 점점 커져만 갔다. 익숙한 이곳이 좋지만, 얄궂게도 그 익숙함을 뛰어넘고 싶다는 마음도 함께 자라며, 나를 이주사의 세계로 이끌었다.
 러시아에 정착한 한인들에 대한 관심은 우연히 시작되었다. 대학 시절, 한 역사 수업에서 러시아와 관련된 이야기를 들은 것이 계기였다. 시베리아에서 펼쳐지는 한인 사회주의자들의 역동적 서사에 매료되었고, 그때부터 러시아와 그곳에서 살아가는 한인들의 삶을 본격적으로 파고들기 시작했다.
 러시아에서 일어난 사회주의 운동은 이 지적 탐험을 시작하는 중요한 계기였지만, 점차 나의 관심은 한국을 벗어나 살아가는 사람들의 삶, 특히 그들이 이동하며 겪는 변화와 적응의 과정으로 집중되었다. 이주민들이 새로운 환경에 적응하는 과정은 생존의 문제를 넘어 그들의 정체성을 어떻게 재구성하는가 하는 중요한 화두였다.
 이 책은 러시아로 이주한 한인들을 다루고 있지만, 단순히 그들의 과거를 기록한 이야기를 넘어, 이주라는 삶의 방식에 대한 '기출문제'를 푸는 과정이기도 하다. 출발지와 도착지, 그 사이에서 이주민은 어떤 변화를 겪게 되는가? 익숙했던 것이 낯설게 느껴지는 경험 속에서, '내국인'이라는 사회의 주류로 살아오던 사람이 '외국인'이라는 타자의 기표를 얻게 되었을 때, 그들은 어떤 방식으로 행동하는가? 그리고 다시 그들이 귀화를 통해 '외국인'에서 '내국인'이 되었을 때, 도착지와 출발지에 대해 각각 어떤 태도를 지니게 되는가? 이 책은 바로 그런 물음에 대한 역사적 탐구와 고민의 결과물이다.

이 책은 필자의 박사학위논문 『러시아 한인의 일상생활과 정치운동: 국적문제를 중심으로(1905~1917)』를 수정하여 보완한 것이다. 이 작업이 완성되기까지 여러 선생님과 동학들과의 대화 속에서 얻은 아이디어가 큰 힘이 되었다. 그들의 날카로운 지적뿐만 아니라 따뜻한 격려 덕분에 끝까지 이어갈 수 있었다. 육아와 일로 바쁜 시간을 함께 견뎌준 아내와 아이에게도 깊은 감사를 전한다. 이 책은 모두의 이해와 지지 덕분에 완성될 수 있었다.

2025년 2월

송영화

차례

프롤로그 | 한국을 떠난 한인들 ——————— 9

1부. 한인, 러시아에 자리 잡다 (1905~1910)

1장. 까다로운 입국 과정 속 체류 전략
1. "몸표가 무엇이요?", 낯선 거주허가증 발급 ——————— 17
2. 공문서 위조, 너 나 할 것 없는 생존 전략 ——————— 29

2장. 귀화·취업 단속에 대응하다
1. 귀화 자격을 다시 심사받다 ——————— 37
2. 농작 능력의 증명: 국유지를 넘어 사유지로 ——————— 44
3. 금광에서 쫓겨나 '황화론'에 항변하다 ——————— 53

3장. 호의와 적의, 그 사이에 선 의병
1. 의병에 대한 암묵적 지지와 철회 ——————— 64
2. 시베리아로 추방되다 ——————— 70

2부. 한인, 러시아 국적을 얻다 (1910~1914)

4장. 러시아 국적 취득의 기회를 잡다
1. 러시아 관료계에 등장한 '한인유용론' ──── 83
2. 무르익는 국적 취득 운동, '신귀화자'가 탄생하다 ──── 90

5장. 정치적 방패와 그 이면
1. 러시아 국적으로 일본 신민화를 막다 ──── 105
2. 귀화와 동화: 기대와 우려 속 한인의 정체성 ──── 112

6장. 도시 속 '내 집 마련'의 꿈
1. 블라디보스토크의 '황인종 게토' 개척리 ──── 122
2. 개척리는 왜 철거되었을까 ──── 132
3. 신한촌에서 장기임대를 꿈꾸다 ──── 137

7장. 일과 땅을 찾아서
1. 철도공사장과 금광에서 일하다 ──── 147
2. 라울류 농토를 개척하다 ──── 158

3부. 한인, 정치적 목소리를 내다 (1914~1917)

8장. 제2차 러일전쟁의 예감 속 정치세력의 재편
1. 망명자의 서로 다른 정세 판단 —————— 181
2. 가까운 듯 먼, 망명자와 정주유력자 —————— 191

9장. 제1차 세계대전의 발발, 간도로 간 망명자
1. 일본의 좌절: 망명자 인도 요구의 한계 —————— 200
2. 망명자, 중국과 러시아를 잇다 —————— 207

10장. 러시아 전시체제에 참여하다
1. 징병에 대한 고민: 거부와 수용 —————— 213
2. 전장에서 겪은 차별과 연대 —————— 220
3. 전시체제기의 일상과 후방 지원 —————— 226

11장. 러시아혁명기, 두 가지 정치적 과제
1. 2월혁명에 대한 한인의 태도 —————— 238
2. 현지정치, 그 너머 —————— 246
3. 고국정치: 한반도 바깥에서 식민해방을 꾀하다 —————— 256

에필로그 | 경계를 넘어: 양립하는 정체성 —————— 271

미주 —————— 275

참고문헌 —————— 347

프롤로그
한국을 떠난 한인들

그림 1. 1905년 촬영된 개척리 사진

여기 한 장의 묘한 사진이 있다. 1905년 5월 9일 시테인(A. K. Штейн, 1875~1945)이라는 러시아인은 점심 식사 후 산책을 하다 우연히 연해주의 항구도시 블라디보스토크에 위치한 한인 마을 개척리를 찍었다.[1]

사진의 정중앙에 있는 슬레이트 지붕의 집이 눈에 띈다. 외관은 다소 허름하지만 큰 유리창 두 개와 정갈한 문을 보면, 마을에서 제법 잘사는 사람의 집이거나 마을의 랜드마크였을지도 모른다.

시테인은 블라디보스토크 해군 군의관으로 러일전쟁에 참여한 인물이다.[2] 오른쪽 끝에 견장을 찬 인물은 러시아의 전통 모자인 샤프카를 쓰고 있으며, 흐릿하지만 모자 가운데의 휘장으로 보아 시테인과 동행한 러시아군으로 보인다.[3]

무엇보다도 우리의 눈길을 끄는 것은 양옆에 나란히 서 있는 한인들이다. 아이들은 피곤하지만 호기심에 찬 표정을 짓고 있다. 왼쪽에는 양복과 중절모를 맞춰 입은 사람뿐만 아니라, 두루마기에 중절모를 쓴 어른도 보인다. 약간의 경계심과 호기심이 섞인 이들의 표정을 보니, 한인들이 당시 마을을 방문한 이방인을 어떻게 대했을지 상상케 한다. 적대했을까, 환대했을까.

이 사진이 1905년에 찍혔다는 점에 주목해야 한다. 1905년은 사진 속 한인들의 고국이 본격적으로 몰락하던 해였다. 그해 9월, 러일전쟁에서 패배한 러시아는 한반도에 대한 영향력을 잃었고, 11월에는 대한제국이 을사늑약으로 외교권을 상실했다.

고국의 정치적 몰락을 지켜보며, 여러 한인이 한반도를 떠나기 시작했고, 그중 일부는 러시아를 새로운 목적지로 삼았다. 고국을 떠난 이들은 새로운 땅에서 어떻게 적응했을까.

여느 이민자의 이야기가 그러하듯, 적응 과정이 순탄치 않았으리라는 것은 쉬이 예상할 수 있다. 러일전쟁 후 새로이 프리아무르 총독에 취임한 운테르베르게르(П. Ф. Унтербергер)는 러시아 극동에서 황인종의 영향력 확대를 경계하며 한인의 러시아 이주를 제한했다.[4] 그는 한인들이 러시아 문화에 동화될 가능성이 매우 낮다고 보았다. 더불어, 황인종이 러시아 극동에 정착하는 것이 러시아의 극동 식민화에 방해가 된다는 인식 아래, 한인 이주민에 대한 단속을 강화했다. 한인들은 고국의 식민화와 현지의 생활난이라는

이중의 과제에 맞닥뜨렸고, 그 해결책 중 하나가 러시아 귀화였다.[5]

이 책은 러일전쟁 후 한인이 식민지가 되어가는 고국을 떠나 어떻게 러시아 현지에서 적응하고, 다시 고국과 관계를 맺으려 했는지 귀화라는 소재를 통해 추적하고자 한다. 이는 이주민이 현지에서 마주치는 삶의 문제를 극복해나가며 다시 고국과 관계를 맺고자 한 방식, 그리고 이들이 현지사회에서 차지한 위상과 수행한 정치·경제적 역할을 밝히는 작업이다. 이때 이주민의 관심사와 활동을 고국의 독립문제로 환원하는 것이 아니라, 고국의 독립과 현지 적응을 위한 이주민의 권익 신장 활동 사이에서 균형점을 찾는 과정으로 보고자 한다.

러시아 귀화의 의미는 단순히 법률적으로 러시아 신민이 되는 것을 넘어, 당대 동아시아 국제정세와 러시아 내부의 정치 상황에 조응하여 변했다. 국적은 대체로 정적인 상태로서 취득 여부 그 자체가 강조된다.[6] 그러나 국적을 취득한 시기와 그 당시의 정세, 더불어 얻게 된 권리와 지게 된 의무를 시야에 넣으면, 보다 동적이고 입체적으로 국적 문제를 바라볼 수 있다.

귀화 후 고국과 현지에 대한 태도는 '동화형'과 '양립형' 두 가지로 나눠볼 수 있다. 동화형이란 거주국에 귀화하여 현지문화를 적극적으로 수용하면서 상대적으로 고국의 일에 관심이 없는 유형이다. 반면 양립형은 거주국에 귀화했으면서도 여전히 고국의 일에 깊은 관심을 기울이는 것을 의미한다.

일반적으로 이주 1세대들은 현지문화를 수용하는 데 일정한 한계를 겪는다. 귀화하더라도 민족적 차이로 인해 완전한 평등보다는 제한적인 수준의 권리를 누리는 경우가 많다. 이 책에서는 귀화한 지 얼마 되지 않아 고국의 문화를 유지하며 살아가는 이주 1세대, '신귀화자'에 특히 주목했다.

신귀화자란 민족적으로 한인으로, 1904~1905년 러일전쟁 전후에 러시아로 이주하여 1911년부터 1917년까지 러시아의 한인 귀화 장려 정책에 따라 국적을 취득한 사회집단을 일컫는다. 이들은 러시아화의 정도가 낮았으며, 고국의 정치문제에 깊은 관심을 가지고 러시아령에서 전개된 항일활동에 적극적으로 개입했다.

이들의 삶에 주목하는 이유는 무엇일까. 귀화에 시간 개념을 더한 신귀화자라는 프리즘을 통해 1905년부터 1917년에 이르는 동안 러시아로 이주한 한인의 일상생활과 정치활동을 함께 조망해, 이들의 현지 적응 과정을 동적이고 입체적으로 바라볼 수 있기 때문이다.[7]

그간 러시아 한인의 일상생활과 정치활동은 개별적으로 논의되는 경향이 있었다. 하지만 두 영역은 분리되기 어렵다. 이주 한인의 일상은 단순한 매일의 반복이 아니라, 그들이 처한 정치·사회적 환경과 상호작용하며 변화를 일으킬 수 있는 동력이었다.[8]

이 책은 일상의 지속을 위해 귀화를 선택하고, 나아가 정치적 목소리를 낸 한인들을 조명한다. 당시 일본 정부가 주장한 해외 한인의 일본 신민화, 또는 러시아 정부가 주장한 러시아 영내 한인의 러시아 신민화라는, 양국 정부에 의한 일방적 편입의 시선도 넘고자 한다. 그 대신 동아시아 정세 변동 속에서 이주민 자신의 판단을 통해 선택한 능동적 행위로서 귀화에 주목한다.

덧붙여, 해외로 나간 한인을 고국의 민족주의 역사로 환원하지 않으려 한다. 동시에 단순히 거주국의 소수민족 중 하나로 다루는 방식도 지양한다. 국가라는 틀 안에 가두지 않고 국경을 넘나드는 초국적 행위자로 바라보고자 한다. 그들은 국민(nation)만이 아니라 민족(ethnic group)을 매개로 귀화 이전과 이후 국가의 문제, 양쪽 모두에 관여하며 하나의 국민국가 경계를 넘나들었다.

이때 귀화는 법적 지위의 인정을 통한 일상의 안정뿐 아니라, 국민국가와 맺는 관계를 통해 이주민의 정치적 입장을 표현하는 행위다. 이러한 관점 아래 20세기 초 일본의 한국 식민지화 과정에서 고국을 떠나 러시아로 이주한 한인이 어떻게 러시아 현지의 삶과 고국의 문제를 함께 고민하며 양립시키려 했는지 그 여정을 살펴보고자 한다.

1부

한인, 러시아에 자리 잡다
(1905~1910)

1장
까다로운 입국 과정 속 체류 전략

1. "몸표가 무엇이요?", 낯선 거주허가증 발급

「자유종」이라는 신소설로 유명한 열재(悅齋) 이해조(李海朝)는 1912년 『매일신보』에 「소학령」이라는 작품을 발표했다. 그는 이 소설을 통해 조선을 떠나 러시아로 노동이민을 간 한 한인의 파란만장한 역경을 다뤘다.

「소학령」에는 '몸표' 소지의 중요성을 묘사하는 대목이 등장한다. '몸표'란 1년 기한의 러시아 체류자격 증명서다. 오늘날의 언어로 바꾸면 '거주허가증' 정도가 적절할 것이다. 아래의 소설 속 장면은 러시아로 건너온 한인이 블라디보스토크 한인 집단거주지인 신한촌의 한 식당 주인과 대화를 나누던 중 러시아 경찰이 들이닥치자 벌어진 상황이다. 이 장면에서 '몸표', 즉 거주허가증이란 러시아에 온 지 얼마 안 되어 러시아의 제도에 익숙하지 않은 한인이 예기치 못하게 마주칠 수 있는 일상의 장애물로 묘사된다.

(주) 여보게, 그러나 몸표나 사가졌나?
(총) 아니요, 몸표가 무엇이요?
(주) 그러면 큰일났네. 지금 저 아라사 순사가 몸표 조사를 하러 오는데, 만일 몸표 없는 것이 발각이 되면 시각을

머물지 아니하고 쫓아낼 터인데, 저 일을 어떻게 하면 좋단 말인가?[1]

이 장면은 식당 주인이 '몸표'를 지니고 있지 않은 한인을 숨겨주는 것으로 마무리된다. 현지주민들이 거주허가증 없이 '불법체류'를 하던 한인을 숨겨주는 것은 당대 소설만이 아니라, 실제 러시아 관료들의 보고서에서도 발견된다. 1907년 3월 11일 러시아 정보보고에 의하면, 연해주 라즈돌린스크라는 지역의 농민들은 "직접 농사를 짓지 않고 한인들에게 소작을 줌으로써, 한인들의 불법거주를 적극적으로 덮어주고 있"었다.[2] 사료 속 한인을 숨겨준 농민들이 러시아인인지, 먼저 정착한 다른 한인인지 알기 어렵지만, 체류 자격을 갖지 못한 한인들은 현지주민의 도움을 통해 러시아의 통제망을 벗어났다는 점은 분명하다.[3]

무엇 때문에 한인은 이렇게 쫓기며 살아야 했을까. 러시아 극동에 새롭게 부임한 총독이 한인의 러시아 체류를 적극적으로 막고자 했기 때문이다. 1905년 11월 운테르베르게르는 러시아 프리아무르 총독으로 부임했다.[4] 러일전쟁이 끝난 지 약 두 달이 된 때였다. 그는 독일계 러시아인으로 1905년 프리아무르 총독에 취임하기까지 연해주 행정·군사와 관련된 주요 직책을 맡아 실무 경험이 풍부한 인물이었다.

운테르베르게르는 한인의 러시아 귀화와 고용을 억제했다. 그 배경에는 만주지역에서 러시아 세력의 위축과 함께 극동 식민지 안보에 대한 위기의식이 고조된 상황이 있었다.[5] 당시는 '황인종'이 유럽을 정복할 것이라는 소위 '황화론(黃禍論)'이 기승을 부렸던 때였다.[6]

한인의 정착성이 높고 러시아에 잘 동화되지 않는다는 점 역시 고용 억제의 이유였다. 그는 한인이 러시아 내에 한민족의 국가를 만들 것을 우려하며, "러시아 주민에 의한 지역 개척이 아니라면 차라리 그 황폐함이 더 낫다"고 보았을 정도로 한인의 러시아 극동이주와 정착에 부정적인 견해를 보였다.[7]

그렇다면 왜 한인들은 고국을 떠나 러시아에 정착하려 했을까. 1910년 러시아 육군 중위 페소츠키(В. Д. Песоцкий)라는 인물이 한인이 러시아로 이주한 정치·경제적 원인을 분석한 글이 있어 흥미롭다. 그는 한인의 해외 이주가 일본의 한국 식민화 정책의 산물이라고 파악했다. 일본이 한국을 '보호국화'하자 이에 불만을 표시한 한인들이 의병을 일으켰지만, 일본은 이를 탄압하며 통치에 방해가 되는 한인을 제거하고자 했기 때문에 해외 이주가 발생했다는 것이 골자다.[8]

경제적인 이유도 있었다. 일본은 점령한 토지에 철도와 도로를 건설하기 위해 이미 거주하고 있던 한인을 제거하여 식민지 인프라를 만들고자 했다. 특히 1908년 동양척식주식회사의 설립으로 한인은 토지를 잃고 만주와 연해주로 이주했다.[9]

이처럼 1905년 러일전쟁 후 한인의 해외 이주가 지닌 동기는 복합적이었다. 그 이유는 이주자 개인의 상황에 따라 다르겠지만, 근본적으로는 일본의 한국 식민지화에 영향을 받았다. 이주의 동기가 식민지화에 대한 적극적인 정치적 저항이었든, 경제적으로 내몰린 것이든 간에, 한인의 러시아 이주는 한국 식민화에 따른 정치경제적 요인이 함께 작용했다.

러시아에 대한 한인의 인식 속에는 기대감과 우려가 뒤섞여 있었다. 대체로 조선 지식인들에게 러시아란 일본의 침략을 견제할 수 있는 세력이면서도, 동시에 조선을 침략할 수 있는, "두려움과 기대가 엇갈리는 나라"였다.[10] 1896년 아관파천과 환궁 직후까지

고종과 조선의 관료들은 물론 『독립신문』도 러시아에 대해 우호적 내지 중립적 입장을 취하고 있었다. 그러나 1897년 러시아가 적극적인 대조선 진출 정책으로 선회하자 반러의식이 확산하며, 러시아에 대한 두려움이 수면 위로 드러났다.[11]

물론 한인들이 항상 두려움과 반러 감정에 사로잡혀 있었던 것은 아니다. 러일전쟁 당시 『황성신문』이 러시아의 승리를 바라는 한인을 비판했다는 점, 한반도 북부지역의 거주민들이 러시아군의 승리를 기대했다는 기록, 고종이 친러적인 정치 제스처를 보인 사실 등으로 미루어 보면 한반도 내 친러 성향의 한인이 일정하게 있었다는 사실을 짐작할 수 있다. 무엇보다 러일전쟁 시 반일의식이 강했던 한인 다수는 러시아를 지원했고, 고종의 명령을 받은 이범윤(李範允)이 충의군(忠義軍)을 조직해 러시아군을 지원했다는 점을 고려하면,[12] 러시아로 이주한 한인들은 적어도 일본 제국주의에 반감을 품은 동시에 러시아에 기대를 걸었던 이들이었다.

한인들은 러시아의 어느 지역으로 향했으며, 그곳에는 어느 정도 규모의 한인들이 살고 있었을까? 〈그림 2〉는 러시아 극동 프리아무르 지방의 지도다.[13] A는 연해주, B는 아무르주, C는 캄차카주, D는 사할린주다.[14] 이 가운데 한인이 가장 많이 살고 있던 곳은 연해주였다.

〈표 1〉은 1906년부터 1910년까지 러시아 연해주에 거주하는 한인의 인구수다.[15] 1906년과 1909년에 비귀화 한인의 수가 눈에 띄게 늘어났다. 1906년 약 1만 7,400명이던 비귀화 한인의 수가 1907년 약 2만 9,900명으로 약 1.7배 증가했다. 1908년에는 비슷한 수를 유지하다 1909년에 약 7,000명이 증가하며 한층 더 늘어났다. 공식적인 통계에 잡히지 않은 수까지 고려하면 훨씬 더 많은 한인이 러시아로 이주했을 것으로 추정된다.

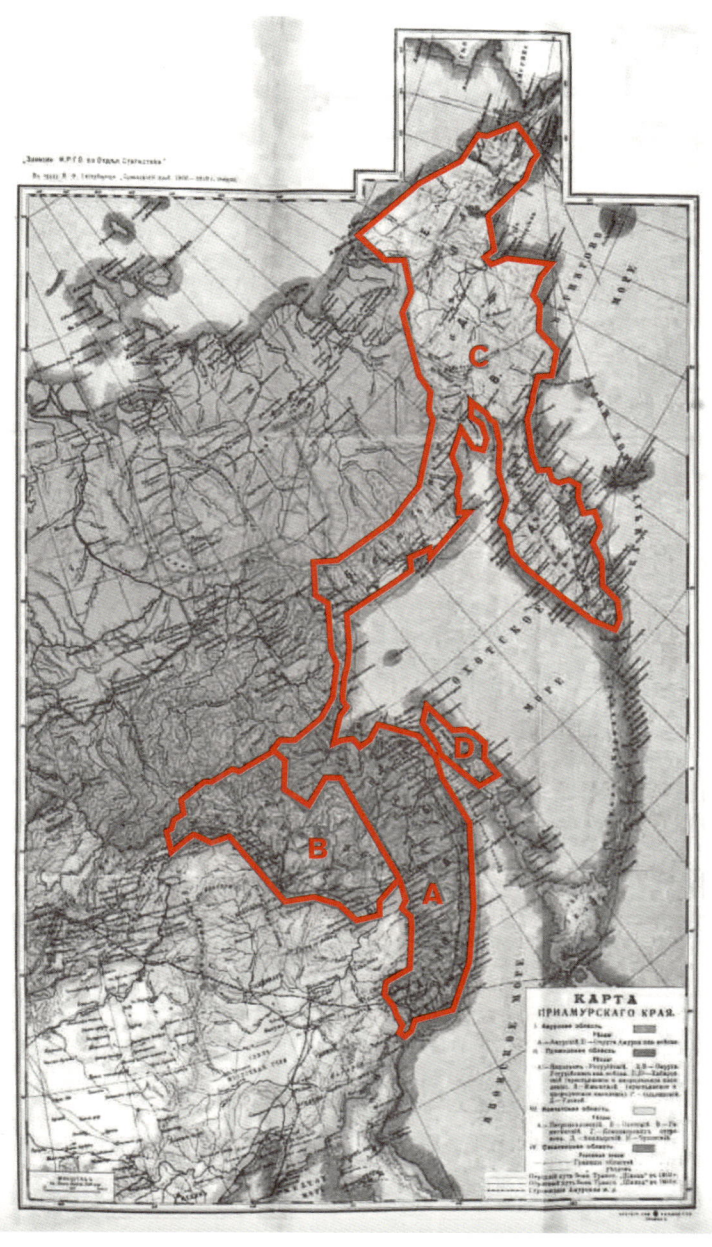

그림 2. 1910년경 프리아무르 지방 지도
•알파벳 및 표시선은 필자 표시(이하 같음)

표 1. 1906~1910년 연해주 거주 한인의 수 (단위: 명)

연도	러시아 귀화 한인			비귀화 한인			한인 총계 (연해주 총인구 대비)	연해주 총인구
	남성	여성	계	남성	여성	계		
1906	9,675	7,290	16,965	11,380	6,054	17,434	34,399 (9.1%)	377,129
1907	9,052	6,955	16,007	20,465	9,442	29,907	45,914 (9.1%)	503,191
1908	8,825	7,265	16,090	20,486	8,821	29,307	45,397 (8.1%)	562,755
1909	7,894	6,905	14,799	25,210	11,545	36,755	51,554 (9.9%)	523,361
1910	9,403	7,677	17,080	22,132	11,753	33,885	50,965 (9.7%)	523,840

한인들은 어떤 절차를 거쳐 러시아에 입국했을까? 1903년 5월 8일(러시아력 4월 25일) 러시아 입국 후 거주허가증 발급 절차에 관한 법령이 제정되었다.[16] 적용 대상은 중국인과 한인이었다. 이 법령에 따르면 한인은 만주 국경을 통해 육로로 러시아에 입국할 경우 국경세관소에서 대한제국 여권에 사증을 발급받았다.[17] 해로로 입국할 경우 경찰에게서 사증을 발급받았다.[18]

한인은 러시아에 입국할 때 대한제국 정부가 발급한 여권을 지참하여 국경 기관을 방문해야 했다.[19] 〈그림 3〉은 훈춘세관소에서 발급된 러시아 사증이다.[20] 대한제국 여권에 사증을 교부하는 기관명이 새겨진 인장이 찍혔으며, 이때 사증 발급 연월일과 사증 번호가 기재되었다. 한인은 사증 발급자에게 30코페이카를 지불하고 러시아에서 1개월간 거주할 수 있는 권리를 부여받았다.[21] 이 가격은 당시 블라디보스토크 한인회 조선어 서기 월급의 1.5퍼센트 정도로 아주 비싸다고는 할 수 없었다.

이주자들의 출입을 통제하는 현장실무자들은 발행된 사증이 유효거주기간인 1개월 동안 여러 번 출입할 수 있는 복수사증의 성격을 띠는지, 아니면 입국 한 번으로 효력이 끝나는 단수사증의 성격을 띠는지 고민하기도 했다. 1903년 11월 세관소 감독관이 러시아 지방 당국에 보낸 보고서에 따르면, 중국인들이 러시아 연해주와 중국 동북지역 훈춘 부근에서 사증을 받은 후, 러시아에서 거주가 가능한 1개월 동안 중국과 러시아 국경을 5~6차례 왕복하는 일이 있었다.[22]

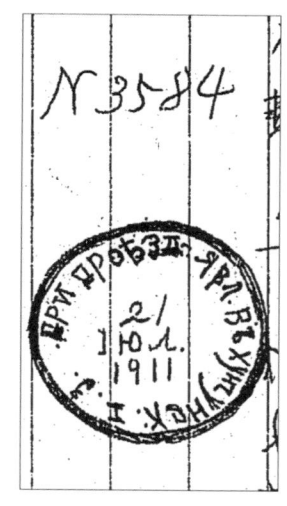

그림 3. 훈춘세관소에서 발급한 러시아 사증

현장실무자는 이들이 국경을 넘을 때마다 사증을 발급해야 하는지 판단하기 어려웠다. 세관소 측은 러시아 지방 당국에 중국인과 한인이 국경을 통과할 때마다 여권에 사증을 발급하고 발급료 30코페이카를 징수해야 한다고 건의했다.[23] 사실상 단수비자화를 요구한 것이다. 사증에 관한 논의를 직접 촉발한 것은 중국인이지만, 규정의 변경은 한인에게도 적용하고자 했다.

한인은 사증의 유효거주기간 1개월이 만료되면 거주허가증을 발급받아야 했다. 앞서 이해조의 소설에서 살펴보았지만, 거주허가증은 당대에 '몸표' 외에도 '빌레트(билет)', '집조(執照)', '신표', '빗새기(긔)', '거주권(居住券)', '임시거주증' 등 다양하게 불렸다.[24]

거주허가증은 어떻게 발급받았을까? 거주허가증 발급의 주체는 일반적으로 각 도시의 경시총감, 각 군의 군수, 구역의 지방 경찰서장이었다. 거주허가증은 유효거주기간이 1년으로, 발급 대상자는 사증과 여권을 모두 소지한 한인이었다. 발급된 거주허가증은 대한제국 여권에 부착되어 인장이 찍혔다. 거주허가증의 유효거주기간이 만료되면 인근 도시 혹은 군(郡)의 경찰서에 기존 거주허가증을 제출하고 새로운 것으로 바꾸어 갱신해야 했다. 새로운 거주허가증의 유효거주기간은 발급료를 낸 날로부터 1년이었다.[25]

한편, 페소츠키는 러시아에 거주하는 한인의 특징적 문화 중 하나로 '환대'를 꼽았다. 한인들은 친구만이 아니라 낯선 사람이 집에 와도 음식 대접하는 것을 상례로 여겼다. 잔치가 있을 때는 초대받지 않은 손님도 올 자격이 있다고 생각했다. 다만 그는 환대문화가 비귀화 한인 가운데 유랑하며 기거하는 사람들의 "게으름을 조장"한다고 보았다. 심지어 "무례한 이들"은 일주일 내내 머물며 옷을 요구하기도 했다. 그럼에도 불구하고 환대는 한인들에게 중요한 관습이고 아무도 손님을 강제로 쫓아내지 않는다고 기록하고 있다.[26]

이주한 한인은 아직 러시아의 체류 제도에 익숙지 않은 상황에서 환대를 통해 잠시나마 안심하고 쉴 수 있는 틈을 찾을 수 있었다. 페소츠키는 이방인의 시선으로 환대의 폐해를 지적했지만, 근본적으로 환대란 이주민이 도착한 현지사회에 적응하도록 돕고, 민족을 매개로 이주자 간 교류가 활발히 이뤄질 수 있도록 하는 문화였다.

유랑하는 한인은 고용주나 근무지가 바뀔 시 환대문화를 활용해 새로운 일자리를 찾아 이동했다. 이들은 대체로 소지품을 작은 뭉치로 만들어 등에 메어 행장을 가볍게 하고 자유로이 이동했다. 페소츠키는 유랑자가 거주허가증을 발급받지 않기 때문에 러시아의 국고로 들어가야 할, 거주허가증 발급의 기대수입이 줄어든다고 보았다. 국가의 재정 확보와 법질서 확립 차원에서 거주허가증 발급 문제의 중요성을 지적했다.[27]

운테르베르게르의 한인 단속정책이 본격화하기 전인 1906년경,

러시아 경찰의 거주허가증 단속은 느슨했다. 1906년 6월 러시아 연해주 북부와 사할린섬에 걸친 우츠크 지역의 군수는 거주허가증을 소지하지 않은 중국인과 한인을 단속하기 위해 경찰에게 원칙 이행을 촉구하는 명령을 내렸다. 그는 거주허가증을 소지하지 않는 자들을 거주지역에 두지 말라는 명령을 여러 차례 내렸음에도, 경찰들이 명령을 제대로 수행하지 않은 것을 문제 삼았다. 우츠크 군수는 "그런 식의 직무 태도는 국고에 물질적 손해"를 입히며, 외국인들이 거주허가증을 의무가 아니라 "일부 관리들의 개별적 요구사항"으로 보게 될 것을 우려했다.[28]

1907년 3월에 보고된 연해주 남부 라즈돌노예 마을 한인의 거주허가증 갱신 과정을 통해 러시아 측의 단계적 체류 관리 방식을 엿볼 수 있다. 한인은 기존 거주허가증과 사증이 찍힌 대한제국 여권을 5루블과 함께 첨부하여 경찰서장에게 보내면 신규 거주허가증을 받을 수 있었다. 만약 거주허가증을 지니고 있지 않거나, 유효거주기간이 만료된 백색의 거주허가증을 소지하고 있으면 경찰서에 과태료 8루블을 내야 했다. 그 후 경찰서장은 가장 가까운 마을 행정기관을 통해 유효거주기간이 1년인 적색 거주허가증을 해당 한인에게 발송했다.[29]

백색 거주허가증과 적색 거주허가증의 존재에 주목할 필요가 있다. 백색 거주허가증과 달리 적색 거주허가증은 거주허가증을 지니고 있지 않았거나, 기간이 지난 백색 거주허가증을 지니고 있던 사람에게 발급되었다. 즉 적색 거주허가증은 관련 규정을 한 번이라도 어겼던 자와 아닌 자를 구별하는 효과가 있었다.

〈그림 4〉는 러시아력 1911년 8월 30일 33세의 도산(島山) 안창호(安昌浩)에게 발급된 백색 거주허가증이다.[30] 〈그림 5〉는 1914년 29세의 비트기(Битыги)라는 한인에게 발급된 적색 거주허가증이

그림 4. 백색 거주허가증　　　　　　그림 5. 적색 거주허가증

다.[31] 왼쪽 상단에는 신장과 나이와 같이 외적인 특징과 신상정보를 기입해 신원을 파악할 수 있도록 했다. 두 거주허가증은 전체적인 형태는 같으나, 색의 특성 때문에 적색 거주허가증이 눈에 더 띈다.

특징적인 것은 백색 거주허가증과 적색 거주허가증 모두 서류 정중앙에 거주허가 기간이 기재되어 있으나, 거주허가 장소는 구체적으로 어디인지 알 수 없다는 점이다. 〈그림 6〉의 러시아 여권(1914년 발급)의 5번 항목에 상시 거주지 항목이 있는 것과 대조적이다.[32] 러시아 여권에는 개인의 직업과 혼인 여부를 묻는 항목까지 있어 보다 자세한 신상정보를 알 수 있다.

두 가지 의문이 생긴다. 귀화 한인의 여권에는 상시 거주지가 있지만, 외국인 신분으로 받은 거주허가증에는 상시 거주지가 없다. 그렇다면 외국인인 한인의 거주지가 적혀 있는 문서는 무엇인가? 또한 귀화자는 상시 거주지 외의 영역으로 이동한다면 어떤 절차를 밟아야 했는가?

비귀화 한인의 거주지를 명시하는 문서를 발견하지는 못했지만, 귀화 한인이 상시 거주지 바깥으로 이동할 경우 취해야 할 절차는 러시아 여권의 후면에 상세히 적혀 있다. 1903년에 제정된 러시

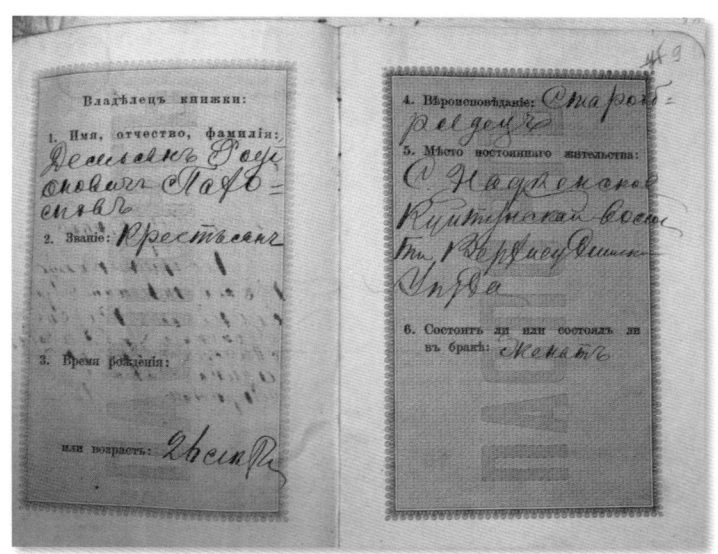

그림 6. 러시아 여권에 기재된 신상정보

아 여권 규정 제4조에 따르면 러시아 신민은 상시 거주지에서 약 50킬로미터 이내의 장소에 가더라도 6개월까지는 거주허가를 별도로 받지 않아도 무방했다. 그러나 거주허가를 받지 않고 6개월이 넘어 경찰에게 발각되면, 증명서를 발급받고, 증명서 기간이 만료되면 7일 이내에 상시 거주지로 돌아가야 했다. 만약 7일을 넘기게 되면 경찰에 송치되었다.33

즉 거주허가증은 비귀화 한인이 거주할 수 있는 기간은 명시하고 있으나, 구체적으로 어디에 거주해야 한다는 정보는 없었다. 반면 러시아 귀화 한인이 가진 러시아 여권에는 상시 거주지가 적혀 있었다. 이들은 평소에 별다른 거주허가증이 필요가 없었지만, 거주지로부터 6개월 이상 장기 출타를 할 경우에만 거주허가증이 필요했다.34

러시아에 입국한 상당수의 한인은 거주허가증을 갖고 있지 않았다. 페소츠키는 1908년부터 1910년까지 러시아에 입국한 한인 약 3만 6,600명 중 8,800명, 즉 약 24퍼센트 정도만 거주허가증을 소지했다고 기록했다.[35] 70퍼센트 이상이 거주허가증 미소지 상태였다는 점을 고려하면 러시아 지방 당국의 이주민 관리 행정력에 일정한 한계가 있었다고 보인다.

1908년 6월 16일 '외국 국적의 중국인과 한인의 프리아무르 및 바이칼주 출입 및 거주에 관한 규정안'이 제정되었다. 1903년에 출입국 관리 규정에는 없었던 입국 금지 대상과 거주허가증 미소지 시 받을 불이익과 처벌 규정이 구체적으로 명시되었다.

입국이 금지된 자는 가족이 없는 외국 국적의 중국인과 한인, 중증 만성질환자, 전염병 질환자, 장애인, 고령자, 15세 미만의 연소자였다. 스스로 노동하여 생계를 이어나갈 수 없어도 입국이 금지됐다.[36]

거주허가증을 소지하지 않으면 주거, 취업, 교통 일상 영역에 제약을 받았다. 집을 빌려 러시아에 거주할 수 없음은 물론, 정규·비정규직 노동자로 일할 수 없게 되어 취업에 제한을 받았다. 프리아무르에 거주하는 모든 개인, 민간·공공·정부기관이 거주허가증 미소지자를 고용하는 것은 불법행위로 간주됐다. 거주허가증 미소지자는 표트르 대제만, 타타르 해협, 오호츠크 캄차카 항로 및 하천용 배에 탈 수 없었다. 위의 사항을 어긴 임대인, 사용자, 승선 허가자는 10루블의 벌금형을 받았다.[37]

한인이 러시아에 입국하는 절차는 1903년 규정에도 이미 마련되어 있었다. 그러나 1908년의 입국 규정은 더 촘촘하고 강력했으며, '불법'의 범위를 확장하며 한인에게 행정력을 관철하고자 했다.

2. 공문서 위조, 너 나 할 것 없는 생존 전략

「시일야방성대곡」으로도 널리 알려진 위암(韋庵) 장지연(張志淵)의 「해항일기」에는 타인의 여권을 빌려 러시아에 입국하는 장면이 있어 주목된다.

> 한참 만에 아라사 경관이 선창에 나가서는 손님을 모아놓고 낱낱이 검열 대조하는데 나는 원산에서 올 때에 종적을 드러내는 것이 두려워 감히 내 이름으로 여권을 내지 못하고 이명복의 여권을 빌려 왔으므로 이명복(李明福)을 부를 때에 내가 대답하니 참으로 우스운 일이다. (…)[38]

장지연은 1908년 블라디보스토크에서 간행된 한인 신문인 『해조신문』 주필로 활동한 이력이 있다. 그는 원산에서 블라디보스토크로 입항할 때 이명복이라는 인물의 여권을 빌려 러시아에 입국했다. 그 동기는 일본 당국에 자신의 행선지를 들키지 않기 위해서였다. 이처럼 한인이 타인의 여권을 빌려 입국할 시, 러시아 당국은 현장에서 본인 여부를 확인하기 어려웠다.

이처럼 한인들은 밀입국하거나 귀국 시 여권을 밀매매했다. 블라디보스토크에서는 상륙하거나 승선할 때 러시아 헌병이 대한제국 여권을 검사하므로, 원칙대로라면 반드시 이를 소지해야 했다. 그러나 1909년 10월 통감부는 한인이 귀국 시 타인의 여권 구매를 "예사로 알고 있"었으며, "고가의 가격으로 매매가 행해지는 경우"가 있다고 기록했다.[39]

한인은 공문서 매매와 위조를 통해 러시아 지방 당국의 거주허가증 단속 강화와 입국 제한 조치에 균열을 냈다. 이것이 가능했던 이유는 기본적으로 시베리아 산업계의 노동력 부족 때문이었다. 1909년 통감부의 정보 보고에 따르면, 중국인과 한인에 대한 러시아 정부의 노동 배척과는 별개로 "그 수요가 끊기는 일 없이" 한인들이 러시아로 도항했다고 한다. 1908년 해로를 통해 러시아로 입국한 한인의 수는 약 700~900명이었다.

육로를 통해 왕래하는 한인은 "사계절 끊이지 않았으나 그 숫자는 상세하게 알 수 없"었다는 점,[40] 해로보다 육로를 통해 입국할 때 러시아 관료들이 통제하기 어려웠다는 점을 고려하면, 밀입국에 성공하여 고용된 한인의 수는 적지 않았을 것이다. 통감부는 한인의 노동이 "당분간은 특별한 영향을 받는 일은 없을 듯"하다고 전망했다.[41]

한인의 러시아 '불법체류'를 경제적 관점에서 묵인하고자 한 존재들도 있었다. 러시아 측 광산업자나 농촌 주민들이 그러했다. 이들은 한인의 값싼 노동력을 탐내며 한인의 입국과 노동을 제한하고자 한 러시아 관료들과 반대되는 이해관계를 갖고 있었다. 프리아무르 총독은 '불법체류'하는 한인을 숨겨주는 불특정 다수의 광범위한 지역주민이 "황인종 돌풍과 싸우는 데 현재 주된 장애물"이라 지적했다.[42]

한인들은 거주허가증 발급에 소극적으로 응하거나 대한제국의 여권을 몰래 팔아 단속정책의 효과를 떨어뜨렸다. 운테르베르게르 총독은 거주허가증 발급비를 걷지 못하는 문제로 인해 경찰력을 서둘러 증원하고자 했다. 그는 한인의 러시아 입국을 "중대한 위험"으로 간주하고 "즉각적 대응책 마련이 요구"[43]된다며 조바심을 드러냈다.

한인들은 단순히 러시아 공문서를 발급받지 않는 행위를 넘어, 위조하고 이를 매매했다. 1909년부터 1910년 사이 아무르주 금광

지역에서 한인이 러시아 여권을 위조·매매한 것이 그러한 사례 중 하나였다. 주목할 점은 귀화 한인과 비귀화 한인이 공동으로 러시아 공문서 관리 방식의 허점을 이용했다는 것이다. 귀화자는 비귀화자에게 자신의 러시아 여권을 대여했고, 비귀화자는 귀화자의 신분증을 통해 노동을 위한 체류 기간을 확보했다.

1910년 1월 21일 러시아 아무르주 부레인스크 산악 경찰서장은 위조된 한 러시아 여권을 발견했다. 김윤재라는 한인은 올긴 광산에서 살고 있었는데, 그가 경찰에게 제시한 여권은 본인의 것이 아니었다. 김윤재라는 이름도 가명이었다. 그의 실명은 김병해였다. 그가 경찰에게 제시한 여권은 1909년 연해주 남부 아지미 읍사무소에서 발급된, 정교도 김 표트르 바실리예프의 것이었다. 러시아 경찰은 아지미 읍사무소에 문의한 결과, 김 표트르의 여권은 발급된 적이 없으며, 더욱이 김 표트르는 아지미 읍사무소에 등록된 인물도 아니라는 점을 알게 됐다.[44] 즉 비귀화자 김병해는 김윤재라는 가명을 쓰고, 위조된 러시아 여권을 소지하여, 신원을 파악할 수 없는 귀화자 김 표트르 바실리예프라는 인물을 사칭한 것이다.

러시아 경찰은 김병해를 심문했다. 그는 러시아 귀화자 이반 표도로프 김천이라는 사람으로부터 도움을 받았다고 털어놓았다. 청나라 접경지 아무르주 블라고베셴스크에서 거주하는 김천이는 위조 여권을 김병해에게 보냈다. 이것을 전달한 인물은 1909년 8월 올긴 광산에서 퇴거당한 성순이라는 이름을 가진 한인이었다.[45] 러시아 경찰은 여권을 위조한 김천이와 그 브로커 성순이를 지명수배했다.[46]

비귀화자는 종종 여권의 대여·위조·매매를 통해 귀화자를 사칭했다. 1910년 2월 러시아 경찰은 아무르주 북쪽 항구도시인 니콜라옙스크에서 귀화자로 위장한 비귀화 한인 9명을 적발했다. 러시아 경찰의 조사 결과, 위조 증명서를 발급한 주체는 주로 연해주 농촌의 촌장이었다.⁴⁷ 촌장이 비귀화자에게 귀화자 명의의 증명서 40건을 발급한 일도 있었다.⁴⁸

귀화자의 여권은 주로 광산과 어촌 노동자에게 근무 기간이 끝나면 반납하는 조건으로 팔렸다. 비귀화자가 해당 지역에 정착하기 위해 귀화자의 여권을 "앞다투어 사갔"⁴⁹다는 당대 기록은 러시아 극동에서 취업을 금지당해 체류에 큰 제약을 받았던 비귀화자의 사정을 고려하면 개연성이 높은 정보다.

귀화자는 여권 대여만이 아니라 비귀화자에게 자신의 이름과 성에 대한 소유권을 양도하기도 했다. 1910년에 실시된 한인의 러시아 국적 취득 현황 조사에 따르면, 귀화 한인 약 1,862가구 중 253가구, 즉 약 13퍼센트 정도가 러시아를 떠났는데, 그중 일부는 토지, 집, 이름에 대한 소유권을 판매한 것으로 밝혀졌다.⁵⁰

자료에는 정확히 누구에게 소유권을 넘겼는지 기록되어 있지 않지만, 귀화자의 한국식 성과 러시아식 이름을 사용했을 때 이득을 볼 수 있는 것은 비귀화 한인일 가능성이 크다. 1905년부터 1910년까지는 한인의 러시아 국적 취득이 제약되던 시기였기 때문에 비귀화자는 귀화자로부터 이름과 토지를 사는 편이 더 빠르고 안정적으로 정착할 수 있는 길이었다.

결국 1910년 12월, 러시아 아무르주 군무지사 차플린스키(Чаплинский)는 위조 신분증을 막기 위한 조치를 취하도록 운테르베르게르 총독에게 건의했다. 신분증을 발급하는 기관이 귀화자의 귀화 지역, 외모, 종교, 혼인 여부, 가족 사항, 가족의 귀화 시기 등을 신분증에 명기하고, 신분증 소지자의 사진도 부착해야 한다는 내용이었다.⁵¹

러시아 극동의 행정 수뇌부가 위조 신분증을 막기 위해 구체적인 방안을 정했다는 것은 사안의 중요성과 만연함을 방증한다. 귀화자와 비귀화자가 러시아의 공문서 관리 방식의 허점을 이용하여 유지한 비공식적 협력관계에, 러시아 정부는 행정력을 발휘하여 대민 장악력을 높이려 했다.

앞서 살펴보았듯, 한인은 러시아에 밀입국하고 '불법체류'하는 과정에서 고국과 현지의 여권, 거주허가증과 같은 공문서를 대여·매매·위조하여, 개인의 이동 및 거주의 자유를 제한하는 국가의 조치에 대응했다.

여권을 "국가 체계에 의한 합법적인 이동 수단의 독점"[52]이라는 관점으로 파악하는 주장이 있다. 이 견해에 따르며 국민국가는 단순한 사상과 이데올로기에 의한 구성물이라기보다는 호적증명, 여행증명서 등 기록물을 통한 제도적 집합체 또는 행정적 네트워크다.[53]

여권은 근대국가가 국민과 관계를 맺는 수단 중 하나로, 신분 확인을 통해 국민의 일상에 침투한다. 그 과정이 공식화되는 문서인 여권은 인간의 이동과 거주의 자유를 허락하고 제한하는 통치 기술이다.

다만 개인의 정체성이 서류상 기록으로 모두 환원되는 것은 아니다. 개인의 정체성은 국가 문서에 나타난 표시를 통해, "집단에 대한 소속과 역사의식을 일상적으로 쌓아간다"는 점에서 수행성을 지니며, 이는 "끊임없는 자기증명의 실천 과정"에 가깝다.[54] 러시아가 한인을 자국 신민으로 포섭하는 과정에서 드러난 공문서 관리의 허점은 국가가 개인에게 부여하는 국민 정체성의 빈틈을 보여주었다.

국민 정체성의 빈틈이라는 관점에서 귀화자와 비귀화자 간의 관계를 재고해볼 필요가 있다. 러시아 귀화 한인을 일컫는 용어인 '원호(原戶 또는 元戶)'는 일찍이 러시아에 정착하여 국적을 취득한 후 토지를 분배받았다.55 반면 비귀화 한인을 일컫는 용어인 '여호(餘戶)'는 외국인 신분으로서 상대적으로 불안정한 거주 및 고용 조건에 처해 있었다.

'원호'와 '여호'라는 용어가 정확히 언제부터 사용되기 시작했는지는 명확하지 않다. 다만, 1922년 재외조선인사정연구회라는 조직의 한 연구에서는 이 용어들이 이주자 수의 급증과 관련해 등장했다고 기록하고 있다. 1860년대 연해주로 이주한 한인은 귀화를 통해 러시아 당국으로부터 토지 15데샤티나(약 37,500평)를 받았다. 귀화한 한인의 생활이 윤택해지자 이들은 가족·친척·지인을 불러 연속적인 이주가 발생했다. 정세도 이주 증가의 한 요인이었다. 청일전쟁, 한일강제병합 등 특정 사건을 기점으로 한인의 러시아 이주가 크게 늘어나자 원호와 여호, 양자를 구분해 지칭할 필요성이 생겼다.56

지금까지 20세기 초 러시아 한인사회는 '귀화자와 비귀화자 간의 갈등 관계'를 전제로 설명되어왔다. 러시아혁명기 볼셰비키 측에 참여한 이인섭(李仁燮, 1888~1982)은 비귀화자가 귀화자를 조롱하는 에피소드를 소개하며, 양자의 갈등 관계를 보여준 바 있다.57 계급 대립의 관점에서, 농촌에서 소작인으로 일하는 비귀화자가 지주인 귀화자에게 적대감을 품었다는 설명은 충분히 설득력이 있다. 그러나 그 적대감에 가려져 주목받지 못한 측면은 없었을까?

귀화라는 주제는 분명 러시아 한인사회라는 '숲'을 이해하는 중요한 프리즘이다. 19세기 말에서 20세기 초까지 러시아에 귀화하면 토지를 받을 수 있었기에, 국적은 이주민의 경제적 계급, 러시아에 대한 충성도, 그리고 러시아화의 정도를 가늠하는 대략적인 척도로 여겨졌다. 그러나 앞서 살펴본 공문서 위조 문제에서 알 수 있듯, 귀화자와 비귀화자 간의 관계는 갈등만으로 설명되지 않는 '나무들'이 존재한다.

러시아혁명기 볼셰비키 측에 참여한 북우(北愚) 계봉우(桂奉瑀, 1880~1959)는 『독립신문』에 발표한 「아령실기」에서 귀화 여부가 아니라 직업에 따른 적대감을 소개한다. 그는 한인 러시아어 통역사 중에는 "조국 문명을 경시하고 또 동포를 초개로 여기는 자가 많았"으며, 이들이 "개인 사석에까지 러시아어 통용을 상례"로 아는 것을 "얼빠진 행동"이라고 비판했다. 대신 한인 러시아어 서기는 조선어를 잘 알지 못하지만 "통사배(輩)보다는 얼만큼 고결"[58]하다고 평가했다. 통역사와 서기는 대체로 러시아에서 정규 교육과정을 이수해야 하는 직업이었던 만큼, 어린 나이에 러시아 정규 교육을 받은 이주 2세대들이 이러한 직업을 많이 가졌을 것으로 생각된다. 따라서 같은 귀화자라도 직업, 세대 등 여러 범주를 고려할 필요가 있다.

귀화자와 비귀화자의 관계를 재고하기 위한 첫걸음으로 이주 시기에 주목해 볼 필요가 있다. '원호'와 '여호'처럼, 귀화 여부가 아닌 이주 시기에 따라 이주민을 구분하는 용어가 존재한다는 점은 주목할 만하다. 1875년 일본 외무성 소속 주블라디보스토크 무역사무관인 세와키 히사토(瀨脇壽人)의 기록에 따르면, 연해주 동남부에 위치한 블라디미르 알렉산드로프스카야에 살던 토착 조선인은 '다지', 새롭게 이주한 조선인은 '까오리'라고 불렸다고 전해진다.[59]

이러한 용어가 마을 단위를 넘어 러시아 극동지역 전반에 걸쳐 통용되었는지는 의문이지만, 중요한 것은 당시에도 신(新)이주민과 구(舊)이주민을 구분하고 있었다는 점이다. 러시아 극동에서는 1901년 이전에 이주해온 사람을 구이주민(старожил), 이후에 온 사람을 신이주민(новосёл)이라고 칭했다.[60] 먼저 이주한 사람들과 나중에 이주한 이들을 구별하는 용어는 보편적으로 나타날 수 있는 현상이다.

염두에 두어야 할 것은 이주의 선후와 귀화 여부가 반드시 일치하는 것은 아니라는 점이다. 구이주민이 비귀화자일 수 있고, 신이주민이 귀화자일 수도 있다. 이러한 점을 염두에 둔다면 이주사회를 보다 다층적이고 동적으로 이해할 수 있다.

나아가 귀화자는 러시아 내에서 어떤 위치에 놓인 존재였는지 되짚어볼 필요가 있다. 귀화자들은 러시아 주류 문화의 외곽에 놓여 있었다.[61] 한인 커뮤니티 안에서 기득권으로 인식되어온 귀화자는 법률적으로는 러시아 국민이었지만, 민족적으로는 여전히 소수자로 취급되었다. 그러므로, 당시 한인 단속정책이 강화되는 기조 아래 귀화자의 지위가 과연 안정적이었는지를 살펴볼 필요가 있다.

2장
귀화·취업 단속에 대응하다

1. 귀화 자격을 다시 심사받다

러시아에서 한인이 받는 처우는 러시아 극동의 프리아무르 총독이 누구였는지에 따라 크게 변했다. 1893년부터 1898년까지 총독에 재임한 두호브스키(C. M. Духовской, 1838~1901)와 그의 후임자로 1898년부터 1902년까지 재임한 그로데코프(H. И. Гродеков, 1843~1913) 총독은 한인에게 러시아 귀화를 적극적으로 장려했다. 반면 1884년부터 1893년까지 재임한 코르프(A. H. Корф, 1831~1893) 총독은 한인의 러시아 귀화를 제한한 인물이었다. 코르프 총독 시기 연해주 군무지사로 활동했던 운테르베르게르는 1905년 프리아무르 총독에 취임한 후 1910년까지 각종 단속을 강화하여 한인의 경제활동을 어렵게 했다.[1]

〈그림 7〉은 1906년에 촬영된 운테르베르게르의 사진이다.[2] 멋들어지게 기른 콧수염과 강인한 눈매가 인상적이다. 공병대장(Инженер-Генерал)이라는 직함을 부여받기도 했던 그는 완고한 원칙주의자 같은 느낌을 준다.

운테르베르게르는 귀화 한인이 비귀화 한인보다 더 위험하다고 보았다. 한인의 러시아 귀화는 "피해가 즉시 나타나지 않고 점차 인구로 퍼지기 때문"[3]이었다. 그는 1908년부터 1910년까지 약

그림 7. 프리아무르 총독 운테르베르게르

2년에 걸쳐 러시아 국적을 취득한 한인의 귀화 자격을 다시 심사했다. 1908년 8월 4일, 이듬해 1월 8일, 2월 11일 세 차례에 걸쳐 연해주 군무지사 플루크(В. Е. Флуг, 1860~1955)에게 조사 명령을 내렸고, 그는 1909년 4월 16일 운테르베르게르에게 보고서를 제출했다.

연해주 군무지사는 연해주 농민 지도자들에게 러시아 신민으로 간주되는 한인의 가족명부를 어떻게 조사하면 좋을지 자문했다. 농민 지도자란 마을의 재판, 지역 농민에 대한 행정감독, 외국인에 대한 사무 등을 처리하는 직책이다.[4] 이들은 조사를 위해 러시아 신분법 제847조에 기초한 러시아 신민 선서 기록과 증명서가 필요하다고 답변했다.[5]

러시아 신분법 제847조는 러시아 신민이 되기 위한 선서를 하는 정식 절차에 관한 내용이었다. 선서 언어부터 선서 증명서 발급자까지 상세하게 기록되어 있다. 귀화선서는 자신의 모국어 또는 자신이 알고 있는 임의의 언어로 진행됐다. 선서 장소는 지방 행정청이었다. 지사의 허가 아래 지방경찰청에서도 귀화선서가 가능했다. 선서 수행 기록과 선서문, 두 서류에 선서자와 현장에 참석한 인원 모두가 서명했다. 현장 참석자 중 최고참자가 선서식 수행 기록과 선서문 원본을 지사에게 제출하면, 최종적으로 지사는 선서자에게 귀화증명서를 발급해주었다.[6]

〈그림 8〉은 귀화증명서(Свидетельство)다.[7] 러시아 신분법 제

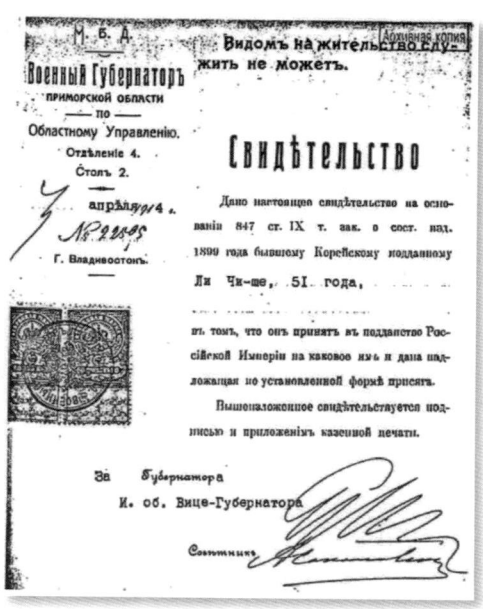

그림 8. 귀화증명서

847조에 근거하여, 51세 이치서라는 한인이 귀화선서에 따라 러시아 제국의 신민이 되었다는 내용이 적혀 있다. 문서 상단에 "거주허가증으로는 사용할 수 없음"이라고 적혀 있으므로, 귀화증명서는 거주허가증이나 여권을 대체할 수 있는 성격의 문서는 아니었다.

지금까지 설명한 입국, 체류, 귀화 과정이 복잡하니, 관련 서류를 처음부터 정리해보자. 한인은 대한제국 여권에 사증을 발급받고 1개월 후 거주허가증을 받았다. 1년 후에는 거주허가증을 갱신하여 체류를 연장해야 했다. 5년이 지나면 귀화 자격이 생겨 귀화청원서를 작성할 수 있었다. 이후 당국자들 앞에서 공식적으로 귀화선서를 하면 귀화증명서를 받았다. 이때 귀화증명서는 귀화했다는 사실을 증명했지만,[8] 거주지 증명과는 큰 관계가 없었다. 러시아 여권이 신분 증명과 더불어 거주지 증명 기능을 했다.[9]

표 2. 제정러시아기 한인의 러시아 체류와 귀화 관련 서류

서류 종류	사증 (виза)	거주허가증 (билет)		(귀화)청원서 (прощение)	(귀화)증명서 (Свидетельство)	여권 (паспорт)
발급 대상자	비귀화자	비귀화자	귀화자	비귀화자	귀화자	귀화자
용도	최초 체류	체류 연장	거주지 밖 장기 출타	귀화 신청	귀화 여부 증명	신분 및 거주지 증명

　　귀화선서 과정에서 러시아어만이 아니라 자신의 모국어로도 선서할 수 있다는 점이 이채롭다. 주목할 점은 귀화선서가 여러 사람 앞에서 이루어졌고, 현장 참석자들의 서명이 필요했다는 것이다. 귀화선서란 한 명의 외국인을 러시아라는 국가 체제 안으로 받아들이기 위해 이용된 검증 과정이었던 셈이다.

　　그러나 검증 과정은 현실을 충분히 반영하지 못했다. 귀화선서 과정에서 행정적 혼선으로 인해 한인 징병에 차질이 생겼다. 부모가 러시아에 귀화선서를 했더라도, 선서 이전에 태어난 자녀는 자동으로 러시아 신민이 되지 않았다.[10] 1895년부터 1898년 사이에 귀화선서를 한 한인 가운데, 그 이전에 태어난 자녀들은 개인적으로 선서를 하지 않아 러시아는 이들에 대한 징병 근거를 상실했다. 당시 7~10세였던 아이들은 1909년 시점에 징병 대상자가 되어야 했으나, 러시아 국적이 없는 것으로 밝혀진 것이다.[11]

　　운테르베르게르가 실시한 연해주 거주 한인 가족명부 재조사는 러시아에 귀화한 한인들이 법적으로 문제가 없는지 확인하는 절차였다. 이 과정에서 러시아의 민족문화에 기반한 법률 시스템과 조선의 민족문화가 충돌하며 여러 문제점이 드러났다.

　　그중 몇 가지 주요 사례를 살펴보자. 첫째, 역법 차이로 인한 나이 계산 문제가 있었다. 연해주 군무지사 보고서에 따르면, 조선과

러시아의 역법이 다르기 때문에 한인들은 조선의 역법을 따랐고, 가족명부에 기재된 실제 나이가 정확하지 않았다.[12] 이로 인해 병역을 수행할 나이를 정할 때 러시아 측에 큰 혼란이 야기될 수 있었다. 군무지사는 가족명부를 조사할 때 한인의 나이는 12년에 1년을 더하여 계산하도록 했다.[13]

둘째, 종교적 차이로 인해 혼인의 법적 효력이 상실되는 문제도 있었다. 러시아 정교회 신자와 비정교도가 결혼할 경우, 러시아 제국 민법 제37조와 제38조에 따라 혼인이 법적으로 인정되지 않았다. 러시아 외무성 관료 그라베(В. В. Граве)는 연해주 남부 암보비라 마을의 사례를 들어, 해당 마을에 러시아에 귀화한 한인 11호는 호적상 러시아 정교회 신자이지만, 아내와 아이들이 불교도라는 점을 지적했다.[14]

셋째, 조선과 러시아의 작명 방식이 충돌하는 문제였다. 한인들은 전통적으로 생애 주기에 따라 여러 이름을 가졌는데, 유아기의 아명, 소년기의 필명, 결혼 후의 관명, 친근하게 부르는 자호, 특별한 이유로 얻는 필호, 죽은 후의 시호 등이 있었다. 그 결과 가족명부를 조사할 때, 시기에 따라 이름이 달라지는 문제가 발생했다.

더 나아가, 한인들은 부모와 자녀 모두 러시아 이름을 정확히 기억하지 못하는 경우가 많아, 명부 조사 시 이름이 일치하지 않는 일이 자주 발생했다. 유년기에 기재된 이름과 현재 사용하는 이름을 비교하여 동일 인물임을 증명하는 것은 사실상 어려웠다. 이에 연해주 군무지사는 문제 해결을 위해 명부 조사 절차를 간소화하고, 동일인물로 증명할 수 없는 사람들을 명부에서 모두 제외해야 한다고 주장했다.[15]

조선식 이름이 다양해서 러시아 측에 혼란이 발생했다면, 반대로 조선식 성(姓)은 다양하지 않아 러시아 당국의 행정 혼란이 야기됐다. 러시아로 이주한 한인의 성은 김(金), 박(朴), 최(崔) 등 몇 가지로 제한되어 있었다. 연해주 남부 포시에트에 거주하는 한인의 경우, 김씨, 이씨, 박씨, 최씨가 다수를 차지했다.[16] 1896년에 작성된 명부에서는 러시아 귀화 한인을 이름으로 구분할 수 있었다. 그러나 그들의 후손은 러시아 정교회 신자가 된 후 러시아 이름을 사용하기 시작하며 성과 이름이 같아지는 현상이 발생했다. 그 결과 명부는 "완전히 뒤죽박죽되고 있는 실정"이었다.

1908년에 조사된 러시아 연해주와 함경도 지역의 접경 니즈네얀치허 마을의 가족명부가 대표적인 혼란 사례다. 마을 주민 50세 김이반(한국식 이름 김규영)은 19세 김바실리와 8세 김이반이라는 아들을, 57세 김이반(한국식 이름 김명길)은 16세 김바실리와 11세 김이반이라는 아들을 두었다. 러시아 당국이 보기에 두 가정은 출신지가 서로 다름에도 김(金)이라는 성을 똑같이 쓰기 때문에 양가 김이반의 아들 김바실리와 김이반의 후손 대에 이르면 외견상 특징, 이름, 성이 같아질 것이라는 절망적인 예측을 했다.[17] 아버지의 이름을 자신의 성과 이름 중간에 두는, 러시아의 전통 작명 방식인 '부칭'으로도 구별하기 어려워지니, 명부가 더욱 혼란해질 것이 분명했다.

결국, 가족명부 조사 과정에서 드러난 것은 한인의 민족문화가 러시아 제도와 충돌하고 있었다는 점이다. 역법, 종교, 결혼, 작명 등 한인의 전통적 풍습은 러시아의 제도 안에서 자연스럽게 통합되지 못했다.

1910년 5월 24일 프리아무르 총독부는 러시아 내무성에 한인의 러시아 귀화 자격 심사 결과 보고서를 보냈다. 1910년 3월 28일 연해주 군무지사가 완료한 조사를 취합해 보낸 것이다. 조사 대상은 스스로 러시아 신민으로 생각하거나 마을 당국이 러시아 신민으로 여기고 있는 한인에 한정했다.[18]

1910년 3월 28일 현재 전체 귀화 한인 2,115가구(12,837명) 중 귀화 절차상 하자가 의심되는 이들은 417가구(2,432명)였다. 전체 귀화자 중 약 19퍼센트였다. 이들은 1870년 이래 오랫동안 러시아에 거주했고 마을에서는 이미 귀화자로 인식되었으나, 사실은 귀화 과정에서 관련 서류를 제출하지 않았거나, 다른 귀화 한인으로부터 재산과 권리를 승계받는 등 절차상 흠결이 있던 이들이었다.[19]

연해주 군무지사는 1884년 조러통상조약이 한인 귀화의 기준점이 되는 원칙임을 재확인하고자 했다. 나아가, 부역과 납세의 의무를 수행해야만 러시아 신민으로 인정된다는 점을 환기했다. 이 의무를 수행하지 않으면 귀화를 인정하지 않고 농촌공동체에서 추방하겠다는 방침을 결정했다.

이 보고서에서 한 가지 주목할 만한 사실이 있다. 러시아 지방 당국이 귀화선서문의 일부를 분실했음에도, 러시아에 귀화한 한인의 "다소 많은 수"가 러시아 신민 자격과 재산권을 박탈당할 수 있었다는 점이다. 이런 상황은 지방 당국도 인정했듯, "당국자들의 부주의"로 발생하는 문제였다.[20] 러시아 지방 당국은 단속정책을 통해 '합법'과 '불법'을 생산해내는 과정에서 기존의 적법한 절차를 거친 한인에 대해 당국의 관리가 허술했음에도, 그 실수에 대한 책임을 이주자 개인에게 전가했다.

이처럼 법적으로 귀화 자격을 갖춘 한인이라도, 러시아 관료의 행정적 실수로 인해 귀화자가 비귀화자로 변할 수 있었다. 귀화자의 사회경제적 지위는 고정되지 않았으며, 운테르베르게르 시기 귀화 자격 재심사로 인해 변동될 가능성이 더욱 커졌다. 러시아 한인사회의 한 축인 귀화자는 토지를 획득하여 부유하고 친러시아적인 한인 집단으로 고정되어 있기보다는, 외부 요인에 의해 국적을 박탈당해 경제적으로 추락할 가능성이 있던 것이다.

2. 농작 능력의 증명: 국유지를 넘어 사유지로

전화위복이었을까. 역경은 때로 기회가 되기도 한다. 러시아 당국의 엄격한 단속이 계속되는 가운데, 이주한 한인들은 러시아인 사유지에서 탁월한 농업 능력을 입증했다. 극동에서는 한인의 농작 능력에 대한 입소문이 퍼졌다.

한인 농민들은 러시아에 정착하는 데 일정한 과정을 거치는 것이 일반적이었다. 처음에는 개인 농가에 노동자로 고용되었고, 여름철 수입이 좋으면 고용된 곳 근처에 작은 집을 짓고 겨울을 보내며 벌목했다. 1년 후 여름에는 경작한 토지 일부에 대해 지대나 수확량의 절반을 지주에게 바치며 땅을 빌려 사용했다. 가족이 있는 경우, 그들을 불러들여 소작인으로서 본격적으로 정착했다.

주목할 점은 이주한 지 2~3년쯤 되면 약간의 돈을 내고 러시아의 국유지를 임차하여 독립적인 세대를 꾸렸다는 것이다.[21] 러시아로 이주한 한인은 경제적으로 점차 안정되어 독립적인 생활을 영위할 수 있게 되었다는 점에 주목할 필요가 있다. 삶의 경제적 상황을 개선해나가는 과정을 통해 '부유한 귀화자와 가난한 비귀화자'라는 정태적 시선에서 벗어나 이주자의 삶을 동적인 시선으로 바라볼 수 있기 때문이다.

물론 모두가 이런 과정을 거쳐 정착한 것은 아니었다. 일부 한인은 러시아 당국 소유의 오지에 경작했으며, 특별히 누구에게도 고용되지 않은 농민도 있었다. 한인은 별다른 법적 절차를 거치지 않고 경작하더라도 제지받지 않았다. 러시아 관료들은 이를 못 본 척하거나 국유지 사용료로 약간의 금액을 징수하는 정도에 그쳤다.[22] 한인 단속정책이 강화되기 전에는 러시아 관료들이 한인의 러시아 체류를 묵인하는 경향이 있던 것이다.

1908년 3월 8일 운테르베르게르가 한인과 중국인에 대한 국유지 임대 금지법을 제정하기 전까지, 현장에서 당국자들은 한인의 편의를 봐주며 경제적 이익을 보았고 한인 역시 러시아에 정착하여 독립적인 삶의 기회를 확보할 수 있었다. 1908년 전까지는 러시아로 이주한 한인에게 경제적 계층을 상승시킬 가능성이 상대적으로 열려 있었다.

그러나 1908년 3월 운테르베르게르는 한인과 중국인이 러시아의 국유지를 임차하는 것을 금지한 후, 한인은 러시아 당국의 허가 없이 사용한 토지를 몰수당하게 되었다. 나아가 벌금을 내고 추방당할 위기에 처했다.[23]

1907~1908년 한인의 러시아 취업과 토지 임차가 크게 제한된 배경에는 1905~1906년 한인의 러시아 이주 수가 크게 증가한 것과 더불어, 스톨리핀(П. А. Столыпин, 1862~1911)이 총리에 취임한 후 극동에 러시아인을 적극적으로 이주시키려 한 정치 상황과도 관련이 있다. 러시아 정부는 극동에 러시아인 노동인구 유입을 촉진하기 위해 무료 통행 허가와 같은 특전을 부여했다.[24] 극동을 러시아화할 때 한인 노동자는 고용시장에서 경쟁 상대가 될 수 있었기 때문에, 러시아 정부는 한인의 노동을 제한하여 러시아인이 수월하게 일자리를 얻을 수 있도록 사전에 조치했다고도 볼 수 있다.

러시아 내무성 부대신은 운테르베르게르에게 "1884년 이후 정착한 조선인들은 퇴거시키며, 국유지 무단 점거자들은 추방하는 것이 합당"하다는 의견을 적은 서한을 보냈다.[25] 한인들은 생존을 위해 여러 형태로 대응했다. 임차인으로 땅을 점유해 정착한 후 러시아 귀화와 토지 할당을 청원하기도 했다.[26] 때로는 퇴거 전까지 자신의 재산을 처분하기 위해 일정 기간 가족과 함께 체류할 수 있도록 운테르베르게르에게 온정주의적 조치를 직접 청원하기도 했다.[27]

한인을 추방하려는 러시아 내무성의 입장과는 달리, 외무성 관료 그라베는 외국인에 대한 국유지 임대 금지가 너무 급속히 진행되는 것에 대해 우려를 표명했다. 그는 한인 농민의 사용 금지를 사유지에서도 강제로 시행한다면 극동 러시아의 농업이 전멸할 것이라며 비관적으로 전망했다.[28]

비귀화자에 대한 국유지 임대 금지 정책은 러시아 한인사회 내에서 한인 농민의 계급 분화를 촉진시켰다. 이로 인해 한인 간의 내부 갈등이 조장되는 부작용도 발생했다. 연해주 남부 지신허와 아지미 지역의 경우, 1900년대 초까지는 한인 농민의 계급이 크게 분화되지 않았으나, 1910년경부터 빈농이 급격히 증가하면서 농촌에서 계급의 양극화 현상이 심화되었다.[29] 그 주된 원인은 운테르베르게르 총독이 한인의 금광 노동을 제한해, 금광을 떠나 농촌에서 소작인이 되는 한인의 수가 늘어났기 때문이다.[30]

연해주 농촌에서는 한인 사이에 배타적 움직임이 포착되었다. 우수리스크 서쪽의 농촌 지역인 추풍에서는 비귀화자가 비합법적으로 획득한 분여지를 몰수하자는 요구가 일어났다. '불법적 권리양도'에 연루된 귀화자도 배타적 움직임의 표적이 됐다. 비귀화자에게 분여지에 대한 권리를 양도한 귀화자도 공동체에서 제외하자는 청원이 생겨났다.[31]

1908년을 기점으로 비귀화자는 사회경제적 계층 상승의 가능성이 크게 줄어들었다. 과거에는 비귀화자가 러시아 국유지 임대를 통해 장기간 머물면서 귀화 자격 조건을 충족시킨 후, 거주 안정성을 확보하고 경제적 계층을 상승시킬 수 있었다. 그러나 1908년의 국유지 임대 금지정책으로 인해 이러한 가능성이 차단되어, 러시아로 이주해도 농업을 통해 경제적 여건을 개선할 수 있다는 전망이 어려워졌다.

러시아 지방 당국의 한인 단속 정책 강화로 인해 비귀화자는 경제적 계층 상승의 기회를 상실하게 되었고, 귀화자는 '불법'이라는 프레임 때문에 자신들도 피해받을 수 있다는 두려움을 가지게 되었다. 이로 인해 농촌에서 귀화 한인과 비귀화 한인 간의 갈등이 심화된 것이 바로 이 시점에서의 중요한 변화였다.

귀화자의 경제적 상태 역시 궁핍해졌다. 이는 러시아 당국이 극동 러시아화 정책의 일환으로 귀화 한인에게 분배되는 토지의 규모를 줄인 사실과 관련이 있다. 1890년대에는 러시아 국적을 취득할 때 1인당 15데샤티나(약 49,550평)의 토지가 주어졌으나, 운테르베르게르 시기에는 그 규모가 5데샤티나로 감소하여 약 3분의 1로 줄어들었다.[32]

그라베는 한인에게 국유지 임대를 금지하면 사유지에 소작인으로 유입될 것이라 분석했다. 황인종을 노동력으로 사용하고자 했던 러시아 민간 차원의 수요가 있었기 때문으로 보인다. 황인종 사용을 찬성하는 사람들의 주된 논리는 러시아인 노동자는 고임금에도 불구하고 "성질이 방종하고 음주벽이 있"는 반면, 황인종은 저임금으로도 근면하게 일을 한다는 것이었다.[33]

그라베는 한인의 농작 능력이 뛰어나다는 사실에 주목했다. 그는 한인이 "농작이 불가능한 땅이라 하더라도 채마밭을 잘 일구어 귀리 또는 메밀을 재배한다"고 기록했다. 모래와 자갈이 가득한 땅이나 산의 급경사도 한인의 손을 거치면 농경지로 변했다.

그뿐만이 아니었다. 한인은 농작을 통해 러시아 지역사회의 물가를 안정시켰다. 러시아 당국은 한인의 채소밭을 통해 아무르강 하류의 험준한 언덕, 니콜라옙스크 부근의 산간지, 아무르주 북부의 아르군강 등의 사금장에서 식량을 저렴하게 조달할 수 있었다. 니콜라옙스크 지역에서는 오이 100개에 1루블 20코페이카에서

2루블 정도였지만, 한인들이 채소밭을 일군 후 20~30코페이카로 가격이 하락했다. 다른 채소의 가격도 대체로 비슷한 비율로 저렴해졌다.34

극동 개발에서 '한인유해론'을 주장한 운테르베르게르 역시 한인의 노동생산성이 높다는 점을 인정했다. 그는 한인을 이용하면 극동 식민지 개발이 촉진될 것은 인정했다. 그러나 러시아가 한인 노동력에 의존하는 것은 결국 러시아에 의한 극동 식민화에 차질을 줄 것이기 때문에 빈 땅으로 두는 것이 더 유리하다고 판단했다.35 한인의 농업생산력에 대한 의존을 우려해 극동 식민화가 어렵다고 전망한 것이다.

반면 러시아 지방 당국이 아무리 황인종 노동력 사용을 우려하고 제한하더라도, 러시아 민간 차원에서는 당국의 방침보다는 자신들의 경제적 이익 확보에 더 큰 관심이 있었다. 이 때문에 공권력이 침투하기 어려운 사유지로 황인종 노동자를 불러 저임금으로 사용하고자 했다.

한인 입장에서 러시아의 관과 민의 상반된 이해관계를 어떻게 바라볼 수 있을까. 단기적으로는 '불법체류'라는 비공식적 루트로 체류 기간을 확보해 생계를 도모할 수 있게 되었기 때문에 손해는 아니었다. 하지만 장기적으로 거주 안정성이 보장되지 않기 때문에 근본적인 해결책은 아니었다. '불법체류자'라는 불안정한 신분으로 인해 지주가 부당한 노동 조건을 요구하면 거부하기가 어려워지기 때문에 자신의 처우가 지주에게 종속될 가능성이 컸다.

그럼에도 불구하고 한인 농업노동자는 러시아인의 사유지로 들어가 자신들의 농작 능력에 대한 긍정적 인식이 러시아 민간 차원에서 확산하는 계기를 마련했다. 사비츠키(Савицкий)라는 러시아인은 1898년경 북우수리 지방에서 700데샤티나 중 30데샤티나를 한인에게 주어 경작을 시켰다. 그는 "공장의 분위기에 물든 러시아인을 통해서는 도저히 일을 끝낼 수 없다"고 생각하여 한인과 중국인 노동자를 사용했다.36

러시아인 농민은 극동의 농작에 어려움을 겪었다. 습기, 강우, 토양 조건 등 극동의 기후가 유럽지역 러시아의 그것과 크게 달라, 유럽에서 해온 방식이 통하지 않았기 때문이다. 기존의 농기구는 제 역할을 하기 어려웠고, 종자는 변질되었으며, 곡물은 잡초에 파묻히거나 흑수병(黑穗病)에 걸렸다.

반면 중국인과 한인의 농작은 성공적이었다. 러시아 정부는 러시아 농민이 중국인과 한인의 농작 방식을 보고 배우기를 바랐으나, 이들은 그저 중국인·한인 노동자를 사용하거나 토지를 임대할 뿐이었다. 그 결과, 연해주 남서쪽 한카 호수 부근을 제외하고 한인이 대부분의 토지를 경작하는 실정이었다.37

아무르주의 제야 프리스탄(Зея Пристрань, 현재 제야시) 지역 베카소프(Бекасов)의 농장 사례는 한인의 높은 농작력을 구체적으로 입증한다. 베카소프(П. К. Бекасов)라는 한 러시아인은 제야 프리스탄에서 약 4~5킬로미터 떨어진 곳에 이주하여 한인이 귀리를 재배하는 것을 보고 농장 운영을 결심했다. 그는 1906년부터 1908년까지 3년 동안 러시아인 노동자와 트랙터를 동원하여 40데샤티나(약 132,000평)를 경작했지만 재배에 실패했다. 그 원인은 가뭄과 잡초처럼 기후적 요소도 작용했지만, 농번기에 노동자들의 노동 거부 같은 인적 요소도 있었다.38

베카소프가 농장을 경영한 지 4년째인 1909년에 이르러 그가 농장을 경영하고 있다는 소식이 아무르의 제야 지방에 널리 퍼졌다. 이때 한인 노동조합이 베카소프를 찾아와 계약을 제안했다. 종자와 농구를 베카소프가 부담하고, 수확은 절반으로 나누는 것이 조건이었다. 베카소프는 각각 3인, 5인으로 구성된 한인 노동조합에 29데샤티나를 맡겼고, 현지주민에게 8.5데샤티나, 러시아인에게 자력경작을 조건으로 3.25데샤티나를 맡겼다.[39]

수확량은 크게 차이가 났다. 〈표 3〉을 보면 위의 네 그룹 가운데 단위 수확량에서 한인이 모두 우위를 점했다. 주목해야 할 부분은 두 가지다. 먼저 파종 방식의 차이다. 첫 번째 한인조합은 고랑과 이랑을 만들어 파종했다. 이들은 밭을 평평하게 만든 후 그 위에 씨앗을 뿌리는 방법을 사용한 한인 그룹에 비해 약 1.8배 높은 단위 수확량을 달성했다. 그라베는 "10베르숙(약 44센티미터-인용자) 간격으로 줄이 늘어서 있는데, 그곳에 3베르숙(약 13.2센티미터-인용자) 너비로 파종된다"고 기록했다.[40] 파종법에 차이가 없더라도 수확량은 크게 앞섰다. 두 번째 한인조합과 현지 러시아인의 단위 수확량은 한인 측이 약 1.5배가량 많았다.

결국 베카소프는 1910년 농작에서 러시아인을 줄이고, 한인을 사용했다. 또한 그에게 일정한 요금을 내는 조건으로 한인에게 삼림지 개간을 맡겼다. 그 요금을 제한 나머지 수확물을 한인이 모두 가져가도록 했다.

베카소프의 경작 방식은 극동 러시아의 농민들에게 상당한 호응을 불러왔다. 처음에는 한인과 러시아인을 함께 경작시켜 비교하는 농장 경영 방식을 둘러싸고 베카소프를 "별종"으로 보는 시선도 있었다. 그러나 예상 밖의 수확량에 베카소프처럼 귀리를 파종하거나, 그에게서 직접 농기구를 구매하는 이들도 생겼다.[41]

그라베는 극동 한인이 쓰는 농업기술을 러시아와 한국의 문화가 합쳐진 '한러혼합농법'이라고 설명했다. 러시아식 쟁기로 땅을 갈아 개간하고, 깊은 이랑과 고랑을 만들어 파종한 후 귀리가 자라면 한 해에 2~3번 제초했다. 다 익은 곡물은 약 1아르쉰(약 71센티미

표 3. 1909년 아무르주 베카소프 농장의 경작 결과

유형	인원	경작 면적	작물	파종 방식	수확량	단위 수확량
한인조합 1	3인	9데샤티나 (약 29,700평)	귀리	견종법 또는 농종법	1,383푸드 (22.65톤)	153푸드 (2.50톤)
한인조합 2	5인	20데샤티나 (약 66,000평)	귀리, 보리	만종법	1,713푸드 (28.05톤)	85.5푸드 (1.40톤)
현지 러시아인	-	8.5데샤티나 (약 28,050평)	-	만종법	497푸드 (8.14톤)	58푸드 (0.95톤)
노동자 러시아인	-	3.25데샤티나 (약 10,725평)	-	-	107푸드 (1.75톤)	30푸드 (0.49톤)

터)의 낫으로 베어냈다. 한인은 제초 시 설익은 곡물을 베어내지 않도록 신경을 써, 이삭이 충분히 자랄 때까지 그대로 두었다. 곡물의 단을 두껍게 하지 않아 비가 내려도 빨리 말랐다. 그라베는 이러한 농법을 높게 평가했으나, 고된 노력이 필요해 운송업과 사금 채취업에 익숙한 러시아인이 하기에는 어려운 일이라고 기록했다.[42]

흥미로운 점은 극동 개발에서 '한인유해론'뿐만 아니라 '한인유용론'을 주장한 인물들도 한인 노동력의 양면성을 지적했다는 것이다. 그라베는 한인 노동자의 긍정적인 면으로, 농업에 부적합한 토지에서도 작물 재배에 성공하여 지역주민에게 식량을 공급할 수 있다는 점을 언급했다.

하지만 부정적인 면도 있었다. 극동으로 농업 이주를 시도하는 러시아인 농민과 한인 사이의 경쟁이 예상되었고, 한인들은 농작의 지속 가능성을 고려하지 않았다. 토지를 과도하게 사용하여 수확량을 최대로 끌어내는 반면, 시비를 뿌려 지력을 보존하는 데는 신경을 쓰지 않아 장기적으로 토지의 비옥도가 떨어지는 문제가 발생했다. 그라베는 또한 러시아인의 "도덕적 퇴폐"와 "육체적 쇠

퇴"를 우려하며, 황인종 노동력에 모든 것을 맡기고 불로소득에만 의존하는 러시아인 지주가 늘어나 "부유함이 도리어 재산을 망칠 것"으로 예측했다.

다만 그는 한인 노동력 사용의 부정적인 측면 때문에 극단적인 금지 정책을 취하는 것은 효과적이지 않다고 보았다. 대신, 농업에서 황인종 노동력의 사용 여부를 비교하고 계량하여 문제를 해결하는 것이 더 시급하다고 생각했다. 농업에서 한인 사용을 금지하면 긍정적 영향을 잃어버릴 뿐만 아니라, 한인을 통해 농업을 경영해온 러시아 농민들까지 곤경에 빠질 수 있기 때문이었다.[43]

그가 보기에는 황인종 노동력 사용 문제를 해결하기 위해서는 먼저 러시아인에 의한 경영 체제를 확립한 후, 외국인 노동자를 금지하는 방향으로 나아가야 했다. 이를 위해 토지의 농작 조건을 연구하고, 극동의 기후와 토양에 적합한 품종을 시험하며, 러시아인 농민의 수를 증가시키는 노력이 필요하다고 보았다.

그라베는 러시아 극동에서 과학적 농법이 개발되기 전까지는 황인종 노동력을 활용해야 한다고 주장했다. 러시아인이 황인종 노동력에 의존하지 않는 것이 바람직하긴 했지만, 적절한 상황이 조성되기 전까지는 한인과 중국인의 농법이 없다면 사실상 식민지 개척이 불가능했으므로, 식민지 개척을 위한 선행 작업으로서 한인을 활용하는 방향이 필요하다고 보았다.

하지만 조건이 있었다. 비귀화 한인이 아닌 귀화 한인을 활용해야 한다는 것이었다. 비귀화 한인에게 토지를 임대하면 지력 고갈에 신경을 쓰지 않기 때문에, 장기적으로 토양의 비옥도에 주의를 기울일 수 있는 귀화 한인에게 토지를 임대하는 것이 러시아에 더 이득이 될 것이라고 보았다.[44]

그라베는 극동지역 한인에 대해 다음과 같이 처리할 것을 제안했다.⁴⁵ 첫째, 귀화 한인의 10퍼센트 한도로 연해주 남부 포시에트에서 북방으로 이주시키는 것이었다.⁴⁶ 이주자 수에 대한 제한이 없다면, 포시에트 거주자 거의 모두가 이주할 것이며, 이후 러시아인이 극동에 왔을 때 해당 지역 경제에 악영향이 예상되기 때문이었다.

흥미로운 것은 한인이 자발적으로 이주할 것이라 예상됐다는 점이다. 러시아 지방 당국의 거주지 재배치 정책은 강제성보다는, 어느 정도는 한인의 자발성에 초점을 맞추고 있었다. 그라베는 추가적인 토지 획득의 가능성이 적고, 지력이 저하된 포시에트 지역을 벗어나, 새로운 곳에서 토지를 개간해 나은 삶을 살고자 하는 한인의 상승 욕구를 읽었다.

둘째, 한인의 이주지역을 마을로부터 멀리 떨어진 곳에 위치시키는 것이다. 이미 개간되어 안정된 곳에 한인을 보낸 것이 아니었다. 러시아는 한인을 오지로 보내 극동 식민 개척을 맡기려 했다. 즉 그라베가 고안한 정책의 성격은 한인을 통한 '식민 개발의 외주'였다.

이처럼 한인은 1908년 러시아 지방 당국의 국유지 임대 금지 후 러시아인의 사유지에서 일하며 농작 능력을 증명했다. 그 결과 대체하기 어려운 생산성을 무기로 러시아 관료들의 정책 방향을 수정하도록 만들었다.

3. 금광에서 쫓겨나 '황화론'에 항변하다

운테르베르게르의 엄격한 한인 단속 정책은 농촌만이 아니라 광산에서도 이뤄졌다. 그는 광산에서 비귀화 한인의 노동을 금지했다. 1909년 아무르주에서 약 2,000명, 연해주 우드스키 지역에서는

약 5,000명의 한인이 금광지역에서 쫓겨났다.⁴⁷

금광노동은 러시아 극동에 거주하는 한인의 노동에서 큰 비중을 차지했다. 주별로 아무르주가 가장 많았고, 연해주가 그다음을 이었다.⁴⁸ 운테르베르게르 보고서에 따르면, 금광지역에서 한인 노동 임금은 중국인보다 저렴했다.⁴⁹ 한인은 러시아 극동의 금광업에서 임금상 러시아인·중국인에 비교우위를 갖고 있었다.

당시 금광에서 일하는 한인은 '금점꾼'이라 불렸다. 이들은 매년 3~4월에 채금을 시작하여 9월 중순에 일을 끝냈다. 그 후 광주에게 식대·경비를 낸 후 남은 금액을 소득으로 받았다. 광산에서 임금을 받고 일하는 것과 달리, 여러 사람이 모여 금광을 일정 기간 빌려 하루치 금액을 내고 금을 캐기도 했다. 이들은 '걸양군(乞壤軍)'이라 불렸다.⁵⁰ 금광에서 일하는 한인은 생필품과 장비를 현장의 금광 소유주의 상점에서 정해진 가격으로 조달해야 했다. 그 과정에서 금광 소유주는 이윤을 볼 수 있었다.⁵¹

러시아 극동에서 한인이 금광업에 종사하기 시작한 것은 1891년부터였다. 당시 한인은 금광 노동자의 집에서 하인으로 일을 했으며, 그 수는 10명 남짓에 불과했다. 그런데 1891~1892년경 아무르주의 한인은 470명, 1893년에는 1,510명, 1906년에는 약 6,300명까지 늘어났다. 금광에서 일하는 중국인 노동자의 수도 이와 비슷했다.⁵²

러시아 측은 러시아인 노동자의 이익이 침해받을지도 모른다는 불안감으로 인해 점차 황인종 노동력의 사용을 제한했다. 한인의 금광 취업을 제한하고자 했던 움직임은 운테르베르게르가 총독에 취임하기 전부터 있었다. 중국인 노동자와의 경쟁 구도 속에서 한쪽이 사용되면, 다른 한쪽은 취업에 제한을 받았다. 1893년 금광지역에서 중국인·한인 노동자 고용이 유해하다는 의견이 제기되었다. 다만 청나라의 경우 1864년 '청로육로무역조약'에 의해 중국인 노동자는 사용 제한이 불가했기 때문에 한인 노동자만 취업이 제한되었지만, 한편에서는 여전히 중국인보다 한인 노동자가 러시아에 이득이 된다는 견해가 있었다.

1899년 10월 의화단사건이 일어났다. 이 사건은 청 정부와 의화단이 반외세를 기치로 내걸며 서구 열강과 벌인 국제전쟁이다. 의화단사건을 계기로 러시아에서 한·청 양국인이 금광에서 취업하는 것을 배제하는 문제가 다시 대두됐다. 러시아인 노동자가 임금 경쟁에서 밀릴 것이기 때문에 양국 노동자들을 추방해야 한다는 주장이었다. 당시 중국인 노동자는 쫓겨난 반면, 한인 노동자는 러시아에 남아 일할 수 있었다.[53] 1902년 금광에서 민족별 쿼터를 실시하여 러시아인 50퍼센트, 한인 25퍼센트로 노동자 비율이 정해졌다. 나아가 노동 특별허가를 받아야 하며 그 절차가 더 엄격해졌다.[54]

1907년 운테르베르게르는 금광에서 한인의 노동을 금지하는 명령을 내렸다. 그는 러일전쟁 전부터 극동에서 황인종 노동자들이 많이 사용되고 있다는 점을 우려했다. 러일전쟁 후 극동지역에서 러시아의 지위를 확고하게 할 필요가 있으며, 황인종 대신 러시아인 정착자를 늘려 "경제적으로 조국을 해방"시켜야 한다는 목표의식이 있었다. 러시아 국책사업에서 러시아인 고용을 의무화해야 하고, "모든 국유 기업, 국유 토지 양허 및 임대에서 황인종 노동자를 러시아인으로 대체해야 한다"고 주장했다.[55] 이러한 주장은 이주정책 관점에서 극동에 러시아인 정착인구를 증가시키고자 한 스톨리핀 총리와 그를 위시한 러시아 중앙정부의 입장과 맥을 같이 했다.

운테르베르게르는 금광업에서 한인의 감소가 전체 금 생산에 영향을 미치지 않는다고 생각했다. 비귀화 한인의 금광 취업을 제한하여 금광 경영에 손해가 발생하더라도 황인종으로부터 금광지역을 지킬 수 있다면 이런 조치가 타당하다는 취지였다.[56]

운테르베르게르가 내린 명령은 그의 재임 동안 이어졌다. 1908년부터는 금광에서 한인 노동자의 모습을 찾기 어려울 정도로 강력히 제재했다. 금광업자들은 한인을 고용할 수 있도록 청원했으나 모두 각하되었다. 운테르베르게르는 아무르 주지사에게 금광에서 일하는 한인 모두를 퇴거시키라는 명령을 내렸다. 한인 노동자의 금광노동을 금지하자 중국인이 이를 대체했고, 한인 노동자만을 사용하던 금광들은 문을 닫았다. 그리고 퇴거 명령으로 인해 금광에서 쫓겨난 한인들은 극동의 도시와 촌락에 유입됐다.

그러나 운테르베르게르의 정책은 러시아 관료계 내부와 외부 양쪽에서 서서히 균열이 생기기 시작했다. 그라베는 금광지역에서 러시아인 노동자의 수를 늘리는 것은 단시일 안에는 불가능하다고 판단했다. 한인 노동자의 고용을 금지하면 러시아 금광업의 일자리는 중국인이 독차지할 것이라 우려했다. 그로 인해 발생하는 문제들은 러시아에 이익이 아니라고 생각했다.[57]

한인들은 운테르베르게르 총독이 한인의 러시아 이주와 노동 금지를 강화하는 것에 대응하여 나름의 전략을 세웠다. 우선 러시아 지방과 중앙관료를 직접 방문했다. 이준성과 김재모라는 한인은 광산지역에서 노동하던 한인이 퇴거당하기 시작하자, 아무르주 군무지사, 프리아무르 총독을 직접 찾아가 추방 기한을 연장해줄 것을 호소했다. 나아가 상트페테르부르크로 가 금광회사 대표와 상담한 후 스톨리핀을 방문하고, 금광회사 대표와 함께 직접 러시아 두마 의장에게 찾아가기도 했다.[58]

러시아 극동 금광업계는 한인 노동자들과 이해관계를 같이했다.

러시아 극동 금광업계 특파위원 페던코프(Федонков)와 그라우만(Грауман)이라는 러시아인도 내무대신 스톨리핀을 찾아가 "흑룡일대(아무르주-인용자) 금광에서 한인을 강제력으로 축출하지 말라"고 청원했다. 스톨리핀은 이미 방침이 의안에 올라갔으니 결정시 특파위원 말에 주의하겠다고 답변했다.59

블라디보스토크에서 발행된 한인 신문『대동공보』는 한인의 이주와 취업을 제한하기 위해 러시아 중앙에서 열린 '러시아 의회 대(對)청·한 양국인 유입 방어방침'(이하 방어방침)의 결정 과정을 상세하게 보도했다.『대동공보』의 보도에 따르면, 1909년 2월 23일 진행된 회의에 러시아 내무성, 군부, 이민부를 비롯하여 관계 부처 인사 10명이 참석했다. 군부 차관 폴랴노프 대장은 "극동에 황인종의 이주를 방어하려면 불가불 거액의 재산을 비용치 아니코는 못될 것"이라 우려를 표했다. 그러나 결국 황인종의 극동 이주는 극동에서 러시아의 생사 문제와 관련되어 있기 때문에 황인종의 노동력을 막고 러시아인을 극동에 이주시켜야 한다는 방향으로 의견이 모였다.60

1909년 5월 15일 상트페테르부르크에서 진행된 시베리아 이민연구위원회 회의에서 방어방침에 대한 의견은 셋으로 나뉘었다. 첫 번째는 반대였다. 두마 의원 칠리킨(Ф. Н. Чиликин)은 방어방침을 다음과 같이 평했다. 그는 방어방침의 진정한 목적이 거주허가증 발급비 수입을 통해 프리아무르 총독부의 행정력을 확장하는 데 이용하기 위함이며, 경찰력이 늘어나면 "그 관리를 원수로 생각하는 악감정"만 키울 것이라 우려했다. 군부 측 폴랴노프는 황인종 노동력이 없으면 군사적 목적의 건축 사업이 5년 동안 진행되기 어렵다며 방어방침을 반대했다. 코사크 대표 두마 의원 만코프(Н. А. Маньков)도 국경에서 러시아와 청나라의 우의가 이어져왔는데,

경찰력을 늘리면 우호적 관계에 금이 간다며 방어방침에 부정적 견해를 보였다.61 두 번째는 찬성이었다. 황인종 배척은 미국에서도 현재 진행 중이기 때문에 문제가 없다는 주장도 나왔다. 마지막은 절충안이었다. 연해주 두마 의원 실로(А. И. Шило)는 광업에서는 노동을 금지하되, 농지 경작은 금지하면 안 된다는 절충적 견해를 보였다.62

결국 이 회의에서 국회에 방어방침 관련 법률을 제출하기로 결정됐다. 해당 기사의 특징은 방어방침에 대한 반대의 논리가 상세히 서술되어 있지만, 찬성 논리에 대한 소개는 소략하다는 점이다. 추측건대 이 기사는 한인이 러시아로 이주한 후 취업을 통해 생계를 유지하기 위해 러시아 당국에 어떤 논리를 이용할 수 있을지 소개하는 목적도 있었다고 생각된다. 『대동공보』는 방어방침을 논의하는 러시아 측에도 다양한 견해가 있다는 사실을 한인들에게 인지시켜 방어방침에 대한 여론을 환기하고 대응력을 유지하는 원동력이 되었다.

『대동공보』는 방어방침의 허점을 지적하며 형평성 문제를 제기했다. 청인 및 한인과 달리 일본인은 방어방침의 적용을 받지 않는다는 것이었다. 특히 한인이 러시아에 해롭다는 주장에 두 가지 이유를 들어 반박했다.

첫 번째는 경제상의 이유였다. 『대동공보』는 한인이 러시아에서 상공업보다는 철도 건설과 농지 개간에 집중하고 있으며, 다른 외국인들과는 달리 음식과 옷을 러시아에서 산다는 점을 강조했다. 한인은 상공업 분야에서 러시아인들의 점유율에 영향을 거의 주지 않으니 해가 되지 않으며, 화폐를 유출하지 않고 러시아 국내 소비를 진작시킨다는 견해였다.

두 번째는 군사상의 이유였다. 러시아 극동에서 유사시 러시아

군인이 될 한인이 많으며, 한인을 그대로 두면 "은근히 정병을 양성"하게 되니 러시아의 군사력에 도움이 될 것이라는 논리였다.[63] 이 기사가 보도된 후 약 3달 뒤인 1909년 9월 2일 『대동공보』는 한인의 러시아 군대 입대를 독려하는 기사를 냈다. 러시아 국적을 취득한 한인에게 1909년 징병령에 적극적으로 응할 것을 권했다.[64]

『대동공보』는 징병에 응하는 것이 "국민의 마땅한 의무"라는 점을 강조하며 병역 수행의 당위성을 네 가지로 설명했다. 먼저 러시아에 '보은'하자는 주장이었다. 한인이 기아를 피해 러시아로 와서 토지를 받고 정착할 수 있었기 때문에 러시아의 호의에 보답해야 한다는 논리였다. 두 번째는 병역 수행을 통해 러시아의 신뢰를 얻어 단속 정책의 강화에 대응하자는 견해였다. 세 번째는 위기에 빠진 고국을 위해 러시아 병역 수행을 하러 외교 회복의 기회로, 마지막은 군사훈련의 기회로 활용하려는 입장이었다.[65]

위 기사에는 『대동공보』가 방어방침에 대응하기 위해 러시아 현지와 고국의 정치 상황을 동시에 고려하며 1909년 징병령을 활용하고자 했던 고민이 드러난다. 이 가운데 첫 번째와 두 번째는 현지에서 한인의 권익 향상을 위해 러시아를 의식한 것이었다. 세 번째와 네 번째는 고국의 주권 회복을 염두에 둔 논리였다.[66]

러시아 일각에서는 한인이 러시아군에 입대하여 훈련받는 모습에 호의적 반응을 보였다. 1910년경 그라베는 재하바롭스크 러시아 제28 사격연대를 방문했다. 이 부대는 당시 러시아에 거주하던 한인 가운데 새로이 입대한 이들이 집중된 곳이었다. 연대장 만드리키(Мандрыки)는 한인들이 제식 훈련에 능하다는 평을 내렸으며, 그라베 자신도 제28 사격연대에 입대한 한인들을 보고 긍정적 인상을 받았다고 기록했다.[67]

『대동공보』는 러시아 극동의 안보 위협 논의와 관련된 '한인의 친일화' 담론에 명백히 선을 그었다. 그리고 러일전쟁 후 한인에 대한 처우가 열악해진 상황의 원인을 러시아의 오해에서 찾았다. 러시아가 한인에 대해 지닌 오해는 근본적으로 한인의 친일화에 대한 우려에서 비롯된 것으로, 그 자세한 사항을 네 가지 측면에서 설명했다.[68]

첫 번째 오해는 일본이 대한제국을 '보호국화'했으니 한인은 친일화하여 러시아를 배척할 것이라는 우려였다.『대동공보』 측은 일본이 '보호국'이라는 명목으로 대한제국의 군대를 해산하고, 외교권·사법권·재정권 및 철도·광산·삼림권을 강탈해간 것이며, 일본은 한인의 "불공천지원수"라고 설명했다.

두 번째 오해는 한인과 일본인은 같은 황인종이기 때문에 한인이 친일화할 것이라는 우려였다.『대동공보』는 오래된 한일 갈등의 역사와 현재 일본이 한인을 탄압하고 있는 사실을 근거로 들어 친일화 오해를 불식시키고자 했다.[69] 운테르베르게르를 비롯하여 방어방침에 찬성한 러시아 측 인사들은 한·중·일 세 민족을 경제와 안보에 위협이 되는 황인종으로 단일화하고자 했다. 반면『대동공보』는 인종 범주화를 통한 민족적 차이의 사상(捨象)을, 한일의 민족적 갈등 논리로써 복원하고자 했다.『대동공보』는 러시아의 인종주의에 대응하기 위해 민족주의적 언어를 활용한 것이다.

세 번째 오해는 러시아 영내에는 일진회와 같이 일본의 정탐 활동을 돕는 한인이 있으니 친일화할 것이라는 우려였다. 한인의 일본 스파이화 논리는 1909년 2월 23일 러시아 하원에서 방어방침을 검토하던 때 극동자유항 철폐를 주장한 마르코프(Марков)도 주장한 바 있다. 그는 "한청 양국인이 자주 일인의 정탐으로 있다"며, 전쟁이 발발하면 한인이 "양호유환(養虎遺患)"이 될 것이라 주장했다.[70] 이에『대동공보』는 특정 소수가 정탐 활동을 한다고 해서 한인 전체가 그러한 것이 아니라고 항변했다.

러시아 측의 의심은 어디까지 사실이었을까. 일본의 사주를 받아 정탐 활동을 수행하던 한인의 실상을 정확히 알기 어렵지만, 그 일면을 보여주는 두 보고서가 있어 주목된다. 러시아 황립동방학회 프리아무르 지부 대표 슬류닌(Слюнин)이 작성한 보고서에 따르면, 연해주에는 공의회(公議會)라는 일진회의 지부가 있었다. 이 조직은 비공식학교를 운영하며 일본에서 출판된 교과서를 통해 친일적 한인을 양성하고자 했다. 이 학교는 일본에 의한 범아시아주의를 선전했고, 블라디보스토크의 일본 불교 사찰인 혼간지(本願寺)에 전도단을 조직했다. 슬류닌이 비공식적으로 입수한 정보에 따르면 이 전도단은 러시아 정교회 선교사의 설교에 반대하는 활동을 했다.[71]

1909년 5월 25일 러시아 헌병대 대령 셰르바코프(Щербаков)가 프리아무르 총독에게 제출한 보고서에 따르면, 공의회는 연해주 수청(水淸) 지역에서 조직되었으며, 회장 김성수, 부회장 정성옥, 서기 백남직이라는 인물로 이루어져 있었다. 러시아 헌병대는 수색을 통해 김성수와 백남직을 체포하고 다량의 문서를 확보하여, 공의회의 내부 정보를 밝혀냈다. 이 조직의 설립 목적은 "의병활동을 방해하고, 러시아인들의 활동을 자세히 조사하여 알아낸 모든 것을 일본인들에게 전달하는 것"이었다. 회장 김성수의 진술에 따르면 공의회의 회원은 약 180명이었다.

서기 백남직이 밝힌 공의회 또 다른 목적은 "의병들의 계속되는 강압으로부터 회원들을 보호하는 것"이었다. 러시아 헌병대가 압수한 문서 중에는 의병에게 희생된 한인과 한인 마을의 명단도 있었다. 셰르바코프 대령은 공의회의 회원으로 파악된 모든 한인을 추방하고 남은 인물을 특별히 조사해야 한다는 의견을 개진하면서

도, 공의회는 "아마도 외국인들 중에 죄 있는 자들을 공격하기 위한 목적"도 있다고 보고했다.72

공의회의 존재는 러시아가 한인의 일본 정탐 활동을 의심하는 주요한 근거가 된 것으로 보인다. 나아가, 의병에게 어떤 형태로든 피해를 보았다고 생각하는 한인들이 그 활동에 반감을 갖도록 부채질하는 효과도 있었다. '일상의 피해'는 일본에 의지하는 결과를 낳았다. 그 과정에서 일본 정탐 활동을 돕는 이들이 발생하며 '한인의 일본 스파이화'는 러시아가 한인을 배척하는 논리 중 하나가 되었다.

『대동공보』측이 주장한 네 번째 오해는 대한제국과 일본이 같은 동양에 속하기 때문에 한인은 친일화하여 러시아를 배척할 것이라는 우려였다. 이는 한인이 일본의 아시아주의에 공명할 수 있다는 의심의 연장선에 있던 것이다.73 『대동공보』는 "우리는 한국이 있은 후에 동양이 있음을 원하며 한국이 망한 후에 동양이 있음을 원치 않는다"며 일본의 아시아주의에 대해 선을 그었다. 또한, 한국과 러시아가 "순치보거(脣齒輔車)"의 관계에 있으니, 일본의 극동 공격이 예상되는 상황에서 러시아는 일본과 전쟁 시 한인을 군사적으로 활용해야 한다고 주장했다. 다만 "피 흘려 싸우는 것은 러시아를 위한 게 아니라 조국의 독립을 위함"이라며, 한인의 러시아군 입대는 어디까지나 '전략적 연대'라는 입장을 분명히 보였다는 점이 이목을 끈다.

『대동공보』는 한인을 겨냥한 '황화론'에 항변했다. 그러나 여기서 주목해야 할 것은 그 목소리가 일방적이고 공허한 외침으로 끝나지 않았다는 점이다. 한인은 금광업자와 같이 러시아 현지에서 연대할 수 있는 우호세력을 찾고, 병역을 통해 자신들이 어떤 점에서 러시아에 유용할 수 있는 존재인지 알렸다. 나아가 러시아 한인사회의 존립에 치명적일 수 있는 친일 이미지를 깨뜨리고자, '일본인과 다른 한인'을 내세워 의식적으로 민족 범주를 구분하고자 했다. 이렇게 운테르베르게르의 정책은 한인들의 말과 행동으로 서서히 균열이 나고 있었다.

3장
호의와 적의, 그 사이에 선 의병

1. 의병에 대한 암묵적 지지와 철회

1905년 을사늑약 후 조선 국내만이 아니라 러시아 연해주 지역에서도 일본의 한국 식민지화에 저항하기 위한 의병활동이 확산했다. 한인 의병은 일찍이 러시아에 정착해 현지에서 생업을 꾸린 정주유력자 계통과 한반도 식민화 과정에서 연해주·간도로 북상한 망명자 계통으로 나뉘었다.[1] 최재형(崔在亨, 1860~1920)을 중심으로 한 세력이 정주유력자 계통에 해당한다. 그는 러시아 군수업으로 경제적 부를 쌓아 러시아 한인사회에서 '성공한 이민자'의 상징이 된 인물이다. 반면 대한제국 간도관리사 이범윤(李範允, 1856~1940)을 중심으로 한 세력은 망명자 계통에 해당한다. 그는 1906년 함경도 일대의 산포수와 관군을 규합한 충의대(忠義隊)를 이끌고 연해주로 망명했다.

러일전쟁 패전 후 러시아 군인들은 한인 의병을 간접적으로 지원했다. 패전 후 경제·사회적으로 처지가 열악해진 이들은 의병에게 저가로 무기를 판매했다.[2] 다만 하급장교 또는 제대한 군인이 의병을 지원한 것과는 별개로, 러시아 당국은 이범윤을 중심으로 한 의병을 직접 지원하지 않도록 했다. 1908년 3월 이범윤은 러시아에 귀화한 전 대한제국 장교 김인수(金仁洙)와 함께 스미르노프(E.

Т. Смирнов)를 찾아갔다. 그리고 러일전쟁 후 러시아 당국이 한인 의병에게서 가져간 소총을 반환하도록 요청했다.

스미르노프는 남우수리 국경위원이라는 러시아 제국 지역 안보의 중요 직책을 맡은 인물이었다.³ 그는 "제2 동시베리아 보병사단장인 아니시모프(К. А. Анисимов) 장군이 그 소총들을 관리하고 있다"⁴라며 확답을 피했다. 이범윤은 아니시모프 장군을 방문했지만 "포츠머스 평화조약을 체결했기 때문에 어떤 방식으로건 한인 반란자들을 공식적으로 지원할 수 없다"⁵는 답변을 받았다.

러시아 관료들의 애매한 태도는 어떤 이유에서였을까. 러일전쟁기에도 러시아군과 한인 의병은 소극적 공조 관계를 유지했다. 러시아 측은 일본에 대항하기 위해 한국과 협력했지만, 직접적 무력 지원은 피했다. 러시아 측이 필요로 했던 것은 대일 정보협력이었다. 러시아 만주군 사령부는 아니시모프 휘하에 한인 부대를 창설했으나 이범윤의 부대는 편입되지 않았다.⁶ 이범윤 부대를 러시아 만주군에 공식적으로 편입할 경우, 일본군이 의병 진압을 명목으로 연해주에 상륙할 가능성도 있었기 때문이다. 러시아군은 만주에서 연이은 패전으로 인해 한반도 문제에 깊게 관여하는 것을 피했다. 따라서 러일전쟁기 한러 군사협력은 이범윤 부대와 러시아 만주군 아니시모프 휘하 한인 부대의 공조가 이뤄졌음에도 불구하고, 의병이 러시아 연해주 방위를 "자발적으로 지원하는 소극적인 공조체제"에 머물렀다.⁷

스미르노프는 한인의 의병활동에 이중적인 태도를 보였다. 그는 의병활동에 적극적인 지원을 하지 않지만, "활동을 보고도 못 본 척" 하는 방관책을 취했다. 그 이유는 일본에 대한 적대감 때문이었다. 그는 "일본인들은 결코 우리(러시아―인용자)의 친구가 아니"며, 일본이 러시아를 상대로 "칼을 갈고 있"고 일본에 이주한 러시아의 혁

명가들을 보호하여 이들을 스파이로 활용하고 있다고 파악했다.[8]

양국 간 망명자들에 대한 상호 협의가 있던 것도 아니었다. 1908년 4월 18일 기준으로 러일 간 정치범 인도 협정이 별도로 체결되어 있지 않았다. 따라서 스미르노프는 한인 망명자에 대한 외교 교섭이 이뤄질 때 러시아가 일본에 구실을 붙여 거절하거나, 형식적인 답변을 할 수 있다고 주장했다.[9]

하지만 그는 러일전쟁 후 항일활동을 방지하라는 러시아 정부의 지시를 준수해야 했기에, 이범윤에게 경고해 연해주 연추 지역을 떠나도록 했다. 나아가, 포시에트 경찰서장에게 최재형을 소환하여 "러시아 신민인 그가 한인 애국자들의 활동에 관여해서는 안 된다"고 지시하게끔 했다.[10]

러시아 관료들의 이중적 태도 속에서 한인 의병은 어떻게 연해주에서 활동의 동력을 이어나갈 수 있었을까. 의병은 전투 승리를 통해 지역주민들의 지지를 얻었다. 이범윤을 중심으로 한 의병은 일본군과 교전에서 상당한 전과를 올렸다. 이들은 1908년 5월을 전후로 함경북도 무산(茂山)을 점령하고, 삼수(三水) 인근에서 150명의 일본군 부대를 상대로 승리를 거뒀다. 스미르노프는 1908년 5월 의병들의 승리 소식이 러시아 지역과 만주 접경지역에서 "한인 이민자들의 사기를 고양"시켜주었다고 기록하고 있다. 의병은 귀화자만이 아니라, "자기 조국에 대한 연민의 감정"을 지닌 비귀화자에게도 지원을 받고 있었다. 의병활동이 한동안 성공적으로 전개된 것이 한인 사이에 의병에 대한 공감을 유지시키는 요인이었다. 한인 의병은 대규모 일본 부대와도 교전을 벌여 두만강 상류 무산을 1908년 6월까지 통제하고 있었다.[11]

1908년 7월에는 약 800명으로 구성된 대규모의 의병이 '국내 진공 작전'을 펼쳤다. 의병은 1908년 7월 7일에 한러 국경지대 녹둔도 부근에 위치한, 함경북도 경흥군 홍의동(洪儀洞) 진격을 시작으로 하여, 1908년 8월 전후 함경북도 회령 남쪽 영산(靈山)에서 일본군에 패배하여, 작전이 종료된 것으로 추정된다.[12]

앞서 언급한 연해주 의병운동의 양대 지도자 최재형과 이범윤은 이 작전에 직접 참여하지는 않았다. 최재형은 작전이 시작되기 전 1908년 6월 포시에트 경찰서장에게 초치되어, 의병 지원 금지를 직접 지시받아 사태를 관망해야 했다. 이범윤은 1908년 7월경 총기 구입을 위해 우수리스크에 머무르고 있었다.[13]

이 작전은 최재형·이범윤 양대 의병 지휘자보다는 그들 휘하의 중견 인물들에 의해 수행됐다. 함경북도 관찰부의 경무관으로 재직하다 연해주로 망명한 전제익(全濟益) 이하 안중근(安重根)·엄인섭(嚴仁燮)이 이끄는 약 200명의 한인 의병은 1908년 7월 7일 홍의동에서 일본군과 전투를 벌여 전과를 올렸다.[14] 일본의 정보 보고에 따르면, 의병 200명은 육로로 진격하여 무산 또는 삼수에서 모일 예정이었다. 일본 측은 600명의 의병이 배를 통해 청진과 성진의 한 지점에서 상륙하고 갑산(甲山)에서 집합해 "남한 폭도와 기맥을 통하여 일을 일으킬 계획"이라 파악했다.[15]

지역주민 사이에는 한인 의병을 돕는 분위기가 있었다. 스미르노프의 보고서에 따르면, 훈춘 지역에 위치한 우샤거우(Ушагоу) 마을은 의병의 주요 활동 지역 가운데 하나였는데, 그 인근에서는 의병이 중국 측 관료의 "암묵적인 협력"과, 중국인 지역주민의 지지를 받아 활동하고 있다는 이야기를 기록했다.[16]

1908년 7월 7일 홍의동 국내 진공 작전이 시작될 때 지역의 한인 주민은 부대의 전술 이동이 원활히 진행될 수 있도록 도왔다.[17] 러시아 측 보고에 따르면, 1908년 7월 5일 야간 연해주 남부 수청(水淸, 현재 파르티잔스크) 지역에서 건너온 의병 96명은 한·러 접경지 포드고르나야(Подгорная) 마을 인근에서 무장을 한 채로 국경을 넘어 1908년 7월 7일 일본군 초소를 공격했다.[18] 이때 한·러 접경지역의 한인 주민들은 의병이 러시아령에서 한반도로 이동하는 것을 알고 있으며 가능한 모든 협조를 제공하고, 의병의 부대 이동이 "완벽한 비밀 상태에서 이루어지도록" 노력했다.[19]

러시아 고위관료들은 의병이 전투에서 부상을 입었을 때 치료를 돕도록 지시했다. 1908년 7월 23일 함경북도 회령에서 약 25킬로미터 떨어진 곳에서 의병들은 일본군 1개 중대와 전투를 벌여 일본군 64명을 사살하고 30명에게 부상을 입혔다. 이후 7월 27일 부령에서 약 20킬로미터 떨어진 백사봉에서 일본군과 전투를 벌였다. 이곳에서 90명의 일본군 사상자가 발생했다. 국경위원 스미르노프는 두 전투에서 다친 한인 의병이 연해주 연추로 돌아와 치료를 받고자 했을 때 이들을 어떻게 처리할지 고민했다. 그는 플루크에게 보내는 보고서에서, "순수한 이타주의 원칙에 입각하여 이를 보고도 못 본 체해야 한다"는 의견을 개진했다. 흥미로운 것은 플루크의 긍정적 답변이다. 그는 다친 한인 의병이 왔다면 "그들의 치료를 거부할 근거가 없다"며, "부상에서 완쾌하도록 지원하라"고 명령을 내렸다.[20]

하지만 의병에 대한 호의는 계속되지 않았다. 의병들은 1908년 8월을 전후하여 영산전투에서 패배한 후 후퇴했다. 1908년 12월경 일본 측은 "적의 모습이 없다"고 평할 만큼 의병 세력은 위축되었다. 특히 이 시기 이범윤은 최봉준(崔鳳俊, 1862~1917)·최재형과 같은 연해주 한인 정주유력자들과 갈등을 겪고 군자금 결핍으로 어려움에 빠졌다.[21]

초기에 지역 한인들은 자발적으로 의병에게 기부금을 제공했다. 한 가구에 1루블에서 많게는 50루블까지 낸 이들도 있었다. 그러나 그 분위기는 오래가지 않았다. 이들은 기부금을 제공해도 전투가 벌어지지 않았고, 결과적으로 의병이 한반도에서 일본을 격퇴하는 데 끝내 실패했다고 생각했다. 상당수의 러시아 거주 한인은 의병에게 자금 제공을 중단했고, 이에 "강제로 금전을 요구"한 의병이 생긴 것으로 보인다. 결국 지역주민과 의병 사이에 마찰이 발생하여, 의병들이 지역주민 한인을 살해했다는 소문까지 퍼졌다.22

의병이 갑자기 지지를 상실한 이유는 무엇일까? 의병 세력 내부의 분열로 상호 협력이 부족해졌다는 점을 생각해볼 수 있다. 1908년 환난상휼을 표방한 공개단체 동의회(同義會)의 조직 후, 양대 지도자 이범윤과 최재형은 상호 갈등을 겪었다. 갈등의 원인에 대해서 뚜렷하게 밝혀진 바는 없지만, 이범윤이 의병부대의 지휘권을 자신의 통제 아래 두려는 과정에서 최재형과 마찰을 빚은 것으로 보인다.23 최재형은 1909년 1월『대동공보』를 통해 "수다한 무뢰지배"가 "다수한 재정을 탈취"한다고 '가칭 의병'을 비판한 바 있다.24 이범윤과 최재형 사이에서 갈등이 발생하자 블라디보스토크의 정주유력자 최봉준과 김학만은 의병활동에 대한 비판 여론을 조성하기도 했다.25

그러나 보다 근본적인 원인은 러시아 당국의 의병활동 단속 강화였다. 러시아는 '비지원 비금지'라는 방관책을 포기하고 의병활동을 적극적으로 금지하기 시작했다. 러시아령에서 의병활동이 확산하자 러시아 중앙정부는 일본 측의 항의를 받은 후 운테르베르게르 총독에게 이범윤이 다시 의병활동을 할 시 그를 체포하라고 지시했다.26 이 때문에 러시아에 뿌리를 내려 오랫동안 거주한 정주유력자는 러시아 당국의 정책에 정면으로 반하는 의병활동을 지지하기가 어려웠을 것이다.

요컨대 연해주 의병은 국내 진공 작전 패배 후, 러시아 당국의 항일운동 단속이 강화되자 활동에 큰 제약을 받았다. 지역주민의 여론 형성에 큰 영향력을 지닌 정주유력자의 지지도 잃었고, 의연금도 강제성에 기대기 시작하며 지역주민들의 반발을 샀다. 의병활동의 존속은 러시아 당국의 정책 방향과 지역주민의 지지 여부에 강하게 결부되어 있던 것이다.[27]

2. 시베리아로 추방되다

1909년은 연해주 의병활동의 위축기였다. 한인의 의병활동으로 러시아에 대한 일본의 외교적 압력이 커졌다. 1909년 1월에는 러시아 당국이 의병의 총기 압수를 시도했다. 1909년 9월 귀화자에 대한 징병령이 시행되자 한인에 대한 러시아 측의 관리 강화로 인해 의병의 항일전은 전보다 상황이 더 녹록지 않게 됐다. 러시아 지방 당국은 징병령을 위해 호구조사를 실시하여 여권을 소지하지 않은 비귀화자를 러시아에서 추방하고자 했다.[28]

다만 러시아 지방 당국은 당국의 기조가 변했음에도 주요 의병지도자를 영외로 추방하지 않았다. 오히려 의병에게 거주허가증 발급을 도와주어 러시아령에서 머무를 수 있게 도우려 했다. 1908년 러시아의 한인 이주민 단속 정책의 강화 기조와 사뭇 다른 현상이었다. 의병의 체류에 대한 예외적 온건 조치는 러시아의 한인 단속 정책이 동요하여 '영외 추방'의 기조가 '영내 추방'으로 굴절되는 것을 의미했다.

이때 '영외 추방'이란 러시아 지방정부가 러시아·일본 중앙정부 간 외교적 입장을 고려하여 비귀화 한인을 만주와 조선으로 추방하는 조치를 의미한다. 일본은 비귀화 한인만이 아니라 귀화 한인이라 하더라도 반일운동하는 망명자라면 조선으로 인도하도록 요구했다. 그러나 러시아 측은 망명자를 영외 추방하더라도 조선이 아니라 주로 만주로 향하게 했다.[29]

반면 '영내 추방'이란 러시아 지방 당국이 러일 외교관계를 크게 저해하지 않는 선에서 반일활동에 참여하는 한인을 시베리아 동부 지역으로 보내는 재량 조치를 의미한다. 영내 추방은 러시아에 귀화한 한인이 주요 대상이었는데 실제로는 귀화 여부를 불문하고, 일본 측이 인도를 요구한 망명자에게 적용되었다.

러시아 지방정부의 재량권은 어느 정도였을까. 러시아 지방정부는 강력한 자치 권한을 누렸다. 러시아 각 지역 총독의 권한은 막강했다. 총독 직위를 맡은 인물에 대한 황제의 개인적 신뢰가 총독의 권한에 강하게 영향을 주었다. 유럽 러시아 지역은 '내무성(МВД)-지사(губернатор)' 2계층 지휘 시스템을 갖추고 있었다. 반면 총독이 있는 지역에서는 내무성과 독립된 지휘체계를 지녀, '황제(император)-총독(генерал-губернатор)-지사' 3계층 지휘 시스템이 작동했다. 러시아 중앙정부는 총독에게 인접 국가와의 외교 정책 중 일부 기능을 위임하기도 했다. 총독이 통치하는 지역에서는 러시아 제국의 법이 완전하게 시행되지 않았으며 별도의 입법행위가 이뤄지기도 했다. 황제의 개인적 신임에 기반한 "강력하고 독립적인 권력"이 지방정부의 총독이었다.[30]

그러나 총독의 권한은 지역의 문제를 해결하는 데 필요한 정도의 '제한적 자율성' 안에 있었다. 러시아 극동의 인구가 적었다는 점으로 인해 프리아무르 지방정부는 재정적자에 시달렸다. 재정운영의 측면에서 중앙정부에 의해 비판을 받을 수 있는 요소였다. 또한, 1906년 탄생한 의회, 러시아 국가 두마는 입법 활동을 통해 프리아무르 총독의 권한에 제약을 가할 수 있었다. 총독은 지역 개발과 관

련된 결정을 실행하려면 국가 두마 의원·국무원·황제의 승인을 받아야 했다.³¹

러시아 중앙(황제·정부)과 지방(총독·지사) 간의 관계는 모순적이었다. 러시아 중앙정부는 총독에게 너무 많은 자율성을 보장하면 중앙정부의 권한이 약화할 것을 우려했다. 총독이 예산 증액과 행정력 증원을 요청해도 중앙정부의 적극적 조치는 기대하기 어려웠다.³² 이처럼 프리아무르 총독은 지역 내에서 강력한 권한을 지녔지만, 동시에 러시아 중앙정부의 영향에서 자유롭지 못한 통치자였다.

한편, 러시아 지방 당국은 한인 단속 정책을 강화해 한인의 러시아 체류를 어렵게 했다. 의병 역시 체류 문제와 관련하여 거주허가증 발급을 피해갈 수 없었지만, 러시아 지방 관료들은 의병이 가능한 한 러시아에 머물 수 있도록 온건하게 대우했다. 러시아 당국은 1910년 6월 16일 통첩을 통해 이범윤을 비롯한 의병이 러시아에 체류할 수 있도록 거주허가증을 의무적으로 취득하게 하고 어떠한 경우에라도 외국으로 추방당하지 않도록 했다.

스미르노프는 의병에게 거주허가증 발급에 편의를 제공하자는 제안을 했다.³³ 그가 의병을 위한 구제 방안을 낸 이유는 이들이 향후 러시아에 유용한 존재가 될 수 있다고 생각했기 때문이다. 스미르노프가 의병에게 거주허가증 발급을 돕고자 했을 때 마주한 난점은 항일활동을 하는 '의병'과 일상을 영위하는 '범인' 간의 구별이 쉽지 않았다는 것이다. 그는 러시아 당국이 지원해줄 의병인지 구분하기 위해 '한인 비밀 정치단체'의 명부에 주목했다.³⁴ 그는 이 명부에는 한인 295명이 등록되어 있긴 하지만 실제 의병과 어느 정도 일치하는지 알기 어려워 해당 명부를 통해 의병들에게 제공할 수 있는 혜택이 크지 않다고 보았다. 더욱이 명단에 있는 한인 295명은 연해주, 아무르주, 훈춘, 한국의 각지에 흩어져 있었다. 이들은 평범한 사람들이자, 일반적인 유랑민과 같은 모습을 하고 있었다.[35]

의병들은 자신의 운명을 단순히 러시아 측의 호의에만 기대지 않았다. 이들은 러시아와 공동으로 일본에 대항했던 경험을 통해 권리 신장을 꾀했다. 군사적 공로에 대한 포상뿐만 아니라, 러시아령 내 토지와 무료 거주허가증을 요구했다.[36] 러시아에 거주하는 의병은 대한제국 여권을 소지하지 않은 경우가 많아, 기본 발급비 5루블에 벌금 3루블을 더한 8루블을 내고 거주허가증을 받아야 했다. 그러나 빈곤한 의병들에게 8루블은 큰 금액이었다.[37]

의병들 사이에 러시아 측의 거주허가증 무료 발급은 큰 이슈였다. 이들은 무료로 거주허가증을 받을 수 없다면 벌금이라도 면제하라는 청원을 계획하며 적극적으로 러시아 측의 지원을 요구했다. 결국 스미르노프는 연해주 니콜스크 우수리스크 군에 거주하는 의병들에게 100매가량의 거주허가증을 발급해야 한다는 의견을 냈다.[38]

주목되는 것은 운테르베르게르 총독이 의병에게 보인 우호적 태도다. 그는 한인 단속 정책을 강력히 실시하면서도, 의병에게는 온건한 태도를 보였다. 의병이 러시아 거주허가증을 받을 수 있도록 "모든 조치를 취하라"고 지시했고, 어떤 경우에도 의병을 "외국으로 추방하지 말라"는 명령을 내렸다. 당시 한인 단속 정책을 통해 추방이 대대적으로 이뤄지고 있던 상황을 고려하면 이례적인 태도였다.

운테르베르게르는 '국가에 대한 충성'을 중시했다. 의병이 전개한 항일활동은 그 기준에 부합했다.[39] 스미르노프도 그러했다. 그는 의병을 "어느 정도 믿을 만한" 존재로 간주했다. 따라서 의병이 거주허가증을 갖고 있지 않거나 러시아령에서 경범죄를 저질렀다

는 이유로 조선으로 추방해서는 안 되며, 하더라도 만주로 보내야 한다고 주장했다.⁴⁰

물론 의병의 체류를 도왔다고 해서 러시아 측이 의병의 항일활동을 좌시한 것은 아니다. 1909년 3월 30일 연해주 행정청은 한인의 항일 여론 조성 행위를 명백한 위험으로 간주했다. 남우수리 군수는 프리아무르 총독에게 이범윤의 의병부대가 한반도 북부로 진격하는 것을 제지하고, 이범윤을 연해주 밖으로 추방해야 한다고 요청했다.⁴¹ 이범윤이 연해주에 있는 것만으로도, "그의 명성을 이용하고자 하는" 한인이 생겨날 것으로 보았기 때문이다.⁴²

총독과 군무지사는 남우수리 군수의 요청을 반려했다. 이들은 이범윤의 추방 문제에 소극적이었다. 플루크는 남우수리 군수의 요청에 "이범윤의 추방 문제를 제기하는 것이 적절치 않다"고 답변했다.⁴³

프리아무르 총독, 연해주 군무지사, 남우수리 국경위원 모두 내심 이범윤에게 호의를 갖고 있었으나, 최재형의 경우는 달랐다. 1909년 2월 19일 남우수리 국경위원 스미르노프의 보고서에 따르면, 그가 이범윤보다 경계한 것은 러시아 귀화자 최재형이었다. 그는 최재형을 "우리의 무원칙한 관료들이 응석을 받아준 결과 버릇이 나빠진 반야만적 외국인의 전형"이라 평했다.⁴⁴ 또한, "낮은 출신 성분과 미심쩍은 명성"으로 인해, 최재형은 "항일 봉기를 선동하는 한국의 귀족들"과 친교를 맺기 어려웠다고 기록한다.⁴⁵ 이러한 견해는 과거부터 이어져온 것이다. 1908년 7월 2일 스미르노프는 최재형이 "사기꾼적인 기질을 발휘하여 금전을 착복"해 사익을 위해 사용했고, 사안을 "표리부동하고 부정직하게 처리"했다고 비판한 바 있다.⁴⁶

이범윤 역시 최재형에 대해 비판의 목소리를 높여 도덕적 우위를 점하고자 했다. 최재형·엄인섭 등이 이끈 의병부대가 "일본인들의 재물을 약탈해 블라디보스토크에서 판매함으로써 일정한 금전적 이익"을 얻었으며, 이는 "약탈을 목적으로 한 단순한 강도" 행위라는 점이 비판의 골자다.[47]

어째서 스미르노프는 최재형과 엄인섭처럼 러시아에 오랜 기간 거주하고 귀화한 이들을 "정치적으로 신뢰할 수 없고 국경에 해가 되는" 존재로 평가했을까.[48] 추측건대 스미르노프는 이범윤에 비해 상대적으로 낮은 신분 출신인 최재형을 통치 대상이라는 관점에서 접근했던 것 같다. 반면 이범윤의 경우 그가 양반 신분이자, 전직 관료라는 점, 과거부터 형성되어 있던 전·현직 한·러 관료 네트워크가 여전히 작동하고 있다는 점을 고려하면 보다 조심스럽게 대우할 이유가 있었다.

대체로 러시아 고위관료들은 조선에서 온 기호지역 양반 가문 출신의 망명자, 즉 소위 '경파(京派)'로 불린 이들에게 호의적인 태도를 보였다. 대한제국의 간도관리사 이범윤만이 아니라 대한제국 의정부 참찬을 지낸 이상설(李相卨, 1870~1917), 대한제국 참령 출신 김인수, 대한제국 경무사 이병구(李秉九)의 아들 이민복(李敏馥)이 그러한 사례다.[49] 러일전쟁에서 러시아군 통역으로 참여한 경력이 있는 조선 관립 러시아어 학교 출신 인물들도 이 세력에 포함됐다.[50] 윤일병(尹日炳), 구덕성(具德盛)은 러일전쟁 후 러시아군 통역을 맡아 러시아군과 한러 정보협력을 이어왔다.[51] 이처럼 이범윤은 전직 대한제국 관료와 러시아군 간의 네트워크 자장 속에서 상대적으로 러시아 관료들의 온건한 대우를 받을 수 있었다.

한러 관료 네트워크에서 주요 러시아인 매개자로, 비류코프(Н. Н. Бирюков)라는 인물을 들 수 있다. 운테르베르게르의 추천으로 조선 관립 러시아어 학교의 교사가 된 비류코프는 러시아 상트페테르부르크의 명문가 자제였으며, 운테르베르게르 총독의 가문과 가까운 관계를 유지한 인물이다.52 그는 러시아어 학교 교사직에서 물러난 뒤, 주 원산 러시아 영사직을 맡았다. 이후 블라디보스토크를 왕래하며 러시아 헌병대 장교 셰르바코프와 자신의 제자 윤일병 및 구덕성과 교류를 이어갔다.53 비류코프는 러일관계가 적대적으로 변할 가능성을 암시하며, "한국 독립 회복을 위해 러시아를 도와야 한다"는 견해를 보였다.54

연해주 군무지사 스베친(И. Н. Свечин, 1863~1930)은 이범윤을 적극적으로 보호하려 했다. 그는 이범윤을 조선으로 추방할 수 없으며, 거주지 제한을 조건으로 러시아 영내에 두어야 한다고 주장했다.55 이범윤은 1910년 8월 조직된 항일단체 성명회(聲明會)56에 참여했다. 그러나 곧 러시아 당국에 체포되어 이르쿠츠크주로 추방됐다.

이때 스베친은 이르쿠츠크 총독 그란(П. К. Гран, 1869~1941)에게 다음과 같은 서한을 보냈다. 그 내용은 이범윤이 "열렬한 애국지사"이자 러일전쟁에서 "우리나라(러시아)에 아주 중요한 역할"을 수행했기 때문에, 그를 "범죄자처럼 취급해서는 안 되며" 이범윤이 이르쿠츠크에서 안정적으로 생활할 수 있도록 최선을 다해 협조해달라는 요청이었다.57 나아가, 스베친은 자신이 이범윤의 "추종자 중 한 사람"58이라 할 정도로 이범윤을 높이 평가했다.

스베친의 후임 군무지사 마나킨(М. М. Манакин, 1862~1932)은 운테르베르게르의 후임 총독 곤다티(Н. Л. Гондатти)에게 이범윤을 비롯한 한인이 이르쿠츠크로 추방된 것을 철회해달라고 요청했다. 그는 이범윤 세력을 일본의 적이자 러시아의 친구이며, "탁월한 조선인 애국자"로 규정했다.59 나아가, "충직한 자들, 그렇기 때문에 우리에게 절대적으로 필요한 자들"이라 평가하며, 의병에 대한 우호적 시각을 드러냈다. 러시아 지방 당국자들에게 의병을 영내로 추방하는 것은 "일본과의 관계 악화를 피하려는 희망이 고려된 임시적 조치"였다.[60]

러시아 당국자들은 의병의 항일 여론 조성 행위와 일본군과의 교전이 "매우 불쾌한 정치적 갈등"을 야기해 러일 간 외교 문제로 비화할 수 있다는 점을 충분히 이해했다.[61] 스톨리핀 총리는 1908년 5월 25일 한인의 반일활동을 전격 금지했다. 총리의 명령을 수행하는 방법은 추방이었다.

1909년 2월 19일 국경위원 스미르노프는 강도와 같은 중범죄를 일으킨다면 일본 측으로 영외 추방을 해야 하지만, 이범윤과 같은 망명자는 하바롭스크로 추방하고, 그곳에서 거주지를 제한해 경찰의 감시를 받도록 한다는 입장을 고수했다. 러시아 귀화자인 최재형과 엄인섭에 대해서도 "블라고베센스크시로 추방해 1년 정도 경찰의 감시를 받도록 한다"[62]며, 마찬가지로 영내 추방을 주장했다.

의병 역시 당사자로서 조선으로 영외 추방을 당하지 않도록 러시아 당국에 직접 호소했다. 다음은 1908년 11월 25일 이범윤이 스미르노프에게 보낸 청원서다.

> 안방비 등지에 그 전 군인으로 모라 두었더니 ●●이로 인연하여 시방 도소에 갇혔사오니 만일 본국으로 내어보내면 죽을터이옵기 성명을 기록하와 앙달하오니 대감께서 통촉 처분하심을 바라나이다.[63]

이범윤은 스미르노프에게 의병을 조선으로 추방하지 않도록 요청했다. 러시아의 조치를 일방적으로 기다리지 않고, 선제적으로 영외 추방을 막고자 한 것이다.

3장. 호의와 적의, 그 사이에 선 의병

이범윤의 요청은 스미르노프를 움직였다. 그는 의병을 정치활동가로 보았다. 가능한 러시아의 이익을 저해하지 않는 선에서 망명자가 신변의 안전을 보장받을 수 있게 했다. 1908년 5월 25일 스톨리핀이 스미르노프에게 보낸 훈령에는, 한인을 일본에 인도하라는 뚜렷한 지시가 없었다. 그래서 재량을 발휘해 의병을 단순히 "여권을 소지하지 않은 자"가 아니라 "정치활동가"로 규정하면, 국제법에 근거해 보호를 할 수 있었다. 나아가, 당시 러일 양국 간에는 정치활동가 인도에 대한 어떠한 협정도 체결되어 있지 않아, 러시아가 일본에 이들을 인도할 의무도 없었다.

스미르노프는 의병이 한국으로 송환될 경우 고문을 받은 후 사형당할 것이라 보았다. 의병의 생명을 지키면서 러일 간 외교 갈등을 막는 방법은 한러 국경에서 멀리 떨어진 곳으로 의병을 영내 추방하는 것이었다. 스미르노프는 이 방법이 오히려 스톨리핀의 지시를 "정확히 이행하는 것"이라 판단했다.[64]

1909년 2월 19일 스미르노프는 의병활동을 직접 지원하는 것이 "지극히 부적절"하다고 여겼음에도, 항일활동들을 "보고도 보지 않은 척"해야 한다고 기록했다.[65] 이는 1908년 4월 19일 자신이 쓴 보고서에서 의병활동을 "보고도 못 본 척"[66]해야 한다는 입장을 재확인하는 기록이다.

이러한 묵인책이 거론된 배경에는 러시아 지방 당국의 미약한 경찰력, 즉 한인 망명자를 효과적으로 통제하기 어려운 현실적인 이유도 작용했다. 1908년 5월 27일 스미르노프는 러시아 측이 부족한 경비로 인해, 소규모 한인 의병이 한반도 북부로 잠입하는 것을 막을 능력이 없다고 자평했다.[67] 1909년 2월에도 상황은 마찬가지였다. 국경지역인 포시에트에서 러시아 경찰은 한인이 지닌 계획을 파악하고 제지하는 데 어려움을 겪었다.[68]

의병은 러시아의 한인 단속 정책이 강화하는 가운데 자신들에 대한 러시아의 '묵시적 호의'를 이용해 세력을 키우려 했다. 이범윤을 비롯한 의병들은 지역주민 중 한인에게 "러시아 당국은 강제적인 수단을 통해 한국인들에게 거주허가증을 보급할 수 있는 힘이 없다"며 러시아 측 행정의 허점을 선전하며, 당국에 의해 추방당할 수 있는 한인을 대상으로 의병을 모집하려 했다.[69]

결국 러시아 지방 당국의 고위관료와 실무자는 의병활동을 제지하면서도 체류를 도왔다. 애초에 이들은 망명자의 러시아 거주 자체를 막으려는 의지가 없었다. 오히려 한인 단속 강화 속에서도 의병을 특별대우하여 러시아령에 머물 수 있도록 도왔다. 이는 의병에 대한 '묵시적 호의'와 일본에 대한 '묵시적 적의' 사이에서 발휘한 재량이었다. 추방은 영내 추방 또는 만주로의 영외 추방 내에서 이뤄졌다.[70]

물론 이러한 조치는 외교와 안보 관점에서 러시아에 이득이 있었다. 일본에 한인 신병 처리에 관한 주도권을 내주지 않는 방향이자, 한러 정보 및 군사 협력으로 쌓은 상호 신뢰를 무너뜨리지 않고 한인 망명자를 대일 안보에 활용할 수 있는 여지를 남기는 선택지였다.[71]

이처럼 러시아 당국의 한인 단속 정책은 여러 방향으로 균열이 나며 동요했다. 농업과 금광업에서 러시아 민관(民官) 사이에 상반된 이해관계, '황화론'에 대한 『대동공보』의 항변, 의병에 대한 당국자들의 온건 조치가 그러한 상황을 만들어냈다.

의병은 전반적인 체류 조건의 악화 속에서도 정책의 틈새를 파고들어 자신의 삶을 지켜냈다. 다음은 1912년 4월 22일 이범윤이 프리아무르 총독 곤다티에게 보내는 어로 허가 청원이다. 그는 1910년 8월 러시아 당국에 의해 이르쿠츠크로 영내 추방되었다가 1911년

6월에 석방된 후, 연해주 남부 연추에서 삶을 이어가고자 했다.

> 최근에 저와 제 부하들은 저희 일가 친척으로부터 받던 이전의 자금을 잃게 되었는데, 그 이유는 한일병합에 있었으며, 그러한 이유로 제 부하와 저는 현재 생존관계에 있어서 매우 곤란한 처지에 있으므로, 저와 제 부하들이 어로 행위를 할 수 있도록 하바롭스크에 위치한 끄냐진(Князин) 강의 지류인 끄루곰(Кругом)강 어로 구역을 저희에게 임차해주실 것을 각하께 삼가 부탁드립니다. 그것에 의해 저희는 생활비를 벌어야 합니다. 우리에 대한 일본 권력의 강력한 박해 앞에서, 저도 제 부하도 이미 조국 한국으로 되돌아가는 것은 여하한 가능성이 없기 때문에, 향후 우리의 생존에 대한 모든 희망은 각하에 달려 있습니다.[72]

프리아무르 군관구 참모장은 총독에게 위 청원서를 보내며 이범윤이 "러시아에 대한 충성을 거듭 증명한 자"라고 보증했다. 러시아 지방 당국자들은 이들이 잠재적으로 외교적 갈등을 일으킬 수 있는 가능성을 충분히 인지하고 있었으나, 그럼에도 불구하고 이들이 생업의 어려움을 겪지 않도록 최대한 배려했다.

의병운동은 이주민의 체류를 위협하면서도, 역설적으로 러시아 관료층의 묵시적 호의를 불러일으켰다. 러시아의 한인 추방 조치는 영내 추방을 통해 새로운 형태로 의병의 러시아 체류를 가능하게 만들었다. 이렇게 의병의 운동성은 소멸하지 않고, 다음 정세의 변화까지 일상 속으로 복류했다.

2부

한인, 러시아 국적을 얻다
(1910~1914)

4장
러시아 국적 취득의 기회를 잡다

1. 러시아 관료계에 등장한 '한인유용론'

일본의 한국병합 직전 러시아 한인들은 난관에 봉착했다. 1910년 4월 러시아 거주 한인의 각종 권리를 제한하는 조치가 러시아 중앙 각료회의를 통과했다.[1] 지역적 조치가 중앙 차원에서 공식화되는 순간이었다. 이러한 움직임이 가능했던 것은 프리아무르 총독 운테르베르게르가 극동을 넘어, 러시아 중앙정부에도 영향력이 있는 인물이었기 때문이다. 그는 프리아무르 총독이자 극동이주위원회 위원, 그리고 러시아 상원의원이기도 했다.[2]

그러나 이윽고 러시아 관료사회 내부에서 한인 단속 정책 강화에 대한 반대 움직임이 일어났다. 러시아 육군 대신 수호믈리노프(В. А. Сухомлинов, 1848~1926)는 내무대신을 통해 운테르베르게르의 한인 단속 정책 강화에 제동을 걸고자 했다. 1910년 5월 24일 그는 지방 당국이 단속을 통해 한인의 반감을 사기보다는, 러시아의 방위를 위해 한인에 대해 "단호하지만 호의적이고도 신중한 태도"를 취해야 한다는 취지의 서한을 내무대신에게 보냈다.[3]

결정적으로 1910년 가을 러시아 각료회의에 제출된 '아무르원정대(Амурская экспедиция)'의 연구는 러시아 정부의 입장을 흔들었다. 아무르원정대는 1909년 11월 9일 러시아 각료회의 결의에 따

그림 9. 프리아무르 총독 곤다티

라 아무르철도 지역의 식민화 조사와 정착 대책을 위한 자료조사를 목적으로 활동했다. 이 원정대에는 농학, 경제통계학, 지질학을 비롯한 여러 분야의 전문가가 참여했다. 아무르원정대의 자료조사는 러시아 지방정부와 공공기관에서 수집한 자료와 더불어, 실제 현장보고서와 연구서들의 종합적 결과물이었다.[4]

아무르원정대를 이끈 곤다티(Н. Л. Гондатти, 1860~1946)는 운테르베르게르의 뒤를 이어 프리아무르 총독이 되었다.[5] 러시아 극동 행정 경험이 33년이나 되는 운테르베르게르와 달리 곤다티는 상대적으로 그 경험이 짧았지만, 원정 경험을 통해 민족지학적 지식이 풍부한 인물이었다. 또한, 그는 총독 직위에 오르기 전, 약 5년 동안 서부 시베리아의 토볼스크와 톰스크 주지사를 성공적으로 역임하여 행정가로서의 수완을 입증했다.[6]

〈그림 9〉는 1916년에 촬영된 곤다티의 사진이다.[7] 안경을 쓴 그의 얼굴은 운테르베르게르에 비해 상대적으로 부드럽지만, 굳게 다문 입과 가슴에 걸린 수많은 훈장을 보면, 근엄하면서 빈틈없고 유능한 관료의 느낌이 물씬 풍긴다. 프리아무르 총독에 취임하기 전 각종 업무를 성공적으로 해낸 그의 이력에 비추어 보면 외적인 인상과 내실이 일치하는 인물이었다. 게다가 그는 전임 총독 운테르베르게르에 비해 상당히 젊은 편이었다. 젊은 총독의 패기를 증명이라도 하듯 그는 전임 총독의 정책을 과감하게 뒤집었다.

곤다티는 1911년 2월 17일 스톨리핀의 요청으로 각 성 대신이 참여한 극동이주위원회 회의에서 '한인유용론'을 펼치며 한인의 노동허가와 귀화 문제를 새로운 방향으로 이끌었다.[8] 이 회의에서 그는 "건전한 식민정책을 위해 차악을 택해야 한다"는 논리를 펼치며, 광산 고용에서 한인을 우대하고 이들의 러시아 귀화를 장려하는 정책 방향을 제시했다.

이 정책이 힘을 얻은 배경에는 두 가지 요소가 있었다. 첫 번째는 극동 식민지를 개발하는 중에 나타난 러시아 국내 노동시장 상황이었다. 당시 극동지역 광산에서 중국인이 노동력 공급을 사실상 독점하고 있어 러시아 측은 한인을 이용하여 중국인을 견제할 필요가 있었다. 두 번째는 국제정세 변화에 따라 대두된 안보 문제였다. 한일병합 후 한인의 일본 신민화 문제가 불거져, 러시아는 한인의 법적 지위를 둘러싼 분쟁 가능성에 선제적으로 대처할 필요가 있었다.[9]

운테르베르게르가 프리아무르 지방에서 한인이 금광에서 노동하는 것을 금지하자 그 자리를 중국인이 대부분 차지하게 되었다.[10] 러시아 관료들은 중국인 노동력에 금광경영을 의존하는 상황을 "황인종 노동력의 유혹"이라고 평했다. 매력적이지만 동시에 치명적이었다. 노동력 공급이 많고 저렴했지만, 러시아 측은 자본과 지식을 축적하기가 어려웠고 채금량은 매년 줄어들었다. 중국인이 프리아무르 지방 전체 채금량의 약 10퍼센트를 반출했다는 보고도 있어, 당시 금광지역에서 중국인 고용에 관한 부정적 인식이 높아져갔다.[11] 중국인들은 임금 인상을 요구하며 파업을 감행했다. 러시아 금광업자들은 중앙정부에 경영의 어려움을 호소하며 한인 노동자에 관한 고용금지 조치의 철회를 요청했다.[12] 금광에서 일하는 중국인에 관한 부정적 여론으로 한인 노동자가 상대적으로 주목받게 된 것이다.

러시아에서 금광 경영은 연해주 식민화를 의미했다. 금광 경영은 여러 일자리를 창출했다. 마을이 생기고 이주민이 모여 노동자, 고용자, 운송업자, 상인으로 일할 수 있었다. 척박한 연해주 땅에서 농업에 종사하는 사람도 생겨났다.[13] 러시아에 있어 연해주 식민 경영의 성패는 금광 경영에 달려 있다고 해도 과언이 아니었다.

1911년 2월 극동이주위원회 회의가 열렸다. 이 회의의 주요 안건 중 하나는 한일병합 후 한인의 일본 신민화에 따른 특혜 제공의 문제였다. 스톨리핀의 요청에 따라 위원회는 내무대신, 재무대신, 통상대신, 산업대신의 입장을 검토했다. 2년 전 극동지역을 '황인종'으로부터 방어해야 한다는 의안이 두마에 상정됐다.[14] 그러나 한일병합이라는 동아시아의 정세 변화 앞에서 한인의 법적 지위에 대한 기존 입장을 재검토해야 했다.

내무대신의 견해에 따르면 일본은 최혜국 권리를 통해 러시아에서 금광 채취를 요구할 수 있었다. 그러나 구(舊)대한제국은 최혜국 대우를 받지 못했기 때문에 한일강제병합 후 한인은 다른 국가의 국민이 누리는 권리를 동등하게 요구할 수 없었다. 이와 같은 차이로 인해 한인에게 일본 신민의 권리를 그대로 적용할 것인지는 여전히 논쟁거리였다.

법무대신의 견해에 따르면 한일강제병합 전 러시아에 이주한 한인은 스스로 원하는 경우에만 일본 신민으로 취급됐으나, 병합 후는 상황이 달랐다. 러시아는 한일병합을 인정했기 때문에 일본인과 한인 간의 법적 지위는 동등해야 했다. 따라서 한인에게 어떤 특혜가 제공된다면 일본인에게도 그 권리가 부여됐다.[15] 러시아는 병합의 법적 효력을 번복하기 어려웠다.

당시 일본은 중국인이 광산에서 누리는 특혜를 최혜국으로서 요구하고 있었다. 법무대신은 한 가지 묘수를 냈다. 국제법에 따르면 최혜국 특혜란 조약을 통해 부여된 권리였다. 그런데 러시아 광산법 규정은 1865년 러시아 대신회의의 조례를 근거로 했다. 또한 금광업에서 중국인에게 부여된 특혜는 중국과 조약으로 합의한 것이 아니라, 시베리아 총책임자의 발의에 따른 것이었다.[16] 즉 중국인이 누린 특혜는 다른 국가와의 외교조약이라는 국제법이 아니라 러시아 국내법에 따라 규정된 것이다. 따라서 일본의 최혜국 대우는 광산노동 건에 적용되지 않았다.

극동이주위원회는 한인 노동력 사용을 찬성하며 금광업자와 입장을 같이했다. 회의에 참석한 프리아무르 총독 곤다티는 '한인유용론'을 적극적으로 개진했다. 그는 러시아 황제의 명령에 따라 아무르원정대를 이끌고 1910년 여름과 가을에 극동 금광지역을 조사했다. 이때 금광업자들은 곤다티에게 한인 고용허가를 요청했고, 곤다티는 그들의 의견을 받아들였다. 극동에서 러시아인의 수가 부족해, 황인종 노동력 없이는 개발이 어렵다고 보았기 때문이다.[17]

곤다티는 중국인과 한인 모두 "해악"이지만 최악보다는 차악을 택하자는 논리를 펼쳤다. 첫 번째 근거는 한인의 저렴한 노동력이었다. 그들이 보기에 한인은 근면하며 저임금에도 만족했다. 두 번째 근거는 한인의 높은 소비율이었다. 중국인 노동자는 체류하는 동안 임금의 20퍼센트 정도만 쓰는 반면, 한인은 80퍼센트를 소비했다. 그뿐만 아니라 러시아산 제품을 자주 이용하여 극동의 내수경제 활성화에 기여했다. 세 번째 근거는 한인의 뛰어난 농작 능력이었다. 한인은 러시아인이 농사가 불가능하다고 생각한 지역을 성공적으로 개간해냈다.

결국 곤다티는 극동이주위원회를 설득하는 데 성공했다. 그의 주장은 아무르원정대가 1910년에 실시한 양질의 연구결과에 근거했기 때문이다.[18] 곤다티는 극동 개발이라는 경제적 관점을 취하며, 한인을 '식민 개발에 유용한 황인종'으로 재배치시켰다.

곤다티는 국경에서 멀리 떨어져 러시아인이 정착하기 어려운 곳으로 한인을 이주시켜야 한다고 생각했다. 이러한 사고방식은 러시아 신분법의, "조선인 및 청국과 조선의 영토 내에서 이주해 온 자에 대해서는 청한 국경 인접지방에 거주하는 것을 금지한다"(제1편 제1장 제1관 제818조 부칙 제1항)[19]는 조항에 근거한다. 국경지역 한인의 반일활동으로 발생할 수 있는 일본과의 외교적 마찰을 염두에 둔 것으로 보인다.

또 다른 이유는 한인 노동력의 고용 금지로 인해 아무르철도 부설에 차질이 빚어졌기 때문이다. 서부에서 온 러시아 노동자들은 철도공사장이 아니라 임금이 높은 금광으로 향했다. 중국인의 단결력이 강해지자 금광업자들은 비싼 임금에도 불구하고 러시아인 노동자를 채용하기 시작했다.[20] 웃돈을 주면서까지 중국인 노동자의 세력을 약화하려던 금광업자에게 한인이란 노동시장에서 중국인을 견제할 수 있는 균형추였다.

극동이주위원회는 한인에 대해 강온양면책을 쓰고자 했다. 한인의 추가적인 노동이주는 막으려 했지만, 러시아에 이미 정착한 한인을 함부로 퇴거시키지는 않았다. 1910년 한일강제병합 후 한인의 지위에 관한 문제를 아직 깊게 논의하지 않아, "심각하게 복잡한 상황"이 야기될 수 있었기 때문이었다.[21]

이때 "복잡한 상황"이란 일본의 개입 가능성을 의미하는 것으로 해석된다. 병합 후 일본은 원칙적으로 해외에 거주하는 한인은 모두 일본 신민이라고 주장했기 때문에 만약 일본과 아무런 협의 없이 한인을 쫓아내면 외교문제로 비화될 가능성이 컸다. 러시아는 일본의 눈치를 보면서도, 극동에서 일본의 영향력을 약화하려 했다. 그 과정에서 러시아에 거주하는 한인의 전략적 가치가 높아졌다.

1911년 초 러시아 측은 한인을 "건전한 식민정책"의 한 요소로 보기 시작했다. 곤다티는 한인의 동화 가능성을 높게 평가했다. 그는 러시아에 온 한인이 "제2의 조국"을 바랐으며, 러시아 풍습, 언어를 받아들이는 데 적극적이라 보았다. 무엇보다도 러시아에 귀화한 한인은 군역을 성공적으로 완수했다고 평가해, 한인을 러시아에 귀화시키는 방안을 적극적으로 검토했다. 한인에게 러시아 국적을 부여하는 조치는 일본의 영향력을 효과적으로 차단할 수 있는 안보 전략이었다.[22]

결국 극동이주위원회는 곤다티의 손을 들어주었다. 한인을 간소한 절차로 신속하게 러시아에 귀화시키도록 결정했다. 러시아 측은 극동에 거주하는 약 4만 5,000명의 한인을 이용하면 금광 노동력 부족 문제를 신속히 해결할 수 있을 것으로 기대했다.[23] 한인은 러시아 관료계에 조성된 한인 우호적 분위기를 이용해 운테르베르게르 시기에 비해 안정적인 정착 조건을 확보할 수 있었다.

극동이주위원회는 금광에서 중국인 노동력 견제와 국가 사업에서 안정적 노동력 확보, 그리고 극동의 안보라는 세 가지 배경 아래 한인 귀화 장려 정책을 세웠다. 러시아 내 여러 세력 사이에 이해가 일치하자, 비귀화 한인의 법적 지위는 새로운 국면을 맞이했다.

다만 한계가 있었다. 극동이주위원회는 러시아에 거주하는 한인에게 토지에 관한 권리를 부여하는 것은 바람직하지 않다고 보았다. 이 문제는 프리아무르 식민 개발과 관련해 러시아의 국익에 부합할 때만 제기할 수 있다고 여겼다.[24] 이러한 식민주의적 시각 아래 한인은 여전히 제한된 권리를 지닌 러시아 신민에 불과했다.

2. 무르익는 국적 취득 운동, '신귀화자'가 탄생하다

1910년 9월 1일 블라디보스토크에서 한인 성인 남성 9,980명의 대표 16명은 러시아 귀화 결의문을 발표했다. 이들은 러시아 극동의 주요 도시 블라디보스토크, 우수리스크, 하바롭스크와 주요 농촌 지대인 연추와 소성 등지에 거주하는 한인의 목소리를 대신했다. 1910년 8월 29일 한일병합조약이 발효된 지 사흘 만의 일이었다. 다음은 그 결의문의 일부다.

> 한국과 일본이 병합되어 우리 조선인은 영원히 러시아의 영토에 재류하여 고국과의 연락을 잃고, 러시아가 완전히 우리의 모국이 되었다. 이때 어떤 특권 및 우대를 요구하는 일 없이, 러시아의 민적에 들어가 러시아 법률의 보호를 받을 것을 러시아 정부에게 청원한다. 우리는 일반 러시아 국민과 같은 권리 아래 러시아의 충량한 신민이 될 것을 기한다. (…) 러시아 황제에게 충성을 바쳐 입적 후 직접 그 충량한 신민과 함께 일반 병역의 의무에 복종하여

극동에서 러시아의 군대를 보충하는 일을 기한다. (…)²⁵

고국이 주권을 상실하자, 한인은 러시아가 새로운 모국이 되었으며, 러시아군에 복무하여 "충량한 신민"이 될 것이라 선언했다.

1910년 11월 블라디보스토크 한인거류민회(이하 민회)²⁶는 러시아 국적 취득 운동을 전개하기로 결의했다. 이때 러시아 귀화청원위원으로 선임된 인물은 김병학(金秉學), 최만학(崔萬學) 등이었다. 모두 블라디보스토크의 정주유력자로 명성이 높은 인물이었다. 사무를 위해 임시회장으로 안창호, 부회장으로 김병학이 선정됐다.²⁷

안창호는 어째서 블라디보스토크에 있었을까. 그는 한일병합 전 국외로 망명한 후 약 7개월간 블라디보스토크에 머물며 한인의 생활 개선을 꾀하고 항일운동 방안을 구상한 바 있다. 국내에서 조직된 비밀결사 신민회 인사들과 칭다오(靑道)에서 항일운동 방안을 논의한 후, 한인사회의 물적 기반이 어느 정도 마련된 블라디보스토크로 향했다. 그는 안정된 한인사회를 만들고 그러한 기반 위에 장기적 항일활동이 가능하다고 보았다.²⁸

안정된 일상 위에 장기적 운동이 가능하다고 본 그의 사고는 당시 여러 망명자가 공유하고 있었다. 이러한 맥락 속에서 국적 취득 운동은 정주유력자의 전유물이 아니었다. 망명자와 정주유력자가 함께 이뤄내야 할 공동의 과제였다.²⁹

민회는 『대동공보』의 후신인 『대양보』를 통해 귀화 사무를 광고했다. 러시아 경찰이 민회에 출석하여 한인에게 '입적맹서표'를 나눠주었다.³⁰ 『대양보』의 뒤를 이은 『권업신문』을 통해서도 귀화가 완료된 사람들을 1912년 6월까지 공고했다.³¹

귀화 사무 처리비는 거주허가증 발급비에 비교하면 저렴했다. 거주허가증은 매년 5루블이었지만, 귀화 사무 처리비는 1루블

65코페이카로, 거주허가증 발급비의 약 30퍼센트에 불과했다.[32] 1910년경 블라디보스토스 한인의 한 달 생활비가 17루블 정도였다는 기록에 비추어 보면, 귀화 사무 처리비는 그의 약 9퍼센트에 해당했다.[33]

귀화 자격은 어땠을까? 러시아 측의 기록에 따르면 한일병합 직후 러시아 측은 한인의 귀화 자격 기준을 세세하게 규정하고 있지는 않았다. "러시아 변강에 거주한 지 5년 이상이 되어 러시아에 신속하게 동화할 수 있는 자"라는 대략적 규정만을 두었다.[34] 러시아 거주 5년 이상이라는 조건은 비교적 명백했다. 다만 '동화'의 기준이 모호했다. 물론 개종 여부, 러시아어 구사력, 러시아 황제에 대한 충성 등 러시아 측 나름대로 동화를 판단할 기준은 몇 가지가 있었다.

귀화 신청 서류와 선서 양식을 통해 자격 조건을 구체적으로 살펴보자. 〈그림 10〉은 1911년에 한인을 대상으로 생산된 러시아 귀화 청원서 서식이다.[35] 상단에 프리아무르 총독에게 보내는 것을 명기하고 있으며, 그 아래에 자신이 살던 곳과 한국 국적임을 기입하는 부분이 있다. 서식의 중앙에는 작성자 본인이 연해주 어디에서 살고 있고, 나이는 어떻게 되며, 동산과 부동산은 얼마나 되고, 어떤 일에 종사하고 있는지 기재하도록 하고 있다.

〈그림 11〉은 귀화 청원서 서식의 두 번째 페이지다. 가족 구성원의 성, 이름, 부칭, 나이, 종교를 적는 칸이 있다. 가족 사항 하단에는 첨부할 서류와 구체적 주소를 적도록 하고 있다. 귀화 청원서 서식을 통해 볼 때 러시아에 거주한 지 5년이 된 상태에서 가족, 주소, 나이, 직업 등의 기본적인 인적 사항과 재산의 수준을 기재하면 신청에 필요한 기본 정보는 충족되었던 것으로 보인다.

1912년경에 작성된 것으로 추정되는 귀화 선서 양식(그림 12)에 따르면 귀화자는 러시아 황제와 그 정치체제에 대한 충성을 맹세

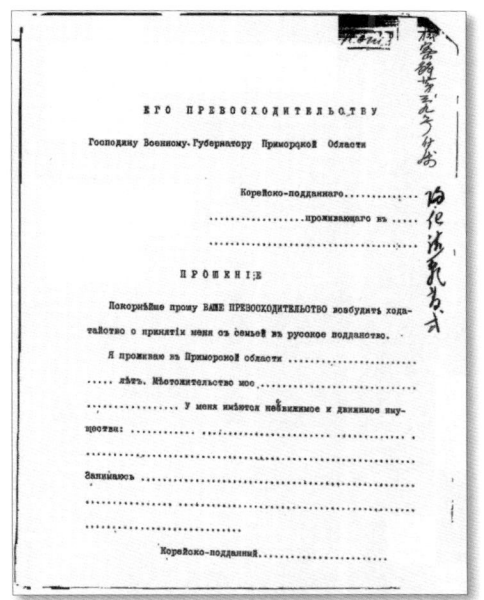
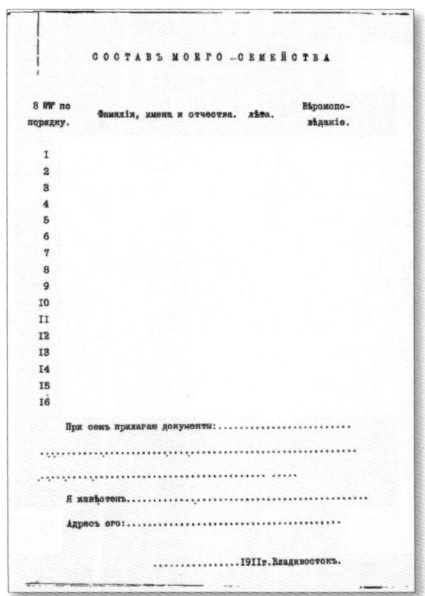

그림 10. 귀화 청원 서식 1   그림 11. 귀화 청원 서식 2

해야 했다. 체제를 지키기 위해 이적 행위, 비밀 누설 행위를 금지했다.[36]

정치체제에 대한 충성에 주목할 필요가 있다. 한인들은 러시아 국적 취득을 용이하게 만들어준 곤다티 총독에게 충성하는 태도를 보였다. 1912년 3월 24일 오후 1시 블라디보스토크 신한촌에서 곤다티 환영회가 열렸다. 곤다티 총독은 블라디보스토크 경찰서장과 동방연구소 조선어 교수 포드스타빈(Г. В. Подставин) 등과 함께 민회장 김병학의 안내를 받아 신축 러시아 정교사원에 방문했다. 예배기도가 끝나자 정교회 사제 포포프는 한인을 대신해 총독에게 감사의 말을 전하며 다음과 같이 말했다.

이들 조선인은 작년에 향토가 일본에 병합되어 완전히

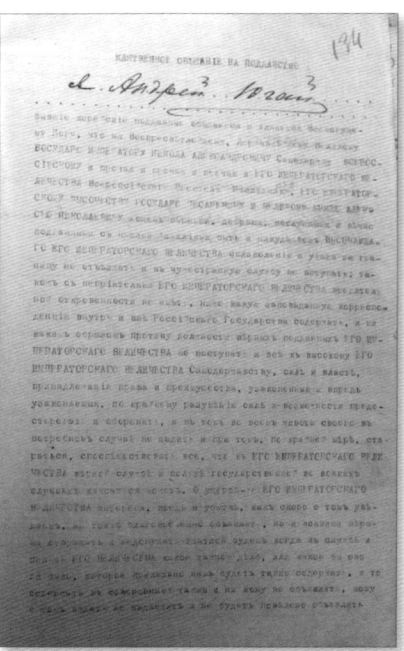

그림 12. 귀화 선서 양식

그 모국을 잃어 방랑하여 기댈 곳 없는 백성입니다. 이 지방에 이주하여 지금은 깊게 러시아를 신뢰하고 우리 정교를 열심히 믿으며 오직 후일의 행복을 바랍니다. 일본을 배척하여 이를 돌아보지 않고, 오히려 러시아에 귀화하기를 바랍니다.[37]

곧이어 민회장 김병학과 환영회 발기인들은 총독 일행을 한민학교로 안내했다. 총독이 입장하자 한인 남녀 아동은 "만세"를 외치고 꽃잎을 던져 총독 일행을 맞이했다. 김병학은 곤다티 총독에게 한인이 경제적으로 곤궁한 망국민이 되었으나 러시아에 귀화할 수 있게 된 것은 오직 총독 덕분이라며 감사의 인사말을 전했다.[38]

한인이 러시아에 보여줄 수 있는 충성의 표식 중 하나는 정교회로 개종하는 것이었다. 실제로 한일병합 후 다수의 한인들은 러시아 정교회로 개종했다. 과거에는 개신교 신자였지만 정교회로 바꾼 일도 있었다. 주블라디보스토크 일본총영사관은 한인이 러시아 정교회로 개종하는 현상을 두고, 한일병합 후 한인이 "돌연 배일의 태도로 변했고 동시에 친러의 기세가 스스로 증진"되는 것이라 기록했다.39

러시아 국적을 취득하고자 하는 한인에게는 러시아 정교회의 사제 폴랴놉스키(Б. М. Поляновский)라는 조력자가 있었다. 그는 한인 우대 정책을 펼친 곤다티가 러시아 극동 총독으로 부임하기 전부터 한인의 처우 개선을 꾀하고 있었다. 1901년 조선의 각 지방을 다니며 한인의 풍속을 연구한 후, 극동에 거주하는 한인을 배척할 것이 아니라 회유해야 한다는 견해를 지니고 있었다.40

오바실리와 황공도(黃公道)라는 두 명의 러시아 정교회 한인 사제는 러시아 국적 취득을 돕는 또 다른 조력자였다. 이들은 연해주 지방으로 파견되어 귀화 희망자를 모집했다.41 오바실리는 블라디보스토크로 돌아와 러시아 귀화를 위한 중개사업을 진행했다. 귀화 청원자는 매일 평균 20명으로 한 명당 1루블 50코페이카의 청원 수수료를 냈다.42

1910년 한일병합 후 러시아 귀화를 희망하는 한인은 약 3만 명이었다.43 러시아 외무성 관료 그라베는 한인이 러시아 국적을 취득하려는 이유를 대(對)한인 정책의 비일관성에서 찾았다. 역대 러시아 극동 총독은 한인을 때로는 배척하고 때로는 우호적으로 대하는 등 일관성이 없었기 때문에, 정책 대상자였던 한인들은 삶을 안정화하기 위한 수단으로서 러시아 국적이 필요했다는 것이다.44

1911년 7월 25일 기준으로 러시아 귀화를 청원한 한인은 약

5,000명에 달했으나 아직 허가를 받지 못했다. 1911년 7월 당시 한인의 러시아 국적 취득에 관한 확실한 규정이 마련되어 있지 않았다. 러시아 국적을 취득해도 러시아 내무대신의 허가 없이 조선에 돌아갈 경우 국적이 박탈될 수 있었다.[45] 『신한민보』 보도에 따르면, 1년이 지난 후 1912년 러시아 대신회의 결과, 청원자 4,788명이 국적을 취득했다.[46]

1912년 3월 일본 측은 한인의 러시아 국적 취득 이유를 세 가지로 보았다. 첫 번째는 반일, 두 번째는 토지 획득, 세 번째는 주거 안정이었다. 러시아 국적을 취득하지 않은 경우, 러시아뿐만 아니라, 일본으로부터도 퇴거 요청을 받을 수 있었다.[47]

러시아로 귀화하면 생활의 안정을 얻는 동시에 병역의 의무가 수반됐다. 그라베의 보고서에 따르면, 한일병합 후 한인들은 러시아군에 입대하여 "국욕을 갚겠다"는 마음으로 무력을 기르고자 했다. 한러 국경지역에 위치한 연해주 연추 지역에서는 한인 아동들이 소년군에 가입하려는 움직임도 일어났다.[48]

1912년부터 권업회는 본격적으로 귀화 사무를 추진하기 시작했다. 권업회란 러시아로 이주한 한인 망명자와 정주유력자들이 연합하여 만든 이주민 자치단체였다. 1911년 6월 발기회를 열고, 1911년 12월에 러시아 정부로부터 인가를 받았다. 1912년 2~3월에는 곤다티, 군무지사 마나킨, 포드스타빈, 폴랴놉스키, 퇴역 군인 듀코프(И. Ф. Дюков) 등 권력의 중심에 있는 러시아인들이 권업회의 명예회원으로 가입했다.[49] 동방연구소의 포드스타빈, 한인의 국적 취득 청원을 도운 폴랴놉스키, 『해조신문』의 발행인 듀코프는 러시아의 '지한파(知韓派)'라 할 수 있었다.

1913년부터 권업회는 『권업신문』을 통해 직접 회의 이름으로 귀화 사무 처리에 관한 광고를 냈다. 『권업신문』의 광고에 민회가 발표한 귀화자보다 많은 수의 귀화자 명단이 등장하기 시작했다. 『권업신문』에 게재된 신귀화자 명단은 1913년 3월 9일 535명, 3월 23일 245명, 1913년 4월 13일 253명이다.50 두 달 동안 1,000명 이상의 한인이 귀화 허가를 받은 것이다. 4월 13일 기사에 "미완"이라고 적혀있는 것을 보아 이후로 신규 귀화자들이 계속 신문에 발표될 예정이었다.

권업회의 주요 사업을 주도한 인물은 이종호(李鍾浩, 1885~1932)다. 그는 대한제국 탁지부 대신을 역임한 조부 이용익(李容翊)의 자금을 배경으로 러시아 한인사회에 강력한 영향력을 행사했다. 이종호는 1908년에 안창호, 윤치호 등이 주도하여 애국계몽운동과 국외 독립군 기지 건설을 목표로 조직한 비밀결사 '신민회' 회원이었다. 그는 1910년 신민회 회원들이 독립운동 방략과 해외 독립운동기지 개척을 논의하기 위해 연 청도회의(靑島會議)에서, 만주 밀산현에 사관학교 설립을 위한 자금 제공을 거절했다. 그 과정에서 안창호와 정치적으로 결별한 후, 독자적으로 러시아에서 세력을 확장해나가고 있었다.51

1912년 10월경 이종호는 권업회 지회를 시찰하러 하바롭스크로 향했다. '아무르스키 바리셰스트바'라는 곳에서 권업회 하바롭스크 지회 회장 신익천 외 한인 60명과 러시아인들이 함께한 만찬회가 진행됐다. 이때 러시아 언론은 이종호의 하바롭스크행에 대해 "반가운 잔치"라는 제하의 기사를 게재했다. 이 기사에 따르면 이종호는 만찬회에서 한러 우호관계를 강조했다. "입적도 못하고 노동법도 못 얻는 불쌍한 한인"을 어떻게 해야 도울 수 있을 것인지 문제를 제기하며, 권업회를 통해 교육과 실업을 장려하려 한다는 주장을 펼쳤다.52

이종호가 러시아인들에게 소개했듯이, 권업회의 설립 목적은 대중 계몽과 노동 증진을 주축으로, 러시아 신민으로서 "본연의 의식과 감정을 교육시키는 것"이었다. 권업회의 규약 3조에 그 방법이 구체적으로 드러난다. 육체노동을 위한 농업·공업 분야와 정신활동을 위한 학술·언론활동에 대한 장려가 그것이다.

권업회에 가입하기 위해서는 "성년으로서 권리 능력을 가진 러시아 신민"이어야 했다.[53] 권업회가 회의 규모를 확장하기 위해서는 한인들의 러시아 국적 취득을 확대해야 했다. 또한, 당시 한인이 러시아에서 노동권리를 정당하게 확보하기 위해서는 러시아 국적이 필요했다. 권업회가 '노동 증진'이라는 설립 취지를 실현하기 위해 먼저 해야 할 일은 기층 한인 전반이 러시아에 귀화할 수 있도록 유도하는 것이었다. 권업회는 러시아 귀화 시 비회원에게 보증금을 받았지만, 권업회 회원에게는 받지 않았다.[54]

권업회의 기관지 『권업신문』은 러시아 거주 한인이 귀화할 수 있도록 안내자 역할을 자임했다. 귀화 과정에서 겪을 수 있는 행정적 불편함을 강조하며, 권업회가 청원서도 써주고 "여러 가지로 편의"를 제공한다고 홍보했다. 이미 국적을 취득한 자 가운데 여전히 토지를 받지 못한 이들이 있으면 받을 수 있도록 돕겠다고 홍보했다.[55]

귀화 사무 담당자는 박영빈(朴永彬)이라는 인물이었다. 그는 1912년 블라디보스토크 신한촌 서울스카야 제4호에 살았으며, 러시아 이름은 박콘스탄틴 파블로비치였다.[56] 신한촌 민회와 권업회 러시아어 서기를 담당한 이력도 있었다.[57] 러시아어에 관한 어학적 능력이 그가 귀화 사무의 실무 담당자로 있게 한 핵심 역량으로 작용했던 것으로 보인다.

그는 권업회의 핵심 실무진 가운데 한 명이었다. 1912년 9월 29일 그는 이종호와 함께 권업회 지회의 사정을 살피기 위해 시찰위원을 맡았다.[58] 연해주 북부의 라울류 농작지 개척과 학교 건축도 담당했다.⁵⁹ 1913년 4월 러시아 황실 기념식 날에 권업회 대표자로 이종호, 최만학이 선출됐을 당시, 박영빈은 이종호의 러시아어 통역을 수행했다.⁶⁰ 이처럼 그의 손을 거친 것은 하나같이 권업회의 중점 사업이었다.

블라디보스토크 시청에서 근무한 경력이 있는 귀화자 한형권(韓馨權)은 귀화임시증명서를 가진 한인에게 여권 발급을 주선하는 사무를 맡았다.⁶¹ 그는『권업신문』을 통해 "다수한 재정을 허비치 아니코도 빠스뽀르트(여권)를 타도록 주선"한다며 홍보했다.⁶² 이처럼 권업회는 귀화 사무와 여권 발급처럼 복잡한 사무 처리를 대행했다.

권업회는 러시아 지방 당국의 위탁을 받아 한인이 러시아에 귀화 시 유의해야 할 사항을 감독했다.『권업신문』을 통해 귀화를 신청한 후 거주지 이동에 주의할 것을 당부했다. 귀화 신청을 위해 조사를 받은 사람이 거주지를 이동하면, 두 번째 조사에서 행방을 찾기 어려웠기 때문이었다. 또한, 신청 후 한 달 또는 반년 만에 다시 신청하면 사무 처리가 복잡해져 지연되므로 재신청도 자제하도록 했다.⁶³ 귀화 신청 시에는 반드시 인지를 붙이고, 인지세 1루블 50코페이카를 권업회에 내도록 했다.⁶⁴

『권업신문』은 한인 일반에게 지속해서 귀화 절차에 대한 실수와 오류, 고의적 절차 위반을 경고하며 귀화 절차를 준수하도록 강조했다.⁶⁵ 인지 미부착·재청원·거주지 이동은 비교적 사소한 실수였지만, 대리로 귀화 선서를 하는 것은 고의적인 속임수였다. 이때 주목해야 할 것은 그것이 실수이든 고의이든 이주민에 대한 국가 장악력에 균열이 생기고 뒤틀리는 순간들이 발생할 수 있다는 점이다.

권업회는 점차 러시아 국적 취득 사업에 전권을 갖기 시작했다. 1914년 4월 10일 권업회의 공고에 따르면, 권업회를 거치지 않고 귀화 청원을 하는 것은 사실상 불가능했다. 러시아 지방 당국이 권업회의 보증이 있어야만 귀화 선서를 할 수 있다고 결정했기 때문이다.66 또한, 신청인은 반드시 권업회를 통해야만 국적 취득의 허가 여부를 알 수 있었다.67

거주허가증 발급도 권업회 보증이 필요했다. 1913년 2월 『권업신문』 기사를 보면 거주허가증 발급의 일반적 상황을 알 수 있다. 러시아 지방 당국은 귀화 신청서를 제출한 사람에게 거주허가증을 내주긴 했지만, 권업회의 보증을 요구했다.68

1914년 3월 『권업신문』은 비귀화자의 거주허가증 발급 중지를 알렸다. 러시아 내무성이 내각회의에 법안을 제출할 예정인데, 그 내용은 연해주에 거주하는 외국 국적자는 거주허가증을 발급받지 못한다는 것이었다. 거주허가증을 이미 받았어도 다시 발급해주지 않고, 집에 거주하는 것도 허가하지 않으며, 노동만이 아니라 선박과 기차에 탑승하는 것도 금지될 예정이었다.69

이처럼 1913~1914년경 비귀화자는 권업회의 보증 없이는 러시아 국적 취득도, 거주허가증 발급도 어려워졌다. 1913년부터 비귀화자가 러시아에서 취업하고 거주하기 위해 국적 취득은 필수가 되었다. 이로써 거주허가증은 귀화자 또는 권업회의 보증을 받은 귀화 예정자의 전유물이 되었다. 합법적인 거주권을 가진 이들의 권리가 보장되었지만, 그렇지 못한 이들은 크게 제한됐다.

곤다티 시기 비귀화자는 거주허가증조차 발급받을 수 없었고, 그에 따라 노동허가도 받을 수 없었다.70 그는 한인의 러시아 귀화를 장려했지만, 귀화하지 않을 시 노동권과 거주권을 제약했다. 곤다티 총독 시기에도 러시아 공문서의 교환, 위조, 매매가 발생했다. 1914년 2월 15일, 최봉준은 『권업신문』에 기사 하나를 썼다.71 그 내용은 러시아 여권과 거주허가증 교환 및 매매에 대한 경고였다. 그는 러시아 관청이 이 문제에 대해 논의하고 있다는 소식을 듣고 기사를 써, 러시아 공문서의 위조 매매 문제를 "자손까지 죄를 끼치는 것"이라 비판했다. 그의 견해에 따르면, 해외에 거주하는 한인은 반드시 거주국의 법률을 준수해야 하는데, 최근 여권과 거주허가증 교환 행위가 발각되는 사례가 종종 있다며, 탄식의 어조로 비판의 날을 세웠다.

최봉준은 눈앞의 이익 때문에 여권과 거주허가증을 교환하면 향후 한인의 자손이 러시아에서 차별받을 것이니, 그러한 행동을 자제하도록 당부했다. 법을 어기는 이들이 있다면 관청에 신고하여 처벌받도록 하는 것이 "한인의 마땅한 직분"이며, "한인의 영원한 행복을 유지"하는 방법이라 호소했다.

곤다티가 귀화 장려 정책을 통해 한인에게 마련해준 삶의 터전 덕분에 러시아 한인사회는 물적 토대가 안정화했다. 그러나 그러한 조치와는 별도로 그가 러시아 국적을 취득하지 못한 한인에게 가한 퇴거 조치와 각종 제재가 지닌 양면성에 주목할 필요가 있다.

곤다티 총독 시기 러시아 지방 당국은 귀화자에게는 러시아 신민으로서 권리를 부여했지만, 비귀화자에게는 거주허가증을 발급해주지 않았다. 러시아 신민의 울타리 안에 들어온 이들의 권리는 보장됐으나, 그렇지 않은 이들은 열악한 위치에 놓였다.

러시아의 한인 이주민 정책에서 곤다티의 역할은 어떻게 평가해야 할까? 그는 러시아 중앙정부의 충실한 정책 집행자였으며, 중앙정부의 노선 방향에 벗어나지 않는 선에서 지방정부의 재량권을 통해 한인을 제도적으로 러시아 신민화하는 데 주력했다. 프리아무르 총독이 지향한 '제한적 자율성' 속에서 이뤄진 정책이었다. 이 때문에 한인이 여권을 소지하지 않은 경우에도 이미 귀화 청원을 한 자에게는 러시아 거주허가증을 발급했다. 이에 반해 그는 중국인에게는 관용 없이 원칙주의를 고수했다.[72]

반면 운테르베르게르는 한인에게 원칙주의를 적용하고 중국인에게 상대적으로 유화적인 정책을 실행했다. 정착성이 강한 한인과는 달리, 중국인을 러시아의 식민지에서 "덜 위험한 요소"로 평가했다. 대체로 중국인은 한인처럼 러시아령에 오래 머물지 않았기 때문이다.[73]

곤다티 총독은 극동의 식민지 개발과 러일관계에서의 안보 확보를 위해, 한인의 러시아 신민화를 중요한 목표로 삼았다. 그러나, 러시아 신민화가 불가능하다고 판단한 한인에 대해서는 추방 정책을 적용했다. 한일병합 후, 비귀화자를 귀화자로 받아들여 안보를 확보하자, 극동의 러시아 식민화라는 대전제로 돌아가 비귀화자를 추방한 것이다.

곤다티 시기 러시아 거주 중국인은 당국에 의해 폭력적 처우를 받았다.[74] 곤다티 총독은 "아시아인에 대해 불가사의하게도 그의 전임자(운테르베르게르-인용자)와 유사한 시각을 드러냈다"며 그의 이주민 관리 정책을 비판하는 견해도 있다. 곤다티 총독이 중국인들에게 팔찌를 채워 체류의 합법과 불법성을 가려내려고 조처하려다, 국가 두마에서 강한 반대에 부딪혔다는 것이다.[75] 당시 『권업신문』은 "중국인의 축출은 오히려 그 범위를 확장하여 상인들에게도 미치게 하겠다"[76]는 곤다티 총독의 입장을 보도한 바 있는데, 러시아에 거주하는 한인들 역시 곤다티의 반중국인 정책을 충분히 인지하고 있었다고 보인다.

극동 개발에 대한 두 총독의 견해는 중국인과 한인에 대한 '유용론/유해론'에 따라 방침이 다르게 나타나지만, 극동을 러시아화하기 위해 황인종의 영향을 줄여야 한다는 궁극적 목표는 같았다. 러시아 극동에서 중국인과 한인에 대한 처우가 총독에 따라 변화한 것은 중앙의 식민 개발 방침을 어떻게 수행할 것인지에 관한 전술적 관점의 차이였다.

곤다티 총독 시기 러시아 한인사회의 존재 방식을 이해하려면 그의 정책이 남긴 유산을 검토해야 한다. 일각에서 곤다티 총독의 귀화 장려는 민족성(ethnicity)과 항일운동의 역량을 제거하는 정책으로 보는 견해가 있다. 이 설명에 따르면 한인의 러시아 귀화는 "국권 회복의 후퇴"이자, 일본에 대한 저항의식이 약화할 가능성이 있는 행위다. 생활의 안정을 위한 귀화는 "거의 필연적으로 러시아로의 동화"로 이어지며, 한인은 러시아에 충성과 종속을 요구받아 항일운동의 역량이 분산되었다는 것이다.77

이러한 지적은 곤다티의 대한인 정책에 관한 몇 안 되는 비판의 목소리이기에 경청할 필요가 있다.78 하지만 당시 한인이 러시아에 귀화한 후 실제로 항일활동이 부진해지고 민족성이 제거되어 러시아로 동화되었는지는 재고의 여지가 있다. 이러한 주장을 발전적으로, 그리고 비판적으로 검토하기 위해, 곤다티 총독 시기 러시아에 귀화한 한인, 즉 '신귀화자'라는 집단의 경제활동과 정치적 성향에 주목할 필요가 있다.

신귀화자는 어떤 존재였을까? 러시아 내전기 볼셰비키에 참여한 박진순(朴鎭淳, 1897~1938)은 곤다티의 귀화 정책을 통해 러시아 국적을 새로이 취득한 한인을 "곤닷찌 제품(Гондаттиевское производство)"이라 기록했다.79 이들은 이전에 귀화한 한인과는 달리 토지를 분배받지 못했다.80

신귀화자에 관한 기록은 일본 측 자료에서도 찾아볼 수 있다. 주블라디보스토크 일본영사관은 신귀화자를 1905년 을사늑약 후에 러시아로 이주하여 취업과 같은 생활의 필요 때문에 러시아 국적을 취득한 한인으로 규정한다.81 이들은 비교적 최근에 이주하여 러시아 국적을 취득한 이들로, 상대적으로 러시아에 대한 충성도가 높지 않은 것으로 묘사된다.

  자료의 제약으로 신귀화자의 정확한 규모를 파악하기는 어렵다. 다만 1913년 1월 러시아 측의 한 기록에 의하면, 1911~1912년에 러시아 국적을 취득한 한인은 남녀 9,992명이었다고 한다.[82] 1913년 이후 신귀화자는 최소 1만 명 이상의 규모를 유지하며 러시아 한인 사회 내에 하나의 두터운 층을 이루었다고 보인다. 그렇다면, 생계를 위해 러시아에 귀화했지만 토지가 없었던 이들은 고국과 어떤 관계를 맺었을까.

5장
정치적 방패와 그 이면

1. 러시아 국적으로 일본 신민화를 막다

한일병합 이후, 한인의 법적 지위를 둘러싸고 러시아와 일본 사이에 신경전이 벌어졌다. 외무성 관료인 그라베는 한일병합 후 거주허가증 발급비 문제로 인해 한인들이 일본 신민이 될 것을 우려하며 조바심을 드러냈다.[1] 러시아는 한인에게 거주허가증 발급료 5루블을 징수했다. 1911년 7월 신한촌 민회에서 지급하는 국한문 서기의 월급이 30루블이었다는 점을 감안하면 거주허가증 발급비는 적지 않은 금액이었다.[2]

러일전쟁 이후 한인이 일본 신민이 되기를 선택하면 거주허가증 발급비가 기존의 15퍼센트 수준인 75코페이카만 필요했다. 일본 입장에서는 거주허가증 발급비를 감면함으로써 한인들에게 경제적 유인을 제공해 일본 신민화를 유도하려는 전략이었다. 이에 반해 러시아는 일본의 영향력 확산을 막기 위해 한인에게 국적을 부여할 필요가 있었다.[3]

일본은 한인을 제국 신민으로 포섭하여 러시아 극동에서 일본의 영향력을 확대하고자 했다. 블라디보스토크에 파견된 조선총독부 고마쓰(小松) 서기는 러시아에 거주하는 한인이 일본 정부의 보호를 인정한다면 저렴하게 거주허가증을 받을 수 있다는 점을 밝혔

표 4. 한인과 일본인에 대한 러시아의 출입국 징수금 비교

	한인	일본인
러시아 영사 사증료	2.25루블	2.25루블
입국 시 사증료	0.3루블	없음
사증 유효기간	1개월	6개월
거주허가증 수수료	5루블	0.75루블
거주허가증 유효기간	1년	1년
거주허가증 기간 경과 수수료	3루블	1일당 0.15루블, 최대 10루블
시 병원비	매년 2루블	매년 2루블
적십자사비	없음	5루블
귀국 시 수수료	없음	1.55루블

다. 러시아 당국은 긴장했다. 일본이 한인에게 거주허가증 발급비를 감면해주는 것처럼 보일 수 있었기 때문이었다. 러시아 측은 한인들이 일본을 해방자로 여기면서, 친일 성향을 지닌 이든 친러 성향을 지닌 이든 모두 일본에 호의적인 태도를 보일 것을 우려했다.[4]

1914년 4월 주블라디보스토크 일본총영사관 아사야마(淺山) 서기생이 조사한 자료에 따르면 한인과 일본인의 러시아 출입국 및 체류 비용은 〈표 4〉와 같다.[5]

일본인은 한인에 비해 러시아 사증료와 거주허가증 발급비가 저렴했고, 사증 유효기간도 더 길었다. 사증료는 한인과 일본인 모두 2루블 25코페이카로 동일했으며, 거주허가증의 유효기간도 1년으로 같았다. 그러나 일본인은 입국 시 사증 발급비를 내지 않았고, 사증 유효기간이 6개월로 한인보다 5개월 더 길었다. 가장 큰 차이는 거주허가증 발급비에서 나타났는데, 일본인은 한인보다 4루블 25코페이카, 즉 85퍼센트 저렴하게 발급받을 수 있었다.

거주허가증의 유효기간이 만료되었을 때, 한인과 일본인이 지불

해야 할 수수료는 달랐다. 한인은 유효기간이 만료될 때 3루블을 내야 했지만, 일본인은 만료된 기간에 따라 수수료가 달라졌다. 결과적으로, 만료된 지 20일을 넘기지 않으면 일본인이 한인보다 더 적은 수수료를 지불했다.

그러나 아사야마는 일본인이 한인과 달리 적십자사비 5루블과 귀국 시 수수료 1루블 55코페이카를 부담해야 한다는 점을 지적했다. 결국, 1년 동안 러시아에 체류할 경우 일본인이 한인보다 2루블을 더 지불하게 되는 셈이다.

이러한 차이를 어떻게 이해해야 할까? 우선, 출입국 과정에서 발생하는 비용에 주목할 필요가 있다. 주거 안정 측면에서 거주허가증은 적십자사비나 시 병원 이용비와 같은 의료서비스 비용보다 중요한 요소다. 허가증이 없으면 체류 자체가 불가능하기 때문이다. 또한, 러시아 내 외국인들은 군사지역을 제외하고는 거주지역에 큰 제약이 없었지만, 한인은 그렇지 않았다. 출입국 과정과 거주 안정의 관점에서 보면, 한인은 여전히 불리한 위치에 있었다.

일본은 러시아의 한인 신민화 전략을 경계했다. 일본 측은 러시아가 한인을 "우리 권외에 두어 스스로 이를 비호하려는 저의"가 있으며, "배일선인에게 원호를 주는 듯한" 태도가 있다고 보았다.[6] 그중 대표적인 사례가 이종호다. 그는 대한제국의 친러파 관료이자 탁지부 대신으로 활동했던 이용익의 손자로, 러시아 최대 한인 자치단체인 권업회를 조직하는 데 주도적인 역할을 맡은 망명자다.

러시아 프리아무르 총독부는 이종호의 활동을 지원했다. 『권업신문』 발행을 허가하는 등 일본 측의 희망과 다른 행동을 보였다. 일본 측은 러시아 관료들의 행동을 주시하며, 러일 "친교에 비추어 이에 방해가 되는 원인의 제거에 협력할 것"을 러시아 측에 요청하고자 했다.

일상에서도 이종호에 대한 프리아무르 총독의 비공식적 보호가 이뤄진 것으로 보인다. 주블라디보스토크 일본영사관은 이종호가 곤다티 총독으로부터 "일종의 증명서 같은 여권을 교부"받아 보호를 받고 있다고 파악했다.[7] 그가 곤다티에게 받은 것은 "보통의 여권 또는 거주권과는 전혀 다른 종류"였다. 이종호가 거주등록을 제대로 하지 않아 블라디보스토크 경찰이 그를 질책하고 벌금을 부과하자, 역으로 그 경찰이 면관되었을 정도였다.[8]

추측건대 그는 1910년대 초 러시아 당국의 정책 실행에 있어 꼭 필요한 인물이었다. 러시아 고위관료들이 이종호를 지지한 이유는 조부 이용익이 대한제국 친러세력의 중심인물 가운데 하나였다는 점뿐만 아니라, 그가 주도적으로 참여한 권업회의 귀화 및 대중계몽 사업이 러시아 당국이 원하는 방향과 합치했기 때문이다.

〈그림 13〉은 1913년 3월 28일(러시아력 3월 15일) 연해주 군무지사가 발행한 증명서다.[9] 양복을 입고 머리를 단장한 이종호의 사진이 이채롭다. 연해주 군무지사는 이종호를 권업회 의장으로 소개하며, 그가 연해주 도시와 농촌을 돌아다니며 정착한 한인들의 생활 상황을 조사할 수 있도록 협조를 요청하는 증명서를 발급해주었다. 이처럼 합법단체인 권업회를 이끄는 위치에 있던 이종호는 러시아 고위관료들의 직간접적인 지원을 받고 있었다.

1913년 3월 6일 로마노프 황가 300주년 기념식에 일본 측은 축전장인 '졸로토이록' 극장에 인원을 파견했다. 당시 행사장에 있던 축전위원장은 "귀화 한인단체 권업회 대표자들이 행사에 참여"했으며, 러시아 경찰서장은 "권업회 대표자로 파견한 이들은 모두 러시아 귀화 한인"이라고 말했다. 일본 측은 로마노프 황가 300주년 기념식에 참석한 한인 가운데 이종호만은 귀화자가 아니라고 판단했지만, 그의 행사 참석을 막을 방법은 없었다. 일본이 러시아 측에

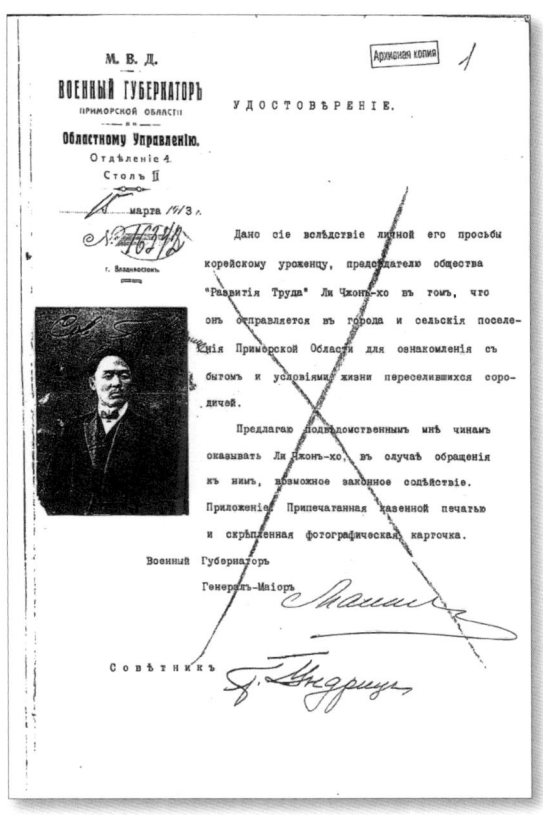

그림 13. 연해주 군무지사의 협조요청서와 이종호 사진

비귀화자가 귀화 한인단체의 행사에 참여한 것에 항의하더라도, 러시아 관료들은 이종호가 "귀화원을 낸다"는 핑계를 댈 것이며, 국적 문제로 황실 축전 참여에 지장이 생긴다면 러시아 관헌들은 "예(禮)를 잃는 것"으로 생각할 것이기 때문이었다.[10]

일본에 반감을 지녔던 한인 망명자들은 러시아에 귀화할 이유가 있었다. 조선 총독 데라우치 마사타케(寺內正毅, 1852~1919)는 1912년 8월 외무대신 우치다 고사이(內田康哉)에게 1911년 6월 1일에 체결된 러일범죄인인도조약에 대한 불만을 표했다.[11] 그는 "해

당 비밀선언서는 완전히 무의미한 공(空)문"이라 평하며, 러시아가 조약을 제대로 이행하지 않는 사실을 지적했다.[12] 데라우치의 평가로 미루어 보면 러시아는 일본에 한인의 신병을 인도하지 않는 전략을 통해 러일범죄인인도조약 이행에 적극적이지 않았음을 알 수 있다.

러시아 측이 조약 이행에 소극적이었던 이유는 한인 망명자를 실제로 일본에 인도했을 때 얻을 수 있는 이익이 크지 않다고 판단했기 때문이다. 앞서 언급한 이범윤의 영내 추방 사례에서 볼 수 있듯이, 러시아 군부 내에서는 한러 관료 네트워크가 작동하고 있었으며, 망명자를 일본에 넘겼을 경우 한인사회의 신뢰를 잃어 여론이 악화될 가능성이 있었다. 따라서 러시아의 전략적 선택은 일본과 외교 관계를 유지하려는 제스처를 취하면서도, 상황에 따라 여러 구실로 조약 이행을 회피하며 한인과의 관계에서 균형을 유지하는 것이었다.

러시아 측은 한일병합조약의 조문을 분석하여 러시아에 거주하는 한인이 일본 신민이 되는 것을 막고, 한인과 일본인을 구분하기 위한 논리를 개발했다. 만약 러시아 거주 한인을 일본 신민으로 간주하여 일본인과 동등한 권리를 부여하게 되면, 여러 문제가 발생할 수 있었다. 일본의 영향력이 러시아 영내에서 확대될 뿐만 아니라, 일본인이 누리는 다양한 이권, 예를 들어 저렴한 사증료나 거주허가증 발급비를 한인에게도 적용해야 하므로, 이는 재정적으로 러시아에 손해가 되었기 때문이다.

페소츠키는 한인의 국제법적 지위를 명확히 하고자 노력했다.[13] 그는 1910년 곤다티가 이끈 아무르원정대에 참가한 경험이 있어 러시아 극동의 실정에 밝았다. 페소츠키는 러시아 국익을 위해 한인과 일본인을 구분해서 볼 필요가 있다고 생각했다. 비록 러시아가 일본의 한국병합을 암묵적으로 인정했지만, 한인과 일본인을 차별 없이 동등하게 대우할 근거는 부족하다고 보았다.[14]

그는 한일병합조약을 해석할 때 두 민족이 실질적으로 동등한 정치적 권리를 지녔는지에 대해 검토했다. 그의 논리는 일본이 한인을 실질적으로 불평등하게 대우한다면, 한인을 일본인과 동등한 법적 지위를 지닌 존재로 보기 어렵다는 것이었다. 일본은 한국을 병합할 때 한인을 대표하는 의회나 정부를 만들지 않았으므로, 페소츠키는 한국이 일본의 식민지일 뿐 결코 일본과 동등한 존재가 아니라고 판단했다.

또한 그는 한일병합조약 제6조에서 "법규를 준수하는 한인의 신체 및 재산에 대하여 전적인 보호를 제공"하겠다는 조항을 근거로, 일본이 일본 법규를 지킬 생각이 없는 한인을 보호하지 않을 것이라는 해석을 도출했다. 따라서 한인이 일본 영토에 있지 않다면, 일본에 복종하지 않는 한인은 일본 정부의 통치에서 자유롭다고 판단했다.[15]

한일병합 후 러시아 국적은 일본 신민화에 대한 정치적 방패였다. 일본이 러시아에 거주하는 한인을 일본 신민으로 편입하려 하자, 러시아 측은 한인과 일본인을 의도적으로 구분하려는 논리를 개발했다. 한인을 둘러싼 러일 양국의 신경전이 벌어지는 가운데, 반일 성향의 망명자는 러시아 국적을 통해 일본의 체포와 간섭을 피할 수 있는 여지가 생겼다.

2. 귀화와 동화: 기대와 우려 속 한인의 정체성

러시아 당국은 한인을 귀화시켜 러시아화하는 목적을 제한적인 수준에서 달성했다. 동화라는 관점에서 본다면 당시 한인의 러시아 귀화는 문화적 동화가 수반되는 실질적 귀화라기보다는, 서류·제도상의 명목적 귀화라 볼 수도 있다. 다만 이러한 표현은 한인이 '동화되어야 하는 존재'라는 사고가 전제되어 있다.

러시아 귀화는 러시아 동화를 보장하는 충분조건이 아니었다. 한인은 러시아에 귀화한 후에도 현지와 고국의 생활방식을 양립시키며 선택적으로 러시아 문화를 받아들였다. 한인의 생활관습은 러시아 당국이 기대한 만큼 완전한 러시아화로 이어지지 않았다.

러시아 제국의 소수민족 정책은 "애매모호했고 변동이 심했으며 불확실"했다. 유대인, 가톨릭 폴란드인, 이슬람 타타르인은 처우가 동일하지 않았다. 니콜라이 2세는 알렉산드르 3세의 기조를 이어받아 소수민족에 대한 강력한 러시아 동화정책을 펼쳤으며, 국가 두마는 비러시아인 민족정당의 대표권을 축소했다.

물론 억압만이 존재했던 것은 아니다. 1905년 이후 러시아 정부는 토착 지도자들이 시민의 생활에서 적극적인 역할을 담당하도록 가능성을 부여하고 다양한 민족집단의 관습을 존중하기도 했다. 이 때문에 러시아 제국이 "통일성을 강화할 때에만 차이점을 수용했던 정치체제"였다고 평가하는 견해도 있다.[16]

러시아화라는 동화정책의 강화 기조 아래, 러시아 제국의 한인 정책은 여타 민족의 것과 크게 다르지 않았다. 특히 러시아화를 위해 이용된 교육정책의 관점에서 보면, 한인에게 적용된 소수민족 동화정책은 러시아가 병합한 영토의 선주민과 새로 유입된 아시아계 이주민에게 적용한 것과 큰 차이가 없었다.[17]

하지만 시급함에 차이는 있었다. 한인의 러시아화는 한일병합후 빠르게 진행해야 할 과제였다. 곤다티 총독이 한인에게 러시아귀화를 장려하고 노동을 허가했던 것은 법률적으로 일본 신민이될 한인을 제국 내 소수민족으로 편입해 러시아화하려는 조치였다. 한반도의 일본 식민화라는 정세변동은 한인 정책의 무게를 높이는 효과가 있었다.

러시아가 한인의 법률적 지위 변동에 대해 대처해야 할 방향은 귀화 장려였다. 일본이 거주허가증 발급비 감면을 통해 한인을 일본제국의 신민으로 포섭하고자 했다면, 러시아는 한인에게 러시아 국적을 부여하여 일본의 한인 신민화 전략에 대처했다.[18]

한인 입장에서는 생활의 안정을 위해 러시아 귀화는 중요했다. 귀화하면 체류 연장을 위한 거주허가증 발급이 필요하지 않았다.[19] 귀화자가 되어 여권에 적힌 거주지에서 일정 반경을 벗어나지만 않는다면, 비귀화자 신분으로 매년 거주허가증을 발급받아야 하는 불편함을 덜 수 있었다. 러시아에 정착하고자 한다면 일본 신민을 택하는 것보다 러시아에 귀화하는 것이 장기적으로 번거로움을 더는 일이었다.

러시아는 한인에게 귀화를 장려하여 경제·안보적 이득을 볼 수 있었다. 한인을 통해 극동의 토지를 개간하고, 철도 공사나 금광 개발 등의 국책사업을 진행할 때 안정적으로 노동력을 확보할 수 있었다.[20] 친일이라는 극동의 잠재적 안보 위협을 줄이기 위해서라도 한인에게 국적 취득을 쉽게 할 필요가 있었다. 그라베는 러시아 극동에 거주하는 한인 모두가 친러적 태도를 보인다고 할 수 없지만, 대다수가 반일 감정을 품고 있으므로 러시아가 한인에게 시혜적 정책을 편다면 친일론자가 줄어들 것으로 전망했다.[21]

다만 러시아 지방 당국은 한인의 러시아 귀화를 장려하는 것이 생활관습의 러시아화로 직결되는 것은 아니라는 점을 알고 있었다. 러시아 귀화의 자격조건을 심사하기 위해 한인의 생활 실태를 조사할 때, 이들이 러시아 측의 질문에 사실대로 답변하는지는 사실상 확인하기 어려웠다. 한인의 실태조사에서 생활의 러시아화 정도를 묻는 항목, 이를테면 어떤 종교를 믿는지, 언제 고국을 떠났는지, 고국의 국적이 상실됐는지, 러시아식 의복을 입고 있는지에 관한 질문 항목은 사실상 증명할 수 없었다.22 즉 한인이 사실대로 이야기하지 않아도 러시아 관료들이 이를 확인할 방법은 거의 없었다. 한인은 러시아의 러시아화 요구를 비틀어 받아들일 수 있었다.

러시아 관료들은 한인의 귀화 자격을 조사할 때 한인 촌장의 도움 없이는 한인사회에 대한 정확한 정보를 수집하기 어려웠다. 그들은 한인 촌장, 서기, 통역사의 존재에 의존했다. 페소츠키는 한인의 귀화 과정에서 수많은 조작이 가해질 가능성이 있다고 보았으며, 한인의 국적 취득 자격심사가 한인 촌장이 "원하면 원활하게 끝날 것이고, 원하지 않는다면 어찌 되었든 그 무엇도 이루어지지 않는다"고 기록한다.23 한인 촌장은 선택적으로 정보를 제공할 수 있던 것이다.

결국 페소츠키는 한인의 러시아 국적 취득에서 정확성을 기하기 위해 이미 정착한 한인의 권리를 재확인하고 개인의 신원을 정확히 조사할 것을 주장했다. 각각 한인의 러시아화에 대한 의심을 해소하고, 한인사회에 대한 러시아 지방 당국의 통제력을 확고히 하려는 노력이었다.

곤다티 시기에는 여권을 소지하지 않은 한인들에 대한 단속과 추방이 강력히 이루어졌다. 특히 그는 여권 미소지 한인들을 본국으로 송환하는 일에 집중했다. 1912년 2월, 블라디보스토크 경찰은 신한촌과 그 인근에 거주하던 한인들을 조사해, 여권이 없는 30명을 구속했다. 이들은 주로 직업이 없는 사람들이었으며, 러시아 당국은 이들을 식민지 조선으로 송환하기로 결정했다.24 1912년 4월 24일 블라디보스토크의 항구에 도착한 선박에 11명의 한인이 탑승했다. 당시 1명만이 여권을 소지하고 나머지 10명은 모두 여권을 소지하지 않은 것이 적발됐다. 블라디보스토크 경찰은 이들을 체포한 후 육로로 송환했다.25

한인 추방은 오래된 의심에서 비롯된 것이었다. 1890년 당시 운테르베르게르는 한인을 러시아 신민으로 받아들이는 것이 러시아의 국익에 얼마나 도움이 될지 확신하지 못했다. 그는 만약 중국과 러시아가 전쟁을 벌이게 되면, 한인들이 더 큰 이익을 보장하는 편을 들 것이라 보았다. 또한, 정책이 자신들에게 불리하다고 느낄 경우, 한인들이 주저 없이 국외로 떠날 것이라고 예상했다. 이는 그들이 귀화선서를 한 후 국외로 이주하더라도, 선서의 신성함을 어긴다고 여기지 않을 것이기 때문이었다.26

곤다티를 비롯한 여러 러시아 관료가 '한인유용론'을 지지했음에도, 이는 어디까지나 극동지역의 식민지 개발이라는 관점에서 바라본 것이었다. '한인유용론'을 주장한 관료들의 보고서 곳곳에서도 여전히 한인을 러시아화하는 것이 어렵다는 점을 지속적으로 지적하고 있다.

그중에서도 그라베는 "진실된 기독교 신도는 유감스럽게도 매우 적다"고 지적하며, 종교 영역에서의 형식적인 러시아화를 사례로 들었다. 정교회 세례가 러시아 귀화의 조건 중 하나였기 때문에, 한인들은 국적 취득을 위한 수단으로 개종하는 경우가 많았다. 정교회 신부들이 한인들의 신앙심을 검증하고 세례를 주는 일은 사실상 어려운 일이었다. 세례를 주기 전 "참된 신앙 없이 세례를 받는 것은 죄악"이라고 설명해도, 한인들은 "참된 신앙이 있어서" 개종

한다고 답했지만, 신부들은 한인들이 개종 후에도 여전히 "이교의 풍습이 남아 있다"고 기록했다. 실제로 정교회의 장례식 대신 무당이 지정한 곳에 고인을 묻고 추도식을 치르는 경우도 있었다.27

한인들은 특정한 날에만 정교회 예배에 참석하는 경향이 있었다. 자녀가 태어나도 곧바로 세례를 받지 않고, 정교회 신부가 강요하거나 자녀가 학령기에 도달했을 때에야 세례를 받는 경우가 많았다. 귀화할 때 정교회에서 세례를 받은 한인 가구는 호적상 정교도로 등록되었지만, 가족 중 일부는 여전히 불교 신자인 경우도 있었다.28

페소츠키 역시 유사한 점을 지적했다. 그의 보고서에 따르면, 한인의 결혼문화는 정교회식이 아니었다. 러시아는 법으로 비정교회와의 결혼을 금지했지만, 한인은 이를 지키지 않았을 뿐만 아니라, 결혼식도 정교회 방식을 따르지 않았다.29 가족 내에서는 남편과 자녀는 정교회 신자이지만, 아내와 다른 자녀는 그렇지 않은 경우가 많아, 러시아 관료들은 행정에서 혼선을 겪었다.30

장로파 기독교와의 경쟁은 정교회가 한인의 러시아화 목표를 달성하는 데 어려움을 겪은 또 다른 요소였다. 당시 장로파 기독교는 블라디보스토크, 라즈돌노예, 우수리스크, 하바롭스크, 수청 지역에서 확산되었고, 그라베는 이러한 상황에 제대로 대응하지 않으면 러시아 정교회가 오랜 세월 쌓아온 기반을 장로파 기독교에 빼앗기고 말 것이라며 비관했다.

정교회 내부의 구조적 문제도 있었다. 한인의 형식적 개종 이유로, 전도에 대한 정교회 신부의 성과주의, 조선어에 대한 정교회 신부의 이해 부족 등이 지적됐다.31 대체로 한인에 대한 러시아 정교회의 선교가 성공하지는 못했지만, 1910년대에 들어 정교회 지도부의 지원과 한일병합에 따른 한인의 개종과 한인 사제의 증가로 신앙심에 진지한 변화가 생기기도 했다. 그러나 전반적으로 한인에게 정교 교리를 교육하고 지속시킬 교회와 인력의 수가 부족했으며, "소명의식이 부족한 선교사들에 의해 현장사역이 수행"되었다는 점은 종교를 통한 한인 러시아화의 근본적 한계였다.32

교육을 통한 러시아화의 실제는 어떠했을까? 한인들은 2세대의 교육을 위해 러시아인이 다니는 학교에 자녀를 통학시키는 일에 주저하지 않았다. 러시아 교육 당국에서 받는 지원금이 부족하다고 생각해, 공동으로 자금을 모아 교사에게 추가 수당을 지급하여 우수한 교사를 유치하기도 했다. 교사(校舍)는 우수한 상태로 지어져 있었다. 그라베의 기록에 따르면 한인 마을마다 가장 먼저 서 있는 것은 학교였다고 한다. 그는 뛰어난 학교가 "아동에게 정신적 감화를 주어" 입학에 대한 열망을 불러일으켜 교육이 보급된다고 기록했다.33

한인 학교 현장에서는 민족적 동질성이 교사와 학생 간 관계에 큰 영향을 미쳤다. 그라베는 러시아인 교원과 한인 학생, "양자의 관계가 냉담"하지만, 러시아 귀화 한인 교원의 경우 "대체로 그 지방 출신이므로 아동과 잘 친숙해져 양자의 관계가 지극히 원만"하다고 기록했다. 따라서 러시아어가 아직 가능하지 않은 학생을 교육하기 위해 "한인 교원이 이상적"이라 평가했다.34

러시아령 내 대표적인 민족학교였던 '한민학교(韓民學校)'에 주목할 필요가 있다.35 한민학교란 블라디보스토크 개척리에 있던 계동학교·세동학교·신동학교가 1909년 통합되어 설립된 이민자의 교육기관이었다. 이 세 학교는 민족주의 교육이 중심이 되었다. 계동학교의 학교 설립 취지서에는 "지금 국가의 위박(危迫)함을 도울진데, 일시라도 교육을 버림이 불가하도다"며 고국의 정치적 위기 상황과 교육의 당위성을 연관 짓고자 했다.36 한문·한글·한국지리와 같이 고국에 대한 지식을 습득할 수 있는 교육과정도 갖추었다. 세동학교에는 반일적 인물들이 설립·운영에 참여하고 있었다. 신동학교는 해조신문사에서 판매하는 민족주의적 내용의 교재를 사용했다.[37]

한민학교는 1909년 러시아 당국의 무허가 학교 폐쇄조치에 대한 한인의 대응책으로 탄생했다. 1909년 8월 한인들은 학부모 등 집회를 개최해 계동·세동·신동학교를 통합해, 민회 차원에서 한민학교를 설립하기로 했다. 당시 학교 폐지의 위기를 넘기고 학교를 통합할 수 있었던 것은 블라디보스토크의 한인 언론인 『해조신문』의 역할이 컸다. 『해조신문』 편집원 이종원은 계동학교의 확장을 주장한 바 있다. 사전에 이러한 논의가 있었고 실제로 세 학교가 통합해 확장하기로 결의했기 때문에 한민학교가 탄생할 수 있었다.[38]

한민학교는 러시아와 조선에 관한 학습이 함께 이뤄진 공간이었다. 한민학교에 초빙된 교사들은 러시아어만이 아니라 국한문도 교육했다. 1911년 블라디보스토크의 한인 마을 개척리가 신한촌으로 이전되자, 한민학교도 그 위치를 해당 마을의 가운데로 옮겼다. 신축 건물로 재탄생한 한민학교는 현관과 교실에 대한제국의 국장 태극문양의 도안을 새겨놓았으며, 항일의식을 고취하는 교과서를 사용했다.[39]

1912년 11월 한민학교에서 개최된 연극제에서 한인들은 러시아 풍속 연극·창가만이 아니라 한국의 국가를 연주하며 "러시아를 배제하지 않으면서도 민족적 요소를 강조"했다.[40] 1912년 한민학교에서 학생들이 부른 창가(唱歌)는 부르는 이로 하여금 고국에 대한 애국심을 불러일으키고 식민 해방을 염원하는 내용이 담겨 있다.[41]

한민학교에서 창가는 민족을 호명하고 공동의 역사적 기억을 소환하기 위한 중요한 매체였다. 창가 〈대한혼〉에서는 "언어 의복 같은 동족 한마음 한뜻으로 굳게 뭉치면"이라는 구절을 통해, 언어와 복식문화가 민족적 동질감을 형성하는 요소로 규정된다. 또한, 〈소년건국가〉에서는 "단군 후에 소년 국치민욕(國恥民辱) 너 아느냐", "병합 치욕 너 잊지 말라"와 같은 구절을 통해, 고국의 역사적 사건이 잊히지 않도록 다음 세대에게 전달했다.

창가는 영토 관념을 통해 민족정체성을 형성하는 소재이기도 했다.42 〈대한혼〉에서는 "백두산에서 한라산까지 자연지세 그림 같다"와 같이 고국의 자연지리가 묘사된다. 이때 창가에서 언급되는 고국의 경계는 확정된 선이 아닌, 산을 매개로 한 점과 점, 면과 면으로 모호하게 구성된 상태다. 〈한반도가〉는 "은덕 깊은 이 한반도", "일월(日月) 함께 빛나는 우리 한반도", "아름답고 귀한 우리 한반도"와 같이 고국의 지리에 긍정적 이미지를 부여해 그 공간을 이상화한다.

창가는 민족주의적 교육의 주요 목표가 식민지 상태에 있는 고국의 독립에 있음을 보여준다. 〈운동가〉의 "대한 청년 학도여 아세아 우리 반도 독립시키자", "용맹 정신 발분하여 열심히 공부하자"라는 구절에서는 교육이 지향하는 바는 현지에서의 적응과 더불어, 고국이 식민 상태에서 해방될 수 있도록 준비하는 것임을 확인할 수 있다.

일각에서는 러시아에 사는 한인의 정체성 상실을 우려하는 목소리도 있었다. 성리학자 겸 의병장 유인석(柳麟錫)은 러시아에서 활동하며 귀화에 관한 견해를 남긴 바가 있어 흥미롭다. 그는 이주를 긍정했지만, 무분별한 귀화는 "의와 리의 두 측면에서 모두 옳지 않은 선택"이라고 생각했다. 유인석의 제자가 조선이 일본에 병합된 후, "나라는 왜국이 되고 신하는 왜국의 신하가 되고 백성은 왜국의 백성이 되었는데, 의리를 아는 자는 어떻게 처신해야" 하는지 묻자,

"다른 나라에 나가 사는 것도 괜찮다"고 답변했다.⁴³ 유인석은 망국 후 망명을 의리에 부합하는 합리적 선택으로 생각했다.⁴⁴

다만 그는 두 가지 전제조건을 달았다. 첫 번째, 타국의 녹을 받아 신하가 되지 말 것, 두 번째, 호적에 들어가 백성이 되지 않고 형체를 보존하고 내가 지켜야 할 바를 지키는 것이었다. 고국을 떠나더라도 의발과 풍속을 지키고 마을을 이루어 살며, 개인과 공동체의 정체성을 보존하는 일이 선행되어야 한다고 강조했다. 그는 한인이 "사천년 소중화 문명의 민족"인데, 러시아에 귀화하면 "천민 중에 또 천민"이 되어, 곧 자존감 상실과 정체성 붕괴로 이어질 것이라 보았다.⁴⁵

해외 이주로 인한 정체성 상실에 대한 우려는 유인석만의 것이 아니었다. 당대 여러 지식인도 이 문제를 지적했다. 이를테면 신채호(申采浩)는 해외에 거주하는 한인의 정체성 상실을 우려하여 "해외 이주를 하더라도 반드시 국수를 간직"하도록 촉구했다. 고국을 떠나 '한인다움'을 갈고닦지 않으면 정체성의 상실로 귀결되고 말 것이라는 두려움은 당대 조선 국내 언론에서도 종종 발견되었다.⁴⁶

그러나 유인석을 비롯한 당대 조선 지식인들이 우려한 해외 한인의 정체성 상실은 간단하게 이루어진 일이 아니었다. 러시아가 한인의 러시아 동화 가능성을 끊임없이 의심했던 것은 한인이 관성적으로 지녀온 조선식 문화 관습에 지배자의 의도가 관철되지 못했음을 방증한다.⁴⁷

유인석의 견해는 현실에 대한 진단이라기보다는 아직 일어나지 않은 미래에 대한 우려였다. 유인석은 1910년부터 1913년까지 연해주에서 활동했으며, 이 시기 러시아로 귀화한 한인들은 러시아화의 정도가 낮았다. 국적을 취득한 지 얼마 되지 않은 이들이 금세 러시아화된다는 것은 러시아에 거주하던 한인들에게도, 그들을 러시아화하려 했던 러시아 관료들에게도 현실적으로 어려운 일이었다. 귀화 1세대의 동화에는 근본적인 한계가 있었음을 염두에 두고, 한인이 러시아 귀화를 통해 어떠한 제도적 이점을 얻어내려고 했는지 시선을 옮겨보자.

6장
도시 속 '내 집 마련'의 꿈

1. 블라디보스토크의 '황인종 게토' 개척리

블라디보스토크 신한촌은 러시아 내 최대의 한인 거주지 가운데 하나였다. 1911년 신한촌이 탄생하기 전까지 블라디보스토크의 한인은 개척리라는 곳에 집단으로 거주했다. 블라디보스토크는 한인만이 아니라 여러 민족이 거주하는 공간이었다. 1903년 블라디보스토크시 인구는 전체 약 4만 5,300명 중 러시아인 2만 6,580명, 중국인 1만 5,927명, 한인 1,327명, 일본인 1,158명, 기타 유럽인 308명이었다.[1] 민족적으로 비(非)러시아인의 비율이 40퍼센트가 넘었다. 블라디보스토크에는 러시아인, 중국인, 미국인, 독일인, 영국인 등 여러 민족이 함께 살았다. 일반적으로 일본의 외국인 거류지와 중국의 조계지는 법적인 근거 위에 세워진 것이지만, 초기 블라디보스토크에서 외국인 거주는 법적인 구분이 거의 없었다.[2]

그렇지만 민족별 주요 집단 거주구역은 존재했다. 블라디보스토크 내 민족별 집단 거주구역의 위치를 보면 도시 속 민족별 거주 환경이 드러난다. 〈그림 14〉는 1909년 블라디보스토크 지도다.[3] 채색된 블록은 건축법을 지킨 구역, 흰색 블록은 건축 예정인 구역, 절반만 채색된 블록은 건물이 부분적으로만 완성됐거나 건축법을 제대로 따르지 않은 구역이다.

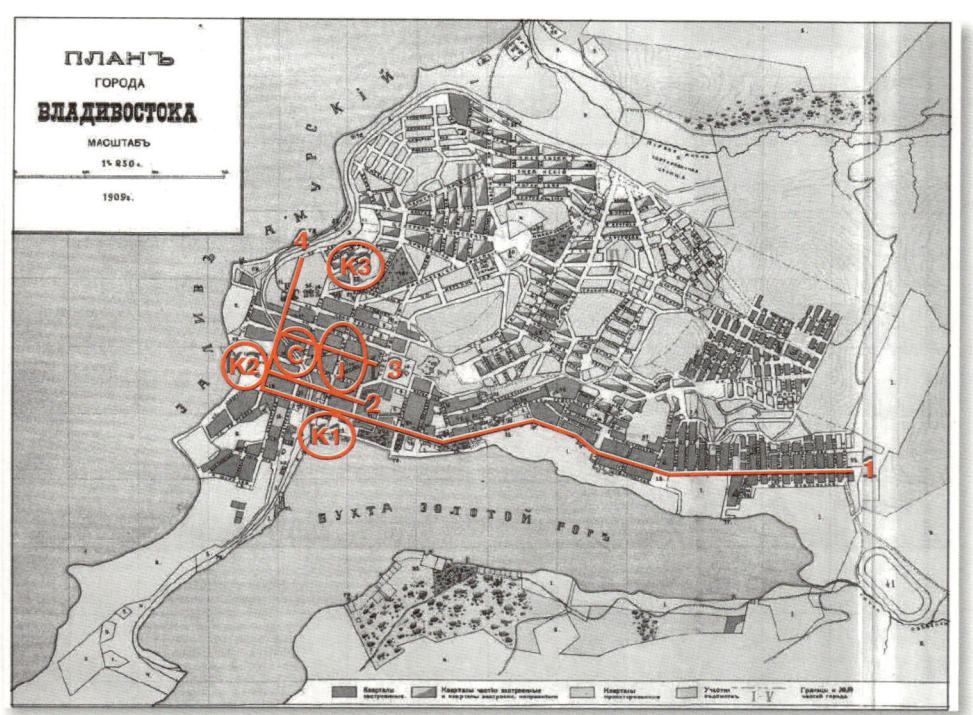

그림 14. 1909년 블라디보스토크 시내 민족별 거주구역

    시의 중심인 스베틀란스카야 거리(그림 14의 1)에는 구미(歐美)인과 중국인 유력자가 살았다. 페킨스카야 거리(그림 14의 2)의 서쪽에는 중국인 소매상인들이 살았다.[4] 그 인근에 밀리온카(그림 14의 C)라는 중국인 집단 거주구역이 존재했다. 밀리온카는 1870년대 초반 세묘노프스키 부두 부근에서 생겨났다.[5] 폰탄스카야 거리(그림 14의 3)에는 일본인이 살았다. 러일전쟁 승리 후 일본인 구역(그림 14의 J)은 서쪽과 북쪽으로 점차 확장됐다.[6]

    1893년 개척리가 탄생하기 전 블라디보스토크 내 한인 주거지와 관련하여 두 곳이 주목된다. 첫 번째 한인 주거지는 블라디보스토크의 중앙시장 부근(그림 14의 K1)에 위치했다. 1860년대 블라디보

스토크가 건설되면서 자연스럽게 생겨난 것으로 보이며 19세기 말에 철거됐다.[7] 두 번째 한인주거지는 세묘노프스키 초지(그림 14의 K2)에 위치했다. 1891년 당시 연해주 군무지사가 블라디보스토크 세묘노프스키 초지에 살던 한인에 대해 이주명령을 내렸다는 점을 고려하면, K2는 1891년 전후까지 존재한 것으로 보인다.[8] K2를 기점으로 카레이스카야 거리(그림 14의 4)가 북쪽으로 이어졌다.[9]

K1과 K2는 정확한 형성 시기와 규모를 파악하기 어렵다. 반면 개척리(그림 14의 K3, 현재 극동연방대 시내 박물관)는 그 구체적 정보를 확인할 수 있는 한인 집단 거주지역이다. 개척리가 위치한 지형은 쿠페롭스카야 골짜기라 불렸다. 개척리는 1893년 한인에게 한 지구가 배정되며 탄생했다.[10] 개척리는 당시 시외에 해당했으며 주거 환경이 열악했다. 개척리와 그 주변부는 건축법에 저촉되는 건물이 많았다.

카레이스카야 거리는 블라디보스토크 시내와 개척리를 잇는 큰길이다. 〈그림 15〉는 카레이스카야 거리 남쪽에서 북쪽으로 찍은 사진이다.[11] 사진 왼쪽에는 세묘노프스키 시장(또는 세묘노프스키 초지, 현재 해양공원), 거리 중앙의 소실점 오른쪽 지점에 개척리가 위치했다.

개척리가 탄생한 계기는 위생 문제를 우려한 러시아 당국의 격리조치다. 1890년 당시 연해주 군무지사 운테르베르게르는 특별위원회를 만들어 한인과 중국인의 주거지를 조사한 후 위생상 불결하다는 이유로 퇴거시키려 했다.[12] 러시아 관료들은 이들을 심각하게 비위생적인 존재로 간주했고, 특히 중국인 여관의 경우 "전염병과의 싸움을 방해한다"고 보았다.[13] 1893년 6월 블라디보스토크의 위생집행위원회는 경찰에 요청해, 시내에 거주하는 중국인과 한인을 블라디보스토크시 북쪽의 쿠페롭스카야 골짜기(현재 파크

그림 15. 블라디보스토크 카레이스카야 거리 시장 부근

롭스키 공원 서쪽 일대)로 옮기도록 했다.[14]

주목해야 할 점은 개척리가 한인만의 공간은 아니었다는 것이다.[15] 1906년 블라디보스토크시 두마 조례에 따르면 중국인과 한인이 시내에 거주하려면 몇 가지 조건을 갖춰야 했다. 즉 러시아 귀화자, 부동산 소유자, 또는 당국이 허가한 상업 종사자여야 했다. 이 조건에 해당하지 않으면 개척리에 거주해야 했다.[16] 중국인과 한인은 부동산 임대에도 제한을 받았다. 유럽인 소유 부동산을 임차하는 사람은 거주권을 가질 수 있었던 반면 중국인과 한인 소유 부동산의 경우 그렇지 못했다.[17] 개척리는 황인종의 시 중심부 거주를 막고자 한 러시아 당국의 조치로 인해 주거 안정을 확보하지 못한 이들이 모인 '황인종 게토'였다.

6장. 도시 속 '내 집 마련'의 꿈

〈그림 16〉은 1905년 개척리 지도다.[18] 가옥 번호의 거주자 명단을 통해 민족별 거주구역을 파악할 수 있다.[19] 개척리에 거주하는 342호 중에 한인의 호는 약 70퍼센트, 중국인의 호는 약 30퍼센트였다. 대체로 거주구역이 일정하게 나누어져 있었지만 잡거하는 경우도 종종 발견된다. 개척리의 동쪽 한인 구역(그림 16의 K)에 사는 중국인은 4호였다. 전체 개척리 거주 중국인의 호수 가운데 약 4퍼센트였다. 개척리의 서쪽(그림 16의 C)은 중국인 구역이었다. 이곳에 사는 한인은 36호였다. 이는 전체 한인 호수 중에 약 15퍼센트다. 중국인 구역에 잡거하는 한인은 B의 북단과 남단에 거주했다. 한인은 중국인 구역에 잡거를 하더라도 그 안에서 한인끼리 이웃하여 사는 경향을 보였다.

1909년 11~12월 개척리를 조사한 일본육군헌병대 대위 무라이 인켄(村井因憲)의 보고서에 따르면 개척리는 석막리(石幕里)라는 곳과 접해 있어 두 개의 마을이 하나를 이루는 형태였다. 가옥은 대체로 러시아풍 목조건물이었지만 내부는 조선식 온돌을 설치했다. 한 집에는 20여 명이 함께 살았으며 거리는 좁고 불규칙하여 마차가 지나다니기에 어려웠다.[20]

개척리 철거 논의의 기원은 1899년으로 거슬러 올라간다. 1899년 8월 21일 연해주 군무지사 치차고프(Н. М. Чичагов)는 뉴좡(牛庄, 현재 잉거우시) 항에서 페스트가 발견되어 러시아 극동도 안전하지 않다고 선언했다. 그는 공중보건위원회 회의를 열어 강력한 방역 조치를 취하도록 결정했다. 위생집행위원회는 모든 조치를 강구해 시의 위생 상태를 개선해야 하며, 중국인과 한인을 "특히 위험한" 존재로 규정하고 추방하기로 했다. "고질적인 불결함"과 밀집성 때문에 유입된 감염이 그들 사이에 확산한다는 이유였다.[21] 한인은 중국인과 함께 언제든 방역과 위생을 이유로 추방당

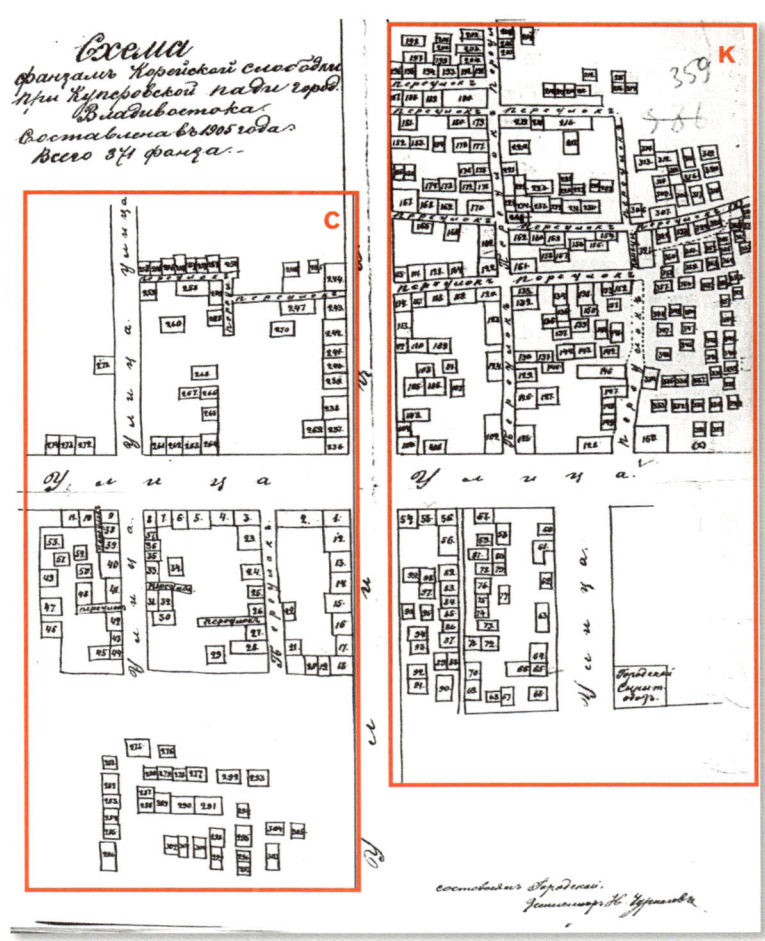

그림 16. 1905년 개척리 내 민족별 거주구역

할 수 있었다.

블라디보스토크시 참사회는 오래전부터 시외에 중국인과 한인의 거주지를 만들고자 했다. 1899년 12월 21일 시 참사회는 한인과 중국인을 시 외곽으로 퇴거시키는 안을 시 두마에 제출했다.[22] 실행은 지지부진했다. 1902년 12월 치차고프는 시 참사회의 무관심을 강하게 질책했다. 중국인과 한인의 거주지 이전을 논의하는 위원회가 3년 동안 단 한 번밖에 열리지 않았으며, 일은 전혀 진전되지 않았다는 이유였다. 연해주 군무지사는 일을 신속하게 진행하기 위해 퇴거의 처리 기한을 정하도록 시 두마에 요청했다.[23] 당시 시 참사회는 군무지사의 압박을 강하게 받았던 것으로 보이나 퇴거 조치는 실제로는 이뤄지지 않았다.

1905년 11월 12일 블라디보스토크에서 수비대 군인과 도시하층민이 봉기하여 시내 건물의 다수가 파괴되었다. 제1차 러시아혁명의 여파였다.[24] 개척리 한인은 이 시기에 블라디보스토크를 떠났다 이듬해 봄에 다시 돌아왔다.[25] 사태가 진정되자 시 참사회는 다시 시에 중국인이 유입되어 전염병이 확산할 것을 우려해, 쿠페롭스카야 골짜기 뒤편에 중국인 마을 조성 계획을 세웠다.[26] 또한, 개척리의 위치를 시내로 규정하여 마을에 거주하는 한인을 퇴거시키려 했다. 한인들은 개척리가 명백히 시 외곽이라고 반박하면서도, 퇴거를 당하면 경제적으로 파산할 것이라며 인정에 호소했다.[27]

황인종의 시외 퇴거란 전염병 확산과 치안 불안에 대처하기 위한 '전가의 보도'였다. 러시아 지방 당국은 전염병이 발병하거나 치안이 불안하면 위생 문제를 거론하며 한인과 중국인을 시 외곽에 배치하려 했다.

개척리는 인종주의적 도시 정책이 가시화된 공간이었다. 개척리 철거는 1899년부터 10년 넘게 진행된 논의의 결과였다. 실제로 전염병의 발병 여부와는 관계없이, 중국인과 한인은 유사시 시 외곽으로 밀려날 '황인종'으로 여겨졌다. 개척리 철거는 위생 논의에 기반했지만, 동시에 인종주의적 조치이기도 했다.

실제로 블라디보스토크에 살고 있던 한인들은 어떤 위생관념을 갖고 있었을까? 블라디보스토크의 한인 신문인 『해조신문』과 『대동공보』를 통해 한인이 위생 문제에 대해 어떻게 생각하고 있었는지 엿볼 수 있다.

『해조신문』광고면에서는 한인들이 위생 개념을 소비하는 방식을 볼 수 있다.『해조신문』에는 신서적에 대한 광고가 자주 실렸는데, 이때『위생공사신론』,『역병위생서』,『처녀위생』,『초등소학 생리위생학 교과서』라는 제목의 책이 눈에 띈다.[28] 위생은 아동과 여성에게까지 '배워야 할 지식'으로서 보급된 것이다.

당시 위생이란 홍보 전략으로 쓰이기도 했다.『해조신문』에 개척리에 신설한 자신의 이발소를 홍보하는 광고가 눈길을 끈다. 이발사 신석화는 자신의 이발소가 위생에 매우 주의하며 이발한다고 강조했다.[29] "위생에 매우 주의"한다는 표현을 보면 위생이란 '좋음'의 이미지로서 소비된 것을 알 수 있다.

반면 비위생적인 것은 '악'이었다. 분뇨 처리 문제를 통해서도 위생에 관한 인식을 엿볼 수 있다. 화장실을 고쳐 분뇨가 바깥에 흐르지 않게 하는 것은 위생만이 아니라 "추악함"을 드러내지 않기 위함이었다.[30] 개척리 한인거류민회는 평의원회를 열어 분뇨 처리를 중국인에게 맡기도록 분세(糞稅)를 걷기로 결정했다.[31] 이처럼 한인에게 위생 문제란 공동체가 함께 해결할 과제였다.

블라디보스토크시 당국은 1909년 11월 한인거류민회에 위생위원을 선정하도록 요청했다. 한인거류민회는 평의회를 열어 12명의 위생위원을 선정했다. 이들은 위생 문제에 관한 징벌권을 가졌다.『대동공보』는 치죄의 권한이 러시아인이 아니라 한인에게 돌아온 것을 다행스럽게 생각한다며 한인사회의 위생 문제에 대한 경각심을 촉구했다.[32]

『해조신문』은 유행병 예방의 방안을 한인사회에 소개했다.[33]『해조신문』은 연해주 지방의 기후가 여름에 비가 자주 내리고 바람이 많이 불어 유행병이 돌기 쉽고, 발생한 전염병은 "공중에게 방해도 끼침이 적지 아니하므로" 그 예방을 강조했다. 또한 러시아 정부가 위생에 관한 지휘를 내리기 전에 한인사회가 스스로 선제적 대응에 나설 것을 촉구했다. 『해조신문』은 먼저 의식주에 관한 위생을 역설했다. 의복의 세탁과 일광 건조, 적당량의 음식 섭취를 권고했다. 특히 주거 위생에 관한 사항이 눈길을 끈다. 수시로 집을 청소하여 물건이 쌓이지 않도록 했다. 한인 가옥이 위생상 불리한 이유도 지적했다. 한인의 가옥은 장마철 누수와 습기 문제를 겪었으며 작고 좁아서 환기가 어려웠다. 부엌과 안방 사이에 벽이 없이 방바닥을 부뚜막에 잇달았는데 주방에서 조리하는 냄새가 집안에 늘 가득하여 위생에 해롭다고 설명했다. 이처럼 위생 논의는 일상에 대한 자기비판에 기반했다.

위생 문제는 정치·사회적 의미망 속에서 단결을 위한 수사로도 이용됐다. 『해조신문』은 당파 싸움이 러시아 한인사회의 단결을 가로막아, 결국 대한제국이 몰락했다고 보았다. 기자는 당파를 전염병에 비유했다. 당파란 "시기심"과 "의혹심" 등 "악심"에서 발생하지만 "착한 사람"도 빠지기 쉬운 것이었다. 전염병도 마찬가지였다. "처음은 불결정한 곳에서 발생했으나 점점 심히 자만하면 결정한 곳에도 그 병균이 침입하여 전염되기 쉬운" 것이었다. 이러한 논리에 기반해 위생 개선 방안을 강구하여 콜레라에 걸리지 않도록 청결법을 실시하자고 주장했다. 콜레라를 전파하는 자가 있다면 사회의 위생을 방해하는 자로 규정했다.[34]

위생은 한인의 종교의식과 마찰을 빚기도 했다. 1909년 가을 개척리에서 콜레라가 발생해 두 달 만에 한인 100여 명이 사망했다. 콜레라로 유독 개척리만 큰 화를 입었다. 『대동공보』는 문제 원인으로 한인의 위생에 관한 인식 부족을 지적했다. 돼지를 잡아 올리는 '상공당제사'를 지낸 후 고기를 나눠 먹고 콜레라가 더욱 확산해 개척리 한인이 사망했다는 것이다.35 『대동공보』는 "한인을 죽인 자 괴질이 아니오, 상공당이로다"라며 비판했다.36

러시아에서 주류 종교는 정교회였다. 당시 정교회로 개종한 한인이 많았다. 러시아 국적 취득의 자격조건이었기 때문이다. 그러나 1909년의 정교회 블라디보스토크 교구 보고서에는 한인들은 서류상 정교도지만 무속신앙적 생활을 하고 있다고 기록했다. 장례도 정교회식으로 지내지 않고 무당이 지정한 곳에 몰래 시신을 매장했다.37 이처럼 정교회는 한인의 관성적인 일상에는 쉽게 침투하기 어려웠다.

'상공당제사'와 같은 고유의 종교의식은 한인에게 어떤 의미였을까. 개척리는 시 중심으로부터 배제된 공간이었다. 사회보장과 의료시설이 취약할 수밖에 없었다. 차별받는 이주민의 생활 공간에서 상공당제사와 같은 고유문화의 의미는 "공동체의 안녕을 관념으로 풀어"내는 장치이자 한인의 "정신세계를 엿볼 수 있는 중요한 창"이었다.38

한편, 한인 언론이 위생을 중요하게 여긴 이유는 러시아 지방 당국의 강권 때문만은 아니었다. 일상의 청결한 행위로 러시아 당국의 신용을 얻고 자치를 허용받아야 고국 독립의 기초를 세울 수 있다고 생각했기 때문이다. 그 대표적인 사례가 블라디보스토크의 한인 자치기관인 한인거류민회(이하 민회)다. 민회는 주요 사업으로 세 가지를 내세웠다. 교육, 위생, 치안이 그것이다. 이를 통해 러시아 각 지역에 한인 자치단체가 설립될 것이며, 그것이 곧 한국독립의 실마리가 될 것이라는 여론을 블라디보스토크 한인사회에 조성해나갔다.39

한인들은 위생을 중시하며 마을 차원에서 위생 문제를 고민하고

자체적인 방침을 마련하려고 노력했다. 따라서 '불결' 일변도의 논리는 이주민 단속 정책을 펼친 러시아 관료들의 일방적인 시각만을 반영한 것이다. 블라디보스토크의 한인들은 청결 논리를 내면화했으며, 나아가 이를 현지 이주민의 권익 향상과 연결시키는 한편, 위생의 개념을 변주하여 고국에 대한 정치 논의로까지 확장했다.

2. 개척리는 왜 철거되었을까

민회는 블라디보스토크 한인사회 내에서 권위를 가지고 있었다. 교육사업과 위생사업 등 자치활동을 주도하며, 암암리에 항일운동의 구심점 역할을 했고, 한인 망명자들을 지원하는 역할도 맡았다. 안중근이 이토 히로부미를 사살한 후 뤼순 감옥에 투옥되자, 민회는 그를 구출하기 위해 200루블을 지원하기로 결정했다.[40]

민회는 재정난으로 회의 운영이 순조롭지 않았다. 1909년 블라디보스토크 자유항 철폐 이후 도시의 전체적인 경제가 침체되면서 한인사회에도 악영향을 미쳤다. 평소 한인들의 갹출금으로 유지되던 민회가 경영난에 빠지자, 러시아 당국의 신용을 받고 재력을 지닌 인물들이 민회의 주도권을 잡았다.[41]

한일병합 전 블라디보스토크 한인사회의 반일 분위기가 거세졌다. 개척리에서 외부인의 출입이 금지됐다. 반일적 성향이 없는 한인도 일본인과의 접촉을 꺼렸다.[42] 1910년 8월 23일 약 700명의 한인이 모여 성명회를 조직하고 한일병합을 인정하지 않는다는 격문 약 5,000장을 인쇄하여 러시아와 중국령 각지 한인에게 배포했다. 약 50명으로 구성된 한인결사대는 일본인 습격 계획을 세웠다. 일본영사관은 러시아 측에 한인을 단속하고 일본인을 보호하도록 요청했다.⁴³ 일본의 압력으로 러시아 측은 1910년 9월 12일 개척리를 습격하여 블라디보스토크의 반일운동에 큰 타격을 입혔다.⁴⁴

개척리의 반일운동은 다시 전개됐다. 1911년 2월 2일부터 3일까지 개척리의 한민학교에서 연예회가 개최될 예정이었다. 시연(試演)까지 마쳤으며 민회장 김학만(金學萬)이 러시아 당국에 계획서를 제출하여 1월 말에 연예회 개최를 허가받았다. 안중근의 이토 히로부미 사살 사건을 비롯한 여러 반일적 공연이 상연될 예정이었다. 일본영사관은 이 정보에 기민하게 움직였다. 주블라디보스토크 일본 총영사 오오토리 후지타로(大鳥富士太郎)는 블라디보스토크 경찰서장 겐리 이바노비치(Генри Иванович)에게 공안상의 이유로 연예회 중지를 요청했다. 블라디보스토크 경찰은 김학만을 소환하여 그의 회장 재임 기간에 한인의 집회와 연설을 일절 금지했다.⁴⁵

1911년 2월 개척리는 여러 소문으로 흉흉했다. 연예회 취소는 한인 밀정이 일본영사관에 밀고했기 때문이라는 소문이 파다하게 퍼졌다.⁴⁶ 일본인이 한인 마을의 우물에 독을 풀었다는 소문, 만주 지린성(吉林省)과 프리아무르 지방에 페스트가 확산되고 개척리가 이전될 것이라는 소문도 돌았다. 어느새 개척리를 떠난 이들도 나타났다.⁴⁷

철거 소문은 현실이 됐다. 1911년 3월 29일 곤다티는 한인과 중국인에게 블라디보스토크 개척리를 4월 28일까지 당국이 정한 곳으로 이전하도록 지시했다.⁴⁸ 주어진 시간은 한 달밖에 없었다. 곤다티 총독은 기한 내에 철거를 완료하지 않으면 행정력을 동원해 강제로 철거하겠다고 경고했다.⁴⁹

개척리 철거는 러시아 지방 당국의 방역 조치였으나, 그 의미는 단순한 방역 조치를 넘어섰다. 러시아의 극동 이주 장려 정책과 도시 인구 팽창에 따라 소수민족 거주지는 도시 외곽으로 더욱 멀리 밀려나며 주변화되는 것을 의미했다. 러시아 당국은 한인을 극동 식민지 개발을 위한 노동자로 사용했지만, "한 공간에 거주할 수는 없는 불편한 존재로 생각하고 배제하는 정치적 공간 배치법"50을 보였다.

같은 시기 곤다티 총독은 유럽지역 러시아 노동자의 프리아무르 지방 유치 정책을 발표했다. 프리아무르 지방에 오는 러시아인에게 교통·교육비 지원, 징병 유예, 토지 임차에 대한 특전 제공을 결정했다.51 극동 이주 장려 정책은 곤다티 총독 이전부터 있었다. 그의 역할은 총독 취임 전부터 이어져온 러시아 중앙정부의 극동 러시아화 정책에 박차를 가하는 것이었다. 1909년 스톨리핀은 극동이주위원회를 설치하여 중앙정부 차원에서 무상대부를 비롯한 다양한 혜택을 통해 러시아인의 극동 이주를 장려해, 1907부터 1913년까지 이주자의 수는 연평균 4만 명씩 증가했다.52 블라디보스토크에서도 러시아인이 늘어날 것으로 예상됐다. 실제로 해로를 통해 블라디보스토크에 오는 러시아인의 수는 1911년 1만 5,260명에서 1912년 2만 5,929명으로 1년 만에 1만 669명이 증가했다.53 도시 팽창에 따라 중국인과 한인은 곧 시 외곽으로 밀려날 대상이었다.54

개척리 철거는 소수민족 거주지의 주변화를 초래했지만, 그것이 한·중·일 세 민족 모두에게 동등하게 적용된 것은 아니었다. 개척리 철거 당시 구역 거주 일본인들은 퇴거되지 않았다. 1911년 당시 개척리 내에는 일본인이 운영하는 유곽 15개소와 잡화점 8개소가 있었다. 곤다티가 개척리 철거 명령을 내리자 일본영사관 측은 즉각 반발했다.55 일본인 잡화상과 유곽이 정당하게 영업등록을 받았기 때문에 급작스러운 철거는 일본인의 권리를 침해하는 조치라고 비판했다.56 일본영사는 블라디보스토크시 참사회, 경찰, 총독을 설득해 새로운 지역을 정해 건물을 짓기 전까지 개척리 내 일본인 퇴거가 유예됐다.

주목할 것은 1911년까지 개척리 내 일본인이 점차 늘어났다는 점이다.[57] 이는 개척리 내에서 한인과 일본인 간의 물리적 충돌 가능성이 높아진 것을 의미했다. 실제로 1910년 7월 21일 일본인 유곽업자가 한인의 연극을 구경하다 폭행을 당하는 일이 발생했다.[58]

한인과 일본인 간에 물리적 충돌이 잦아질수록 러일의 외교문제로 번질 가능성이 있었다. 곤다티가 이끈 아무르원정대의 답사 보고서에서는 프리아무르 지방에서 일본영사관을 "소관 구역 내 일본거류민의 사실상 지배자"로 묘사했다.[59] 곤다티는 개척리 철거를 명령할 때부터 한인은 퇴거시킬 수 있어도 일본인은 일본영사관 개입으로 쉽지 않으리라는 점을 예측할 수 있었다. 그는 일본인 잡화점의 위생이 양호하다며 잔류를 허락했다.[60] 이처럼 러시아 지방당국에 철거란 방역만이 아니라, 한인과 일본인을 공간적으로 분리하여 도시 치안을 유지하고 외교문제 발생을 예방하는 조치이기도 했다.[61]

일본영사관 측은 철거 후 개척리 모습이 참담하다고 기록했다. 한민학교, 일본인 유곽업자의 건물을 포함해 상태가 양호한 12채만이 남았다. 민회 사무소는 폐쇄되어 그 기능이 정지됐다.[62] 개척리의 철거민은 블라디보스토크 시내에서 집을 빌리거나 새로운 이전지인 신한촌으로 옮겨가 천막을 짓고 살았다.[63]

블라디보스토크시 참사회는 개척리 철거에 모호한 태도를 보였다. 1899년부터 이어진 개척리 이전 논의가 한동안 지지부진했던 것도 시 참사회 때문이었다. 1906년에 시 두마의 결정에 따라 한인과 중국인은 쿠페롭스키 골짜기 밖에서 거주해야 했지만, 시 참사회는 이 안을 실행하지 않았다. 종종 퇴거에 관한 언급은 실행 의지가 부족한 기계적 언설에 불과했다. 블라디보스토크시 경찰서장은 이 문제를 연해주 군무지사에게 보고했다. 군무지사는 시 참사회가 태만한 태도로 법의 적용을 방해하고 있다고 지적하며, 즉시 한인과 중국인에게 이전 구역을 배정하도록 지시했다.64 1902년에는 군무지사에게 질책을 듣고도 시 참사회는 움직이지 않았지만, 이번에는 달랐다. 총독의 태도가 강경했다.

왜 시 참사회는 개척리 철거의 단행을 꺼렸을까? 임대료 징수를 통해 재정상 기대 이상의 이득을 보고 있었기 때문이다. 시 참사회가 개척리에서 걷은 임대료 초과 징수액은 1909년 약 8,100루블, 1910년 약 3,200루블이었다. 1910년에 징수할 임대료 책정이 1909년 대비 약 30퍼센트나 증가했지만, 개척리에서 징수한 토지 임대료는 여전히 시 참사회가 예상한 것보다 많았다. 개척리 철거는 토지임대 수입에 불안을 초래하는 조치였다. 이런 사정을 알고 있던 일본영사관은 개척리 일본 유곽업자의 이전 유예를 총독과 교섭하기 전, 먼저 시 참사회를 설득했다.65

시 참사회는 개척리 철거를 부추기지 않았다. 시 참사회의 주장에 따르면 조속한 개척리 철거 단행은 총독의 명령과 경찰의 조치로 진행됐다. 블라디보스토크 요새 사령관 이르만(Ирман) 주재의 특별관리위원회가 이전 위치를 결정했다.66 1910년 11월 25일 보건위생집행위원회 조례안에 따라 요새 사령관은 중국인과 한인을 배정구역으로 퇴거하도록 명령했다. 그는 요새 건설과 배정구역 간의 경계를 중요하게 여겼다. 논의 결과 중국인과 한인의 이주구역은 라게르나야산 서쪽 사면으로 결정됐다.67 요새 사령관과 논의를 마친 시 참사회는 이주를 위한 정비·임대 조건을 마련하도록 토지위원회와 기술·건설위원회68에 지시했다.69

결국 시 참사회가 재정 수입 관점에서 철거 문제에 소극적이었던 반면, 프리아무르 총독, 블라디보스토크시 경찰, 블라디보스토크 요새 사령부는 적극적인 태도를 보였다. 이들은 개척리 철거를 조속히 진행하여 방역 효과를 얻었다. 극동 이주 장려 정책에 따른 도시 인구 팽창 속에서, 러시아인과 이민족의 공간 경계가 유지되고 그 외연이 확대되었다. 또한, 러시아 당국은 한일병합 전후 고조된 반일 분위기를 잠재우고, 한인과 일본인의 물리적 충돌을 사전에 차단하여 도시의 치안을 확보할 수 있었다.

다만 곤다티 총독이 서둘러 개척리 철거를 단행하며 허점이 드러났다. 1911년 당시 블라디보스토크에는 유휴지가 부족했음에도, 총독의 조속한 철거 요구로 인해 시 참사회는 당시 개발 유망지 중 하나를 신한촌 부지로 할당했다.[70] 고가의 토지를 한인에게 부여하는 정책적 오류가 발생하자, 당국의 철거 조치는 비틀릴 여지가 생겼다.

3. 신한촌에서 장기임대를 꿈꾸다

1911년 3월 29일 개척리 철거가 확정되자 블라디보스토크 한인사회는 신속히 움직였다. 개척리를 대표한 김병학 외 3인은 1911년 4월 28일까지 퇴거가 어렵다며 총독에게 두 차례에 걸쳐 유예를 청원했다. 배정된 부지가 정비되지 않아 건물을 세우기 위한 기초 작업에 상당한 시간이 예상됐기 때문이다. 기존의 사업이 다른 지역과 연결되어 있었으므로 이를 한 달 만에 정리하는 것도 어려웠다. 곤다티 총독은 청원을 받아들여 개척리 철거 기한을 한 달 연장했다. 한인들은 기한의 추가 연장을 요청했으나 허가받지 못해, 결국 5월 28일로 최종 철거 기한이 확정됐다.[71]

주블라디보스토크 일본총영사관 도리이 다다요시(鳥居忠恕) 통역관은 철거민들의 반응을 기록했다. 철거당한 한인들은 그에게 새롭게 이전될 곳의 경치가 뛰어나며 신축 건물이 서양식이라 쾌히 이전한 것이라 말했다.72 어떤 이들은 철거를 당했는데 "오히려 이에 만족"했다. 부유한 이들은 가옥을 신축하여 임대업에 활용하려는 자도 있었다. 반면 개척리가 철거된 후 각지로 흩어진 이들은 3,000명에 달했다.73

〈그림 17〉은 개척리 이전 예정지 약도다.74 한인이 새로 정착할 장소는 '신한촌'(그림 17의 B)이라 불렸다. 개척리(그림 17의 A)로부터 북방으로 약 500미터 떨어진 언덕의 경사면에 위치했다. 신한촌은 지대가 높고 공기가 건조하며 아무르만에 면해 있어 경치가 좋았다. 동서로 약 600미터, 남북으로 약 700미터로 제법 큰 구역이었다. 가옥의 면적은 대체로 폭 5.4미터, 너비 7.2미터 정도로 약 38.9제곱미터(약 11.8평) 정도였다. 가옥에 함석지붕을 올렸고 유리창을 달았다. 현관에 부엌이 있었고 가마와 독을 두었다. 마루 아래에는 온돌을 설치했다. 이처럼 외형은 서양풍이었지만 가옥 내부는 조선의 생활방식이 반영됐다. 신한촌 북쪽 약 1킬로미터에 페르바야 레치카라는 수질이 양호한 하천이 있어서 급수에도 문제가 없었다. 도리이 통역관은 개척리보다 신한촌이 훨씬 나은 형세며 위생상 양호한 구역이라고 평가했다.75

그러나 한인들은 고액의 건축비와 토지임대료 문제에 직면했다. 가옥의 건축 비용은 1호 평균 400루블이었다.76 민회 국한문 서기의 월급으로 13개월 치가 넘었다. 대부분의 한인은 시 기술건설위원회가 요구하는 건축 조건을 맞추기 어려워 건축 규정을 완화하도록 요청했다.77 토지위원회는 건축을 시작하기 전에 도로와 배수시설을 갖춰야 한다고 권고했다.78 한인들은 도로와 배수시설도 없는 상황에서 자비로 건축료를 부담해야 하므로 시 참사회에 3년간

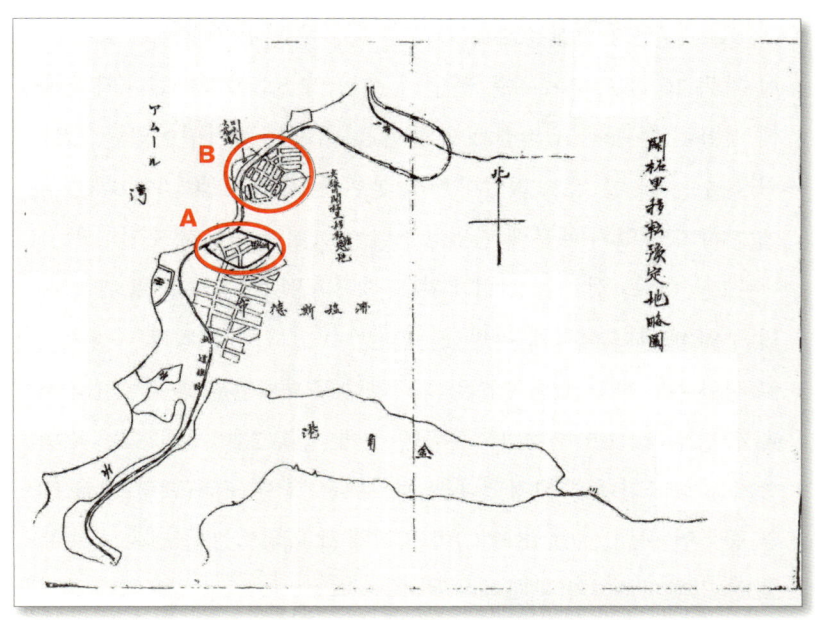

그림 17. 1911년 개척리 이전 예정지 약도

토지임대료 면제를 요청했다.[79]

당시 책정된 신한촌의 토지임대료는 1평방 사젠(сажень)[80]당 60~75코페이카였다. 한인의 평균 가옥 넓이가 38.9제곱미터였으므로 보통 크기의 집을 소유한 한인은 토지임대료로 시 참사회에 매달 약 5.1~6.4루블을 지불해야 했다. 시 참사회는 국고에서 대출받는 한인에 한해 토지임대료를 인하하도록 시 두마에 요청했다. 1평방 사젠당 40~50페이카로, 기존 토지임대료에서 약 15퍼센트 할인된 금액이었다. 또한, 국고에서 대출받는 경우에 한해 빈곤한 한인에게 임시로 임대료를 면제해주었다.[81] 그 외에도 시 참사회는 신한촌 가옥 건축에 필요한 30만 루블에 대해 무이자 대출 제공을 시 두마에 청원했다.[82] 이처럼 시 참사회는 조속한 신한촌 건설을 위해 한인에게 가능한 한 우호적 조건을 제공하려 했다.

1911년 7월경 신한촌에서 가옥을 완공한 한인은 153호, 공사 중인 자는 167호로 거주하는 한인의 수는 약 8,100명이었다.[83] 건축에 사용된 목수는 70퍼센트가 한인, 나머지는 중국인이었다. 일본인 목수는 단 한 명도 없었다.[84] 일본이 한국을 병합한 후 8개월밖에 지나지 않았기 때문에 반일감정이 여전했던 것으로 보인다.[85]

〈그림 18〉은 신한촌 건설계획 도면이다.[86] 이 도면을 통해 민족별 구역 배정이 어떻게 이뤄졌는지 알 수 있다. 개척리와 마찬가지로 신한촌도 한인만의 공간은 아니었다.[87] 토지위원회는 부지의 서쪽 47번부터 52번 구역까지를 한인에게, 동쪽 54번부터 62번 구역까지를 중국인에게 배정했다.[88] 초기에는 한인 구역(그림 18의 K)과 중국인 구역(그림 18의 C)이 명확하게 나뉘었으나 점차 동쪽으로 한인의 거주지가 확대됐다.[89]

한인은 신한촌 건설을 위해 다방면으로 당국과 교섭하는 동시에 중국인을 배척하며 신한촌을 배타적 공간화하고자 했다.[90] 당시 곤다티 총독이 경제 영역에서 중국인을 탄압하고 한인을 우대하는 정책 방향과 일치했다. 신한촌의 한인들은 당시 한인에게 유리하게 조성된 정세를 이용해 러시아 극동의 황인종 서열화를 방조했다.

개척리가 철거된 후 민회는 사무소가 폐쇄되어 한동안 기능을 수행하지 못했다.[91] 1911년 6월 18일 신한촌에서 김병학을 회장으로 새로이 설립된 민회는 7월 2일 평의원회를 열어 신한촌을 배타적 공간으로 만들고자 했다.[92] 우선 러시아 지방 당국의 한인지구 배정의 취지를 준용하여 각종 금지 사항을 만들었다. 신한촌에서 일본인과 중국인의 상행위, 한인·일본인·중국인의 혼거, 중국인에 대한 건물 임대, 일몰 후 중국인의 마을 출입 금지가 그러한 사례였다.[93]

이때 주목할 점은 신한촌 민회가 곤다티 총독의 중국인 배척이라는, 러시아 지방 당국의 언어를 적극적으로 활용했다는 것이다.

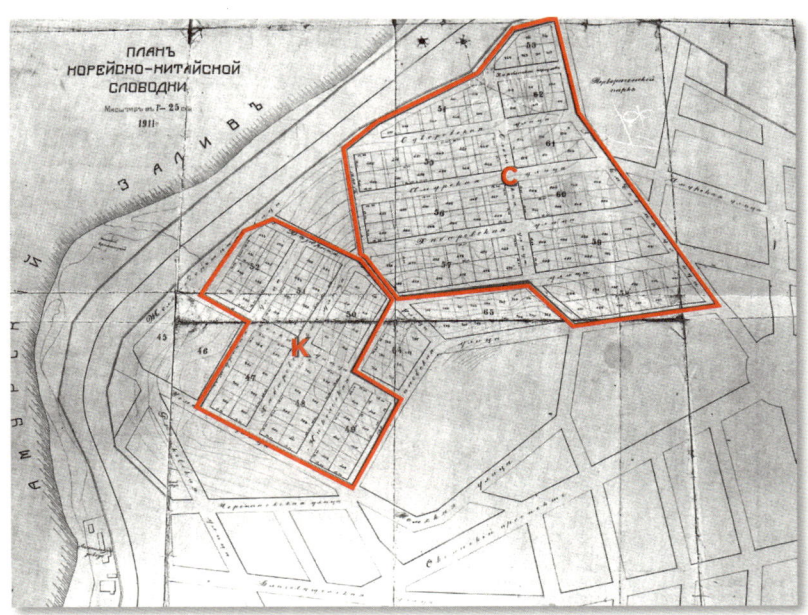

그림 18. 1911년 신한촌 구역 배정

신한촌 민회는 러시아의 위세를 빌려 중국인을 견제했다. 한인과 중국인 간의 갈등이 하루아침에 생긴 것은 아니다. 중국인과 한인 사이의 갈등은 종종 사업장에서 일어났다. 그라베의 보고서에 따르면 한인과 중국인의 관계는 부정적이었다. 그는 중국인이 한인을 착취하기 때문에 사업주가 중국인을 고용할 때 종종 한인이 노동을 거부하는 일도 벌어진다고 기록했다.[94] 한인의 행사에 돈을 기부한 중국인이 『권업신문』기사에 등장하기도 했으나, 대체로 『권업신문』기사들은 중국인들에 대한 경계심과 경쟁의식을 드러냈다.[95]

한인과 중국인의 갈등은 블라디보스토크 내 상권을 둘러싼 경쟁에서 비롯된 측면도 있다. 블라디보스토크에서 쌀 상점을 운영하는 김정구라는 인물의 사례가 그러하다. 그는 한인의 상권이 "모두

저 중국인의 수장에 들어갔도다"라고 개탄하며, 믿을 수 있는 것은 "본촌(신한촌-인용자)에 거류하는 우리 동포뿐"이라 강조했다.[96]

한인들은 신한촌에서 중국인을 배척하며 공간을 독점하고자 한 동시에, 개척리 철거 유예, 신한촌 내 건축 규정 완화, 부지 임대료면제 요청 등 다양한 방식을 통해 커뮤니티를 지켜내고자 했다. 대체로 러시아 지방 당국이 수용할 수 있는 요구였다. 블라디보스토크시 참사회의 경우 토지임대료 완화, 토지임대료 임시 면제, 무이자대출 제공 등 신한촌 건설을 위해 한인에게 우호적 조건을 제공했다.

1911년 3월과 4월 시 두마 조례에 따라 신한촌의 토지임대차 기간은 목조건물 10년, 석조건물 15년으로 결정됐다. 그런데 한인들은 시 참사회와 토지임대차 계약을 맺으려 하지 않았으며 이미 점유한 토지임차료도 납부하지 않았다.[97]

왜 그랬을까? 첫 번째는 토지와 건물 소유권을 얻기 위함이었다. 문제의 핵심은 소유권 반환 원칙에 있었다. 1911년 2월 토지위원회가 마련한 조건에 따르면 토지임대차 기간 만료 시 토지 위의 건축물 소유권은 시로 돌아갈 예정이었다.[98]

한인에게 러시아 국적이란 토지매입권을 획득해 주거 안정을 확보하기 위한 필요조건이었다. 1912년 1월 27일 신한촌 가옥 소유주 전권대표 김병학은 폴랴놉스키와 함께 토지매입권과 건물소유권을 시 두마에 요구했다. 당시 청원에 따르면 개척리 철거로 인해 여러 한인이 파산해, 건축비와 토지임차료를 충당하기 어려웠다. 그런데 시 참사회는 1912년 1월 토지임대차 계약을 조속히 체결해 임차료를 납부하도록 한인사회를 압박했다. 한인들은 토지임대차 기간에 귀화했거나 귀화 예정인 한인에게 러시아 신민처럼 토지매입권을 제공하도록 시 두마에 요청했다. 또한, 한인들은 스스로 세운 건축물에 대한 소유권을 주장했으며, 토지임차료를 제대로 납부한

경우에 한해 건물 매도권 및 양도권을 요구했다.[99]

시 두마의 조례에 따르면 블라디보스토크시의 새로운 지역을 점유한 자만 토지매입권을 받을 수 있었다. 러시아인도 예외가 아니었다. 따라서 시 참사회는 신한촌에 아직 러시아 국적을 취득하지 못한 한인이 절반이 넘는 상황에서 한인에게 토지매입권을 부여하는 것은 불가하다고 밝혔다.

시 참사회는 한인이 경제적으로 어렵다는 호소를 의심했다. 정말 가난하다면 토지를 매입할 여유조차 없을 것이기 때문이었다. 신한촌에서 밀린 임차료 체납액은 1912년 1월 14일까지 약 2,200루블이었다. 신한촌은 지가 상승이 예상되는 지역이었기 때문에 임차료 미납이 계속되면 시 참사회의 손해액은 더욱 늘어날 수밖에 없었다. 결국 시 참사회는 한인의 토지매입권에 관한 청원을 기각하며, 토지임차 체납액을 납부하지 않으면 퇴거 소송을 제기할 것이라 압박했다.[100]

한인이 토지와 건물의 매입을 요구한 것은 예상되는 지가 상승에 대비하여 토지소유권을 선제적으로 확보하려는 행위였다. 이는 비교적 경제적 여유가 있는 가옥 소유자들에게 유리한 조치였으며, 재산권 보호 차원에서도 의미가 있었다. 이러한 요구에는 개척리 철거 사건과 같은 일이 다시 발생하는 것을 막으려는 의도가 담겨 있었다. 한인 가옥 소유자들은 토지 매입을 통해, 소유권을 주장하지 못하고 철거당하는 상황이 재발하지 않도록 하려 했다.[101]

한인들이 토지임대차 계약을 거부한 두 번째 이유는 '36년 토지 장기임대차계약'(이하 장기임대차)을 체결하기 위해서였다. 토지와 건물 매입권 요구가 실패하자, 1912년 7월 25일에는 자신들을 러시아 신민이라고 주장하는 한인 가옥 소유자 301명이 시 참사회에 장기임대차계약을 요청했다.[102] 다음은 그 청원서의 일부다.[103]

본 요청서는 생계가 달린 문제로 저희 모두에게 매우 중요한 의미를 지닙니다. 왜냐하면 임대 허가를 바탕으로 해야만 저희의 노동이 헛되지 않고 안정적으로 저희 것이 되며, 저희가 저희 마을의 지속적이고 체계적인 정비에 관심을 기울여 많은 돈과 오랜 세월의 노동을 요하는 이미 선정된 많은 공공사업들을 실현시킬 수 있기 때문입니다.

신한촌의 한인들은 주거 안정을 확보하고 재산권을 인정받아야 마을의 공공사업을 진행할 수 있다고 생각했기 때문에 이러한 청원을 냈다. 당시 러시아에서는 새로운 토지임대차법이 생겼다. 36년간 건축용 부지를 임차할 수 있다는 내용이었다. 법에 따라 러시아 국적자는 시 소유의 토지에 대해 장기임대차법을 적용받을 수 있었다.[104]

1913년 2월 27일, 비귀화자 32명은 10년 만기 토지임대차계약을 체결하기 위해 시 참사회에 청원서를 제출했다. 이들은 러시아 국적을 취득한 한인들과 동일한 장기임대차계약을 요구했지만, 비귀화자에게는 법적으로 장기 임차권이 부여되지 않기 때문에 장기임대차계약을 요청할 수 없다는 점을 깨달았다.[105] 대신, 1911년과 1912년의 기간을 임차 기간에서 제외하고 1913년 1월 14일부터 시작하는 10년 만기 토지임대차계약으로 시 참사회와 합의하려 했다.[106]

반면 1912년 12월에 시 참사회와 10년 만기 계약을 체결한 귀화자 43명은 계약의 일시적 성격을 강조하며, 러시아 신민으로서 동등한 권리를 요구했다.[107] 이들은 국가 두마가 제정한 토지임대차 규정이 러시아 전역으로 확대될 때까지 10년 만기 계약이 유효하다는 조건을 달았다. 한인들은 개척리 철거 후 건축 계획만 세우고 건물을 지었지만, 시 참사회가 제시한 신한촌 부지의 임대 기간이

10년에 불과하다는 사실을 건물이 완공된 후에야 알게 되었다.[108] 이들은 러시아 임차인들이 누릴 수 있는 36년 장기임대차계약을 여러 차례 시 참사회에 요구했으나, 오랜 기간 답변을 받지 못해 계약 체결이 지연되어, 결국 1912년 12월에야 시 참사회에 계약 청원서를 제출했다. 귀화자들은 조속한 계약 체결을 원했지만, 참사회의 강력한 요구로 인해 어쩔 수 없이 10년 만기 계약을 체결했다. 이들은 이 계약이 영구적이지 않고 일시적일 뿐이라고 주장하며, 법률이 공포된 후 임대 기간을 36년으로 갱신해줄 것을 시 참사회에 요청했다.[109]

그러나 시 참사회는 신한촌 부지를 36년 동안 한인에게 임대하는 것이 무리라고 판단했다. 도시의 가장 비싼 지역을 이민족인 한인에게 임대하는 것은 합리적이지 않으며, 도시가 확장될 때 신한촌의 한인들을 다시 이전시킬 필요가 있을 것이라고 보았다.[110] 시 참사회는 신한촌의 현재 임대 조건을 유지하고자 했지만, 당국이 정한 건축법을 충족하는 경우에만 장기 임대를 허용하겠다고 했다.[111] 즉, 시 참사회는 토지임대차계약이 끝난 후 건물 소유권을 손에 넣을 수 있기 때문에, 건축법규를 온전히 지킨 건물에 대해서만 장기임대차계약의 가능성을 열어두었다.

시 두마는 신한촌 장기임대차계약 문제의 조정을 토지위원회에 위임했다. 토지위원회 회의에 참석한 한 법률 고문은 새로운 법에 건축용 부지를 36년간 임대할 수 있는 내용이 있다고 해서, 토지를 더 짧은 기간으로 임대하지 못하는 것은 아니라고 설명하며, 신한촌 구역에 적용된 10년 및 15년 임대 조건은 법에 위배되지 않는다고 주장했다.

토지위원회는 형평성 문제도 지적했다. 신한촌은 이민족에게 할당된 부지이므로, 귀화 여부와 관계없이 모든 사람에게 동일한 임대 조건이 적용되어야 한다고 보았다. 만약 신한촌에서 한인에게만 장기임대차계약을 허용한다면, 이는 다른 민족들에게 공평하지 않은 조치라고 판단했다.

토지위원회는 두 가지를 기대했다. 첫째, 신한촌에서 장기임대차계약을 허가하지 않음으로써 도시의 인구가 자연스럽게 분산되기를 바랐다. 둘째, 시 참사회의 재정적 손실을 최소화하는 것이었다. 토지위원회는 신한촌의 한인이 토지임차료를 납부할 능력이 없고 양질의 건물도 지을 수 없기 때문에, 개발 유망지를 한인에게 오래 임대할수록 손해라고 보았다.[112]

신한촌은 개발 유망지이자 이민족 특수구역이었다. 한인은 러시아 귀화를 통해 도시지역에서 주거 안정을 확보하고자 했다. 토지·건물매입권과 장기임대 청원은 개척리 철거 당시 이뤄진 철거 유예, 건축규정 완화, 임대료 면제 요청에 비해 한층 더 과감한 조치였다. 한인은 러시아 국적을 취득한 후 법적 근거를 통해 안정적인 주거권을 찾으려 한 것이다. 비록 이 청원은 성공하지 못했고, 중국인을 배척하며 러시아 영내 황인종 서열화를 방조한 한계 위에서 이루어졌지만, 한인의 신한촌 전유 시도는 새로이 국적을 취득한 이주민이 지배자의 문법을 적극적으로 재구성하는 방식을 보여준다.

7장

일과 땅을 찾아서

1. 철도공사장과 금광에서 일하다

러시아 극동에는 세 곳의 중심 도시와 세 곳의 중심 농촌이 있었다. 〈그림 19〉는 여섯 개의 주요 도시·농촌의 한인 거주지를 보여준다.[1] 블라디보스토크(그림 19의 A)는 항구도시로서 상인과 노동자가 다수 거주했다. 우수리스크(그림 19의 B)는 내륙도시로 시내에 거주하는 한인의 규모는 작았다. 상업에 종사하는 이는 소수였고, 노동자가 다수였다. 하바롭스크(그림 19의 C)는 프리아무르 총독부가 위치한 곳으로 러시아 극동 행정의 중심지였다. 거주하는 한인의 수는 많지 않았고, 위의 두 도시에 비해 농업에 종사하는 한인이 많았다.

대체로 도시지역의 공통점은 소수의 상인과 다수의 노동자가 있었다는 것인데, 블라디보스토크에는 세 도시 중 한인이 가장 많이 거주했다. 상인과 노동자의 수도 우수리스크와 하바롭스크보다 많았다.

한인이 거주하는 연해주 농촌 지역으로는 연추·포시에트, 추풍, 수청이 대표적이었다. 첫 번째, 연추·포시에트 지역(그림 19의 D)은 한·중·러 국경지대에 위치해 19세기 중반 함경도의 기근으로 조선을 떠난 한인이 초기에 정착한 곳이다. 대체로 농업 종사자가 많

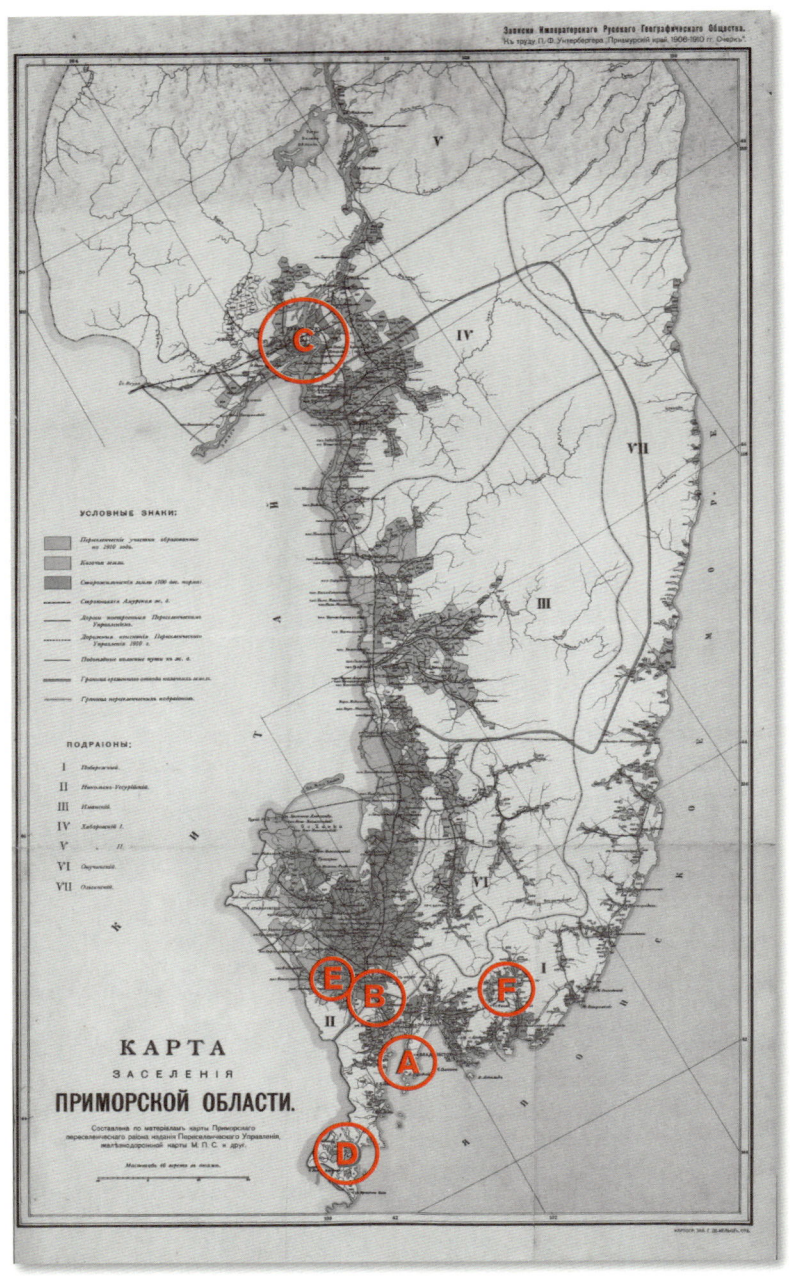

그림 19. 연해주 주요 도시와 한인 농촌

표 5. 1910년대 초 연해주 주요 지역별 한인의 주요 직종과 인구   (단위: 명)

지역명	한인의 주요 직종(종사자 수)	한인 인구
블라디보스토크시(A)	상인(200), 노동자(3,800)	4,558
우수리스크시(B)	상인(10), 노동자(500)	560
하바롭스크시(C)	상인(29), 농부(200), 노동자(70)	301
연추·포시에트 (두만강 대안 인근 포함)(D)	상인(26), 농부(약 2000), 노동자(200)	3,771(9,301)
추풍(E)	농부(3,500)	3,500
수청(F)	농부(?), 노동자(?)	19,000

*『신한민보』 1910년 7월 12일, 8월 3일, 8월 10일 기록에 근거

앉고, 소수의 노동자도 있었다. 두 번째, 우수리스크 동쪽 평야지대인 추풍 지역(그림 19의 E)으로, 농업에 종사하는 한인이 많았다. 세 번째, 연해주 동남쪽 분지에 위치한 수청 지역(그림 19의 F)으로, 이 지역은 농업이 주업이었으나 탄광 노동자도 많았다.[2]

⟨표 5⟩는 1914년 4월 일본 측이 조사한 연해주 지역별 한인의 주요 직종과 인구를 보여준다.[3] 도시 지역에서는 블라디보스토크가, 농촌 지역에서는 수청 지역이 인구에서 주목할 만한 수치를 보여준다.

러시아 지방 당국은 1911년 5월 17일 블라디보스토크 개척리에 관리를 파견하여 귀화 청원자의 직업, 종교, 가족 수를 조사했다. 귀화 청원을 제출하면 철도와 금광 등 다양한 노동을 허가받을 수 있었기 때문에, 개척리 철거 후 블라디보스토크에 살던 많은 한인이 귀화청원서를 제출한 뒤 아무르철도 공사장이나 러시아 각처의 금광으로 이동했다. 당시 블라디보스토크를 떠나 금광으로 간 한인의 수는 3,000여 명에 달했다.[4]

러시아는 도시를 떠난 한인의 노동력을 활용해 러시아 극동 금광 개발과 아무르주 철도 건설에 박차를 가할 수 있었다. 단, 그 조건은 이미 러시아 국적을 취득했거나 적어도 국적 취득 청원서를 제출한 상태여야 했다.

권업회는 귀화 사무 외에도 러시아 지방 당국의 위탁을 받아 아무르주철도 건설 공사장에서 일할 노동자를 모집했다. 이러한 사업의 일환으로, 연해주에서 의병활동에 참여하고 있었던 홍범도(洪範圖)는 노동조합을 만들었다.[5] 1911년 6월 일본총영사관이 연해주청에 문의한 정보에 따르면 새롭게 귀화청원서를 낸 한인은 1,000명에 달했다. 1,800명에 달한다는 정보도 있었다. 주블라디보스토크 일본총영사관 측에서는 러시아가 귀화청원서를 제출한 한인에게 각종 공사장과 금광에서 노동하는 것을 허가했기 때문에 귀화청원이 증가하고 있다고 파악했다.

철도 노동자는 당대 용어로 '질등이꾼'이라 불렸다.[6] 일본총영사관 측의 기토 가쓰미(木藤克己) 통역관이 파악한 정보에 따르면, 철도 노동자의 급여는 한 달에 35루블이었다. 그중 3루블은 수수료로, 2루블은 인부 관리자에게 제공해야 했다. 식비는 별도로 제공되지 않아 나머지 30루블로 충당해야 했다. 1년 중 철도공사장에서 일할 수 있는 기간은 약 6개월이었다.[7]

블라디보스토크에 모인 의병운동의 지도자들은 자신들을 따르는 이들과 일반 인부들을 모아 조를 편성하여 아무르철도로 보낼 계획을 세웠다. 홍범도는 1911년 6월 1일경 150~160명을 이끌고 하바롭스크로 향했다. 일본의 밀정이었던 엄인섭이 일본총영사관에 보고한 내용에 따르면, 의병운동계의 인물들은 철도공사가 끝난 후 블라디보스토크로 돌아와 1개월 반의 급여를 의병의 무기 구입비로 제공할 것을 약속했다.

그가 제공한 정보는 철도공사장 인부들이 어떤 구조로 임금을 받는지 보다 자세하게 알려준다. 러시아의 기술자들은 러시아 당국으로부터 한인 인부 1인당 75루블을 받았다. 이 가운데 45루블을 하청인에게 넘기고, 30루블을 가져갔다. 하청인은 다시 한인 또는 러시아인 하청인에게 넘기며 약간의 이익을 챙겼다.[8] 이처럼 아무르강 철도공사의 수익은 재하청을 통해 각자에게 분배되었고, 한인 인부가 받는 최종 금액은 30~35루블이 되었다. 한인 철도 노동자들은 월급으로 35루블을 약속받았지만, 처음 1개월만 임금을 받고, 이후로는 일급 1루블 40코페이카로 받았으며, 식사 비용으로 1개월에 약 10루블을 내야했다.[9]

아무르강 철도공사장에 한인들을 파견한 하청업자 중에는 러시아 귀화자 김익지(金益知)가 있었다. 그는 블라디보스토크에서 한인 약 600명을 러시아 측에 공급하고, 각 인부당 65코페이카의 보수를 지급받기로 했다.[10] 청부업자들은 아무르강 철도공사장에 비귀화 한인 노동자를 귀화자로 위장해 파견하며 러시아 당국을 속였다.[11] 이들은 비귀화자에게 귀화자의 여권을 제공하여 겉으로는 귀화자로 보이도록 하여 공사장에 보냈다. 청부업자들은 귀화자의 여권을 지방의 촌장에게서 구매하여 수백 장을 확보하고 있었다.[12]

김익지는 한인들 사이에서 평판이 좋지 않았다. 1911년 6월, 아무르강을 항행하던 기선 '무라비요프 아무르스키호'에서 화재가 발생해 그가 파견한 한인 노동자 중 다수가 부상을 입었기 때문이다.[13] 같은 해 6월, 아무르강을 통해 270명의 한인 노동자를 수송하던 기선에서도 화재가 발생해 66명이 사망했다. 이들은 모두 김익지가 파견한 인원들이었다. 비귀화자들은 신분을 귀화자로 위장하고 있었기 때문에 사망자의 명단을 정확히 파악하기 어려웠다. 일본영사관의 기토 통역관은 한인 청부업자들이 인부를 고용할 때 사망

자의 본명과 신분 위장용 이름을 대조하여 기록한 명부가 있을 것으로 추측했다.[14]

연추에서 출발한 200명의 한인은 아무르강 철도공사가 끝나자 모두 연추로 돌아갔다. 이들은 모두 러시아 귀화자였다. 반면, 김익지가 귀화자로 위장해 보낸 비귀화 노동자들은 하바롭스크에 남았다.[15] 블라디보스토크 일본총영사관의 조사에 따르면, 하바롭스크에 남은 노동자들은 여윳돈이 있었으나 "음주와 도박에 빠져" 자금을 낭비하고 돌아갈 여비가 부족했다. 그래서 이들은 하바롭스크에 머물며 다음 작업 기회를 기다리고 있었다.[16]

김익지가 한인사회에서 악평을 받은 이유는 기선 화재로 인한 사상자 발생과 관련이 있다. 그러나 더 근본적인 원인은 대규모 한인 노동자를 파견하며 지방 촌장들과 연루된 여권 밀매 사건과, 이로 인해 비귀화자 한인들의 사망자 명단조차 공식 발표가 어려웠던 점이다. 비귀화자는 귀화자의 여권을 통해 신분을 위장하여 노동을 할 수 있었지만, 여전히 합법적 권리를 가진 자와 그렇지 않은 자 사이에는 큰 차이가 있었다. 한인 철도 노동자들은 청부업자에 의해 일터에 파견되었고, 이 과정에서 그들에게 높은 수수료를 떼이며 착취당하는 존재로 인식되었다.[17]

한편, 한인들은 운테르베르게르 총독 재임 시기 퇴거당했던 상황에서 벗어나 다시 금광업에 종사할 수 있었다. 당시 금광업에 종사하던 한인들은 '금점꾼'이라고 불렸다.[18] 1914년 4월 주블라디보스토크 일본총영사관의 조사에 따르면, 아무르주와 자바이칼주에 거주하는 한인 금광 노동자는 약 1만 5,700명이었다. 당시 러시아 극동지역의 한인 인구는 약 7만 9,000명으로, 전체 한인 인구의 약 20퍼센트가 금광 지역에 거주하고 있었다.[19]

그라베는 1910년 여름, 셀렘자, 제야, 니콜라옙스크 지방의 금광

표 6. 셀렘자 금광 한인 노동자 월 생활비

품명	소비량	단가	소비액
쌀	30푼트 (약 14.7kg)	11코페이카	3루블 30코페이카
3등 면할맥분	1푸드 (약 16.4kg)	-	2루블 60코페이카
소면	5푼트 (약 2kg)	18코페이카	90코페이카
사탕	2푼트 (약 0.8kg)	24코페이카	48코페이카
하급 차	0.5푼트 (약 0.2kg)	1루블 40코페이카	70코페이카
고기	1푸드 (약 16.4kg)	-	8루블
연어	10푼트 (약 4kg)	9코페이카	90코페이카
소금	3푼트 (약 1.2kg)	4코페이카	12코페이카
유제품	2푼트 (약 0.8kg)	55코페이카	1루블 10코페이카
합계			18루블 10코페이카

을 순회하며 한인 금광 노동 현장을 조사했다. 그는 금광업 관계자와 지방 주민, 그리고 한인 금광 노동자에 대한 광산 감독관의 비판적 의견까지 청취하며 다양한 측면을 기록했다. 그의 조사에 따르면, 아무르주 북동쪽에 위치한 셀렘자 금광의 물가는 〈표 6〉과 같았다.

〈표 6〉은 셀렘자 금광 한인 노동자의 월 생활비다.[20] 한인 금광 노동자들의 월 식비는 약 18루블이었다. 이 중 가장 큰 비중을 차지하는 것은 육류로, 전체 식비의 약 44퍼센트였다. 육류 섭취량은 16.4킬로그램으로, 쌀 소비량보다 많았다.[21] 지역마다 물가 차이가 있어 소비액을 일반화하기는 어렵지만, 육류와 쌀 소비량을 보면 셀렘자 지역의 한인 금광 노동자들은 대체로 높은 수준의 영양 상

태를 유지했던 것으로 보인다.

〈그림 20〉은 아무르주에 위치한 주요 금광 분포도다.[22] 금광은 주로 북부에 위치하며, 〈그림 20의 A〉는 〈표 6〉에 언급된 셀렘자 금광의 위치를 나타낸다. 이 금광은 철도 연선을 따라 형성된 거주 밀집 지역에서 상당히 떨어져 있음을 확인할 수 있다.

그라베는 금광업자들이 한인의 노동생산성을 높이 평가한 점에 주목했다. 금광업자들은 한인이 "중국인에 비해 두 배 더 생산적"이며, "단지 생산적일 뿐만 아니라 성격이 정직하고 온순하며 착실하고, 청결하다"고 기록했다. 각 지역 광산의 경찰서장들도 "한인 노동자가 머무는 것에 반대하는 사람은 없었다"고 설명했다.

부레인스키 구역 경찰서장의 보고서에 따르면, 블라고베시첸스크시에서 사금장으로 가는 한인들은 아무르강에서 배가 다니는 기간에는 기선을 타고 종점까지 간 뒤, 짐을 메고 금광까지 걸어갔다. 겨울에는 육로나 얼어붙은 하천을 이용했다.

금광 지역에서 한인들은 10~15명의 조합을 결성해 활동했다. 조합의 반장은 임금을 정리하여 조합원에게 분배했다. 금광 지역 한인들은 1년에 300루블에서 500루블을 벌었다. 캐낸 금 약 4.26그램당 2루블에서 2루블 50코페이카의 임금을 받았다.[23] 대체로 금광 지역에서 일하는 한인 노동자들은 자신의 임금에 만족했다. 이들은 하루 평균 60코페이카에서 80코페이카를 소비했다.

외무성 관료 그라베의 보고서에 따르면, 금광에서 일하는 한인은 대체로 "품행이 바르고 성격이 온화하며, 러시아인과 잘 화합한다"고 기록되어 있다. 러시아인과 한인은 서로 협력하여 조합을 만드는 경우도 있었다. 한인의 금광 노동생산성은 러시아인보다 25~30퍼센트 낮았지만, 중국인보다는 25~30퍼센트 높았다.

흥미로운 점은, 해당 보고서가 한인의 부정적 측면보다는 긍정

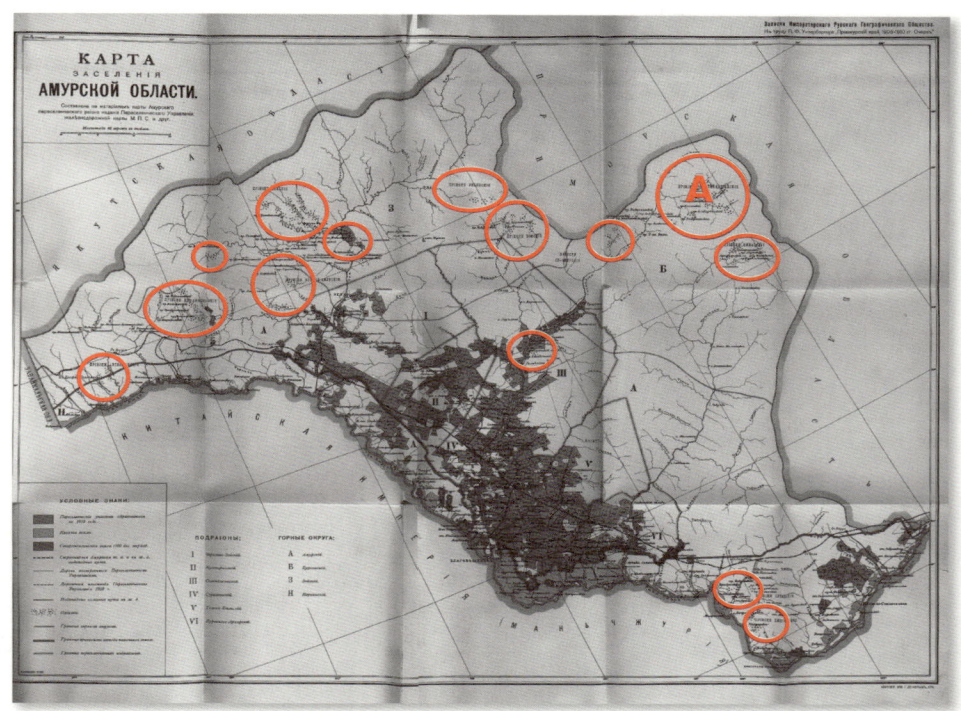

그림 20. 1910년 아무르주 주요 금광 분포도 (A: 셀렘자)

적 측면을 강조하려고 했다는 것이다. 금광 지역에서 한인이 일으킨 소요는 단 한 번뿐이었으며, 이는 빼앗겼다고 생각한 사금을 돌려받기 위한 행동이었다. 한인들은 인내심이 깊고, 음주를 해도 폭력적인 행동을 보이지 않으며, 도박이나 아편에 빠지지 않는다고 기록되었다.[24]

금광업에 종사했던 한인들은 금광업자와 지역주민들의 우호적인 시선을 받았다. 또한 권업회와 그 기관지인 『권업신문』은 노동조건을 개선하기 위해 노력했으며, 한인들은 금광 노동의 기회를 통해 경제력을 키울 수 있었다. 『권업신문』이 발간된 1912년부터 1914년 중순까지 각 지역 금광에 거주하던 한인들이 권업회로 보내온 의연금은 그러한 상황을 방증한다.

권업회와 금광 각지의 한인들 사이의 활발한 소통을 보여주는 사례가 있다. 첫 번째는 '알료스깨 금광'이다. 김자유, 원문칠, 김인순 등 136명의 한인들이 약 350원의 의연금을 권업신문사에 기부했다.25 『권업신문』 창간부터 폐간까지, 금광 의연금 중 단일 금광에서 가장 많은 한인이 가장 큰 금액을 보낸 사례이다.

알료스깨 금광의 열정적인 지원 배경에는 대한제국 참령 출신이자 러시아 귀화자인 김인수와 그를 지지한 정주유력자들이 있었다. 김인수는 거주허가증이 없어 일할 수 없던 한인들을 위해 러시아 관청에 청원하여 도움을 주었으며, 알료스깨 금광 유지인 장응규, 정달삼과 함께 현지 한인들에게 『권업신문』 구독을 장려했다.26

알료스깨 금광에 거주하던 고병식과 8명의 동료는 『권업신문』에 의연금을 보냈다.27 이들은 김인수에게 감사의 뜻을 전하며, 금광에서 일하는 동포들은 일에만 집중해 세상 소식을 잘 알지 못하지만, "다 나라를 사랑하는 마음으로" 조직과 신문을 만들었다고 덧붙였다.28

알료스깨 금광의 유지 장응규는 금광에서 노동하던 한인들이 "고국 소식은 어떠한지 우리 부모님 편안히 계시는지 우리 처자는 굶어 죽지는 아니했는지" 걱정하고 있다고 털어놓았다. 그는 또한 이들이 "새로 오는 사람에게 조국 참상을 한 번 듣고 통분한 마음을 이기지 못한다"고 설명했다.29

금광에서 일하는 한인들은 오랫동안 생업에 몰두했지만, 고국에 대한 관심을 잃지는 않았다. 특히 1911년부터 금광에서의 노동이 쉬워지자, 새로 온 이주민들은 기존 한인들에게 고국의 소식을 전하고 정치 문제에 대한 관심을 불러일으켰다.

권업회와 금광 지역 한인들의 활발한 소통과 상호 부조를 보여주는 사례로는 '안군 금광'이 있다. 안군 지역은 "북방 한대 지방 중에서도 더욱 심산궁곡"한 곳으로 알려져 있었다. 1913년 6월 『권업신문』 기사에 따르면, 이 지역에는 약 1,000명의 한인이 거주하고 있었다. 안군 지역에서는 한인들 간에 농장 매매가 활발히 이루어졌으나, 1913년 러시아 당국이 이를 금지하면서 많은 한인이 경제적 손해를 입었다. 그럼에도 불구하고, 금광 노동을 통해 다시 경제적 재기를 할 수 있었다.[30]

개인 간 상호부조의 사례를 살펴보자. 1910년, 안군 지역에서 금광 일을 하던 김순종은 1912년경부터 생활이 어려워졌다. 이때, 지역 주민 이정섭이 김순종에게 생활비를 지원해주었다. 김순종은 일해서 모은 돈으로 이정섭에게 빚을 갚으려 했으나, 이정섭은 돈을 받지 않고 오히려 1원을 보태 주었다.[31]

거주허가증이 없어 관청에 구류되어 있던 지재명을 돕기 위해 54명의 한인이 모금한 사례도 소개되었다.[32] 주목할 점은 각자가 기부한 금액이 대체로 소액으로, 십시일반의 정신을 잘 보여준다는 것이다. 알료스깨 금광에서는 김인수와 같은 지도적 인물과 정주유력자들이 주도한 반면, 안군 금광 지역에서는 보다 넓은 한인 대중의 상호부조가 활발히 이루어졌다.

상호부조는 학생 교육에서도 나타났다. 1914년 3월, 당시 니콜라옙스크의 보통학교에 다니던 김양수는 자신이 학업을 계속할 수 있었던 과정을 『권업신문』에 소개했다. 그는 1910년에 안군 지역으로 와 학비가 없어 3~4년간 안군 금광에서 일했지만, 윤성준과 24명의 안군 지역 한인들로부터 학비 지원을 받아 학업을 이어갈 수 있었다.[33] 그의 학비 지원에는 "김여삼 부인", "김종손 모친", "신봉준 부인" 등 여성들도 참여하며, 남녀를 불문하고 상호부조가 활발히 이루어졌음을 보여준다.

안군 금광에 거주하던 전사극이라는 한인은 아들의 결혼과 학업비를 지원한 한인들의 명단을 『권업신문』에 공개했다. 특히 결혼의 경우 138명이나 되는 한인들이 돈을 내놓았다.[34] 전사극이 어떤 사회적 지위와 영향력을 지닌 인물인지는 알기 어렵지만 약 1,000명의 한인이 거주하는 안군 지역에서 한 개인의 결혼식에 약 13퍼센트의 한인이 결혼식 돈을 내놓은 것으로 보면, 상호부조의 분위기가 넓게 자리 잡고 있었음을 엿볼 수 있다.

금광 지역은 러시아 한인들이 생업을 위해 모이는 공간이자, 서로를 찾는 장소이기도 했다. 『권업신문』에 실린 광고 중 많은 것이 금광을 매개로 지인이나 친족의 행방을 찾으려는 내용이었다. 셀렘자와 안군 금광에 거주하는 아버지를 찾으려는 아들, 금광에 있다는 소식 하나로 아들의 행방을 쫓아 러시아로 온 어머니, 러시아에 와서 소식이 끊긴 형을 찾으려는 동생 등 많은 이들이 금광을 '만남의 장소'로 활용했다.[35] 이들은 대체로 1910년을 전후해 금광에 유입된 노동자들로, 귀화 및 노동 장려 정책 아래에서 이주와 노동을 통해 생계를 이어갔다. 금광은 단순히 러시아 현지에서의 만남을 넘어서, 고국에 있는 가족들의 이동에도 영향을 미치며, 러시아 한인사회의 인적 네트워크와 소통망을 더욱 촘촘히 만들었다.

2. 라울류 농토를 개척하다

러시아로 이주한 한인은 1890년대 러시아 국적을 취득했을 당시 러시아의 농민계급에 편입되어 토지를 분배받았다. 그 규모는 1호당 15데샤티나(약 49,500평)였다. 이 토지는 주로 남부 우수리 지역에 위치하며, 연해주에서 러시아 국적을 취득한 1만 2,837명의 한인들은 총 3만 6,320데샤티나의 경작 가능한 토지와 1,840데샤티나의 택지를 받았다. 즉, 한 사람당 평균 2.8데샤티나의 경작지와 0.1데샤티나의 택지를 가진 셈이다.

인구가 점차 증가하면서 1인당 토지 면적은 점점 줄어들고 농작 상황도 악화되었다. 한인 농민들은 러시아 지방 당국에 분배지 확대와 인접 국유지 임차를 요청했지만 계속 거절당했다. 1906년에 연해주 남부 포시에트에 거주하던 일부 한인들은 연해주 북부의 이만강, 비킨강, 아무르주의 아무르강 우안 지역으로 이주 허가를 청원했으나, 이 역시 만족할 만한 결과를 얻지 못했다. 1908년 3월에 운테르베르게르가 국유지 임대 금지령을 내리면서 비귀화 한인뿐만 아니라 러시아 귀화 한인들도 위기에 빠졌다.[36] 게다가 1909년부터 1910년 사이에 포시에트 구역에서는 농작물 수확량이 줄어들기 시작했다. 지나친 벌목과 홍수가 주요 원인이었다. 한인들은 벌목이 홍수 예방에 위험하다는 것을 깨닫고 이를 제한하려 했지만 큰 효과는 없었다.[37]

포시에트는 러시아의 국경 안보상 중요한 지역이었다. 러시아 육군 장교 페소츠키는 일본이 청진을 건설하고 '나남-회령-웅기'까지 철도를 잇고 있으며, 두만강에서 해상 운송을 시작하고 북만주의 지린 지역까지 철도를 확장하고 있다고 판단했다. 게다가 중국은 훈춘철도를 건설하고 지방정부를 훈춘으로 옮긴다는 소문도 돌고 있었다. 따라서 그는 극동에서 중국과 일본의 세력 확장에 대응하기 위해 포시에트를 러시아가 확실히 장악해야 한다고 주장했다.[38] 포시에트를 강화해야 한다는 주장은 페소츠키뿐만 아니라 다른 러시아 관료들도 공통적으로 가지고 있었다. 포시에트 지역이 러시아 영토임에도 불구하고 러시아가 이를 제대로 통제하지 못해 일본의 위협에 대응하지 못하고 있다는 점을 지적하는 문건들이

다른 곳에서도 발견된다.[39]

포시에트는 국경 안보뿐만 아니라 경제적 가치도 높은 곳이었다. 토양이 비옥한 점토질이었고, 다습하면서도 온난한 기후 덕분에 풀이 잘 자랐다. 그러나 포시에트를 흐르는 강은 산에서 유입되는 물의 양이 많아 국지성 홍수가 발생하기 쉬웠다. 또한, 이 지역에서는 한인과 러시아인 사이의 갈등이 심해 러시아인이 한인에게 도움을 기대하기 어려웠다.[40]

페소츠키는 한인이 포시에트를 장악할 수 있었던 주된 원인을 현지 러시아 관료들의 무책임으로 보았다. 그가 보기에, 포시에트에 주둔한 러시아군이 없으면 이 지역이 러시아 영토라고 생각하기 어려울 정도였다. 그는 이러한 상황을 "기이하고 놀라운 일"이라고 표현하며, 그 원인이 러시아 관료들은 언젠가 근무지를 떠날 것이고, 그동안 한인들이 법과 행정을 넘나들며 세력을 키웠기 때문이라고 설명했다. 결국, 러시아 관료 중에는 한인 관리 업무에 책임을 지는 사람이 없었다.[41]

페소츠키는 러시아가 한인들을 포시에트에서 다른 지역으로 이주시키는 데 실패한 이유를 한인 청부업자에서 찾았다. 이들은 대체로 정주유력자로서 지역주민들에게 강한 영향력을 행사했다. 그는 한인 청부업자들이 러시아 측에는 "유쾌하고 검소한 동료이며 유순한 통치자"처럼 보이지만, 실제로는 지역주민을 착취하고 있다는 점을 간파했다. 청부업자들은 당국 정책의 방해자이기도 했다. 페소츠키는 청부업자들이 노동과 농업 문제에서 자신의 이해관계가 강하게 엮여 있고, 정착한 장소에 대한 애착이 강해 러시아 지방 당국이 포시에트에 거주하는 한인들을 황무지로 재이주시키는 일을 방해한다고 보았다. 그는 "이들이 없었다면 한두 여름이면 국경을 정리하고 한인 농민들을 황무지로 이주시키는 것이 가능했

을 것"이라며, 결국 한인 청부업자들은 "싸우지 않고는 자리를 내주지 않을 것"이라고 기록했다.[42]

그라베는 포시에트가 러시아보다 조선에 가깝다는 인상을 받았다. 포시에트에 거주하는 한인들은 대부분 조선식 생활방식을 유지했고, 러시아어를 잘 알지 못했다. 겉으로는 러시아 정교회를 믿는 것처럼 보였지만, 실제로는 무속신앙을 믿고 있었다. 그라베는 한인들이 러시아 정교에 미지근한 태도를 보인 이유가, 지역의 러시아 정교회 사제들이 전도를 수입의 한 방편 정도로만 생각하고 조선어와 조선문화에 대해 무관심했기 때문이라고 설명했다.

포시에트의 한인들은 러시아 관료를 거치지 않고 비밀리에 재판을 열어 형을 집행하기도 했다. 그라베뿐만 아니라 페소츠키도 포시에트 지역에 러시아의 공권력이 깊숙이 침투하지 못해, 러시아인이 지역을 제대로 지배하지 못하는 실태를 지적했다. 러시아 당국 입장에서 한인들의 사형(私刑)은 행정력 부족이 적나라하게 드러나는 문제였다. 그라베와 페소츠키의 기록을 통해 보면, 당시 러시아 관료들은 포시에트에서 관리자 역할을 제대로 수행하지 못하고 있었다.[43]

주블라디보스토크 일본총영사관은 러시아가 한인 거주지를 제한하고 퇴거시키려는 움직임을 예의주시하고 있었다. 1911년 1월, 일본 측의 정보 보고에 따르면 러시아는 연해지역 50베르스타(약 50킬로미터) 이내에 한인의 거주를 금지하려 해 한인들이 동요했다. 새로 귀화한 이들은 해당 지역에서 토지를 분배받지 못했다. 거주지역 제한의 법적 근거는 러시아 민법 가운데 신분법 '제1장 제1관 제818조 부칙 제1항'이었다. 이 조항은 조선인, 청국인, 그리고 조선 영토에서 이주한 자들이 청한 국경 육접지방에 거주하는 것을 금지하는 내용이었다.[44]

1910년 12월 25일, 기독교 목사 최관흘(崔寬吃)은 블라디보스토크 일본총영사관에서 근무하는 기토 가쓰미 통역관을 방문했다. 그는 일본 정부가 한인 거주지 제한과 관련해 러시아 정부와 교섭한 적이 있는지 물었다. 기토는 러시아가 한인 거주지 제한법이 필요하다고 판단하면 집행할 수 있으며, 일본 정부가 한인 문제에 대해 매번 러시아와 교섭하는 것은 어렵다고 답했다. 또한, 러시아가 지금까지 한인의 국경 거주를 묵인해왔으므로 갑자기 이주시키지는 않을 것이라고 전망했다.[45]

기토의 예측은 적중했다. 1913년 2월 5일 작성된 러시아 측 보고서에 따르면, 노동력 부족으로 인해 1913년까지 대규모 이주 계획은 실행되지 않았다.[46] 여러 행정적 사정으로 인해 집행이 늦어진 것으로 보인다. 그러나 이주 금지 명령은 일단 내려졌기 때문에, 러시아 관료들의 속사정을 알 수 없었던 포시에트의 한인들은 불안해할 수밖에 없었다.

『매일신보』는 포시에트 지역의 한인 퇴거 문제를 상세히 보도했다. 기사에 따르면, 포시에트 지역에서 세금을 납부하며 농사를 짓는 이는 러시아 귀화 한인뿐이었다. 그러나 비귀화 한인들은 법적으로 경작이 금지된 상황에서도 포시에트 외곽의 국유지에 거주하며 농사를 짓고 있었다. 이에 프리아무르 총독 곤다티는 지방 관료들에게 명령을 내려, 1911년 가을까지 포시에트 지역에서 거주 권리가 없는 한인들을 퇴거시키고 이후 러시아로의 입국을 금지하도록 지시했다.

『매일신보』는 한인들이 퇴거 명령을 받은 상황을 "참경"이라 표현하며, 동시에 퇴거 명령을 받은 이들을 "민지가 어두워서 그들의 명령이 있음을 알지 못하거나 일확천금을 몽상하는 자"라 비판했다. 해당 기사는 특히 러시아로 이주하는 이들 중 함경도 출신이 많다는 점에 주목했다. 조선 전역 중 미개간지가 가장 많은 곳이 함경도임을 고려할 때, 굳이 러시아로 이주할 필요가 없다고 지적하며, 일본의 보조를 받아 조선에서 경작하는 것이 '국민의 의무'라고 주장했다.⁴⁷

『매일신보』의 비판에도 불구하고 한인들은 러시아 연해주에서 새로운 땅을 개척하기 시작했다. 1912년 중순, 권업회는 연해주 중부의 '라울류'라는 평야지대에 신귀화자들을 이주시켜 생활 조건을 개선하려 했다. 권업회는 토지를 분배받지 못한 한인들을 위해 새롭게 미개척지를 마련하고자 노력했다.⁴⁸

1911년에 설립된 권업회는 한인의 권익 향상을 위해 러시아 당국과 교섭을 벌였다. 1912년 8월 25일, 권업회는 프리아무르 총독에게 러시아 귀화 한인들의 생활 안정을 위해 국유 토지의 분배를 요청했다. 1912년 11월 27일, 프리아무르 총독은 권업회의 청원서를 검토한 후 귀화 한인들이 이만강 유역의 라울류 지구와 그 상류 지역에 정착하는 것을 허가했다.

권업회의 청원서에 따르면, 라울류 토지로 농업 이민을 가는 귀화 한인들은 '빈곤층'으로 규정되었다. 청원서에는 "협회의 지도부 산하에 거주민 중 가난한 자들에게"라는, 사업 대상을 명시하는 문구가 포함되어 있다. 권업회는 이들이 현지에 잘 정착할 수 있도록 농기구와 식량을 공급하기 위한 자금을 마련하기 위해 특별 농업 부서를 조직했다. 또한, 이만 라울류 지역을 조사하기 위해 1913년 1월에 시찰위원들을 파견하고자 했다.⁴⁹

라울류 농지개척사업은 신귀화자와 귀화 예정자의 경제적 지위를 향상시키기 위한 것이었다. 라울류는 국경지역에서 멀리 떨어져 있어, 러시아 지방 당국의 한인 거주지 재배치 정책과 그 방향이 일치했다.⁵⁰ 1913년 3월 1일, 권업회는 연해주 군무지사에게

1911~1912년 활동 보고서를 제출했다. 보고서에서는 이만강 거주민, 기귀화자, 귀화 예정자에게 블라디보스토크 항구에서의 선적 및 하역 노동을 허가해달라는 요청이 눈에 띈다. 라울류 농지개척 사업의 대상이 바로 이만강 유역 거주민, 기귀화자, 귀화 예정자들이었다.⁵¹ 권업회는 이들이 라울류 지역으로 이주하기 전까지 경제활동을 통해 생계를 유지할 수 있도록 하기 위해 이러한 청원을 낸 것이었다.

라울류 농지의 성격에 대해 다른 시각도 존재한다. 표면적으로는 농지 개간이 목적이었지만, 실제로는 독립운동 기지 건설을 염두에 두었다는 주장이 있다.⁵² 이 견해는 러시아에서 활동했던 계봉우의 기록에 근거하고 있다. 그는 라울류가 "러시아에 입적한 우리 동포를 이주하게 하고 군사교육의 실시"를 하기 위한 곳이라고 기록했다.

> 그 회(권업회-인용자)의 명의로써 리만 '라불유'라는
> 대지단을 총독 '곤닷지'의 인허로 영유권을 얻어 러시아에
> 입적한 우리 동포를 이주하게 하고 군사교육의 실시상
> 예정까지 있었고 (…)⁵³

계봉우의 기록은 일면 사실일 것으로 생각된다. 권업회 활동 보고서에서 자위수단으로서 총기를 마련하고자 했던 정황을 보면 충분히 개연성이 있다.⁵⁴ 다만 "군사교육의 실시상 예정까지 있었고"라는 구절에 주목해보면 계획이 본격적으로 실행되지는 않았다고 보인다.⁵⁵

라울류 농지개척사업은 망명자들이 권업회라는 합법 단체를 통해 정주유력자와 한인 주민 다수의 지지를 얻어내는 과정을 보여

준다. 권업회는 러시아 당국의 극동 개발을 위한 노동력 수요와 한인들의 생계를 위한 노동력 공급 사이에서 균형을 맞추며 경제적 교섭 역할을 했다. 동시에 망명자, 정주유력자, 한인 대중이 사회경제적 이익을 도모하기 위한 내부적 정치 공간이기도 했다. 라울류 농지개척사업을 주도한 이들은 이종호와 그의 뜻에 공감하는 망명자들, 그리고 이들과 연합한 정주유력자 정치세력이었다. 이들은 정주유력자에게 주식 투자를 권유하고 비귀화자를 귀화자로 만들어 경제적 계층 상승을 유도했다. 라울류 농지개척사업의 주도자들은 러시아 당국의 정책 방향을 파악하고 그에 맞춰 교섭을 진행했다. 또한 경제적으로 빈곤한 한인들의 경제적 계층 상승 욕구를 만족시켜 자신들의 영향력을 확대하려 했다.

라울류 농지개척사업은 다양한 의미망 위에 놓여 있다. 러시아의 한인 거주지 재배치 정책, 한인의 러시아 국적 취득 운동, 노동진흥 운동, 권업회의 지회 확장 사업, 주식 투자를 통한 블라디보스토크 한인 상인들의 자본 증식이라는 맥락이 얽혀 있다.

1913년 1월 12일 라울류 주민 최두만은 『권업신문』에 라울류 농작지에 대한 기사 한 편을 게재했다.[56] 그의 묘사에 따르면 라울류는 평탄하지만 굽은 곳이 많았다. 라울류에서 약 7킬로미터 떨어진 하성거우와는 달리, 홍수 걱정이 거의 없었다. 기후는 온화하고 분지 지형이라 바람이 세지 않았다. 나무는 적었고 바닥에는 자갈이 섞여 있었다. 비가 사흘 내리다 그쳐도 길이 금방 복구될 정도로 배수가 잘되었다.

무엇보다도 보리, 콩, 감자 등 모든 작물이 잘 자랐다. 또한, 산림작물과 수산물, 특히 가을철에는 연어가 많이 잡혔다. 약 2킬로미터 거리에 10가구가 사는 상수허재라는 마을이 있었고, 그곳에서 7.8킬로미터를 더 가면 19가구가 사는 허성거우라는 마을이 있었다. 최두만의 이야기 외에도 라울류의 광활하고 비옥한 토지, 풍부한 삼림자원, 편리한 수운, 풍부한 금 생산과 수산물 등을 장점으로 꼽은 기사가 『권업신문』에 실렸다.[57]

이처럼 '기회의 땅'으로 묘사된 라울류는 어디에 있었을까? 〈그림 21〉은 러시아 이민국이 1914년에 작성한 연해주 지도다.[58] 지금까지 라울류는 이만(그림 21의 B) 부근으로 알려져 왔다.[59] 그러나 보다 정확히 말하면 이만 부근의 A다. A는 현재 데르수(Дерсу)라 불리는 지역으로, 과거에는 '라울류(Лаулю)', '라올류(Лаолю)', '라블류(Лавлю)' 등으로 불렸다.[60] 라울류는 한러 국경지대와 꽤 멀리 떨어진 지역이었다. 국경지역 농촌인 포시에트(그림 21의 C)와 연추지역에서 북쪽으로 약 730킬로미터 떨어져 있었다.

라울류의 명칭이 약간씩 다르기 때문에 동일한 장소인지에 대한 논란이 있을 수 있지만, 이를 불식시킬 수 있는 세 가지 이유가 있다. 첫째, 분여된 토지의 성격과 분여 시기다. 〈그림 21〉의 왼쪽 범례에 따르면 라울류에 해당하는 지역은 "1913년까지 제공된 이민족 구역(инородческие участки, отведенные до 1913 г.)"이라고 명시되어 있다. '이민족'이라는 표현을 통해 이 지역이 러시아 민족에게 분배된 것이 아니라는 점을 알 수 있다. 또한, '1913년까지'라는 기록은 권업회가 당국으로부터 라울류 정착 허가를 받고 1913년부터 본격적으로 농지개척사업을 시작한 시기와 일치한다.

둘째, 유사한 이름의 다른 마을이 존재하지 않는다는 점이다. 1915년 러시아 측 자료에 따르면, 이만 지역의 라블류는 산치혜자(Санчихеза)라는 지역으로부터 약 7킬로미터 떨어져 있다고 기록되어 있다.[61] 산치혜자는 현재 오스트로보노이(Островоной)로 불리는데, 오스트로보노이에서 7킬로미터 떨어진 곳은 데르수, 즉 라울류 외에는 없다.[62]

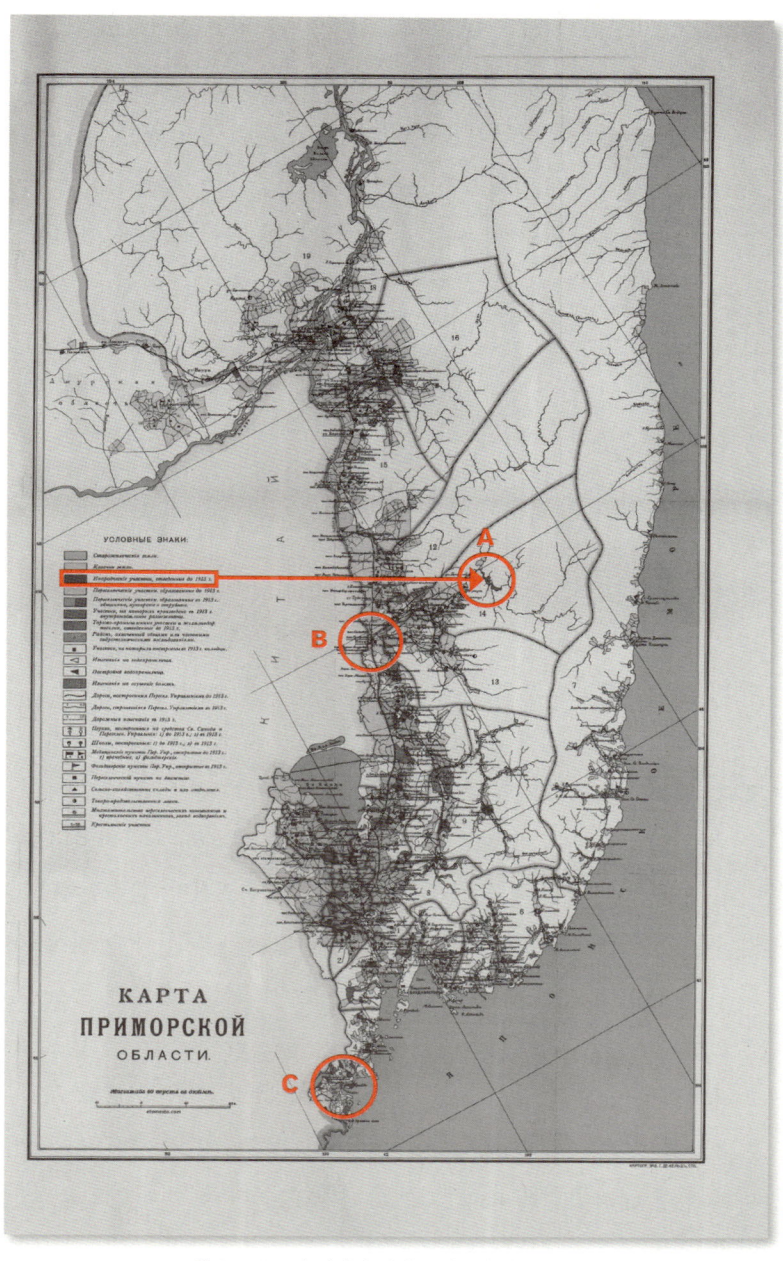

그림 21. 1914년 러시아 연해주 지도와 라울류 위치
A: 라울류(현재 데르수) | B: 이만(현재 달네레첸스크) | C: 포시에트

셋째, 라울류에 대한 당대 한인들의 다양한 표기 방식이다. 『권업신문』의 여러 기사에서 라울류는 '라우류', '라브류', '라부류', '라쁘류', '라블류' 등으로 다양하게 불렸다. 비록 당대 한인들이 '라울류'를 약간씩 다르게 표기했지만, 모두 이만 지역 동쪽에 위치하여 권업회가 러시아 당국의 허가를 받아 개척하려 했던 땅을 지칭했다. 특히, 「권업회 연혁」에서 '라우류'로 기록된 것을 고려하면, 발음이 거의 같은 '라울류'로 부르는 것도 무리가 없다.[63]

한편, 러시아 한인사회 일부에서는 라울류 농작지 소유권에 대한 의혹이 제기되었다. 당국으로부터 몇 년 기한으로 임차하는 것이 아니냐는 의심이었다. 권업회가 땅을 직접 소유한 것이 아니라 중개만 하는 것이 아니냐는 의문도 있었다. 그러나 『권업신문』은 이러한 의혹이 사실이 아니라고 반박하며, "인심은 과연 한심"하다는 기사를 게재했다. 또한 빠른 개간을 통해 생활을 안정시키는 것이 바람직한 방향이라고 강조하며, 제기된 의혹을 일축했다.[64]

권업회는 이만 라울류 농작지를 세 가지 방식으로 경영하려고 했다. 첫째, 권업회가 직접 출자하는 것, 둘째, '고본단'을 조직하여 주식을 모집하는 것, 셋째, 개인이 자유롭게 이주하는 것이었다.[65] 이후 신문의 보도를 보면 권업회는 고본단을 조직하여 주식을 모집하는 일에 집중한 것으로 보인다. 고본단에는 러시아 한인사회의 큰 자금이 모였기 때문에 이 단체의 조직 구성과 운영에 주목할 필요가 있다.

권업회는 고본단 규례 41개 조항을 발표하고 주식 모집을 시작했다. 『권업신문』에 그 조항과 규례가 게재되어 있어, 고본단의 상세한 운영 메커니즘을 파악할 수 있다.[66] 고본단의 정식 명칭은 '권업회 고본단'으로, 설립 주체는 권업회였다. 고본단의 증권이 권업회 명의로 발행된 점을 고려하면, 고본단은 권업회의 산하기관적 성격을 띠고 있었다.

고본단의 설립 목적은 주주를 모집해 권업회 소관의 토지를 개간하는 것이었다. 권업회는 토지를 제공해 수익을 올려야 했다. 자본금 총액은 5만 원 이하였으며, 증자는 권업회와 주주총회의 동의를 통해 가능했다. 사업 변경과 규정 개정도 권업회와 주주총회의 동의가 필요했다. 고본단은 필요에 따라 지방에 분사무소를 설치할 수 있었다.

고본단의 주주는 이익을 배당받을 뿐만 아니라, 주주총회에서 의결권을 행사하고, 고본단과 관련하여 권업회에 의견을 제시하며, 주주총회 소집을 요청할 권리도 가졌다. 주식 매입금은 세 차례에 걸쳐 지불되었으며, 각 회차에 10원, 5원, 5원, 총 20원이었다.[67] 이는 당시 민회 국한문 서기의 월급에 버금가는 금액이었다.

고본단은 주식이 150주가 모이면 매입자에게 대금을 청구하고 증권을 교부했다. 이익 분배 방식은 순이익의 20퍼센트를 권업회가 보유하고, 5퍼센트는 적립금으로 충당한 후, 나머지 75퍼센트를 주주들에게 분배하는 방식이었다.

고본단의 임원은 총무 1명, 감사 1명, 그리고 약 10명의 간사원으로 구성되었다. 총무와 절반의 간사원은 권업회에서 선출했고, 감사원과 나머지 간사원 절반은 주주총회에서 선출했다. 임원의 임기는 1년이었다. 감사원과 간사원 절반을 주주총회에서 선출하도록 한 조항은 권업회가 고본단의 재무 건전성을 유지하고 주주들에게 신뢰를 주기 위한 노력의 일환이었다.

총무원은 고본단의 임원 중에서 중심적인 역할을 맡았다. 주주총회에서 고본단을 대표하며, 정기 주주총회에서는 대차대조표와 영업보고서 등 재무 상태에 관한 보고서를 제출해야 했다. 또한, 권업회의 상시 감독을 받으며 사업 집행에 관한 모든 사무를 책임졌다. 총무원에게는 대출 권한이 있었으며, 자신의 판단으로 최대 100원까지 대출할 수 있었고, 그 이상의 금액은 권업회와 주주들의 동의가 필요했다. 총무직은 1913년 1월에 이상설(李相卨), 1913년 2월에 함세인(咸世仁), 1913년 4월에는 조창호(趙昌鎬)가 맡았다.[68]

고본단의 주주총회는 매년 6월 말과 12월 말에 두 차례 개최되었다. 총무원이나 고본단 총주식의 3분의 1 이상을 보유한 주주가 요청하면 임시주주총회를 열 수 있었다. 의사결정은 주주 과반수 이상의 찬성으로 이루어졌다. 주주는 1주당 1표를 원칙으로 하되, 5주까지는 1주당 1표를 적용받았고, 5주를 초과하는 주식은 10주당 1표를 행사할 수 있었다. 이는 대주주의 권한 남용을 방지하고 소액주주를 배려하기 위한 조치로 보인다.

라울류 농지개척사업은 권업회가 처음으로 착수한 큰 사업이었다.『권업신문』은 장기간에 걸쳐 주식 모집에 관한 기사들을 여러 차례 게재하며, 라울류 농지개척사업의 진행 상황을 자세히 보도했다. 특히 주목할 점은,『권업신문』이 한인 마을 건설을 통해 공동체의 단결을 도모하기 위해 투자를 장려했다는 것이다. 신문은 한 마을에 살며 농사를 짓고 "형님 아우님 하면서 한집 식구같이 지내면 얼마나 기쁘겠는가"라며 가족주의적 이미지를 환기했다.[69]

러시아 지방 당국이 이만 지역의 농지 개간을 허가하자『권업신문』은 라울류 농지개척사업에 대한 투자를 촉진하기 위해 주주를 모집했다. 신문은 러시아의 이만 농작지 개척 허가에 대해 "땅 주신 이의 은혜에 눈물을 날릴 만하다"고 감사를 표하고, "백 리 옥토의 큰 이익을 허지로 돌아가지 않도록" 해야 한다고 강조하면서 농지개척사업에 주식을 응모할 것을 독려했다. 다만, 자본 모금이 필요하다는 점에서, 당시 러시아 한인사회의 경제적 어려움을 우려했지만, 도박, 음주, 아편과 같은 낭비를 피하면 자본이 모일 것이며,

이를 통해 농지개척사업을 진행할 수 있을 것이라 보았다.[70]

1912년 12월 22일, 『권업신문』은 고본단의 주식 모집 취지서를 게재했다. 취지서에서 격정적으로 호소하는 표현이 눈에 띈다. 이 기사는 러시아 한인을 "제 친척을 이별하며 조상 분묘를 하직"하고, "유리표박의 신세로 이 땅에 온 우리 동포"로 호명하고 있다. 또한, 이만 라울류 농작지가 옥토가 될 것이라며 긍정적 이미지를 심어주려 했다. 또 "토지만 개척되면 눈물을 걷고 웃음으로 반기게 될 것"이니, 빈부를 떠나 모든 이가 고본단 주식을 한 주씩이라도 구매할 것을 독려했다.[71]

『권업신문』에 드러난 토지에 대한 인식이 매우 흥미롭다. 신문은 상공업에서는 어제의 백만장자가 오늘날에는 거지의 처지가 되는 일이 허다하다고 지적하면서, 토지에 투자한 자금은 만년을 가도 그 밑천이 변하지 않는다고 강조했다. 이처럼 토지를 상대적으로 '안전자산'으로 인식하며, 안정적인 투자처로서 토지의 가치를 부각시킨 것이다.

〈표 7〉은 1913년 2월 기준 고본단 주주 52명의 명단이다.[72] 고본단 주주 중 상당수는 상업에 종사하는 신귀화자들이었다. 자료 부족으로 인해 모든 인물의 국적을 명시할 수는 없지만, 당시 국적 취득 운동이 활발히 진행되었고, 신한촌 부지의 장기임대를 신청한 이들이 많았다는 점을 고려할 때, 밝히지 못한 주주들 중 상당수가 귀화자(또는 신귀화자)였을 것으로 추정된다. 이들은 주로 청년회, 민회, 권업회와 관련된 다양한 이력의 소유자들이다.[73]

대주주 격에 해당하는 인물은 신한촌의 유력자이자 귀화자인 최만학이었다. 그는 총 150주 중 20주를 보유해 전체 주식의 13퍼센트를 차지했다. 최만학은 최재형의 양자이며, 최봉준의 상점 관리인이기도 했다. 그는 한인 귀화청원위원을 맡았고, 신한촌 민회와

표 7. 고본단 주주 명단

연번	거주지	성명	주식 보유량	직업	국적	이력
1	신한촌	최종면(崔鍾免)	1	-	-	-
2	신한촌	오봉화(吳奉化)	3	상인	신귀화자	민회/권업회
3	신한촌	김치보(金致甫)	1	상인	신귀화자	청년회/민회/권업회
4	신한촌	유(兪)세몬	2	-	-	청년파
5	신한촌	박창순(朴昌淳)	10	통역	귀화자	-
6	신한촌	오인규	1	-	-	-
7	신한촌	강(姜)구리	5	-	-	-
8	신한촌	김운서(金雲瑞)	1	-	-	-
9	신한촌	한만금(韓萬金)	5	-	-	-
10	신한촌	박진옥(朴珍玉)	1	-	신귀화자	-
11	신한촌	김병구(金秉九)	1	-	-	-
12	신한촌	임도읍(任道泣)	1	-	-	-
13	신한촌	최만학(崔萬學)	20	상인	귀화자	민회/권업회
14	신한촌	조기천(趙基千)	2	-	-	-
15	신한촌	김자천(金子天)	2	상인	-	민회
16	신한촌	이설(李卨)	1	상인	신귀화자	민회/권업회
17	신한촌	김성하(金成河)	1	-	-	-
18	신한촌	고명호(高明昊)	1	상인	신귀화자	민회/권업회
19	신한촌	함서인(咸瑞仁)	10	-	신귀화자	청년회/권업회
20	신한촌	이운일(李雲一)	1	-	-	-
21	신한촌	류기찬(柳基燦)	2	-	-	-
22	신한촌	최문경(崔文敬)	5	-	-	청년회/민회/권업회
23	신한촌	강양오(姜揚五)	2	-	-	민회/권업회
24	신한촌	김순창(金舜昌)	5	-	-	-
25	신한촌	이학운(李學雲)	1	-	-	-
26	신한촌	이형욱(李亨郁)	1	상인	신귀화자	청년회
27	신한촌	권수복(權修福)	1	-	-	-

연번	거주지	성명	주식 보유량	직업	국적	이력
28	신한촌	안방이집	1	-	-	-
29	신한촌	최성서(崔成瑞)	3	-	-	민회
30	신한촌	김원용(金元用)	2	-	신귀화자	-
31	신한촌	전석화(田錫化)	2	-	-	-
32	신한촌	김○원(金○元)	1	-	-	-
33	신한촌	진응삼(陳應三)	2	상인	-	-
34	신한촌	정명필(鄭明弼)	1	-	-	-
35	신한촌	양(梁)야코프	5	-	-	청년파
36	신한촌	윤능효(尹能孝)	1	상인	신귀화자	민회/권업회
37	신한촌	노년회(老年會)	1	-	-	-
38	신한촌	김두성(金斗星)	1	-	-	-
39	신한촌	김(金)야코프	5	-	-	-
40	신한촌	김(金)와실리	5	-	-	-
41	신한촌	최(崔)블라디미르	3	-	-	-
42	신한촌	김승화(金昇化)	5	-	-	-
43	신한촌	엄인섭(嚴仁燮)	1	-	구귀화자	민회/권업회
44	신한촌	박남규(朴南奎)	2	-	-	권업회
45	신한촌	조창호(趙昌鎬)	10	상인	신귀화자	청년회/민회/권업회
46	동령	이동윤(李東允)	3	-	-	-
47	동령	한(韓)알렉산드르	1	-	-	-
48	동령	이운진(李雲珍)	1	-	-	-
49	수청	강석앵(姜錫鸚)	1	-	-	-
50	수청	황용인(黃龍仁)	1	-	-	-
51	도비허	오두현(吳斗賢)	1	-	-	-
52	오께안스까야	윤(尹)니꼴라이	4	-	-	-
	합계		150			

권업회 모두와 깊은 관계를 가지고 있었다.

그다음으로 많은 주식을 보유한 인물들은 박창순(朴昌淳), 함서인(咸瑞仁), 조창호였다. 박창순은 1911년 8월 블라디보스토크 해양경찰서 통역으로 일했다. 함서인은 '함세인(咸世仁)'과 동일인으로 보이며 청년회 회원이었다. 조창호는 1913년 당시 40세였으며, 조영진(趙永晉)이라는 이명으로도 알려져 있다. 그는 신한촌 민회 국한문 서기와 권업회의 경정부장을 맡은 바 있다.

주주들 가운데 블라디보스토크 청년회 그룹으로 분류되는 인물들도 있었다.74 청년회는 어떤 단체였을까? 일본의 정보보고에 따르면, 블라디보스토크 한인청년회는 1908년 11월에 조직되었으며, 국권 회복을 목표로 하는 소장파의 결사체였다. 1910년 기준으로 역원은 50명, 회원은 약 300명이었으며, 회장은 김치보(金致甫), 부회장은 최문경(崔文敬)이었다.75 고본단 주주 중 청년회와 관련된 인물로는 김치보, 최문경, 함세인, 이형욱(李亨郁), 조창호가 있었다. 특히 이형욱은 "청년회원 중 유력자"로 인식되었으며, 러일전쟁 당시 세관 통역과 신한촌 민회 평의원을, 최문경은 권업회 검사부장과 신한촌 민회 평의원을 역임한 바 있다.

러시아 당국은 1912년 12월에 라울류 농지개척사업을 허가했지만, 행정상의 지체로 인해 본격적인 사업은 1913년 4월 중순에 시작되었다.76 1913년 4월, 권업회는 라울류 지역과 이만 이민국 사이의 모든 사무를 인계받았다. 권업회는 우선 선발대 15호를 관리했고, 후발대는 권업회의 허가만 받으면 개척사업에 참여할 수 있음을 공지했다. 그러나 농작 시기가 이미 늦어, 이주 즉시 농사를 지을 수 있는 인원은 100호를 넘기기 어려울 것으로 예측되었다.77

1913년 12월 14일, 블라디보스토크에서 라울류 토지를 받아 이주하고자 한 이들은 약 80호에 달했다. 당시 농림위원장 이종호는

1913년 1월, 권업회 부회장 한형권과 함께 이만으로 향했다. 청원서를 이민국에 제출하기 위해서였다. 주목할 점은 블라디보스토크뿐만 아니라 연해주 전역의 정주유력자들이 라울류 농지개척사업에 참여하고자 했다는 것이다. 여러 지역의 한인들이 라울류로 모일 계획이었던 것이다.[78]

1914년 1월 11일, 『권업신문』에 따르면 라울류 농작지로 이주를 청원한 88호 모두 허가를 받았다. 권업회는 이주자들에게 운송 서비스를 제공했고, 사무 처리를 위해 농림위원 이종호를 파견하기로 결정했다.[79] 1914년 5월경에는 라울류 지역으로의 이주가 모두 완료되었으며, 권업회는 추가 이주를 원하는 한인들에게는 권업회에 신속히 신청할 것을 알렸다.[80]

라울류로 이주한 한인의 규모와 이들이 받은 토지의 규모는 어느 정도였을까? 1915년 1월 1일까지 라울류 지역에 분배된 토지는 총 1,643데샤티나, 즉 538만 5,600평이었다.[81] 이 지역에서 개인에게 분배된 토지는 15데샤티나였다.[82] 이를 바탕으로 전체 분배된 토지 면적을 고려할 때, 약 110호가 이주한 것으로 추정된다. 개인별로 분배받은 토지 면적은 1896년에 러시아로 귀화한 한인들이 받았던 면적과 같았다. 그라베의 보고서에 귀화자에게 분배된 토지 면적이 기존의 5데샤티나에서 10~12데샤티나로 늘어난 기록이 있음을 고려하면, 이주자들은 예상보다 넓은 면적의 토지를 분배받은 것으로 보인다.[83]

1913년 7월 27일 『권업신문』은 여름 장마에도 불구하고 이만 라울류 지역에서 풍작이 기대된다고 전망했다. 그러나 1914년 5월 보도에 따르면 1913년 라울류의 경작 성과는 부진했다.[84] 1913년 12월 14일, 권업회 이만 지회는 구휼금 모집을 알리는 기사를 발표했다. 그 이유는 1913년의 수해로 인해 봄에 농사지은 작물들이 모두 수재를 당해 가을에 수확할 곡식이 없었기 때문이었다. 재산이 있는 사람들은 가축을 팔아 어려움을 넘길 수 있었지만, 없는 사람들은 1913년 겨울을 버티기 어려웠으며, 1914년도 농업의 성패 역시 불확실하다고 호소했다.[85]

1914년 1월 18일 『권업신문』은 이만 라울류 농지개척사업에 대한 평가를 내놓으며 비판적인 시각을 드러냈다. 주요 내용은 이주자가 기대했던 규모에 크게 미치지 못한 것에 대한 지적이었다. 사업 결과가 부진한 이유로 한인사회 전반의 신뢰를 얻지 못한 점이 가장 크게 작용했다고 분석했다. 기사에 따르면, 사업 담당자의 성의가 부족했고, 일부 지역에서는 권업회가 농작지를 확보했다는 사실 자체를 의심하는 사람도 있었다. 이주 실패를 두려워하거나 사업의 실체를 알지 못한 이들이 많아 홍보 부족이 문제로 지적됐다.

그럼에도 불구하고, 해당 기사는 라울류 사업에 대한 희망을 완전히 버리지는 않았다. 사업에 적극적으로 참여하는 이들이 경제적 잠재력을 발견하고 이주를 결심한 사례가 있었기 때문이다. 또한, 권업회가 물류를 제공하고 있는 만큼 1914년 안에 성과를 볼 것이라는 낙관적인 전망도 함께 제시했다.[86]

『권업신문』은 라울류 농지개척사업이 진행되던 시기에 농촌의 긍정적인 이미지를 강조하며 자발적인 이주를 유도하고자 했다. 1914년 5월에 게재된 기사에 따르면, 도시는 "문명의 중심"이지만, 밀집 생활로 위생 문제가 발생하고, "격렬한 생존 경쟁"으로 인해 정신적, 육체적 소모가 심한 공간으로 묘사됐다. 반면 농촌은 "도회의 근본이며 국가의 기초"이자, "건전한 국민"이 자라는 장소이며, "조국의 풍속이 그대로 유전"되는 곳으로 평가되었다.[87]

그러나 이러한 노력과 사업에 대한 낙관과는 달리, 권업회는 라울류 농지개척사업에서 성공을 거두지 못한 것으로 추정된다.

1914년 6월 여름에 이만 지역에 다시 홍수가 예상되었기 때문이다. 해당 기사는 "작년과 같이 또 농작에 방해"가 있을 것이라 전망했다.[88] 이 기사 이후 라울류 사업을 직접 다룬 기사는 찾기 어렵다.[89] 권업회는 1914년 7월 6일 하반기 정기총회에서 라울류에 분사무소를 설립하고, 이만지회의 관할 아래에서 사업을 이어가고자 했다. 그러나 1914년 8월 제1차 세계대전이 발발하면서, 러시아는 일본과의 외교적 관계를 고려해 권업회를 해체했으며, 이에 따라 라울류 농지개척사업도 중단된 것으로 보인다.

이처럼 권업회는 라울류 농지개척사업을 통해 신귀화자의 경제적 계층 상승을 유도했다. 따라서 신귀화자들이 토지를 분배받지 못했다는 기존 인식에 절충점이 필요하다.

일찍이 신귀화자는 토지를 분배받지 못한 집단이라 규정되었다.[90] 이러한 인식은 1927년에 작성된 자료인 『십월혁명 10주년과 쏘베트 고려민족』에서 명확히 나타난다.

> 동화정책에는 두 가지 종류가 있었으니 하나는 고려 이주민에게 입적을 허락치 아니한 총독 '운젤벨겔'의 포기 정책이었고, 또 하나는 고려 이주민에게 토지는 허락치 않고 러시아 입적만 허락한 총독 '곤닷찌'의 적극적 정책이었다. 이로 인하여 토지를 소유하지 못하고 입적만 한 고려 사람의 '구루빠'가 생기게 되었다.[91]

라울류 농지개척사업은 신귀화자의 토지소유 문제에 관해 결과적 인식이 아닌, '과정적 이해'를 제공한다. 신귀화자가 토지를 분배받지 못했다는 인식은 사업의 과정이 생략된 채 결과만을 담고 있다. 권업회는 러시아 당국으로부터 라울류 농작지를 분배받아 신귀화자의 경제적 계층 상승을 목표로 했으나, 결과적으로 행정 처리 지연, 수해 같은 천재지변, 그리고 홍보 부족으로 인해 소수의 자발적 이주자만 확보하는 데 그쳤다. 따라서 라울류 농작지는 최소 1만 명 이상인 신귀화자층이 경제적 기반으로 삼기에는 턱없이 부족했다. 신귀화자의 소수만이 토지를 획득했고, 대부분은 지주가 되지 못했다. 이들은 지주보다는 상인과 노동자에 가까운 계급적 배경을 지니고 있던 것이다.

3부

한인, 정치적 목소리를 내다
(1914~1917)

8장
제2차 러일전쟁의 예감 속 정치세력의 재편

1. 망명자의 서로 다른 정세 판단

1914년은 러일전쟁이 발발한 지 정확히 10년이 되는 해였다. 1904년 전쟁 발발 당시, 서구 열강인 러시아가 일본에 패배할 것이라고 예상한 이는 많지 않았다. 그런데 1914년, 러시아 수도 상트페테르부르크에서는 제2의 러일전쟁이 임박했다는 소문이 조야에 퍼졌다.[1] 그 소문은 설욕을 꿈꾸는 러시아의 민족주의적 욕망이었을지도 모른다.

1914년 즈음, 러시아에 거주한 지 5년이 넘은 망명자들이 많아졌다. 이들 중에는 러시아 국적을 취득한 '망명귀화자'도 있었다. 망명귀화자는 대개 1905년에서 1910년 사이 국권회복운동을 위해 러시아로 이주하고, 1910년부터 1917년까지 곤다티 총독 재임 동안 러시아 국적을 취득한 망명자들을 의미한다. 이들은 단순히 현지에서 권익 향상을 위한 러시아 국적 취득을 넘어, 한국의 국권 회복과 독립을 목표로 '고국정치'를 주도하며, 러시아 국적을 전략적으로 활용했다. 이들의 활동 범위는 러시아 연해주를 넘어 아무르주, 간도, 미국까지 뻗어 있었다.

이때 고국정치란 이주민이 주권을 상실한 고국의 식민화에 대해 문제의식을 갖고 국권 회복 및 독립을 둘러싼 담론에 참여하여 그 내용을 실천하기 위해 한인사회에서 지배력을 갖고자 하는 행위를 말한다.² 이를테면 망명자와 정주유력자들이 의병활동을 벌이기 위해 러시아 한인사회 내에서 의연금을 모집하고, 언론에 보도하며, 학교 현장에서 고국의 독립운동 서사를 교육하고, 나아가 이런 활동이 동력을 잃지 않게끔 여론을 형성하는 행위를 들 수 있다.

고국정치는 단순히 한인사회에서의 지배력 행사에 그치지 않고, 무장 활동이나 언론을 통한 입장 표명을 통해 고국의 식민화 문제에 대한 관심을 끄는 행위도 포함된다. 예를 들어, 한인이 러시아에서 의병활동을 벌이거나 항일적인 기사를 발표하여 러시아와 일본 간의 외교 관계에 영향을 미치는 것도 고국정치의 일환이라 할 수 있다.³

고국정치와 대비되는 개념으로 현지정치가 있다. 현지정치란 이주민이 거주국에서 자치권이나 토지 획득 등 권익을 향상시키기 위해 여론을 형성하고 한인사회에 지배력을 행사하는 활동을 의미한다. 예를 들어, 러시아 지방 당국의 공식 허가를 받아 귀화, 토지 획득, 교육 사업 등을 통해 이주자의 경제적 기반을 강화하고, 이를 한인사회에 널리 홍보하여 여론을 주도하는 행위가 현지정치라 할 수 있다.

또한 현지정치는 거주국의 중앙 및 지방 정치에 직접 참여할 수 있는 선거 및 피선거권을 획득하기 위한 활동도 포함된다.⁴ 이를테면 러시아혁명 후 블라디보스토크시 두마 의원으로 당선이 되거나, 한인 신문들이 광고를 통해 제헌의회 대표에 한인 대표자가 선출될 수 있도록 투표 참여를 독려하는 경우가 이에 해당한다.⁵

고국정치와 현지정치는 이주민의 관심이 고국과 현지 양쪽에 동시에 작용한다는 점을 강조하며, 단순히 고국의 식민화 문제나 현지 권익 향상 활동으로만 설명되지 않는 복합적인 상황을 전제한다. 식민지기 해외 한인의 정치활동을 논할 때 주로 조선의 독립운동이 전제됐던 것에 반해 고국정치와 현지정치는 이주한인과 고국이 맺는 관계와 현지에서의 제약 조건을 동시에 드러낸다. 이 두 가지 개념을 통해 국내와 해외 이주민 사회에서 벌어지는 상이한 운동 조건을 보다 명확히 이해할 수 있다.

한편, 1914년 일본의 정보보고서에서는 고국정치를 펼치던 망명귀화자들을 확인할 수 있다. 이 자료에 따르면, 한일강제병합 전후에 러시아 한인사회에서 고국정치의 주도권을 쥐기 위해 출신지별로 경쟁하던 연해주 한인 망명자 중 상당수가 러시아에 귀화한 것으로 나타난다. 예를 들어, 함경도 출신으로는 이종호(李鐘浩)와 이종만(李鍾萬)이 이에 해당하며, 평안도 출신으로는 이강(李剛), 정재관(鄭載寬), 백원보(白元甫), 기호지역 출신으로는 이민복(李敏馥)과 윤욱(尹旭) 등이 망명귀화자의 사례로 꼽힌다.[6]

일본 측은 신귀화자들을 러시아 거주 한인 중에서 "주의를 요하는" 세력으로 분류했다.[7] 신귀화자 가운데는 러시아 한인사회에서 항일 여론을 주도한 인물들이 많았다. 모든 신귀화자가 항일 여론에 찬동한 것은 아닐지라도, 일본이 신귀화자 세력에 주목한 이유는 그 안에 형성되어 있던 망명귀화자의 존재를 염두에 두었기 때문이다.

망명귀화자는 러시아 최대 한인이주자 단체인 권업회의 주요 세력 중 하나였으므로, 러시아 거주 기층 한인 전반에 상당한 영향을 미쳤다. 당시 권업회가 한인사회의 러시아 귀화 사업을 주도하면서 생겨난 신귀화자들은 구귀화자들에 비해 상대적으로 러시아에 대한 충성도가 낮았기에, 망명귀화자들의 항일 여론 조성에 찬동할 가능성이 컸다.

망명귀화자들은 권업회에서 공식적으로 활동을 전개했다. 이들은 권업회를 통해 현지정치에 참여했으며, 각 한인 정치세력은 권업회 운영의 주도권을 잡기 위해 갈등하고 협력하면서 이합집산을 거듭했다. 그러나 이면적으로는 세력별 비밀결사조직이 존재했다. 권업회는 합법적인 표면단체로서 현지정치의 공간을 제공했지만, 비밀결사조직은 권업회라는 합법적 공간을 활용하여 고국정치 논의를 이끌어내는 힘을 제공했다. 러시아 한인들은 표면단체와 비밀결사라는 두 가지 조직 형태를 통해 현지정치와 고국정치의 양립을 모색했다.

함경도 출신이 다수를 차지하는 이종호 그룹은 권업회 설립 이후 '블라디보스토크 공동회'라는 비밀결사조직을 결성했다. 이 조직은 이종호를 포함하여 총 12명으로 구성되었다.[8] 구성원들 가운데 블라디보스토크의 정주유력자뿐만 아니라 간도 지역에서 활동하던 한인들도 포함되어 있었다는 점이 이채롭다.

기호 출신이 주를 이루는 이상설 그룹은 전 대한제국 관료와 러시아 관청 근무자들 간의 일정한 공조 속에서 활동했다. 이들은 또한 '선우계(先憂契)'라는 비밀결사를 통해 조직의 결속력을 유지했다. 선우계는 1912년경에 조직된 것으로 추정되며, 당시 구성원은 이상설을 중심으로 약 40명이었다.[9] 이 조직의 표면적인 목적은 "병재(病災)의 협제(協濟)", 즉 환난상휼을 추구하는 것이었지만, 실제 목적은 반일활동이었다. 선우계는 두만강 이북 러시아령에 거주하는 한인들의 가입을 유도하여, 이상설을 중심으로 한 정치세력을 유지하고 확장하려 했다.[10]

평안도 출신의 정재관 그룹은 미주 국민회 시베리아 지방 총회를 통해 결속력을 유지했다. 이 그룹의 주요 인물로는 정재관, 이강, 황공도, 백원보 등이 있었다. 이들은 이종호 및 이상설 그룹과 갈등을 겪으면서, 1911년 9월경에는 시베리아 중앙의 바이칼 호수

남동쪽에 위치한 치타시로 근거지를 옮겼다. 권업회가 조직된 이후, 정재관은 권업회에 합류하여 활동을 재개했으며, 비밀회원 수를 늘려 국민회의 영향력을 확대하려 했다.[11]

1912년 3월, 블라디보스토크 경찰의 조사에 따르면, 1912년 2월 열린 권업회의 비밀회의 내용은 러시아 당국에 제출된 단체 규약과 전혀 달랐다. 이 회의에서는 반일활동을 위해 재러 한인의 단결이 필요하다고 강조하며, 권업회의 활동이 러시아 정부가 해산한 국민회의 정강에 기초해야 한다는 주장이 제기되었다.[12]

제1차 세계대전 발발 전, 러시아에 거주하던 한인들 사이에서는 러시아군에 복무하면 일본과 전투를 수행할 수 있을 것이라는 기대감이 퍼져 있었다. 1913년 1월, 『권업신문』은 러일전쟁 10주년을 맞아 러시아와 일본이 다시 전쟁할 것이라는 '러일 재전론'을 게재했다. 기사는 '러일 재전론'이 단순한 감상적 이야기가 아니라 당시의 정세 분석에서 비롯된 것이라고 주장했다. 이 기사는 러시아와 일본을 "한 철도선 위에서 반대 방향으로 나아가는 화차"에 비유하며, 러시아가 극동으로의 진출을 시도하는 데 가장 큰 장애물은 일본이라고 설명했다. 또한 일본이 대륙 진출 정책을 포기하지 않는 한, 결국 러시아와 충돌할 것이라고 전망했다.[13]

블라디보스토크 동방연구소의 학생들도 '러일 재전론'에 반응을 보였다. 1914년 5월 1일, 동방연구소 학생 김 메포디는 경성 출신의 김현재(金賢在), 류태준(柳泰俊), 류한준(柳漢俊)과 함께 신한촌의 정주유력자 엄인섭을 방문했다. 이들은 동방연구소에 재학 중인 러시아 군인으로부터, 러시아가 일본에 대한 복수전을 준비하고 있다는 이야기를 듣고, 러시아와 함께 대일전을 벌이면 식민지 조선의 해방이 가능할 것이라 기대했다.[14]

블라디보스토크 한민학교가 개최한 운동회에서는 의병봉기에

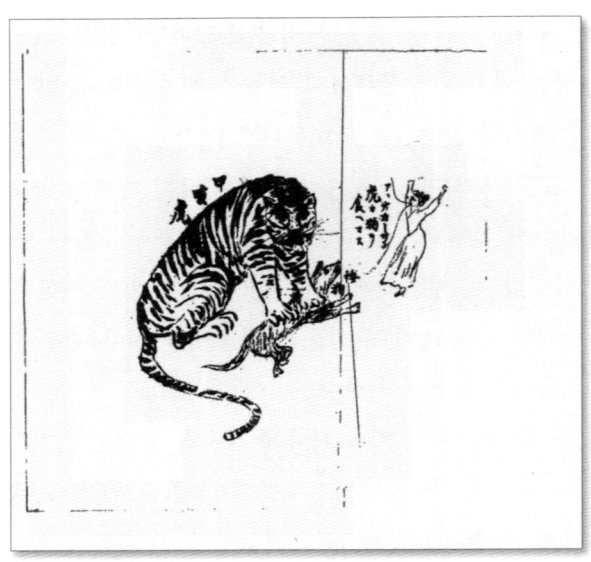

그림 22. 『운동신문』에 실린 '갑인호'와 '왜구' 삽화

대한 분위기가 고조됐다. 1914년 5월 31일, 블라디보스토크 신한촌 한민학교에서 조선인 학생 연합 운동회가 열렸다. 이 운동회에는 학교 4곳이 연합하여 남학생 256명과 여학생 63명이 참가했다. 아침부터 저녁까지 다양한 경기가 진행되었다.

당시 운동회의 소식을 전한 『운동신문』에는 흥미로운 기사가 하나 실렸다. 한국은 호랑이를, 일본은 개를 닮았는데, 1914년 갑인년은 호랑이의 해이니 호랑이가 개를 무찌를 것이라는 내용이었다. 또한 "같은 하늘을 질 수 없는 원수를 학대하는 것이 금일 운동의 목적"이라고 덧붙였다.[15]

〈그림 22〉는 『운동신문』에 실린 '갑인호(甲寅虎)'와 '왜구(倭狗)' 삽화다. 그림에서는 한 여성이 "아, 어머니, 호랑이가 개를 잡아먹어요"라고 외치고 있다. 왼쪽의 '갑인호'는 조선을 상징하며, 호랑이에게 제압된 개는 일본을 나타낸다.

『운동신문』이 소개한 운동회의 내용에서는 거병에 대한 강한 분위기가 드러난다. 참석자들은 운동장에 모여 "두만강을 건너 왜노를 박멸하자"는 구호를 외치며, 무기를 들고 태극기와 일본인을 쫓는 그림을 내걸었다. 그 옆에는 "대한의병 왜노궤주(大韓義兵 倭奴潰走)"라는 문구를 적어놓았다.[16]

1914년 시점에 러시아 한인 정치세력이 의병운동을 두고 두 입장으로 나뉘었다. 당시 러시아 한인사회에서 의병론이 다시 떠오른 이유는 러일 재전론 분위기가 고조되었기 때문이다. 일본의 정보보고에 따르면, 한인들은 갑인년이 한국에 "호운을 보일 때"라고 인식하고 있었다. 일본 측은 또한 "블라디보스토크, 연추 및 간도제 방면에서 배일선인은 빈번하게 본년(1914년-인용자) 가을경 의병을 일으켜 북선(北鮮)을 침입"하려 한다고 예상하고 있었다.[17]

이동휘(李東輝)는 의병론의 주도 인물 중 하나로, 대한제국 참령 출신이자 1907년 서울에서 비밀결사로 조직된 신민회의 창립 회원으로 활동했다. 그는 간도와 연해주를 오가며 한인사회의 발전을 주도하고 항일운동을 전개했다. 1913년 10월, 블라디보스토크에 도착한 그는 당시 고조된 반일 분위기를 감지하고, 10월 12일 블라디보스토크 신한촌의 권업회관에서 남녀 200여 명이 참석한 가운데 연설을 했다. 그는 이 연설에서 망국민의 설움과 단결의 필요성, 항일운동의 중요성을 강조하여 블라디보스토크 한인들로부터 큰 호응을 얻었다.[18]

이동휘는 1914년 갑인년에 안창호에게 새로운 러일전쟁을 전망하는 내용의 편지를 보냈다.[19] 이어 그는 대한광복군정부의 설립에도 주도적인 역할을 했다. 대한광복군정부는 중국과 러시아에서 한국의 독립전쟁을 수행하기 위해 비밀리에 설립된 군정부로, 1913년 10월에서 11월 사이에 블라디보스토크 신한촌에서 기호 출신의 이상설, 이동녕(李東寧), 평안도 출신의 정재관, 함경도 출신의 이종호, 이동휘 등이 중심이 되어 조직했다. 이 조직의 실제 규모는 정확히 알려져 있지 않지만, 1915년 5월 일본의 정보보고에 따르면 시베리아 지역에 약 3만 명, 만주지역에 약 39만 명의 가용 인원이 있었다고 한다.[20]

하지만 대한광복군정부의 기록을 뒷받침할 만한 상세한 자료는 부족하여 이 숫자를 그대로 신뢰하기는 어렵다. 약 42만 명에 해당하는 병력은 실제로 운용 가능한 인력이라기보다는 서류상 편입된 규모일 가능성이 크다. 따라서 대한광복군정부를 논할 때는 규모나 실제 운용력보다는 이 단체가 어떤 배경에서 어떤 목표를 가지고 탄생했는지, 그리고 그것이 러시아 한인 정치세력에 어떤 영향을 미쳤는지에 중점을 두어야 한다.

대한광복군정부는 러일 재전론의 분위기 속에서 설립되었으며, 무장투쟁을 지향했다. 이동휘는 안창호에게 보낸 서한에서 러시아 내 러일 재전론의 분위기를 설명하며, "격파왜적, 조국광복(擊破倭賊, 祖國光復)"이라는 표현을 통해 대한광복군정부의 무장투쟁에 대한 목표를 분명히 했다.[21]

이동휘는 이종호에게 의병봉기를 설득했으며, 이종호는 하바롭스크에 있던 이상설을 찾아가 거병에 대해 논의했다. 그러나 이상설은 시기적으로 부적절하고, 소수의 병력으로 일본에 대항하기는 어렵다고 판단하여 거절했다. 이후 이동휘와 이종호는 연추에 있던 이범윤에게 거병을 제안했다. 이범윤은 이를 수락하고 블라디보스토크로 이동하여 이상설을 다시 찾아가 거병을 제안했지만, 이상설은 재차 거절했다.

이상설이 거병을 반대한 이유는 크게 세 가지였다. 첫째, 한일강제병합 이후 식민지 조선의 행정과 군사가 크게 정비되었으며, 국경의 수비가 강화되었다. 따라서 그는 1914년 갑인년에 한국의 정세가 유리하게 조성될 뿐만 아니라, 일본이 국경 수비를 소홀히 하고 있다는 주장을 받아들이지 않았다. 둘째, 군사력 부족의 문제였다. 러시아 한인 중에는 군사훈련을 받은 이들이 적을 뿐만 아니라, 무기와 군자금 또한 충분하지 않았다. 셋째, 의병에 대한 러시아 한인사회 내부의 지지 문제였다. 이상설은 의병을 일으키는 데 여러 사람이 호의적이지 않으며, 군자금을 내지도 않고 의병에도 참여하지 않을 것이라 판단했다.[22]

1914년 4월 12일 이범윤은 하바롭스크에서 블라디보스토크로 돌아와 4월 14일 밤 이동녕, 엄인섭, 이범석(李範錫) 등과 회합을 가졌다. 그는 이 자리에서 자신이 이상설과 만나 의병봉기에 대해 논의했지만, 이상설은 "국민의 생명을 도박으로 의병을 일으킨다면 승산이 없을 것"이라며 거병을 반대했다고 전했다.

그가 좌중에 소개한 이상설의 '의병불가론(義兵不可論)'의 핵심은 시기가 부적절하다는 것이었다. 병사를 일으키려 해도 유력한 원조가 있지도 않고, 한 번 패배하게 되면 한국 독립의 희망을 영원히 잃어버릴 수 있었다. 따라서 그는 이범윤에게 "은인하여 시기를 보아야 한다"고 답했다.

이동녕은 이상설의 입장을 이해하면서도 거병을 지지했다. 그는 이상설의 말에도 일리가 있지만, 만약 시기를 기다리기만 하고 그 사이에 아무 일도 하지 않는다면 국민은 점점 무사함에 익숙해져 "국망의 원(怨)도 잊고 의병을 생각하는 자가 없어질 것"이라고 우려했다. 따라서 시기가 맞지 않더라도 항상 준비하고, 가끔이라도 일본을 공격하여 인심을 자극해야 한다고 말했다. 이범윤을 비롯한 좌중은 이동녕의 의견에 동의했다.[23]

이 회합에서 알 수 있는 것은 소위 '기호파'로 분류되던 세력 간에도 정세 판단에 따라 움직임을 달리했다는 것이다. 그간 러시아 한인 정치세력에서 기호파의 중심인물은 이상설이었다. 그런데 1914년 러일 재전론과 더불어 의병봉기론이 다시 부각되자 같은 기호파의 중진 이범윤과 이동녕은 이상설과 견해를 달리했다.

또한 '서파(평안도)'의 중심인물 정재관도 그러한 사례다. 그는 대한광복군정부에 참여하여 함경도 출신인 이동휘와 함께 권업회 지회 확대사업과 연해주 지방 순행을 진행했다.[24] 이는 망명자들이 출신 지역에 따라 움직인 것이 아니라 각자의 정세 판단에 따라 결집했음을 보여준다.

그간 러시아 한인 정치세력의 출신 지역별 결집 양상과 갈등은 주요 문제로 다루어져왔다. 또한, 비밀결사나 중심인물에 주목하여 출신지 중심의 설명을 넘어서려는 시도도 있었다.[25]

해외에 거주하는 한인 정치세력이 출신 지역에 기반해 결집하는 것은 자연스러운 현상이다. 낯선 땅에 와서 먼저 모이는 방식은 지연·혈연과 같은 기본적인 인간관계이기 때문이다. 다만 고국의 정치 문제를 제한된 인간관계에만 의존해 대처하는 지방열(地方熱)로 변질되는 것이 문제다.[26]

러시아 한인사회에서 정치세력별 초기 결집 방식에는 출신 지역이 강한 영향을 준 것은 분명한 사실이다. 오히려, 이주하여 정착한 지 오래된 정주유력자와 그렇지 않은 망명자가 정치세력으로 결집할 수 있는 힘을 제공했다.

그러나 때로는 갈등의 요소가 되기도 했다. 1910년 1월 기호 출신의 정순만(鄭淳萬)이 평안도 출신의 양성춘(楊成春)을 살해하고, 1911년 6월 정순만이 양성춘의 가족에 의해 살해당한 사건은 출신지 중심의 결집 방식이 지닌 부작용을 잘 보여준다. 이 사건은 지연에 의존한 정치세력이 식민지가 된 고국의 해방 문제라는 정치적

과제 속에서 결집 방식의 한계를 넘지 못할 수 있다는 우려가 현실화한 사례였다.[27]

1914년에는 한인 정치세력이 러일 재전론이라는 정세 판단을 통해 새로운 결집 양상을 보였다. 이 시점에는 출신 지역별 결합력이 이전보다 상대적으로 느슨해졌다. 오히려 지역을 넘어서는 결집 방식이 강화되었다. 러일 재전론과 의병 부흥의 분위기를 지지한 정재관, 이종호, 이범윤은 모두 서로 다른 지역의 출신이었다. 이동휘와 정재관이 함께 연해주를 순회한 것도 출신 지역을 초월해 결집한 사례였다.

이주민은 현지에서 정치세력으로 결집할 때, 출신 지역을 통해 일차적인 관계망을 만들지만, 변화하는 정세 속에서 이들이 어떻게 판단하고 행동했는지를 종합적으로 살펴봐야 한다. 고국의 출신 지역이 러시아 한인 정치세력의 초기 결집 방식이었다는 점은 부정하기 어렵다. 그러나 당시 상황을 이해하려면, 망명자 간의 결집 방식이 출신 지역뿐만 아니라 정세 변화에 따라 달라졌다는 점을 고려해야 한다. 나아가, 현지정치를 둘러싼 이해관계의 대립이 망명자와 정주유력자 사이에 어떻게 나타났는지 살펴보아, 커뮤니티 내 이주민의 결집 방식을 보다 입체적으로 파악할 필요가 있다.

2. 가까운 듯 먼, 망명자와 정주유력자

망명자와 정주유력자, 이들의 관계는 고정적이지 않고 유동적이었다. 고국정치를 두고 양자는 협력했으나, 현지정치의 이해가 충돌할 때 다시 대립했다.

고국정치를 주도한 것은 망명자였고, 현지정치를 주도한 것은 민회를 중심으로 한 정주유력자였다. 그러나 권업회와 같은 연합적 성격의 기관이 등장하면서 고국정치에 동조하는 정주유력자들이 각자의 입장에 따라 세력별로 나뉘는 경향이 나타났다. 출신지가 세력 결집에 영향을 미쳤지만, 정주유력자가 망명자의 뜻에 어느 정도 공감했기 때문에 가능한 현상이었다.

그럼에도 불구하고 양자는 충돌했다. 특히 1914년 4월 권업회가 민회를 병합한 사건은 망명자와 정주유력자 간의 대립을 잘 보여주는 사례다. 이들의 갈등은 이동성과 정주성의 차이에서 비롯되었다. 망명자들은 대체로 이동성을 기반으로 한 직업적 운동가들이었고, 정주유력자들은 이주지에서 상점을 소유하거나 생업을 꾸리며 강한 정주성을 지닌 이들이 많았다.

양자는 주된 귀화 이유도 달랐다.[28] 망명자들은 주로 일본의 체포를 피하기 위해 귀화하는 경우가 많았다. 반면 정주유력자들은 현지에서 경제활동을 원활히 하고 주거 안정을 확보하기 위해 귀화를 선택했다. 이들은 고국정치에서 대체로 협력했지만, 현지정치에서는 민회와 권업회의 이해가 충돌하면서 갈등을 겪었다.

민회는 1910년을 전후로 내부적 문제가 드러나기 시작했다. 특히 재정 문제는 민회의 교육사업에 큰 영향을 미쳤다. 1910년부터 1911년 상반기까지 임금을 받지 못해 근무를 거부한 이도 생겼다. 1911년 3월경에는 한인학교가 사실상 기능을 멈추게 되었다. 그 결과 1911년 상반기에 민회 회장직에 있었던 김학만에 대한 불만이 블라디보스토크 한인사회에 퍼져나갔다.[29] 1911년 4월에는 개척리 철거 문제까지 겹치며 한민학교와 민회는 폐쇄되어 기능이 마비됐고, 민회장 김학만은 회장직 사표를 제출했다.[30]

개척리 철거 후, 한인들은 블라디보스토크 북부에 신한촌을 건설하고, 민회는 신한촌으로 이전하여 새롭게 조직됐다. 김병학이

민회장에 선출되었는데, 그는 러시아 군대 청부업에 종사했으며 민회 부회장을 역임한 경력이 있었다.[31] 그러나 그는 기대와는 달리 실망을 안겨주었다. 신한촌에서 가건물이 건축될 때 건축 규정을 위반한 한인들이 70여 건이나 벌금을 받았지만, 김병학은 주에 한 번만 민회를 찾았고, 한인들을 보호하거나 대변하는 데 적극적이지 않아, 이에 대한 불만의 목소리가 커졌다.[32]

민회는 잡음이 끊이지 않았다. 부회장 이동환(李東煥)에 대한 부정적 여론이 확산되었는데, 그는 여권을 갖지 않은 한인들에게 러시아 거주허가증을 매매해 자산을 축적했다는 비판을 받았다. 또한 민회가 귀화 청원 접수를 통해 돈을 탐하고 있다는 의혹도 커졌다. 김병학의 응대 태도가 매우 거만하다는 비판이 제기되었고, 그가 친일파이자 일본의 밀정이라는 소문까지 퍼지게 되었다. 결국 블라디보스토크 경찰은 김병학에게 회장직 사임을 명령했다.[33]

민회는 1909년에 러시아 경찰의 설립 인가를 받아 한인 자치를 실현하고 암암리에 항일운동을 지원하며 한인사회의 이익을 대변할 것으로 기대를 모았다. 그러나 블라디보스토크 자유항 철폐로 인한 자금난, 교육사업 부진, 그리고 개척리 철거에 대한 미온적인 대응 등으로 인해 민회의 권위는 점차 실추되었다. 1911년에는 회장 김병학과 부회장 이동환의 근무 태도에 대한 비난이 커지면서 민회는 더욱더 신뢰를 잃었다.

반면, 신생 단체인 권업회는 그 세력을 점차 확장해갔다. 1914년 3월에는 민회가 핵심 권한인 위생부의 역할을 권업회에 넘기면서 블라디보스토크 한인사회에 대한 대민장악력을 상실했다. 민회의 주요 세력은 도시 건물소유주와 상인으로서 한인사회 전반에 권력을 행사해왔으나, 그 범위는 주로 블라디보스토크에 한정되었다. 반면 권업회는 건물소유주와 상인뿐만 아니라, 1910년 이후 식민지 조선에서 건너온 망명자들도 포함하여 그 활동 범위를 러시아 연해주와 농촌, 나아가 간도까지 확대했다.

양자는 1911년 말 권업회가 탄생한 이후부터 지속적인 갈등을 겪었다. 1912년 2월, 민회장 김병학과 부회장 이동환은 "사회사업을 전개하는 권업회와 일반 질서를 유지하는 민회는 성격이 다르기 때문에 합동할 수 없다"며 공개적으로 입장을 밝혔다. 또한, 1911년 12월 17일 권업회가 김병학을 응접부장으로 선임하자, 그는 자신의 동의 없이 임원으로 선정되었다며 권업회에 참여하는 것을 거부했다. 권업회에 대한 김병학의 냉담한 태도는 이상설과의 갈등이 주요 원인으로 작용했다. 김병학이 권업회의 응접부장직을 거부한 이유는 이상설이 권업회의 의장으로 있는 것에 대한 불만 때문이었다. 이에 일본 측은 "김병학은 이상설에 대해 처음부터 그 출신지가 달라 늘 서로 알지 못한다"고 양자의 불화 원인을 분석했다.³⁴

권업회와 민회는 날로 관계가 악화되었다. 이상설은 러시아 헌병대장에게 민회에 대한 반감을 토로했다. 헌병대장은 민회장 김병학을 불러 어떤 이유로 권업회에 반대하는지 물으며, "조선인의 사업은 늘 내홍 때문에 실패로 끝나는 것"이라며 질타했다. 김병학은 1912년 3월 연해주 군무지사에게도 소환되어 헌병대장이 한 것과 유사한 질책을 받았다. 연해주 군무지사는 권업회가 총독의 인가를 받은 공식단체인 반면, 민회는 경찰서장의 임시적 인가에 불과하다고 지적하며, 권업회에 부속되어야 한다고 훈계했다.³⁵

김병학이 러시아 고위관료들에게 일방적으로 비판을 받은 이유는 이상설의 러시아군 및 관청 네트워크가 상대적으로 강력했기 때문이다. 이상설의 주변에는 윤일병, 구덕성, 안기선, 태원선 등 러시아군 및 러시아 관청과 밀접한 관계를 맺는 인물들이 다수 있었다.³⁶ 윤일병과 구덕성은 조선의 러시아어 학교 출신으로, 주 원산 러시아 영사 비류코프의 제자였다.37 특히 윤일병은 극동지역의 정보망을 지닌 중심인물로, "프리아무르 군관사령부보다 그 이상의 세력을 떨치는"38 셰르바코프의 정보원이기도 했다.

김병학은 현지정치에서 이상설뿐만 아니라 이종호에게도 패배했다. 1912년 중순, 민회는 권업회에 교육사업의 주도권을 사실상 빼앗겼다. 권업회의 주도 인물인 이종호는 한민학교의 건축비를 지원하고, 교사의 임면권을 행사하며 현지정치에서 강력한 영향을 미쳤다.39 한민학교는 초기에 신한촌 민회가 운영했지만, 1914년에는 권업회 교육부 직속학교로 전환되었다.40 귀화 사무의 주도권도 민회에서 권업회로 넘어갔다. 이 과정에서 갈등과 마찰은 표면적으로 드러나지 않았지만, 두 단체는 사업이 중복되는 경우가 많았고, 결국 민회의 기능이 권업회에 흡수되었다.

1914년 3월 권업회의 민회 합병 사건은 망명자와 정주유력자의 이해관계 대립을 뚜렷하게 드러냈다. 권업회는 망명자들이 주도하고 정주유력자가 이에 공감하여 설립한 단체였다. 반면, 민회는 정주유력자가 주도하여 관리했지만, 망명자의 참여는 상대적으로 미미했다. 두 조직은 표면적으로는 유사한 목표를 가지고 있었지만, 권업회는 더 넓은 대중을 대상으로 사업을 전개했다. 시간이 지나면서 권업회는 라울류 농작지 개척 같은 사업을 새롭게 확장하고, 민회가 맡았던 위생사업까지 차지하게 되었다.

1914년 3월 15일, 민회와 권업회는 위생사업에 대한 논의를 위해 권업회 종람소에서 총회를 열었다. 정주유력자 김도여(金道汝), 고명호(高明昊), 이가순(李可順) 등은 "청결사업을 권업회에 넘기는 것은 민회의 자멸을 의미하므로 절대로 반대"한다는 입장을 밝혔다. 그러나 블라디보스토크 제4구역 경찰서장은 권업회가 총독의 인가를 받았고, 주요 러시아 관료들이 명예회원으로 있으며, 사업도 확장되고 있다고 지적했다. 그는 권업회에 위생사업을 위임하는 것이 한인들에게 더 유리하며 경찰서장도 합병을 지지한다고 밝혔다.[41]

주된 합병 반대파는 채성하(蔡成河), 강양오(姜良五), 김도여, 엄인섭 등이었고, 합병 찬성파에는 조영진(趙永晉), 이범석, 강택희(姜宅熙) 등이 있었다. 그러나 러시아 관료들이 합병을 원하고 있다는 점에서 "그 뜻에 거스르지 않는 편이 좋다"는 의견이 지배적이었다. 결국, 권업회는 민회를 흡수하고, 김태봉(金泰奉)이 위생부장으로 선임되었다.[42]

이가순, 고명호, 강양오는 회장실에 난입하여 회의를 주재하던 이동녕과 함께 윤해(尹海), 이종호, 이동휘, 이종만을 "거짓 애국자 무리"라고 비난하며, "일본이 한국을 병합한 것에 비교해도 횡포가 극에 달했다"고 분노를 표출했다. 이들의 분노는 망명자들이 재러 한인의 "평화를 교란"하고, "민회의 사업을 빼앗아 권업회에 합치려" 했다는 상실감에서 비롯되었다.[43]

이 대립은 출신지에 기반한 결합이 얼마나 느슨했는지를 잘 보여준다. 지금까지 러시아에서 활동하던 한인 정치세력의 내부 분열은 대체로 출신지별 대립으로 설명되어왔다. 분명 이러한 갈등 구도가 존재한 것은 사실이다. 그러나 한편으로, 함경도라는 지역적 분류는 망명자 윤해, 이종호, 이동휘와 정주유력자 강양오, 고명호, 이가순 등 서로 다른 배경을 가진 인물들이 결합해 활동할 수 있는 틀을 제공하기도 했다.

1914년 3월 시점에서, 출신지별 정치세력, 특히 소위 함경도 출신 정치세력의 결속력은 그리 강하지 않았다. 망명자와 정주유력자 간의 이해관계 대립을 넘어 결속을 지속시킬 만큼 강력하지 않은 '느슨한 결합'에 불과했다. 권업회가 민회를 병합하면서 함경도 출신 정치세력 내에 균열이 발생했으며, 이처럼 출신지별 결합은 현지정치에서 이해관계의 차이에 따라 쉽게 변화할 수 있었다.

권업회가 민회를 병합할 수 있었던 근본적인 이유는 양자의 인가 수준에서 기인한 정치력의 차이에 있었다. 민회는 블라디보스토크시 제3구역 경찰서의 임시 인가를 받은 것에 불과했으나, 권업회는 러시아 극동의 행정수도인 하바롭스크시에 주재하는 프리아무르 총독의 인가를 받았다. 권업회를 설립한 망명자들은 도시 내 지방경찰의 권력을 넘어 권력의 상층부와 접촉했기 때문에, 민회는 상대적으로 정치력에서 불리한 위치에 놓이게 되었다. 결과적으로, 권업회가 민회를 병합한 후에도 "두 조직의 취지와 목적이 본래부터 일치하지 않는다"44고 주장하는 반대파가 있었지만, 그들은 망명자들이 러시아 고위관료들을 통해 얻은 정치력을 넘어서지 못했다.

정주유력자 입장에서 권업회의 민회 병합은 쉽게 받아들일 수 없는 일이었지만, 민회 병합이 일정한 지지를 받을 수 있었던 것은 권업회가 유연하게 임원을 선정했기 때문이다. 1914년 3월 권업회와 민회의 공동총회에서는 합병 반대파이자 민회장이었던 김도여가 권업회 회장직에 임명되었다. 그는 함경도 출신의 망명자 이종호와 타협할 의향을 지닌 인물이었다.45

권업회가 민회를 성공적으로 흡수하고 다양한 이해관계를 조정할 수 있었던 이유는, 회장직이 정주유력자와 망명자 모두에게 개방되어 있었기 때문이다.46 민회의 주된 구성원이 정주유력자였던 반면, 권업회는 다양한 망명자와 정주유력자로 이루어져 있어, 서로 다른 이해세력을 아우를 수 있는 구조를 갖추고 있었다. 이로 인해 권업회는 현지정치에서 상반되는 이해관계를 가진 양측의 지지와 동의를 일정 수준 이상 확보할 수 있었다.

권업회는 민회를 병합한 후, 지회 설립을 통해 급격하게 회세를 확장했다. 수청 지역에서는 권업회 지회가 설립되자 자본을 모아 상점을 운영하고, 학교 설립을 위한 움직임이 일어났으며, 이를 지원하기 위한 의연금도 모였다. 우수리스크 동쪽 100킬로미터에 위치한 도비허(현재 로마노프카) 지역에는 '권업상점'이라는 점포도 설립되었다. 1914년 7월 『권업신문』 기사에 따르면, 권업회의 회원 규모는 본회와 각지 지회를 합쳐 약 1만 명에 이르렀다.[47] 권업회가 1911년에 300명으로 설립된 것을 고려하면, 3년 만에 30배 이상의 성장을 이룬 것이다.

결국 권업회는 민회의 대민장악력을 흡수하여 블라디보스토크 한인사회는 물론 연해주 전체로 회세를 확장했다. 권업회는 블라디보스토크뿐만 아니라 연해주 각 지역에서 정주유력자들의 지지를 얻는 방향으로 나아갔다. 이로써 권업회는 지역사회에서의 영향력을 크게 확대하고, 다양한 이해관계를 조화롭게 아우를 수 있는 조직으로 자리매김했다.

이와 관련하여 1914년 10월 개최 예정이었던 러시아 한인이주 50주년 기념회(이하 기념회)가 주목된다.[48] 이 행사는 한인의 러시아 이주와 성공적인 정착을 축하하는 자리였다. 기념회에는 동방연구소 교수 포드스타빈, 러시아 정교회 사제 폴랴놉스키, 전직 러시아군 장교이자 『대동공보』의 발행인 듀코프 등 주요 인물들이 초청되어 무게감 있는 자리가 될 예정이었다. 행사 내용 중에는 기념회를 블라디보스토크에서 개최하고, 포시에트에 기념비를 세운다는 계획이 포함되어 있었다.[49]

연해주 도시와 농촌에 사는 한인들은 공동으로 선출한 대표를 통해 기념회를 개최하기로 결정했다. 기념회 준비위원회에는 총 26명이 명단에 있었고, 그중 권업회 출신 인물은 4명이었다.[50] 참석자 명단은 주로 오래전 러시아에 이주해 정착한 유력자들로 구성되었으며, 이종호와 정재관의 이름이 특히 눈에 띈다. 권업회를 이끌어온 이종호는 가능한 많은 지역의 정주유력자들의 지지를 얻기 위해 기념회 위원으로 참여한 것으로 보인다. 정재관 역시 자신의 배경 세력인 미주 국민회의에 영향력을 유지하며 활동을 전개하기 위해 이 행사에 참가한 것으로 추측된다.

 망명자들은 권업회를 통해 항일활동을 계속하려 했지만, 정주유력자와 한인 대중의 권리 신장 욕구를 충족시키지 않으면 장기적인 활동이 어려웠다. 특히 항일활동으로 인해 당국이 한인의 권리를 제한할 경우 더욱 그러했기 때문에, 망명자들은 권업회라는, 지역적으로 확대된 조직을 통해 정주유력자와 공동의 이해관계를 만들려 했다. 물론 권업회의 민회 병합 사건처럼 충돌도 있었지만, 권업회는 그 지역적 확장성 덕분에 현지주민들의 지지를 잃지 않으며 러시아 한인사회에서 점차 세력을 확장해나갈 수 있었다.

9장
제1차 세계대전의 발발, 간도로 간 망명자

1. 일본의 좌절: 망명자 인도 요구의 한계

권업회의 성장은 오래가지 못했다. 1914년 8월 제1차 세계대전이 발발하자, 러시아 지방 당국은 동맹국인 일본의 견제를 우려해 권업회를 선제적으로 해체했다.[1]

1914년 11월, 하바롭스크에서 열린 '애국시위'는 제1차 세계대전 중 러일 양국의 우호관계를 엿볼 수 있는 사례였다. 이 시위는 일본의 칭다오 점령 성공과 러시아가 독일과 오스트리아를 상대로 승리한 '바르샤바-이반고로드 전투'를 기념하기 위해 개최되었다. 행렬은 각국의 국기를 든 사람들이 시내 중심부를 행진하며 이어졌고, 러시아와 일본의 시위대는 양국의 언어로 찬송가를 부르며 곤다티 총독의 관저에서 환영 집회를 열었다. 총독도 일본군의 칭다오 점령을 축하했다.[2]

권업회가 해체된 이유는 '규칙 위반'이었다. 권업회는 비정치 단체를 표방했지만, 실제로는 정치적인 성격을 지닌 단체였고, 러시아 당국에 제출한 규약과는 달리 러시아 국적을 취득하지 않은 한인도 회원으로 받아들였다. 이로 인해 당국은 권업회를 러시아 귀화 한인에게 "해로운 영향을 미치며", "사회적 안정과 안보를 위협하는 단체"[3]로 간주했다.

권업회 해체와 함께 주블라디보스토크 일본총영사관의 주요 관심사는 망명자에 대한 처분이었다. 1914년 9월 12일, 노무라 총영사는 스타셰프스키에게 "한인들 사이에 팽배한 반일감정을 확실하게 근절시킬 수 있도록" 조치를 취할 것을 요구했다. 그가 지적한 것들은 『권업신문』에 게재된, 천황에 대한 "모욕적이고 무례한 표현", 데라우치 총독 "암살 음모자들"에 대한 칭송 등 항일선동 기사였다.[4]

　이 가운데 김하구(金河球)가 『권업신문』에 게재한 「이날에」라는 글은 러시아에 매우 민감한 주제를 다루고 있었다. 그는 "독일 황제 빌헬름의 가장 지혜롭고 가치 있으며 용기 있는 행동에 주목"해야 한다고 강조했다.[5] 1914년 제1차 세계대전 발발 당시, 세계는 영국·프랑스·러시아를 중심으로 한 '협상국'과 독일·오스트리아·오스만제국을 중심으로 한 '동맹국'으로 나뉘어 있었다. 러시아와 일본은 '협상국'으로 동맹을 맺고 있었고, 김하구는 빌헬름 황제를 "영웅들이 보여주는 용맹함의 유일한 본보기"라며 독일 측에 우호적인 기사를 게재했다. 그가 이런 주장을 한 이유는 일본이 포함된 협상국 진영에 독일이 대항하기 때문으로 추정되지만, 적국인 독일을 찬양하는 내용은 러시아 내에서 허용될 수 없는 일이었다. 제1차 세계대전 중 러시아와 협력하는 것이 결국 일본을 돕는 결과를 초래할 국제정치적 딜레마에 한인들은 동요했다.

　일본영사관은 전쟁이 만들어낸 국제정치적 기회를 놓치지 않았다. 몇몇 한인 선동가들이 전시 상황을 노려 항일 봉기를 감행하려는 음모를 꾸미고 있다며, 러시아 당국에 반일활동 단속을 요청했다. 일본 측은 러일전쟁 종전 후 일본 거주 러시아인 혁명가들을 국외로 추방한 사례를 들어, 러시아와의 상호 호혜를 강조했다.

　일본영사관이 요청한 추방 명단에는 총 21명이 포함되어 있었다. 이 명단에는 비귀화자와 귀화자가 섞여 있었고, 주로 블라디보스토크에 머물던 신귀화자, 특히 망명귀화자가 다수였다.[6] 추방 요청의 기준은 러시아 귀화 여부보다는 반일활동에서 지도적 위치를 차지한 인물인지 여부였다. 몇몇 인물들은 실제로 추방되었으나, 일본에 직접 인도된 사례는 발견되지 않았다. 오히려 추방이 제대로 실행되지 않는 상황에 대해 일본 측이 불만을 토로하는 문건이 있어 주목된다. 러시아에 귀화한 경우 일본 측이 희망한 방향으로 상황이 흘러가지 않았다. 일본 측은 하얼빈에 거주하는 러시아 귀화자 김성백(金成伯)을 퇴거하여 조선으로 송환하도록 러시아에 요구했다.[7] 그는 이토 히로부미 사살 계획 실행에서 안중근에게 거처와 정보를 제공하며 반일활동과 깊게 관련된 인물이었다. 그러나 러시아는 그를 조선이 아니라 이르쿠츠크로 영내 추방했다.

일본은 러시아가 귀화 한인의 인도를 원치 않는다는 점을 잘 알고 있었다. 1912년에 체결된 '러일정치범인도협정'은 1914년에도 국적 문제에 대한 명확한 타결이 이루어지지 않았기 때문에, 러시아 귀화 한인이 항일운동을 전개할 경우 협정이 제대로 작동하기 어려웠다. 이 때문에 일본영사관 측은 "선언 적용을 볼 수 없는 형편"이라 자평한 것이다.[8]

일본이 가장 크게 느낀 문제는 영외 추방조차도 실질적인 의미가 없었다는 점이었다. 일본 측은 "퇴로(退露) 처분은 어떤 효과도 볼 수 없다"고 기록했다. 러시아가 한인을 추방하더라도, 그들은 다른 나라에서 항일운동을 이어갔기 때문에 일본의 목적은 달성되지 않았다. 결국 일본 측은 러시아가 "성실한 협력"을 보이기만을 막연히 기다릴 수밖에 없었다. 러시아 측이 한인을 추방하면 양국 간의 책임을 다했다고 주장하기 때문이었다.[9] 결국 1914년 12월 일본 측은 "러시아 국적을 지닌 한인의 인도는 기대할 수 없다"[10]는 판단을 내렸다. 이처럼 제1차 세계대전 중에도 일본과 러시아가 동맹관계를 유지했음에도 불구하고, 한인이 취득한 러시아 국적은 일본의 인도 요구를 무력화하는 데 여전히 효과적이었다.

일본이 러시아에 한인의 항일활동 단속을 요청한 다섯 가지 사항 중 1915년 8월 14일 현재, 실제로 러시아 측이 수행한 것은 『권업신문』 폐간, 치타에서 발행된 『대한인정교보』 폐간, 그리고 권업회 해산 세 가지에 불과했다. 나머지 사항으로는 추방 대상자를 이르쿠츠크나 만주로 이송하여 경찰의 감시 아래 두는 것뿐이었다. 특히 러시아 귀화자 이위종(李瑋鍾)에 대해서는 추방이 이루어지지 않았다. 주러 일본대사 모토노 이치로(本野一郎)는 이위종의 "확실한 죄증"이 없기 때문에 러시아 측과의 교섭도 어려웠다고 설명했다.

1915년 8월 기준으로 여러 망명자가 러시아령에서 중국 지린성으로 활동 근거지를 옮겼다. 이종호와 그 일가를 비롯해, 이동휘, 윤해, 계봉우, 김하구, 홍범도 등도 이 지역으로 이동했다. 이들은 블라디보스토크와 지린성의 산차커우, 하마탕, 명동 등을 오가며 활동을 이어갔다.11

러시아군에 입대하여 일본의 추방 및 인도 요청을 피한 사례도 있었다. 1914년 9월, 안중근의 동생 안정근(安定根)은 중·러 국경지역인 포그라니츠나야역에서 하얼빈 일본총영사관의 밀정으로 간주된 김정국(金鼎國)을 암살한 후, 니콜리스크 지역으로 이동했다. 안정근은 이후 1915년 8월 하바롭스크의 러시아군에 입대했다.12

일본 측은 안정근이 실제로 러시아 국적을 취득했는지 그 여부를 의심했다. 만약 안정근이 러시아 국적을 취득하지 않았다면, 일본 측은 살인공범죄 혐의로 체포할 계획을 세웠다.13 주 하얼빈 일본총영사관은 안정근의 국적 취득이 "허구의 수단"에 불과하며, 그마저도 실제인지 의심했다. 만약 그의 러시아 국적 취득이 사실이

아니라는 것이 밝혀지면, 중국령에서 체포할 수 있을 것으로 기대했다.[14]

이처럼 한인의 러시아 국적 취득 여부는 일본 당국과 달리 귀화 당사자와 러시아 당국만이 확실하게 알 수 있는 정보의 비대칭성이 존재했다. 이로 인해 일본은 체포하고자 하는 한인의 러시아 귀화 여부를 명확히 파악하기 전까지 계속해서 행정력을 투입해야 하는 부담이 있었다.

1916년 5월 29일, 일본 외무대신 이시이 기쿠지로(石井菊次郎)는 하얼빈, 상트페테르부르크, 블라디보스토크에 주재하는 일본대사와 영사들에게 반일활동을 벌이는 한인에 대한 교섭 방침을 정리해 보냈다.[15] 이 문서는 제1차 세계대전 발발 이후 양국 간 교섭에서 발생했던 혼선을 종합한 것이다.

주목할 만한 부분은 세 가지가 있다. 첫 번째는 일본 측의 기본 입장이다. 당시 일본에는 한인이 외국 국적을 취득하면 일본제국의 국적을 상실한다는 명확한 조항이 없었기 때문에, 일본은 러시아 귀화 한인을 여전히 일본제국의 신민으로 간주했다.

두 번째는 시베리아로 한인을 이주시켜 경찰의 감시 아래 두고, 항일운동을 전개하는 이들과의 연락을 끊는 것이었다. 러시아 측이 러시아 귀화 한인을 일본에 인도하기 어렵다고 할 때, 일본 측은 이 방법을 시도해볼 수 있었다. 러시아 법령을 통해 "러시아와 친교국 간의 국교를 저해하는 행위 또는 친교국의 영토를 침범하려는 행위"를 처벌하도록 유도하는 전략이었다. 일본 측은 한인의 귀화 여부에 대한 언급 없이 모든 인물에 대해 러시아에서 추방 처분을 요청하는 전략을 취할 수 있었다. 외무대신은 1916년 중순에는 "금일은 러일 친선의 상황이 한층 진전"되었기 때문에 일본 측에 유리하게 교섭을 이끌 수 있다고 판단했다.

세 번째는 러시아 중앙정부의 뚜렷한 조치가 나오기 전까지, 지역 일본영사관이 직접 행동에 나서는 것을 삼가도록 한 것이었다. 일본 측이 러시아에 한인 단속을 요청하더라도, 단속은 기본적으로 러시아 지방 당국의 고유 권한이었다. 따라서 일본 측은 1915년부터 주상트페테르부르크 일본대사 모토노 이치로를 통해 러시아 중앙정부와 직접 교섭하며, 한인 단속에 대해 구두로 약속을 받았다.[16]

1916년 러시아는 1915년에 비해 항일운동 단속에 대한 일본 측의 요구를 적극적으로 수용했다. 러시아 외무성은 동청철도 구역 내에서 한인의 항일활동을 금지하고 일본 측에 협조할 것을 지시했다. 동청철도는 시베리아 동부의 치타를 출발하여 만주 북부를 거쳐 블라디보스토크까지 이어지는 철도 노선이다. 러시아 헌병대는 동청철도 부근에서 활동하는 한인들을 엄격히 감시했고, 내무성 관리국은 항일 지하조직을 없애고 일본 고위층 암살 계획을 막도록 이르쿠츠크와 아무르주의 지사들에게 지시했다.[17]

러시아는 1916년 8월, 중동철도 지역에서 김성백을 비롯한 여러 항일 망명자를 추방하며 일본의 요청을 수용했다. 그러나 항일활동에 직접 관련된 한인들을 일본에 인도하지는 않고, 거리를 유지했다. 일찍이 러시아 헌병사령부는 대한인국민회를 한국 독립을 목표로 삼는 단체로 간주했으며, 이들이 러시아에 우호적이라는 점을 인식하고 대한인국민회 관계자들을 통해 첩보망을 확장하려 했다. 이와 함께, "우리 측(러시아−인용자)이 보호할 것이라는 확신을 심어주는 것이 대단히 중요하다"는 점도 이해하고 있었다.[18]

요컨대, 1914년 8월 제1차 세계대전이 발발하면서 러시아령 내에서 망명자들의 항일활동은 사실상 중단되었다. 그럼에도 불구하고, 러시아 귀화 망명자들에 대한 '러일정치범 인도협정'의 방어 효력은 여전히 유지되고 있었다. 이들은 정치범으로 간주되더라도 러시아 내 타 지역으로 강제 이송되거나 국외로 추방될 수 있었지만, 제1차 세계대전 동안 러일 양국이 동맹관계를 유지함에도 불구하고 일본에 직접 인도되지는 않았다.[19]

왜 러시아는 망명자 처리 문제를 둘러싸고 일본과 거리를 두었을까. 일단 제정러시아 내에서 군부와 재무부 간의 오래된 갈등관계를 들 수 있다. 러일전쟁 후, 재무부는 일본과의 우호관계를 유지하기 위해 반일활동을 억제하려 했다. 당시 러시아는 유럽의 차관에 크게 의존하던 상황이었다. 반면, 육군대신은 극동의 방위를 강화할 필요성을 느끼고, 반일활동을 하는 망명자들을 '대일 정보협력'에 활용하려 했다. 이로 인해 러시아는 일본의 인도 요구를 무시하며 일본과의 직접적인 마찰을 피하려 한 것이다.[20] 물론 육군성의 의도는 공식 정책으로는 실현되지 않았다. 그럼에도 불구하고, 실제로 방위를 중시한 관료들은 한인 망명자들과 암묵적으로 협력관계를 유지하려 했다.

또 하나의 이유는 러시아 중앙정부와 프리아무르 지방정부 간의 안보에 대한 인식 차이에서 비롯되었다. 러시아 중앙정부는 극동의 안보를 유지하고 일본으로부터 군수물자를 안정적으로 공급받기 위해 일본의 요구를 적극적으로 수용하려 했다. 반면, 프리아무르 지방정부는 일본과 국경을 마주하고 있어 동아시아에서 일본의 영향력 확대 자체를 안보위협으로 간주했다. 그래서 지방 당국은 일본과의 재충돌 가능성을 염두에 두고 영내 한인들의 정치활동을 억제하되, 추방 요청 명단에 오른 인물에 대해서는 추방 집행을 강제하지 않았다.[21]

1916년에 접어들면서 일본은 러일 우호관계를 바탕으로 한인들에 대한 러시아의 적극적인 단속과 정치범 인도를 기대했다. 그러나 이 시기에 주요 반일 인사들이 러시아에서 추방되고 단속을 받앉음에도 불구하고 일본으로 인도되지는 않았다. 러시아는 1911년에 체결된 '러일범죄인인도협정'을 제한적으로 적용한 셈이었다. 결국 협정은 '정치범 인도'라는 관점에서 러일 양국 동맹이 강화된 제1차 세계대전기조차 제대로 작동하지 못하고 형해화되었다.

2. 망명자, 중국과 러시아를 잇다

제1차 세계대전이 발발한 후, 러시아에 있던 한인 망명자들은 항일 활동을 지속하기 어려워지자 간도 지역으로 무대를 옮겼다. 이미 1910년 전후에는 연해주와 간도 한인사회 간의 연대가 형성되어 있었다. 망명자들은 권업회의 이면에서 비밀결사조직을 만들어 조직원 간 결속력을 유지했다.[22]

이종호를 중심으로 한 함경도 출신 망명귀화자들은 간도 지역의 한인사회 지도자들과 함께 순치동제회(脣齒同濟會)라는 비밀결사조직에 참여하여 연해주와 간도 지역 간 네트워크를 형성했다. 순치동제회는 1912년 7월경 이종호, 백규삼(白圭三), 윤해 등이 중국인 왕제칭(王潔淸)과 함께 훈춘에서 조직한 한·중 연합 비밀결사조직이다. 이 조직은 연해주와 훈춘 지역에 '둔전영(屯田營)'을 설치하여 조선의 주권 회복을 목표로 했다.

순치동제회가 신해혁명(1911년)이 일어난 후 조직되었다는 점에 주목할 필요가 있다. 러시아에서 활동하던 망명자는 신해혁명이 가져온 혁명적 분위기에 자극을 받았다. 이종호는 "자제의 교육과 실업의 진흥에 노력한 것은 손일선(孫逸仙, 손문-인용자)에게서 배운 것"이고 만약 그가 이번 일에 성공한다면 "자신이 장래에 꾀할 사업 또한 완전히 변모할 것"[23]이라며 신해혁명에 기대감을 내비쳤다.

순치동제회의 회장은 백규삼, 부회장은 왕계칭이었다. 이 비밀결사조직은 중국인과 연대하여 고국의 독립을 꾀했다.[24] 주요 간부 중 하나인 왕계칭은 중국 고위관료와 접촉할 만한 능력을 지닌 인물이었다. 그는 베이징에서 대총통 위안스카이(袁世凱) 및 기타 육군 관료들과 회견하여 한인과 연대해 만주를 방어하고 한국의 독립을 원조하기 위한 방편으로 둔전병제를 제안했다.[25] 총통 위안스카이와 부총통 리위안훙(黎元洪)은 왕계칭의 견해에 찬성하여 스스로 둔전영의 명예회원이 되었고, 1만 4,000정의 무기 지원을 약속했다.[26]

순치동제회는 간도와 연해주 한인사회를 연결하는 중요한 조직이었다. 이 조직의 82명의 회원 중 33명이 연해주에 거주하고 있었다.[27] 순치동제회에는 블라디보스토크의 주요 인물인 강양오, 조장원, 고명호가 참여했다. 또한, 구성원 중에는 이종호 그룹의 비밀결사조직인 '블라디보스토크 공동회'의 회원과 겹치는 인물이 많았다.[28] 이종호는 간도 한인사회의 토지 매입과 교육 보조비로 약 1만 3,000루블을 지원하겠다고 약속한 바 있다.[29] 이런 정황을 보면 순치동제회와 블라디보스토크 공동회는 서로 협력하는 관계에 있었다.

〈그림 23〉은 연해주·간도 한인사회 주요 지도자들의 단체사진이다.[30] 하단 인명에서 한인 정치세력의 주요 인물인 이종호, 간도 한인사회의 주요 지도자 황병길, 백규삼, 그리고 중국인 왕계칭이 눈에 띈다. 사진 중앙에는 이종호 일가가 함께 찍힌 모습이 이채롭다. 촬영 당시 이종호는 어린 가족들과 함께 사진을 찍을 정도로 간도 지역 한인 지도자들과 밀접한 연대를 꾀했던 것으로 보인다. 하지만 그의 초기 의도와는 달리 순치동제회의 활동은 제1차 세계대전 발발 이후에는 그리 활발히 이어지지 않았다.[31]

그림 23. 연해주·간도 한인사회 주요 지도자들의 단체사진

이종호는 제1차 세계대전이 일어나자 간도 한인사회와의 연대를 강화하며, 1915년 봄, 북만주의 중러 국경지대인 산차커우(三岔口)에서 '북빈의용단'이라는 단체를 조직했다.32 순치동제회에서의 경험 덕분에 러시아령을 벗어나 간도 지역에서 활동하는 일은 그에게 낯설지 않았을 것이다.

일본 정보보고서에 따르면, 북빈의용단은 "배일선인이 기맥을 통하여 통일단체의 조직을 기획"하여 만들어진 조직이었다. 이 단체는 '나자구 사관학교'를 설립하여 4개월의 속성 군사교육을 실시하려 했다. 이 사업은 현지 중국 지방 당국의 허가를 받았으며, 이동휘, 김하구, 홍범도 등 연해주에서 활동하던 망명자뿐만 아니라,

정주유력자로 권업회 회장직을 맡았던 김도여도 관련되어 있었다.[33]

블라디보스토크 한인들은 나자구 사관학교 생도들에게 각별한 관심을 기울였다. 이인섭은 블라디보스토크 한인들이 나자구 사관학교 한인 생도들을 따뜻하게 맞이하고, 그들의 실종에 대해 큰 분노를 표했던 일을 기록했다.[34]

1915년 제1차 세계대전기 우랄지역 나데진스크의 벌목장에 나자구 사관학교 학생 32명이 파견되었다.[35] 이들이 시베리아 깊은 지역까지 파견된 것은 나자구 사관학교의 군사훈련비를 마련하기 위함이었다.[36] 이인섭은 나자구 사관학교가 "중·러 양령에서 거주하는 애국자들이 반비밀리에 의연금을 모집하여 가지고 유지하던 것이니만큼, 조선인 사회에서 큰 주의를 끌어왔다"고 기록했다. 생도들이 블라디보스토크 신한촌을 방문하자 한인들은 이들을 크게 반겼다. 생도들이 오자 각종 운동경기가 펼쳐져 "적막하고 조울하던 해삼(블라디보스토크―인용자)사회를 뒤흔들어놓앗"다.[37]

그런데 32명의 생도는 우랄지역 나데진스크 벌목장에 파견된 후 연락이 두절됐다. 1916년, 블라디보스토크 민회는 한민학교 교사로 활동한 김진(金震)을 파견하여 해당 지역에서 한인의 생활상과 생도들의 소식을 확인하고자 했다.[38] 그러나 그 역시 소식이 끊긴 채 약 1년이 지나고 말았다.

김진은 곧 블라디보스토크 감옥에서 모습을 나타냈다. 그가 감옥에서 풀려나자 사건의 전말이 밝혀졌다. 그는 우랄산맥 서쪽에 위치한 페름(Пермь)이란 지역에서 러시아 경찰에 체포됐다. 이후 시베리아와 극동지역 감옥들을 전전하다 블라디보스토크로 돌아왔다. 이인섭의 설명에 따르면 한인들을 노동자로 파견하던 김병학은 이 사건의 자초지종을 심문당했다. 신한촌의 김필수(金弼秀),

최구에 등 한인 청년들은 김병학에게 크게 분노했다. "제 동포를 팔아먹는 협잡꾼들을 모조리 잡아서 저 앞바다에다가 일본놈 개들처럼 집어던지겠다"라고 그를 위협했다.

석방된 김진은 나데진스크 벌목장의 상황에 대해 다음과 같이 "분노에 넘쳐서" 말했다.

> 나제신쓰크 목재소에 당도하자 그 처소로 들어가는 동구에는 무장한 중국 고용 관병들이 수직하고 있어 누구든지 목재소 조선, 중국인 노동자를 방문하거나, 또는 노동자들도 출입하는 것을 엄금하는데 처소에는 들어가지 못하고서 그 골에서 무조건 하고 체포하여서 감옥으로 이송되었는데 여러 도시 감옥으로 이전시켜가면서 몇 달 만에야 해삼 감옥에까지 당도하였노라.

이인섭은 김진의 진술에 대해 "망국노로서 살 곳은 아무 데도 없다"고 덧붙였다. 한인들이 우랄산맥까지 파견되어 벌목장에서 노동을 하게 된 이유는 제1차 세계대전으로 인한 러시아의 노동력 부족 때문이었다. 전선에 대부분의 남성이 보내지면서 후방에서의 노동력이 부족해진 러시아 당국은 한인과 중국인 노동자들을 청부업자를 통해 공급받으려 했다. 이 과정에서 청부업자 김병학이 주요 역할을 했다. 당국의 요청을 받은 지 한 달 만에 연해주와 하얼빈 등지에서 한인과 중국인 무직자 약 5,000명이 모여 동청철도를 경유해 벌목장으로 향했다. 이들 가운데 나자구 사관학교의 생도 32명도 포함되어 있었다. 그러나 이들의 노동조건은 매우 열악했다. 왕래가 금지되어 강제노동을 하는 죄수처럼 대우받았으며, 동맹 파공을 할 경우 식량조차 제공되지 않았다.[39]

문제가 된 것은 노동 환경만이 아니었다. 억류 문제도 심각했다. 1년 계약으로 파견된 노동자들이 전쟁이 끝날 때까지 돌아오지 못하며 계약 위반으로 자유를 억압받는 상황이 발생했다. 그러자 신한촌에서는 김병학에 대한 성토가 일어났다. 그의 행동은 블라디보스토크 한인 언론인 『한인신보』에 보도되었고, 이인섭은 "조중 노동자들을 짜르 주권에게 팔아먹는 죄상이 발로되었다"[40]며 김병학을 통렬히 비판했다.

생도 가운데 한 명인 조훈(趙勳)의 이야기를 들어보자.[41] 그는 자신의 자서전에서 나데진스크 벌목장에 파견된 당사자로서의 이야기와 그 후 생도들의 정치적 행보를 소개하고 있다.[42] 그는 1915년 나자구 사관학교에서 수학한 후 나데진스크 벌목장으로 파견되었다. 원래의 노동 계약은 6개월이었지만, 청부업자가 선급금을 받고 사라져버렸다. 벌목장은 한번 들어가면 나오기 어려운 곳이었고, 1917년 2월혁명이 발생한 후에야 그곳을 벗어날 수 있었다. 이후, 사관생도 중 4명은 1918년 1월 우랄산맥 동쪽에 위치한 예카테린부르크로 향해 '우랄조선인사회주의회'를 조직했다.[43]

망명자들은 간도와 연해주를 잇는 활동을 벌여왔다. 그 결실 중 하나가 나자구 사관학교의 생도들이었다. 그들이 시베리아 벌목장에 파견됐다 실종된 사건은 러시아 한인사회 내부에서 한인 청부업자의 관행적 착취 구조를 환기하는 계기가 되었다. 그리고 그곳에서 열악한 환경과 강제노동을 몸소 겪은 이들 가운데 일부는 사회주의라는 당대 신사상을 수용하기에 이르렀다.

10장
러시아 전시체제에 참여하다

1. 징병에 대한 고민: 거부와 수용

1914년 7월 30일, 러시아는 총동원령을 선포했다. 전시체제로의 전환은 1911년부터 곤다티 총독이 주도한 한인 러시아화 정책의 실질적 효과를 검증하는 기회가 되었다.

1914년 10월 22일 일본 정보보고에 따르면, 당시 유럽 전역에서 러시아 귀화자로서 종군한 한인은 약 1,500명이었다. 그러나 이들은 종종 탈출을 시도했다.[1] 조선 내에서는 러시아 한인의 징병 문제에 대한 보도가 잇따랐다. 『매일신보』는 러시아의 징병령에 응하여 유럽 전장으로 나갔던 한인 중 소집령 전후에 조선으로 돌아온 이들도 적지 않다고 보도했다.[2] "귀화는 했어도 병정 노릇은 하기 싫다"는 한인들은 정기 선편이나 육로를 통해 훈춘을 거쳐 조선으로 돌아왔다.[3]

반대로, 한인의 적극적 출전을 조명한 기사도 있었다. 『매일신보』는 유럽 전장으로 출전하려는 러시아 귀화 한인이 3,000명이라고 보도했다. 그러나 주블라디보스토크 일본총영사관은 이 보도가 사실이 아니며, 잘못된 소식을 그대로 전한 당시 러시아 신문기사를 그대로 게재한 것이라고 비판했다. 또한, 러시아령을 이탈한 한인들에 대해 언급하며, 반일활동을 하거나 편의상 귀화한 이들이

소집을 두려워하여 도망가고 있다고 기록했다.⁴

제1차 세계대전이 발발하자, 러시아 한인사회는 징병 거부와 수용이라는 두 입장으로 나뉘었다. 대체로 신귀화자들은 전쟁에 참여하기를 꺼렸다. 이들은 "대한독립 부흥전쟁을 위해 한 몸을 바치는 것은 그리 아깝지 않지만, 우리들과 인연이 적은 러시아를 위해 유럽 황야에서 시체가 되는 것은 바라는 바가 아니다"⁵라고 이유를 들며, 군 입대를 거부했다.

신귀화자들은 제1차 세계대전 참여를 두고 구귀화자들과 갈등을 겪었다. 1915년 2월 일본 정보보고에 따르면, 신귀화자들은 "선조의 나라인 한국을 위해" 생명을 바쳐야 한다고 주장했다. 그들은 구귀화자들이 전쟁에 참여하여 러시아를 위해 생명을 바치는 것이 "완전한 개죽음"이며 "매우 어리석다"고 비난했다. 반면, 구귀화자들은 신귀화자들이 전쟁에 참여하지 않으려는 것을 비열한 행동으로 간주하며 분노를 표출했다. 이종호의 동생 이종만과 같은 망명 귀화자들을 겨냥한 발언이었다.⁶

이종만은 1916년 7월 20일 블라디보스토크에서 선편을 통해 7월 30일 조선에 입국했다.⁷ 이종만이 블라디보스토크를 떠난 이유는 아버지 이현재(李賢在)가 러시아 경찰에 의해 체포되었기 때문이다. 이현재는 한인들이 러시아의 징병령을 피할 수 있도록 도왔고, 러시아 측은 "사기를 저하시키는 것이 심각하다"고 판단해 그를 체포했다.⁸ 이종만은 자신의 신변에 위협을 느껴 급히 도항했을 가능성이 크다.

조선으로 돌아온 이종만은 길주 헌병분대장에 의해 조사를 받았다. 일본 측은 이종만이 "시세가 궁해" 귀국했다고 판단했다. 이종만은 조사 과정에서 형 이종호를 따라 1910년 러시아로 망명했다고 진술했다. 그는 권업회의 설립과 해체 경위에 대해 자세히 설명

하며, 권업회 해체에 크게 낙담한 형 이종호의 상황도 덧붙였다.⁹

이종호는 권업회 해체 후 중국으로 향했다. 1915년 6월, 둥닝현(東寧縣) 산차커우에서 이동휘와 장기영 등과 함께 대전자에 나자구 무관학교를 설립했다. 그러나 이내 이동휘와 이종호는 학교 운영비 지원 문제로 갈등을 겪었다. 이종호가 초기에 1,000원을 지원했지만, 학교는 자금난에 시달렸다. 이동휘가 추가 지원을 요구했지만, 이종호는 이를 거절했다. 이종만의 주장에 따르면, 1915년 11월경 이종호는 이동휘의 무장 부하 20명에게 습격을 당해 크게 낙담했다고 한다. 이후 이종호는 산차커우를 떠나 둥닝현 지사의 보호를 받으며 지냈다. 1916년 3월, 중국 관료들이 이종호 일가를 체포한다는 소식을 듣고 블라디보스토크 신한촌으로 돌아왔다. 그가 "몸을 둘 곳을 알지 못하는 궁황"에 빠지자, 이종만과 이현재는 이종호에게 조선으로 돌아가도록 설득했다. 그러나 이종호가 귀국을 완고하게 거부하자, 이종만은 혼자 조선으로 돌아가는 길을 택했다.

반면 이종호는 상하이로 향했다. 러시아 측이 이현재의 가택을 수색할 당시 이종호는 자리를 비워 체포를 피할 수 있었다.¹⁰ 직후의 행적은 불분명하나 일본 측의 한 기록에 따르면 1916년 7월 바로 블라디보스토크를 떠난 것으로 보인다.¹¹ 1916년 11월, 이종호는 하얼빈에서 톈진으로 가, 독일 조계지의 독일 영사에게 신문 발행 허가를 요청했으나 실패했다. 그 후 상하이의 프랑스 조계지에 머물며 주상하이 일본영사관에 의해 체포되었다. 정확한 체포 시점은 기록이 부족해 명확히 특정하기 어렵지만, 1917년 6월 20일 블라디보스토크 영사관이 그의 체포를 인지하고 있었던 점을 고려하면, 이종호의 체포는 1917년 2월 초에서 6월 중순 사이에 이루어진 것으로 추정된다.¹²

『신한민보』에 따르면, 이종호의 체포 당시 죄명은 "무업의 부랑자"였다.¹³ 그러나 실제로는 정치적 이유가 큰 영향을 미쳤다. 그는 조선으로 송환된 후 보안법 제5조에 의해 함경북도 명천군에서 1917년 7월 6일부터 1년간 원적지 거주제한 처분을 받았다.¹⁴ 이 조항의 적용 대상은 '정치적으로 불온한 움직임을 보일 우려가 있는 자'였다.¹⁵

제1차 세계대전이 일어난 후, 징병을 거부한 한인들은 '재망명' 또는 '귀국'을 선택했다. 이 두 가지 선택 모두 기본적으로 러시아 전시체제로의 편입을 거부하는 행위였다. 하지만 그 의미가 달랐다. 고국이 식민지가 된 현실 속에서 재망명은 해방을 향한 결단이었다. 반면 귀국은 훗날을 도모하는 행위라는 점에서 재망명과 공통점이 있지만, 일본의 통제 아래 순치될 가능성이 있었다.

사회주의 운동에 참여한 박진순은 한인들이 러시아 전시체제 참여에 보인 태도에 대해 경제적 측면에서 이해를 제공한다.¹⁶ 그의 기록에 따르면 제1차 세계대전이 일어나자 러시아령 내 19세부터 47세 사이의 한인 성인 남성 4,000명이 전쟁에 참여했다. 그 동기는 러시아를 향한 애국심보다는 징병을 거부하면 토지를 몰수당하는 현실적인 이유 때문이었다.

한인이 제1차 세계대전에 참전한 동기가 오로지 '현실적 강제' 때문이라 말하긴 어렵지만 분명 중요한 요소였다. 박진순의 기록에 따르면 신귀화자 중 4~5퍼센트만이 전쟁에 참여했고, 나머지는 러시아를 떠나 만주로 향했다.¹⁷ 신귀화자들은 구귀화자들처럼 대부분 토지를 분배받지 못했다. 따라서 병역에 응할 이유가 적었고, 토지를 갖지 못했기에 러시아 정부의 정책에 순응할 필요성이 적었다. 즉 토지를 받지 못했기에 국가와 개인의 관계도 느슨했다.

박진순의 기록과 일본 측의 기록 사이에서 절충점을 찾을 필요가 있다. 박진순의 설명처럼 상당수의 신귀화자는 병역을 거부하고 영외 이탈을 했을 가능성이 크지만, 블라디보스토크 신귀화자 가운데 정주유력자들은 여전히 러시아에 남아 있는 경우가 적지 않았다. 앞서 자료에서 보았듯 신귀화자는 대체로 병역 문제에 냉소적인 이들이 많았던 것으로 묘사된다. 그러나 일본 측은 "신귀화자 조선인으로서 출정 또는 입영 중인 자의 수는 실로 많다"[18]고 기록하고 있다. 1918년 일본 측 자료 역시 비슷한 맥락이다. 정확한 수는 알기 어렵지만, 제1차 세계대전기 러시아 정부가 한인 군인들에게 러시아 국민과 동등한 권리를 부여하고 전사자의 유족에게 구호 방법을 강구한 결과 많은 한인들이 귀화를 희망했다.[19]

제1차 세계대전에 러시아군으로 참전한 한인의 수는 600명, 1,500명, 3,000명, 4,000명 등 시기별, 문서 생산 주체별로 달라 정확히 답하기 어렵다. 전쟁 개전 초기, 중기, 후기에 따라 그 수의 차이도 심하다. 참전자 가운데 신귀화자만 따로 확인하기는 더욱 어렵다.

여러 자료를 검토했을 때 박진순의 기록이 신뢰할 만하다. 우선 제1차 세계대전과 러시아 내전이 종료된 후인 1923년에 문서가 작성되어 종합된 수치를 내기 용이하다. 또한 그가 참전 신귀화자 수를 왜곡할 만한 특별한 동기도 없다. 다만 일본 측이 '5퍼센트'의 참전 신귀화자도 특별히 많다고 느꼈던 것은 이들이 신경을 써야 할 만한 이유가 있는 집단, 즉 고국의 정치 문제에 관심이 높았던 존재였기 때문으로 생각된다.

그렇다면 러시아에 남아 전시체제에 참여한 나머지 '5퍼센트'의 신귀화자는 어떤 형태로 군복무를 했을까? 1914년 12월 신귀화자들의 민병대 입대 청원서, 1916년 『신한민보』 기사들은 러시아의 징병령에 응한 한인들의 다양한 의도를 보여준다.

1914년 12월 연해주 남부 연추에 거주하는 한인들의 민병대 청원서에 따르면 청원 당사자들은 1912년에 러시아 국적을 취득했다.[20] 이들은 현역 입대 대상자였지만, 최전선에서 직접 전투를 수행하기보다는 지역에서 치안과 방위를 담당하는 민병대 복무를 원했다.[21] 민병대 복무를 원하는 신귀화자들은 '생활고'를 주요 이유로 내세웠다. 이들은 애국심을 갖고 언제든지 저항할 준비가 되어 있지만, "빵 한 조각도 땅 한 치도 없이 남겨진 수많은 가족이 흐느끼고 있다"[22]는 점을 청원서를 통해 호소했다. 즉, 현역 입대가 가져올 생활고를 피하고, 자신의 거주지에서 일상을 지키면서도 병역 문제를 자극하지 않는 방법으로 민병대 복무를 선택한 것이다.

병역에 응한 신귀화자들 중에는 참전을 "장래 한국 독립을 위한 실전 연습"으로 여긴 이들이 있었다. 이들은 "천재일우의 좋은 기회를 놓치지 않고 크게 후일의 기초를 확실히 다져야 한다"고 주장했다. 신귀화자로서 병역에 응한 이들 중에는 정재관, 조장원, 강양오, 안정근, 안기선 등이 있다.[23]

정재관은 『신한민보』 기사에서 자신의 참전 이유를 다음과 같이 설명했다. 그는 "주인의 집에 큰일이 있을 때 안연히 앉아서 구경만 하는 것이 아니며", "실제 경력을 얻어두는 것이 좋을 줄로 생각되어"[24] 군복을 입었다고 밝혔다.

미주 대한인국민회의 기관지인 『신한민보』는 제1차 세계대전기 한인의 러시아군 입대를 '국민의 의무'라는 관점에서 바라보았다. 다음은 그 기사의 일부다.

> 나라 없는 민족으로 남의 법률 통리 밑에 있다가 전쟁에
> 나가 생명을 희생하는 것은 참으로 가엾은 일이라. 그러나
> 평시에 보호를 받다가 일 있는 때에 상쾌히 나서는 것은
> 가히 피할 수 없는 의무요, 이후 재류동포의 전도에 얼만큼

이익이 없지 않을지로다. (…) 평안한 천진에서 통곡
유리하는 우리들 상한 형제들의 정형을 듣고 응당 반성함이
있을지로다.[25]

전쟁이라면 그저 죽는 줄만 알고 도망할 구멍부터 찾는
나약한 생각을 다 파괴하고 강 의용강심이 배태되게
되었으며 (…) 사람은 마땅히 나라를 위하여 생명을
버리는 것이 이 세상 국민의 원촉인 줄 황연히 깨닫게
되었으며 (…)[26]

『신한민보』는 러시아 한인의 제1차 세계대전 참전을 나라가 없는 민족으로서 안타깝지만, "피할 수 없는 의무"로 보았다. 그 참전을 통해 향후 이익을 얻을 것이라 내다보았고, 징병에 응하지 않은 이들에겐 반성을 촉구하며 참전을 강력히 권했다.[27]

『신한민보』는 한인의 러시아군 참전에 대해 긍정적인 인식을 생산했다. 한인은 전쟁 참여를 통해 "재류국의 후의를 단단히 갚아주었다"고 평가하며, "러시아인들이 매우 감사하다고 칭찬하는바"[28]라 강조했다. 또한 "남의 은혜를 받았으면 반드시 갚아주는 우리 사람의 가히 자랑할 만한 의기"[29]라며 참전의 의미를 높이 평가했다.

왜『신한민보』는 한인의 러시아군 참전에 긍정적인 논조를 보였을까? 첫 번째 이유는 실전 군사경험이 장차 일본으로부터 고국을 해방하는 데 중요한 발판이 될 것으로 보았기 때문이다. 신문은 "1만 건아가 실전 경험이 있을 때 우리의 장래를 의하야 가히 기뻐할 일"[30]이라고 논평하며, 참전의 중요성을 강조했다.

두 번째 이유는 군에 입대하는 한인을 대대적으로 홍보하던 미주 한인사회의 상황과도 관련이 있다.『신한민보』는 미군에 입대하

는 한인들을 지속적으로 조명하며, 미군 입대에 대한 긍정적인 이미지를 생산했다.[31] 거주국에서의 군 입대는 이주민의 권리 신장을 위한 효과적인 수단으로 여겨졌기 때문에, 군사역량을 키우고 의무를 수행하며 거주국에서 안정적인 지위를 확보하려는 장기적인 관점이 반영된 것이다.[32]

다만 미군과 러시아군이 전쟁에서 일본과 동맹을 맺고 있었기 때문에, 위와 같은 전략은 단기적으로 식민지 조선의 해방과 모순되어, 당면한 국제정치적 역학관계를 부차화했다는 한계가 있다. 러시아군 입대는 러일 외교관계가 적대적일 때는 항일의 유용한 수단이 될 수 있지만, 우호적인 관계로 변하면 정반대의 결과를 초래할 수도 있는 양면성을 지니고 있었다.

그럼에도 불구하고, 참전 여부와 관계없이 신귀화자들, 특히 망명귀화자들은 식민지 조선의 해방 문제에 관심을 가지고 있었다. 정재관은 장기적으로 군사적 역량을 기르기 위해 전쟁에 참여했으며, 이종호는 국제관계의 모순을 피하고 활동을 계속하기 위해 러시아 징병령을 거부하고 재망명을 선택했다. 이러한 신귀화자들의 행동 양식에는 재망명과 귀국, 지역 방위와 전방 출전 등 다양한 양상이 존재했다. 따라서 참전의 여부보다는 개인의 참전 동기와 전장에서의 경험에 주목해야 한다.

2. 전장에서 겪은 차별과 연대

전장(戰場)으로 향한 한인들은 어떤 경험을 했을까? 군내 민족차별과 더불어 노동자계급에 대한 착취를 겪었다. 이들이 처한 상황은 세계대전으로 인해 더욱 심화된 제정러시아 체제 말기의 모순을 보여주는 사례였다.

『매일신보』의 한 기사에서 징병에 응한 한인들은 어떤 과정을 거쳐 전선으로 파견되었는지 그 과정을 엿볼 수 있다. 1915년 4월 27일 입영 예정인 한인들은 라즈돌노예 주둔보병대에 입영해 4월 28일 연추에서 검사를 받은 후 합격하면 즉시 하바롭스크 주둔부대에 입대하여, 교육을 받기 위해 전선으로 출발할 예정이었다.33 즉 자신이 거주하고 있는 지역 부대에 임시로 머물다 인근 지역에서 군복무가 적합한지 검사를 받은 후, 상급 행정지역 부대로 파견되어, 현장에서 군사교육을 받았다.

러시아 군인이 된 한인들은 전장에서 민족적 차별을 경험했다. 1917년 9월 『신한민보』에는 러시아혁명이 일어난 후 극동지방으로 돌아온 한 한인의 인터뷰가 남아 있다.34 4년을 오스트리아 전선에서 싸우고 온 한 한인은 전장을 "진정으로 참혹"했다고 묘사했다. 그가 겪은 러시아 군대는 러시아혁명 전과 후 모두 민족적 차별이 존재하는 곳이었다.

그의 설명에 따르면 러시아군에서는 민족에 따라 맡은 일이 달랐다.35 그는 "병역 중의 매일 괴로운 일은 거의 다 우리(한인—인용자)의 담당"이었다고 설명했다. 그럼에도 불구하고 "남의 나라에 붙어 삶으로 이 고생을 하지만 그 얄밉고 끔찍한 왜놈의 학대를 받지 않은 것을 생각하면 갈리시아 전장이 비교적 좀 나은" 것이라 답했다.

그는 러시아혁명 직후 군대 내 상황에 대해서도 묘사했다. 병사와 노동자의 권리가 신장되어 "장교가 도리어 병졸의 비위를 맞추느라고 굽실거리더라"라고 설명했다. 다른 병사들은 "장교에게 뇌물을 쓰고 두 번이나 휴가를 얻어 고향에 돌아감을 얻었으되, 오직 우리 사람들은 4년 동안 죽을 고생을 하고 휴가를 얻지 못하"는 상황이라고 불만을 드러냈다.

물론 러시아군에 입대한 한인 모두가 이와 같은 상황을 겪지는 않았을 것이다. 부대에서 맡은 보직에 따라 다양한 경험을 했을 가능성이 크다. 전쟁에서 큰 공을 세운 자들이 적지 않았으며, "군병 중에도 서기 회계 등 사무를 보는 자"가 많았기 때문이다.

전장은 민족적 차별만 있는 곳은 아니었다. 러시아 한인의 제1차 세계대전 참전과 관련하여, 한러 민족 간 연대의식을 엿볼 수 있는 〈구주전쟁 한인군가〉가 있어 주목된다.[36] 이 군가는 "러시아 정부의 후의를 갚고 실전 정황을 경력하기 위하여" 전쟁에 참여한 한인들이 부른 것이었다. 해당 군가가 자연적으로 발생한 것인지 또는 누군가에 의해 의도적으로 작사·작곡되었는지는 알기 어렵지만, 적어도 러시아에 대한 '보은'이 고국을 위한 것이라는 논리를 내면화했을 것으로 생각된다.

가사 가운데 "우리는 배달나라 사나이", "충무의 본을 받아 빛내세. 임전무퇴 조상 교훈"과 같은 구절은 한인으로서 민족적 정체성이 강조되는 부분이다.[37] 반면 군가의 가사 중 "큰 승리 얻기까지 싸움하여 한반도 대민족 영광 돌리고 러시아 깊은 공 갚으리라", "슬라비안 큰 민족은 우리의 가장 정든 친구"는 러시아 이주민으로서 한인이 슬라브 민족과 연대해야 한다는 시각을 담고 있으며, 러시아 국민으로서의 의무를 강조하고 있다.

다만 "우랄산 넘어 싸움터에 앞으로 번개같이 달려나가 덕병(독일 병사—인용자)과 유쾌하게 접전할 때"라는 구절은 이종호와 이동휘와 같은 망명자들이 독일 측과 연계하여 식민지 해방 문제를 고민한 것과는 상충하는 방향이다. 이 군가는 고국의 식민지 해방과 충돌하는 국제정치적 딜레마를 피한 대신, 민족적 관점에서 한인이 어째서 독일군과 싸워야 하는지 논리를 제시하지 못했다는 한계가 있다.

전장에서의 연대는 계급에 따라 이루어지기도 했다. 전선에 파견된 한인 노동자들이 볼셰비키를 만나 사회주의를 수용하는 과정은 이인섭의 사례를 통해 확인할 수 있다. 비록 그의 사례가 전선에 나간 모든 한인 노동자를 대표한다고 말하기는 어렵지만, 나자구 사관학교 생도들이 나데진스크 벌목장에서 노동 착취를 경험하고 '우랄조선인사회주의회'를 조직한 것처럼, 이인섭의 동맹파업 경험 역시 당시 전시체제 속 한인의 사회주의 수용 가능성을 보여준다.

〈그림 24〉는 이인섭의 시베리아 횡단 행로다.**38** 1915년 10월경 이인섭은 러시아 서부 민스크(그림 24의 A) 전선으로 향했다.**39** 당시 한인들이 러시아 서부 전선으로 간 이유는 하얼빈(그림 24의 G) 등지에서 러시아 서부 전선으로 파견되는 노동자가 모집되고 있었기 때문이다.**40** 이인섭 역시 같은 이유였다. 이들은 블라디보스토크(그림 24의 H) 정거장에서 군용차를 통해 동청철도를 경유하여 전선으로 파견되었다.**41**

이인섭의 회고에 따르면, 당시 군용차를 통해 전선에 파견된 노동자들은 약속된 금액을 받지 못했을 뿐만 아니라, 많은 이들이 생명을 잃거나 독일군의 포로가 되었다. 이들 노동자는 도시에서 떨어진 군사병영에 배치되어 출입이 제한되었다. 시베리아 깊숙한 지역에서는 한인 마을을 찾기 어려웠다. 게다가, 이들은 러시아어를 잘 알지 못하고 동복도 없어 탈출하기 어려운 상황이었다.**42**

이인섭은 전선으로 파견되는 화물차 안에서 러시아어에 능통한 김봉준이라는 인물을 만났다.**43** 김봉준은 반정부 활동으로 옥살이 하다 민스크로 피신 중인 이반 이바노프라는 러시아인에게 이인섭을 소개해주었다. 또한, 그는 이인섭과 다른 한인들이 청부업자에게 속아 민스크 전선으로 향하게 된 사정도 설명했다.

그림 24. 1916년 러시아 제국 지도와 이인섭의 행로

이반 이바노프는 이야기를 듣고 동맹파업을 제안했다. 그는 "우선 전쟁터로 가지 말아야 하며", "지금부터라도 천여 명의 노동자들이 단결"해야 한다고 강조했다. 또한, 계약에 명시된 대로 음식, 의복, 선금을 제공받지 않으면 전선에 가지 않겠다고 저항해야 추위와 굶주림에서 벗어날 수 있다고 설명했다. 따라서 민스크 전선에 도착하기 전에, 이르쿠츠크시 북서쪽 약 200킬로미터에 위치한 지마정거장(ст. Зима, 그림 24의 F)에서 인솔자들이 노동자들의 요구 조건을 수용하지 않으면 파업을 계속하라고 조언했다.

이인섭은 동행자들과 논의한 끝에 동맹파업을 감행했다. 노동자들은 지마역에서 내려 1,000여 명이 모였다. 역 당국과 러시아 헌병들은 상황을 조사한 후 음식과 옷을 지급했다. 인솔자는 선금 10루블을 모스크바에서 받고, 이후 계약대로 음식을 제공하겠다는 서류를 작성해주었다. 이후 이인섭은 칸스크역(ст. Канск, 그림 24의 E)에서 김봉준과 이반 이바노프와 재회하여 동맹파업의 방법을 알려준 그들에게 감사의 뜻을 전했다.⁴⁴

김봉준은 이인섭에게 옴스크(그림 24의 C)에서 자신과 동행할 것을 제안했다. 옴스크에는 평양 대성학교 출신의 안경억과 최영훈, 북간도에서 활동하던 오성묵과 맹훈이 있으니 자신과 함께 가자는 것이었다.⁴⁵

이인섭은 평양 출신으로 그곳에서 학교를 나왔기 때문에, 시베리아 한가운데에서 같은 학교 출신의 동향 사람들이 있다는 사실이 김봉준과 동행하는 데 긍정적인 영향을 미쳤을 것이다.⁴⁶ 또한 오성묵(吳成默)은 페름(그림 24의 B) 벌목장에서 일한 경험이 있었다는 점, 맹훈은 나자구 사관학교 출신자로서 그 역시 같은 벌목장에서 일했을 것으로 추정된다는 점에서, 이인섭·오성묵·맹훈은 러시아 전시체제에서 벌어지는 노동 착취에 대한 문제의식을 공유했을 가능성이 크다.⁴⁷

김봉준은 이반 이바노프가 민스크로 가기 위해서는 크라스노야르스크(그림 24의 D)를 무사히 통과해야 한다며 이인섭에게 도움을 요청했다. 이인섭은 자신이 입고 있던 중국식 옷을 이반 이바노프에게 주고, 대신 그의 것으로 바꿔 입었다. 그 후, 이인섭은 이반 이바노프가 검문을 피할 수 있도록 열차 위 좌석에 눕혀 상자로 덮어주었다. 이인섭의 도움 덕분에 이반 이바노프는 차대형을 비롯한 한인 망명자들의 보호 아래 크라스노야르스크를 무사히 통과해 민스크로 갈 수 있었다.⁴⁸

이인섭은 이반 이바노프를 자신이 "처음 만난 러시아 볼셰비크(большевик)"로 기억하며, 그와의 만남은 자신이 사회주의를 수용하는 데 큰 자극이 되었다고 회상했다. 그는 이반 이바노프가 "자기가 당하는 비상한 순간에도 우리 무산 대중의 비참한 처지에서 투쟁할 방침을 가르쳐주었다"고 높이 평가했다. 또한, 민스크 전선으로 "되는대로 팔려갔던" 한인 노동자들이 현장에서 러시아 볼셰비키들을 접하며 사회주의를 수용했고, 이들이 시베리아 내전 중 적위파 군대에 참가해 소비에트 정권을 지지했다고 기록했다.[49]

이인섭의 기억 속에는 전시체제기 러시아 한인들의 징병령 거부와 수용이라는, 의지적인 행동만으로는 설명하기 어려운 역사적 우연이 발견된다. 이인섭이 전선으로 향하는 과정에서 겪은 노동자로서의 연대 경험은 김봉준과 같은 한인들, 그리고 이반 이바노프라는 러시아인과의 만남 속에서 이루어졌다. 이들과 함께 논의하고 실행한 동맹파업은 계급의식에 막 눈뜨기 시작한 이인섭이 노동 착취 문제를 해결하기 위한 첫걸음이었다. 그는 전선으로 가며 만난 인물들과 노동자로서의 시좌(視座)를 공유하며 사회주의 수용의 문턱에 서 있었다.

3. 전시체제기의 일상과 후방 지원

거주국에서 생업을 영위하던 정주유력자들, 특히 블라디보스토크에 상점과 집을 가진 이들은 전쟁이 일어나더라도 러시아를 떠나기 어려웠다. 이 점이 중요한 차이다. 망명자는 일반적으로 생업이 러시아에 묶여 있지 않아, 정주유력자에 비해 이동이 훨씬 자유로웠다.

러시아가 전시체제에 돌입하자 아편 밀매, 도박, 밀주 판매가 성행했다. 일본 측의 정보보고에 따르면, 아편 밀매에는 블라디보스토크와 우수리스크의 정주유력자들이 두루 관계되어 있었다. 블라디보스토크에서는 차석보(車錫甫), 김치보, 윤능효(尹能孝), 고명호, 조영진, 박창순 등이 그러했다. 블라디보스토크 신한촌의 정주유력자 가운데 김학만, 채성하 등은 도박장의 자본주가 되기도 했다. 우수리스크에서는 문창범(文昌範)과 김야코프가 아편 밀매에 관여했다.50

왜 당시 아편 재배가 유행했을까? 우선, 이윤이 크기 때문이었다. 1917년 연해주에서 벼농사가 시도되기 전까지 한인 농민들은 경제적으로 큰 어려움을 겪었다. 자연적인 인구 증가와 경지 부족이 등이 그 이유였다. 따라서 한인 농민들은 제한된 토지 내에서 단위수확량이 높은 아편 재배를 선호했다.51 아편 가격 자체가 급등한 것도 한 이유였다. 제1차 세계대전이 일어난 후 남러시아 방면에서 중국에 수출되던 아편이 끊기며, 전쟁 전 1근에 2~3루블이던 아편 가격이 12~15루블로 폭등했다.52

러시아 한인 농민과 도시 상인들은 높은 수익을 올릴 수 있는 아편 재배를 선택했지만 이는 쉬운 일이 아니었다. 러시아 관료들이 아편을 몰수할 수 있었고, 아편에 중독될 위험이 항상 따랐다. 그럼에도 불구하고 경제적으로 어려운 상황에 처한 한인들은 아편이 다른 농작물에 비해 수익이 컸기 때문에 이를 선호했다. 우수리스크의 정주유력자들도 마찬가지였다.53

우수리스크시는 아편 재배와 유통의 중심지였다. 우수리스크가 교통의 요충지라는 점은 우수리스크시 부근 한인 농가가 아편을 많이 재배한 한 요인이 됐다. 생산된 아편 대부분은 우수리스크에서 동청철도를 거쳐 하얼빈, 장춘 등 만주지역과 베이징으로 운반됐다. 블라디보스토크에서는 우수리스크에서 거래된 아편 일부가 들어와 해로를 통해 상하이로 밀수출됐다.54

그 일부는 조선 국내로 반입됐다. 블라디보스토크에서 유통되던 아편을 사서 조선에서 판매하려다 적발된 사례도 있었다. 1915년 12월, 함경북도 명천군 출신 63세의 이응재라는 인물은 블라디보스토크에서 구한 아편을 가지고 경성으로 돌아와 판매할 계획이었지만, 경찰에 적발되어 체포되었다.[55]

밀매 품목 중에는 주류도 포함되어 있었다. 주블라디보스토크 일본영사관의 기록에 따르면, 전시체제기 한인 가운데 밀주를 제조하고 밀매를 부업으로 삼는 이들이 많았다고 한다.[56] 밀주 제조가 성행하게 된 배경에는 1914년 7월 중순에 시행된 러시아 정부의 금주령이 있다. 이 시기에 러시아 정부는 징병령이 종료될 때까지 고급 식당을 제외한 모든 주류 판매점을 폐쇄했다. 1914년 8월 22일, 러시아 황제 니콜라이 2세는 보드카 판매 금지 조치를 전쟁이 종료될 때까지 연장했고, 1914년 10월에는 지방정부에 주류 판매 금지 권한을 부여하여 지방에서도 금주령이 시행되었다.[57]

러시아의 금주령은 일상적인 통제를 시도했지만 음주를 완전히 차단하지는 못했다. 1916년 6월 3일 『매일신보』의 인터뷰에 따르면, 당시 블라디보스토크에서 벌어진 경찰 사건 중 대부분이 금주령과 관련된 것이었다. 저녁 6시 이후에는 술집 영업이 금지되어 벌금을 물리기 때문에, 사람들은 술을 마시러 가지 못해 "유쾌히 놀 수가 없었다"고 전했다. 그러나 금주령으로 인해 "재미있는 이야기"도 생겨났으며, 다양한 형태의 음주 시도가 계속되었다.[58]

신문에 소개된 에피소드는 금주령에 따른 일상 통제의 균열을 드러낸다. 첫 번째는 러시아 관료들이 돈을 받고 금주령을 어긴 이들을 눈감아주는 사례였다. 러시아 경찰이 야간순찰 중 음악 소리가 들리면 "반드시 술이 있으리라" 확신하고 현장적발을 시도했으나, 음주자들은 경찰에게 돈을 내면 문제없이 지나갈 수 있었다.

두 번째, 금주령은 밀주 판매를 통한 시세차익의 기회를 제공했다. 중국인은 "술에 물을 타서" 원가를 절감했고, 한인은 포켓위스키를 숨겨 러시아로 입국한 뒤 이를 되팔았다. 1916년 8월『매일신보』에 따르면, 술을 15~16루블에 매입하여 러시아인에게 40~45루블에 되팔아 거의 3배에 가까운 이익을 얻은 한인의 사례도 있었다.[59]

세 번째, 금주령은 민족 간 주조 방식의 차이를 넘지 못했다. 집에서 쌀로 술을 빚어 마시는 일본인들은 초기 금주령 단속에서 제재를 받지 않았다. 그러나 일본인 주취자가 증가하자 러시아 관료들은 일본인에 대한 단속을 강화했다. 미주(米酒)를 마시다 적발된 일본인들은 '아마자케(甘酒)'[60]는 술이 아니라고 주장하며 금주령 단속을 피했다.

마지막으로, 금주령은 '월경음주'까지 막지는 못했다. 술을 마시고 싶어 하는 사람들은 종종 "한 번 국경 밖에 나가서 실컷 먹고" 돌아오는 방법을 택했다. 주변에 "일도 없는데 일이 있다"고 둘러대며 조선으로 가 술을 마시고 돌아온 사례가 그러했다. 해당 음주자는 블라디보스토크에서 "마음 졸여가며 밀매하는 술을 먹는 것보다 마음 편하고 술이 싸서 좋다"는 말을 하며, 금주령이 지닌 허점을 여실히 드러냈다.

일본 측은 전시체제기에 성행한 아편 밀매, 도박, 밀주 제조를 '불량생업'으로 묘사했다. 그러나 이러한 행동들을 단순히 '불량'이라는 당국자들의 통제를 위한 언어로 설명하기에는 불충분하다. 이러한 시선 이면에는 제국 일본의 불안감이 가려져 있었다. 일본 측이 한인의 '불량생업'에 예의주시했던 이유는 그 행위가 '불량'하다는 가치판단 그 자체보다는, '불량생업'을 통해 얻은 자금이 '불온'한 반일활동에 이용될 가능성을 배제할 수 없었기 때문이었다.[61] 블라디보스토크에서 아편 밀매, 도박, 밀주 제조에 관련된 정주유력자들은 불과 1~2년 전만 해도 망명자의 고국정치에 공명하며 반일활동에 참여하고 있었기 때문에, 이들의 '불량생업'을 불안한 시선으로 바라볼 수밖에 없었다.

기본적으로 '불량생업'은 전시체제기에 가중되는 생업의 어려움 속에서 한인이 일상을 유지하는 한 방식이었다. 또한 이는 러시아 국내 경제의 구조적 모순을 반영하는 현상이기도 했다.

제1차 세계대전은 러시아 전역에 전반적인 경제 침체를 초래했다. 1915년 2월에는 러시아 내 황인종 노동자 사용이 전면 금지되면서 구직에 큰 변곡점이 되었다. 1915에 2월 9일 어렵과 어류가공업에서 황인종 노동자 사용이 일절 금지됐기 때문이다. 그 결과 귀화 여부를 불문하고 한인이 니콜라옙스크 지역에서 어업에 종사하는 것은 불가능하게 되었다.[62]

그러나 한인 고용 금지 조치는 오래가지 못했다. 전쟁으로 인해 러시아 전역에서 노동력 부족이 만연해 있었기 때문이다.[63] 일본 측의 정보보고에 따르면, 곤다티 총독은 어업에서 한인 사용을 금지하는 명령을 내렸음에도, 다시 귀화 한인의 사용을 묵인하고자 했다.[64]

초기 조치와 달리 곤다티가 어업에서 한인 사용을 허용한 것은 러시아 중앙정부의 방침과도 관련이 있었다. 1915년 8월 12일, 러시아 특별 대신회의는 전반적인 노동력 부족 문제를 해결하기 위해 야금업과 석탄공장에 페르시아 출신, 중국인, 한인 노동자를 받아들이기로 결정했다. 내무대신은 외국인 노동자의 체류를 허용하기 위해 거주 금지에 관한 일시 해제를 요청받았다. 1915년 11월 16일 회의에서는 건설 및 철도 기업들이 청원한 중국인 노동자의 고용을 허가했다.

외국인 노동자 고용 문제를 둘러싸고 러시아 정부 내부에서도 견해 차이가 있었다. 러시아 내무성은 황인종 노동자 사용을 반대했지만, 군부는 찬성했다. 외무성은 사안의 불가피성을 내세워 황인종 노동자를 고용하되 엄격히 통제할 것을 주장했다. 특히 일부 러시아 기업이 중국인 노동자를 가혹하게 대우한다는 소문이 만주에 퍼지고 있다는 점을 언급하며, "학대를 반드시 방지하기 위해 모든 방법을 동원"해야 한다고 강조했다.

결국 외무성의 절충적 견해가 수용되었다. 1916년 1월 28일 러시아 대신특별회의는 내무성의 견해에 공감하나, 전쟁포로와 피난민을 사용해도 노동력이 부족한 상황에서 황인종 노동자 사용 금지 조치는 합목적적이지 않다고 지적했다. 대신, 출입국 규정을 엄격하게 준수하고 면밀한 감시체제를 구축하면 황인종 노동자 사용의 부정적 영향을 줄일 수 있다고 결론지었다. 이에 따라, 러시아 중앙 정부는 황인종 노동자 사용을 허가했고, 1916년 8월경에는 사할린주와 각 처의 광산에서도 귀화 한인 노동자 사용이 허가되었다.[65]

러시아 중앙부처 간의 입장 차이가 있었지만, 황인종 노동자의 사용안이 채택된 이유는 전시체제 동안 산업계 전반에서 노동력 부족으로 인한 생산 차질이 심각했기 때문이다. 1917년 2월혁명이 발생하기 직전까지 황인종 노동력 사용에 대한 논의는 지속적으로 이루어졌다.[66]

그러나 황인종 노동력 사용에 대한 위험 인식은 여전했다. 내무대신 흐보스토프는 황인종 노동력 사용을 경계했는데, 독일이 중국인을 스파이로 활용하고 있다는 정보를 근거로 안보 위기를 강조했다. 그는 독일 첩보국의 활동과 중국인 노동자들이 방화나 스파이 활동에 관여할 가능성을 우려했다.[67]

곤다티 역시 중국인 노동자가 러시아의 안보에 위협이 된다고 보았으며, 가능한 한 적게 사용하는 것이 바람직하다고 주장했다.

그는 중국인 노동자가 정치적으로 신뢰할 수 없는 존재며, 이들이 방화나 스파이 활동을 대가로 뇌물을 받을 뿐만 아니라, 러시아에서 생산된 금의 75퍼센트를 밀반출하고 있다고 지적했다.[68]

그러나 대(對)독일 안보에 대한 위기의식보다는 노동력 부족으로 인한 후방 붕괴 우려가 더 컸다. 아래는 1916년 11월 재무성을 비롯하여 러시아 각급 중앙부처 관계자 11명이 참석한 회의에서 한 발언이다. 노동력 부족으로 인해 러시아의 각종 산업 가동이 중단되자 러시아 중앙관료들이 느낀 위기의식이 드러난다.

> 인력 부족으로 인해 방위를 담당하는 여러 정부기관과 민간 및 공기업의 일이 강제로 중단될 것이다. (…) 중국 노동자의 집중적인 수출 가능성을 보장하는 것은 회의의 견해에 따라 가장 중요한 국가 문제다.[69]

전시체제가 만들어낸 대독일 적대관계는 러시아 관료들의 안보 불안을 더욱 부추겼다. 특히, 독일과 관련되어 있다고 간주된 '황인종'은 이러한 불안을 더욱 키우는 존재로 여겨졌다. 하지만 동시에 노동력 부족이 '후방 붕괴'라는 심각한 위기를 불러일으키며, 정부의 정책은 요동쳤고 결국, 노동 금지 대신 노동 허가로 방향이 바뀌었다.

각료회의가 안보 불안에 휩싸여 고민을 지속하는 가운데, 제1차 세계대전기 러시아 정부는 국가적 결속을 도모하고 대중을 동원했다. 이때 "신성한 연합(sacred union)" 또는 "단결된 러시아(united Russia)"라는 수사를 활용했다. 사상·종교·민족적 차이를 넘는다는 것이 골자였다.[70]

러시아 전시체제에 대한 한인의 조직적인 후방 지원은 프리아무르 휼병회 한인분과(이하 휼병회 한인분과)를 통해 이루어졌다. 프리아무르 휼병회란 1914년 제1차 세계대전 발발 직후 프리아무르 총독 곤다티가 조직하고 곤다티 부인이 회장을 맡은 전시후방지원 단체였다.[71] 곤다티 부인은 러시아 기업가들에게 휼병회에 대한 협력을 요청하는 서한을 직접 보내며 적극적으로 지원 활동을 관리했다. 휼병회의 본부는 하바롭스크에 위치했으며 연해주 각지에 지회를 두었다.[72]

한인들은 프리아무르 휼병회 산하의 한인분과를 조직하고자 했다. 1915년 11월 4일 블라디보스토크 신한촌에 위치한 오봉화(吳奉化)의 집에서 '휼병회 한인분과 발기회'가 진행됐다.[73] 블라디보스토크 동방연구소의 포드스타빈과 바라바시 산림구청장 그로데츠키의 임석 아래 프리아무르 지방 내 11개 지역의 한인 대표자 35명이 이곳에 모였다.[74] 블라디보스토크와 우수리스크와 같은 도시지역의 한인만이 아니라, 연추·지신허·아지미와 같은 지방에서도 휼병회 발기회에 찾아왔다는 점에서 대표자의 지역적 다양함이 눈에 띈다.

휼병회 한인분과의 설립 목적은 사회적 연대감의 강화였다. 러시아에 대한 한인의 "애국심을 고양하고 러시아 사회 공동의 대의에 적극적으로 참여"하게 하는 것이었다. 한인이 전쟁 참전을 통해 "위대한 역사적 순간"을 경험하게 하여 러시아 제국 구성원으로서의 의식을 강화하고, 영내에 있는 한인의 통합에 기여할 것이라 기대됐다.[75] 나아가 전장으로 나간 한인 남성의 남겨진 가족들을 돌보며 사회적 안전망의 기능까지 수행하고자 했다.[76]

1915년 12월 1일 조직된 휼병회 한인분과는 블라디보스토크 신귀화자인 정주유력자가 중심이 된 단체였다. 1915년 12월 1일 블라디보스토크 신한촌 민회 사무소에서 25명이 모여 휼병회 한인분과 창립총회를 열었다. 선출된 임원의 면면을 보면, 회장 김학만을 비롯하여 재무 함서인, 평의원 김치보, 고상준 등이다. 이들은 주로 블라디보스토크에서 가옥을 소유한 정주유력자였다. 1910년 전후 의병활동에 적극적이었던 망명귀화자 이범석이 참여한 것도 눈에 띈다.

휼병회 한인분과는 민회 및 권업회와 유사한 면이 있다. 함경도 출신 정주유력자들의 영향력이 높은 인적 구성이라는 점에서 민회와 비슷하다. 곤다티 총독의 설립 허가를 받은 인가 수준이 높은 합법 단체였다는 점, 소수지만 망명자도 참여했다는 점, 블라디보스토크가 본부로서 중심지가 되었다는 점에서 권업회와도 유사한 모습이 있었다. 권업회가 그러했듯, 휼병회 한인분과도 곤다티 총독만이 아니라 여러 러시아 고위관료들을 명예회원으로 초청하고자 했다.[77]

휼병회 한인분과는 기부금을 모아 징집된 한인 가족의 생계를 지원했다. 강연회와 낭독회를 개최하는 등 계몽사업에도 힘썼다.[78] 군수물자를 지원하기 위해 각 가정에서 구리 조각을 모아 러시아군에 헌납하기도 했다.[79] 이러한 활동은 후방을 지원하고 전방을 돕는 업무로, 러시아 당국의 이해관계와도 부합했다.

한인들의 후방지원 의지에도 불구하고, 곤다티 총독은 두 가지 이유로 휼병회 한인분과의 설립에 신중한 자세를 보였다. 첫째, 총독은 "모집금의 악용 가능성"을 우려했다. 러시아 당국은 한인이 "교묘한 수완"으로 일을 벌인 사례가 많았음을 지적했다.[80] 비록 문서상에서는 명확히 표현되지는 않지만, '악용 가능성'이란 공공사업을 위해 모은 자금이 반일활동에 사용될 수 있다는 우려를 의미하는 것으로 보인다.[81] 권업회가 해체된 지 1년밖에 되지 않았던 만큼, 러시아 당국은 한인의 합법 단체 설립에 신중할 수밖에 없었다.

둘째, 통제력 유지였다. 한인의 합법적인 단체를 허가하면, 러시아령 내 거주하는 중국인과 일본인도 유사한 단체를 설립하고자 하는 욕구를 가질 수 있으며, 이는 바람직하지 않다고 판단했기 때문이다. 러시아 당국에 한인은 러일외교 분쟁의 잠재적 원인이 될 수 있는 존재였다. 통제를 벗어난 한인의 행동은 언제든지 외교적 문제로 번질 수 있었다. 1915년 12월 7일 작성된 러시아 측 문서에 따르면, 한인들이 조직을 만드려는 여러 시도가 있었고, 이로 인해 국제관계에 심각한 문제를 초래할 수 있으므로 프리아무르 총독부는 한인을 신중히 다뤄야 한다고 기록되어 있다.[82]

요컨대 러시아는 한인이 휼병회 한인분과를 통해 반일활동을 펼칠 것을 계속해서 의심했다. 한인을 민족적 범주에 가두고자 한 것이다. 러시아는 한인을 제도적으로 신민화했지만 그 안에 통제하기 어려운 이질적인 정체성을 끊임없이 경계했다.

전시체제 동안, 러시아는 민족적 이질성에 대응하기 위해 동화정책을 더 강력하게 시행하여 한인의 민족주의 교육을 위축시켰다.[83] 1906년에 발효된 이민족 소학교령에 따르면, 매주 30시간의 수업 중 1·2학년은 4시간, 3·4학년은 2시간씩 민족 언어로 교육할 수 있었지만, 한인 학교에서는 이 규칙이 지켜지지 않고 모두 조선어로만 교육이 이루어졌다. 그러나 1915년에 새로 발표된 문부성 소학교령에 따르면, 학교 교육 현장에서 조선어 사용이 금지되고 교수 언어를 러시아어로 제한하도록 규정되었다. 일본 측은 조선어 대신 러시아어로 교육하면 "배일사상 근절"에 더 효과적일 것이라고 보았다.[84]

러시아 당국 입장에서 휼병회 한인분과의 설립은 딜레마였다. 한인이 러시아의 전쟁 수행을 지원하는 "공동의 대의"를 막을 수 없었기 때문이다. 러시아 당국은 휼병회 한인분과를 조직하려는 한인들의 행동을 구체적으로 파악하지 못했다.[85] 만약 휼병회 한인 분과가 해산되어야 하는 상황이 발생한다면, 상황이 순탄하게 흘러가지 않을 것이라는 점만 막연히 예측했다.[86] 휼병회 한인분과의 조직을 허가하는 것은 권업회의 설립과 해체라는 전철을 반복해 후방을 불안하게 만드는 행위일 수 있었다. '자선'과 '공공'을 내세워 전시체제에 협력하는 사회적 분위기에 찬물을 끼얹는 사태가 초래될 수 있었기 때문이다.

결국 휼병회 한인분과는 설립되었다. 이 조직은 프리아무르 휼병회의 산하기관으로, 활동 범위에 제약이 있었던 것으로 보인다. 그럼에도 불구하고 휼병회 한인분과는 "권익 신장을 내세운다는 점에서 권업회와 굉장히 유사"하며, "제1차 세계대전 시기 한인사회의 권익 증진 운동의 중심축"[87]으로 평가받기도 한다. 그러나 자료가 부족해 구체적으로 어떤 권익 증진 활동을 했는지는 확인하기 어렵다.[88]

다만, 러시아 전시체제기에는 대중조직의 지도자나 정당뿐만 아니라 소수민족과 여성 등 전시체제를 지원한 이들은 '국가의 대의'를 위해 헌신하면 전후에 그들의 권리를 확대할 수 있다고 기대했다.[89]

이 관점에서 보면, 휼병회 한인분과에 참여한 한인은 러시아 전시체제에 협력한 결과로 전후에 권리 향상을 요구했을 가능성이 크다. 러시아 국민으로서 의무를 다한 경험은 전후의 정세 변화 속에서 참정권이나 민족자치권 등 정치적 권리를 주장할 수 있는 근거가 될 수 있었다.

휼병회 한인분과는 휼병회의 산하기관으로서 독립적인 활동을 하기 어려운 제약 속에서도, 러시아혁명 전 한인이 합법적으로 활동할 수 있는 거의 유일한 단체였다. 이 점에서 휼병회 한인분과는 전시체제 동안 블라디보스토크를 중심으로 한 정주유력자들이 조직력을 유지하는 데 중요한 역할을 했다.

이들이 유지한 조직력은 정세가 변화했을 때 현지정치와 고국정치에 필요한 물적 기반이 되었다. 휼병회 한인분과를 조직해 러시아의 후방 지원 활동을 전개한 것은 전시체제의 당면과제를 외면하지 않으면서도, 1910년대 권업회 활동을 통해 성장한 러시아 한인사회를 지키려는 노력의 일환이었다. 즉, 자율성이 제약된 상황에서 한인의 활동 영역을 보전하기 위한 대안으로 볼 수 있다.

휼병회가 정확히 언제 해체되었는지는 자료 부족으로 알기 어렵다. 그러나 1917년 2월혁명 이후 곤다티 총독의 직위가 해제되었고, 휼병회의 보고서가 1917년 2월 1일까지 보고되었던 점을 고려하면, 혁명 이후 임시정부의 등장으로 휼병회와 휼병회 한인분과도 함께 해체되었을 것으로 추측된다.[90]

러시아 전시체제기 휼병회 한인분과는 조직력 유지라는 관점에서, 한인 민회와 권업회의 연속선상에 있는 단체였다. 휼병회 한인분과는 '항일운동의 침체'라는 서술 기조 속에서 주목받지 못한 부분을 새로이 드러내 제1차 세계대전기 러시아 한인사회를 재조명하는 데 기여한다. 나아가, 1914년 전쟁 전후와 1917년 러시아 2월혁명 후의 한인사회를 연속적으로 바라보게 한다는 점에서 역사적 의의를 지닌다.

11장
러시아혁명기, 두 가지 정치적 과제

1. 2월혁명에 대한 한인의 태도

1917년은 혁명의 해였다. 그해 3월 8일 러시아에서 '2월혁명'이 일어나 차르체제가 전복됐다.¹ 1917년 3월 12일 새로 설립된 러시아 임시정부는 부르주아 민족주의자와 사회주의자의 연합 정권이었다. 임시정부는 3월 15일 '임시정부의 구성과 과업에 대한 선언'을 발표하며 언론, 출판, 결사, 집회의 자유를 보장하고 신분, 종교, 민족에 대한 모든 차별을 없애겠다고 선언했다.

이 시기에 러시아는 임시정부와 소비에트가 함께 운영되면서 '이중권력체제'가 형성되었다. 이중권력체제란 1917년 3월에 설립된 러시아 공화국이 '임시정부'와 '노동자·병사 소비에트'라는 두 세력에 의해 권력이 나뉘어 있는 국가 운영 방식을 의미한다. 사회주의자들은 임시정부와 별도로 '페트로그라드 소비에트'를 설립했다.² 연해주에서는 3월 17일 하바롭스크, 블라디보스토크, 우수리스크에서 '사회보안위원회'와 '노동자·병사 소비에트'가 조직되었다.

지방 행정 시스템에도 변화가 있었다. 총독직이 폐지되고, 대신 임시정부의 코미사르(전권위원)가 그 권한을 수행했다. 곤다티 총독은 체포되었고, 총독관방의 해체를 담당할 인물로 솔랴르스키(B. B. Солярский)가 임명되었다.³

곤다티는 양면성을 지닌 인물이었다. 1910년부터 극동 식민지 개발에서 '한인유용론'을 바탕으로 한인의 러시아 귀화를 장려했고, 권업회 설립에 관여하여 한인의 정치·경제적 활동을 보호했다. 이런 점에서 한인의 러시아 정착에 긍정적인 영향을 미쳤다. 그러나 그는 중국인 고용을 억압하고, 전시체제에 따라 권업회를 해체했으며, 다시 한인의 고용을 억제하려 했다는 점에서 한계도 있었다. 그러한 명과 암이 공존하는 곤다티 총독의 통치는 러시아 전역의 급격한 체제 변동에 따라 끝을 맞았다.

블라디보스토크 동방연구소의 포드스타빈은 현지 한인 대표에게 러시아혁명이 가져올 자유와 평등의 소식을 전했다. 그는 한인이 "전쟁터에서 보여준 영웅적 헌신"에 대해 "무궁한 명예"를 돌릴 것이라고 상찬했다. 새로 조직된 러시아 임시정부는 한인에게 원조를 아끼지 않을 것이며, 전시체제에 대한 지속적인 지원을 부탁했다.[4]

2월혁명이 일어나자 블라디보스토크 한인들은 정세 변화에 기민하게 대응했다. 우선 러시아 임시정부에 지지성명을 보냈다. 김치보 외 4명은 시 집행위원회 대표위원으로 선출되어 신한촌의 치안 유지를 맡았다. 김치보 외 2인의 이름으로 상트페테르부르크의 국가 두마 의장에게 다음과 같은 전문을 보냈다.[5]

> 프리아무르 한인들은 러시아인들과 함께 러시아의
> 혁신에 기뻐합니다. 러시아인들에게 좋으면 우리에게도
> 좋은 법입니다. 동시에 한인 병사들에게도 새 정부에
> 충성하라는 전문을 보냈습니다.[6]

또한, 러시아 출정군 총사령관에게는 "한인 병사들은 새 정부에 충성을 다하고, 마지막 한 방울의 피가 남을 때까지 조국을 지킬

것"이라며 지지성명을 보냈다.⁷

한인들은 대체로 러시아 2월혁명을 반겼던 것으로 보인다. 하지만 이 혁명에 대한 보다 구체적인 반응은 한인의 귀화 여부에 따라 달랐다. 1917년 8월, 일본의 블라디보스토크 파견원(이하 파견원)이 작성한 「러시아혁명이 조선인에게 미치는 영향」이라는 자료가 주목된다.⁸ 이 자료는 2월혁명에 대한 한인들의 반응과 그들이 귀화 여부에 따라 어떤 정치적 성향을 가졌는지 분석한 보고서다. 일본 측의 주관적 평가가 포함되어 있어 비판적 접근이 필요하지만, 혁명기 러시아 한인사회의 내부 사정을 이해하는 데 중요한 단서를 제공한다.

자료에는 정치체제 유지에 대한 '불안감'이 일관되게 나타난다. 일본은 2월혁명을 크게 경계했다. 일본은 군주제를 유지하고 있었기 때문에, 중국과 러시아에서 공화국이 설립되는 움직임을 우려했다. 파견원은 한반도가 중국과 러시아와 접해 있고 주민들의 왕래가 활발하여 한인들이 혁명의 영향을 받을 가능성이 크다고 판단했다.⁹

이 자료는 기본적으로 2월혁명이 한인에게 어떤 영향을 주었는지 초점을 맞추고 있지만 궁극적인 관심은 '반일 성향'이 어떻게 형성되는지였다. 파견원이 본 반일은 지리 조건에 영향을 받는 심리적 형성물이었다. 이주민이 거주하는 지역과 고국이 물리적으로 얼마나 떨어져 있는지, 그리고 교통의 편리함은 어떠한지가 영향을 준다고 보았다.

그의 견해에 따르면 고국과 거리가 가깝고 교통이 편리한 블라디보스토크, 연추, 우수리스크 지역은 한인의 반일 성향이 강한 편이었다. 그러나 고국과 거리가 먼 하바롭스크, 니콜라옙스크, 블라고베셴스크, 블라고슬로벤노예는 "배일적 색채를 띠는 신귀화인 또는 비귀화인과 접촉할 일이 드문 지방"이므로 거류 한인들의 반일 성향이 약했다. 그는 블라고슬로벤노예는 교통의 불편함으로 인해 "분위기를 달리한다는바, 소위 유입적 애국사상이 감염되는 것도 따라서 늦다"10고 분석했다.

귀화 여부도 정치 성향을 결정짓는 중요한 기준이었다. 파견원의 분석에 따르면, 러시아혁명의 영향을 가장 많이 받은 사람들은 '구귀화자'였다. 구귀화자란 1884년 조러통상조약에 따라 조선과 러시아 양국에서 공식적으로 러시아 국적을 얻은 한인들을 의미한다. 이들은 1863년부터 러시아로 이주하여 국적을 취득한 사람들이며, 러시아화가 깊어 '준(準)러시아인'과 같으며, 전반적으로 반일 성향이 약한 것으로 기록되어 있다.11

구귀화자들이 2월혁명에 적극적으로 호응했던 이유는, 이 혁명을 러시아 현지에서 민족적 권리를 확대할 기회로 여겼기 때문이다. 이들은 법적으로는 러시아 시민이었을 뿐만 아니라, 러시아를 모국처럼 여기며 그에 대한 애착이 강했다.12

이때 구귀화자의 귀화 유형은 '동화형 귀화(同化形 歸化)'라 할 수 있다. 이주자가 거주국에 강한 소속감을 느끼며, 그 나라의 문화와 국민적 정체성을 적극적으로 받아들이는 것을 의미한다. 반면, 고국의 민족적 정체성은 상대적으로 약하게 유지된다.

이때 법률적 평등이라는 차원에서 구귀화자의 권리와 혜택은 비귀화자나 신귀화자에 비해 많았지만, 그것은 상대적인 평등이었을 뿐 러시아 사회 내 소수민족이라는 민족 범주의 틀을 벗어나지 못했다. 이 때문에 한인의 귀화를 장려했던 곤다티 총독조차 전시기 귀화 여부를 불문하고 한인의 고용을 금지한 것이다. 따라서 이들이 민족차별 철폐가 슬로건 중 하나였던 2월혁명에 지지를 보내는 것은 자연스러운 일이었다.

구귀화자의 관심은 대체로 현지에서 민족적 권리 신장을 위한 현지정치에 머물렀다. 파견원의 기록에 따르면 대부분의 구귀화자들은 반일 성향이 강하지 않았고, 한일병합 전후로 이주해온 한인들의 고국정치에도 큰 관심을 두지 않았다. 그래서 그는 구귀화자가 일본제국이나 제국민에 대해 원한을 가진 경우는 드물다고 기록했다.13 구귀화자들의 이주 배경이 주로 1860년대 함경도의 대기근과 관리들의 착취에서 비롯되었음을 고려하면, 그들의 냉담한 태도는 일본의 한반도 식민지화가 시작되기 전, 고국의 구조적 모순에서 나온 결과로 볼 수 있다.

고국정치에 대한 구귀화자의 상대적 무관심으로 인해, 단속상 일본이 가장 주의를 기울인 이들은 신귀화자와 비귀화자였다. 파견원은 신귀화자 가운데 단속상 주의해야 할 인물이 "너무 많아서 일일이 열거하기가 어렵다"14고 기록했다. 그 예로는 망명자 유형의 정재관, 안정근과 정주유력자 유형의 조장원, 조영진, 강양오, 이가순 등이 있었다.

신귀화자는 현지정치를 통한 러시아 한인의 처우 개선뿐만 아니라, 고국정치를 통한 조선의 식민지 해방에도 관심이 많았다. 러일전쟁 후 대한제국의 식민화라는 배경 속에서 탄생한 신귀화자는 기본적으로 정치적 난민의 성격이 강했기 때문이다. 이들의 상당수는 취업과 생활의 편의를 위해 러시아에 귀화한 이들이 많았다.

신귀화자의 귀화 방식은 '양립형 귀화(兩立形 歸化)'라 할 수 있다. 이주자가 취업이나 주거 등 생활상의 필요로 인해 거주국의 국민이 되지만, 고국의 민족적 정체성도 여전히 강하게 유지하는 귀화 방식이다. 이주자는 거주국의 문화를 일정 수준까지 받아들이지만, 그것이 전면적인 것은 아니다. 신귀화자들이 동화형 귀화가 아니라 양립형 귀화를 선택한 이유는 경제적으로 구귀화자처럼 국적 취득 시 토지 획득이 보장되지 않아 권리와 혜택이 상대적으로 적었으며, 정치적으로는 고국의 식민지화라는 정세 속에서 이주해 여전히 고국의 정치 문제에 큰 관심을 갖고 있었기 때문이다.

구귀화자와 신귀화자는 각기 다른 방향으로 분노를 표출했다. 구귀화자는 고국의 식민지화를 보기 전, 조선의 정치적 모순으로 인해 이주하게 되었고, 이로 인해 분노의 대상이 고국에 향했다. 반면, 신귀화자는 고국의 식민지화라는 국제적 변동 속에서 이주했기 때문에 일본을 향한 분노가 더 강했다. 파견원은 "청일전쟁 후 조선에서 일본의 세력이 점차 증대하는 것을 목격"하고, "러일전쟁에 이어 한일병합의 때 점점 일본의 태도에 분개한 자"들이 러시아로 이주해 신귀화자가 되었다고 기록했다.15 이처럼 이주 배경과 시점이 각 집단의 기본적인 정치 성향을 결정지은 것이다.

제1차 세계대전이 일어난 후, 러시아의 징병령에 응한 신귀화자들은 소수였던 것으로 추정된다. 그러나 일단 군인이 된 신귀화자들은 러시아혁명의 분위기에 큰 영향을 받았다. 이들은 러시아 병사와 장교 간에 '전우' 또는 '동료'를 뜻하는 '토바리시(Товарищи)'라는 호칭을 사용했다. 언론, 집회, 결사의 자유를 통해 다양한 단체를 조직하고 정치에 적극적으로 참여했다. 파견원은 신귀화자가 구귀화자를 "선동하여 더욱 배일적인 기세를 강화할 것"이라 우려하며, 제정러시아 시대보다 "한층 그 폐해가 심대"하다고 보았다.16

신귀화자 역시 구귀화자와 마찬가지로 법률적으로 러시아 국민이었기 때문에 러시아 현지에서 발생한 2월혁명에 민감하게 반응했다. 다만 일찍이 귀화하여 토지를 분배받아 경제적으로 지주층에 가까웠던 구귀화자와 달리, 신귀화자는 노동자·상인 계층에 가까웠다는 점에서 계급적 차이가 있었다. 이들은 현지정치와 고국정치 양쪽 모두 관심이 많은 이주민 집단이었다.

파견원은 비귀화자들이 2월혁명에 어떻게 반응했는지 구체적으로 언급하지 않았다. 그는 비귀화자들이 반일 성향뿐만 아니라 사회적·정치적 관심이 전반적으로 적으며, 생활의 안정만 있으면 금세 만족하는 성향이라고 기록했다.[17] 이러한 관점에서 보면, 비귀화자들은 2월혁명에 대해 정치적으로 무관심했던 것으로 묘사된다.

비귀화자들은 대체로 노동자 계급으로, 정주성이 약한 특징이 있었다. 이들은 유목민처럼 강한 이동성을 지녔다. 간도에서 쫓겨나면 러시아로, 러시아의 상황이 불안하면 다시 만주로 이동했다.[18]

혁명기 '러시안 드림'을 찾아 조선에서 러시아로 건너온 비귀화자들이 늘어났다. 당시 한인이 블라디보스토크로 향한 이유는 "돈벌기 좋아서"였다. 『매일신보』에는 해산물, 파나마모자, 연초 판매를 통해 재산을 모은 한인의 사례가 소개되었다.[19] 그 외에도 빈손으로 블라디보스토크에 가, 수십만 원을 번 사례도 알려졌다. 『매일신보』는 "전쟁 바람에 투기사업이 성공되어 부자된 사람"도 있었고, "소규모로 장사하다가 졸부된 사람"도 있었으며, "흥분시키는 일이 많은 고로" 블라디보스토크로 이주하는 이들이 늘어났다고 설명했다.[20]

비귀화자 중에는 '투자 이민자'도 있었다. 이들은 부동산 투자로 생활 수준을 향상시키려 했다. 조선에서 고가에 토지를 팔아 러시아에서 몇 배 넓은 토지를 매입한 경우가 많았다. 이러한 투자 이민자들의 친척들도 이들을 따라 이주하기도 했다.[21] 이주를 통한 재산 증식의 사례를 보고 조선으로부터 러시아로 연쇄 이주가 일어난 것이다.

파견원은 고국에서 재산을 처분하고 경제적 목적으로 이주한 비귀화자들이 러시아에 귀화하지 않았거나, 귀화했더라도 형식적이었으며, 고국에 대한 애국심이 적었다고 기록했다.[22] 반면, 비귀화자 중에서 망명자들은 신귀화자와 비귀화자 전반에 걸쳐 "상당한 신용"과 "애국자로서의 경의"를 받고 있었다.²³ 신귀화자와 비귀화자 모두 망명자가 스스로 속한 사회계층이자, 그 안의 한인 대중의 지지를 받으며 권위를 얻는, 정치력의 원천이었다.

신귀화자와 비귀화자를 구분하는 것은 모호했다. 비귀화자는 노동자라는 점에서 신귀화자와 계급적인 공통점이 있었다. 다만 귀화 여부를 제외하고는 이 두 집단을 쉽게 구분하기 어려웠다. 파견원은 귀화한 한인이 러시아를 떠난 경우는 물론, "부득이 병역에 복종하는 자"들도 비귀화자로 혼용하고 있었다.²⁴

이 점에서 파견원이 작성한 보고서의 한계가 드러난다. 보고서는 구귀화자와 신귀화자의 정치적 성향의 차이를 명확하게 구분하지만, 신귀화자와 비귀화자에 대해서는 그렇지 못하다. 비귀화자의 정치적 성향을 설명할 때, 고국정치에 대한 망명자의 영향력을 강조하면서도, 비귀화자 전반의 지식 수준이 매우 낮고 "자신의 주장이나 정견이 없다"고 기록했다.²⁵ 비귀화자의 정치적 성향을 두고 상충하는 설명이 발생한 것이다.

파견원의 보고서에 기록된 비귀화자의 태도를 재해석할 필요가 있다. 비귀화 망명자의 태도는 뚜렷하다. 이들은 2월혁명을 고국정치를 위한 기회로 여겼다. 망명자 이동휘는 러시아에 새로운 정부가 수립되었다는 소식을 듣고 중국에서 러시아로 향했다.²⁶

파견원은 비귀화자를 "다른 사람들에게 좌우되기 쉬운" 유형으로 평가하며, "오늘의 순량한 농민도 내일은 불령배일의 무리"로 변할 수 있다고 지적했다.²⁷ 비귀화자에 대한 멸시적 시각이 반영된 부분이지만, 이 구절을 다른 시각으로 해석하면, 생업에 몰두하던 비귀화자들은 정치에 관심을 가질 여유가 없었지만, 혁명적 분위기 속에서 망명자들의 고국정치에 공명하여 언제든 항일 성향을 띠는 존재로 변모할 가능성이 있음을 시사한다.

파견원의 보고서 제목은 「러시아혁명이 조선인에게 미치는 영향」이지만, 행간을 읽어 고치면, '한인이 러시아혁명을 이용하는 방식'이 될 것이다. 현지정치에 집중한 구귀화자와 달리 신귀화자 전반과 비귀화 망명자는 러시아혁명이 선사한 정치적 자유를 고국정치를 위한 기회로 이용했다. 비귀화 한인 대중 역시 잠재적으로 항일적 성향을 드러낼 수 있는 존재로 인식되었다.

신귀화자와 비귀화자, 두 사회집단은 고국정치를 통해 국경을 마주한 일본의 식민통치체제에 위협을 줄 수 있었다. 이 때문에 일본 측이 주목한 대상은 2월혁명에 가장 적극적으로 호응하고 있다고 판단한 구귀화자가 아니라 신귀화자와 비귀화자였다. 신귀화자는 비교적 안정적 생활을 누리며 현지정치만이 아니라 고국정치에도 관심을 지닌 사회집단이었다. 이들은 항일 이슈에 관해 구귀화자에게 영향을 주며, 비귀화 망명자와도 공명했다. 이처럼 신귀화자는 구귀화자와 비귀화자 사이에서 가교 역할을 하고, 고국정치와 현지정치를 양립시키며 일본의 이목을 끈 존재였다.

2. 현지정치, 그 너머

1917년 5월 3일 블라디보스토크 신한촌 한민학교에서 '아령한인협회(俄領韓人協會)' 발기회가 조직됐다. 아령한인협회를 부르는 명칭은 '노령한인협회', '고려족중앙총회', '전로한족회' 등 다양하지만, 이 책에서는 당시 한글 사료에 기록된 명칭인 아령한인협회를 따르기로 한다.

〈그림 25〉는 아령한인협회 발기회 통고서다.[28] 발기회의 임시회장은 한 안드레이 즉 한명세(韓明世), 부회장 김바실리, 의사원 최재

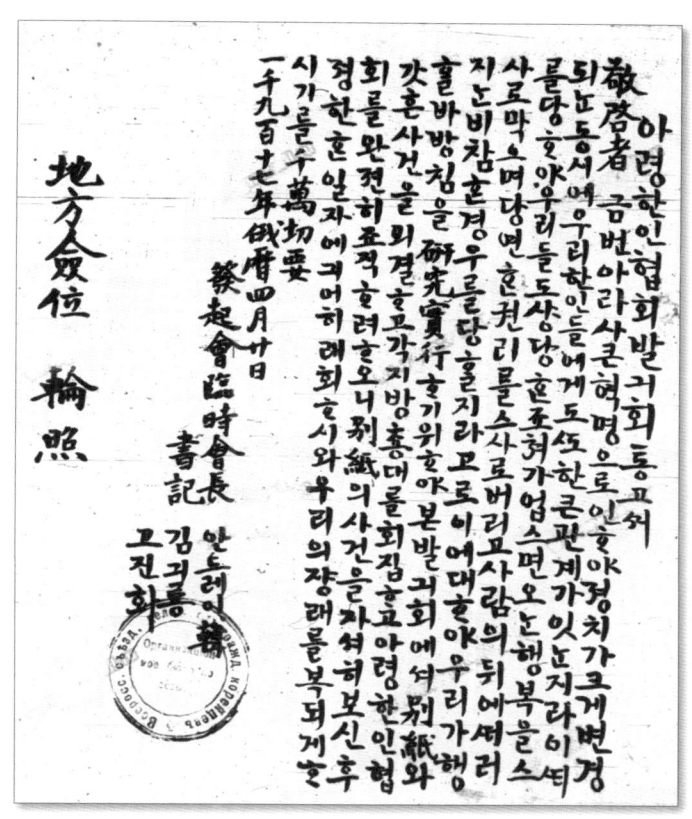

그림 25. 1917년 5월 아령한인협회 발기회 통고서

형, 문창범, 김치보, 김 야코프, 서기는 김기룡(金起龍)과 고진화(高鎭化)였다.29 이들은 총회 소집일까지 아령한인협회의 조직적 성격을 결정지을 주요 인물들이었다. 발기회는 총회 소집일을 1917년 6월 3일, 개최지를 우수리스크 코르사코프스카야 15호로 결정했다.30

1917년 5월 아령한인협회 발기회의 임원 구성은 구귀화자 1세대와 '귀화 2세대 청년층'을 중심으로 신귀화자들의 제휴 속에서 이루어졌다. 여기서 귀화 2세대 청년층이란 유년기에 부모를 따라 러시아로 이주하거나 러시아에서 태어나 정규교육을 받으며 러시아어

와 문화에 익숙한, 20~40세 정도의 한인 집단을 의미한다. 발기회가 현지 정주민 중심으로 구성된 배경은 망명자들의 영향력이 일시적으로 감소한 상황과 관련이 있다. 1910년대 초까지 고국정치를 주도했던 여러 망명자들은 1917년 5월 시점에 이미 사망하거나 러시아 경찰에 체포되어 더 이상 영향력을 발휘하기 어려웠다.[31]

한명세가 회장에 오른 것에 주목해야 한다.[32] 그의 러시아 이름은 한 안드레이 아브라모비치(Хан А. А.)로, 1917년 당시 32세의 청년이었다. 연해주 포시에트 지신허 마을에서 태어나 자란 그는 최재형의 후원을 받아 러시아 서부 카잔신학교에서 공부했다. 1917년 3월에는 니콜스크-우수리스크 사회보안위원회의 결성에 참여하여 집행위원으로 활동하고 있었다.[33]

의사원 가운데 김 야코프는 우수리스크에서 태어난 36세의 귀화 2세대 청년으로, 한명세처럼 최재형의 후원을 받아 카잔사범대학교에서 수학했다. 그는 우수리스크 지역의 중심 상인이었다.[34] 한명세가 아령한인협회 회장직에 선출되고, 김 야코프가 의사원에 피선된 것은 귀화 2세대가 러시아 한인 정치세력에서 중진으로 자리 잡았음을 보여주는 사례였다.[35]

의사원 중 최재형과 김치보는 1917년 당시 각각 57세와 58세로, 중년에서 노년으로 접어드는 세대였다. 이들은 귀화 2세대 청년들이 중진으로 진입한 아령한인협회에서 방향을 조정할 수 있는 조언자 역할을 맡고 있었다. 그러나 그들의 영향력에는 차이가 있었다.

최재형은 구귀화자로서 오랜 기간 러시아에 거주하며 장학금 지원과 후속 세대 양성을 통해 탄탄한 입지를 확보해왔다. 반면 김치보는 1905년경 이주하여 곤다티 총독 시기에 귀화한 신귀화자로서, 아령한인협회의 의원직에 선출될 만큼 러시아 한인사회에서 중요한 인물로 인정받았다. 그러나 일본 측 정보보고에 따르면 김치보는 한인 일반에게는 신뢰를 받았지만, "청년들 사이에서는 신용이 약하다"36는 평가를 받았다. 그가 상대적으로 짧은 러시아 거주 기간과 활동 경력을 가지고 있었고, 청년층에 대한 직접적인 지원이 두드러지지 않았기 때문일 것으로 보인다.

한 가지 주목할 점은 우수리스크 지역 한인의 약진이 두드러진다는 것이다. 한명세, 문창범, 김 야코프와 같은 인물이 아령한인협회 발기회에서 중심적인 역할을 맡고 있는 사실이 이를 잘 보여준다. 권업회 시절 블라디보스토크 한인사회가 정치활동을 주도했던 것과는 분명한 차이다. 1910년 한일강제병합 이후부터 러시아혁명기까지, 러시아 한인사회 결속력의 중심은 블라디보스토크였다. 그러나 2월혁명 이후, 우수리스크에서 활동하는 인물들이 두각을 드러냈다. 블라디보스토크에서 발기회를 개최했지만, 아령한인협회 총회의 개최지가 우수리스크로 선정된 것을 보면 더욱 그러하다.

이러한 현상이 나타난 이유를 추측해보면, 아령한인협회가 러시아 중앙정치 참여를 주요 목표로 삼았기 때문으로 보인다. 그에 따라 러시아어에 능숙한 귀화자들로 임원 구성을 했고, 임원 선정과 총회 개최지 선정 과정에서 블라디보스토크보다 상대적으로 귀화자의 비율이 높은 우수리스크 지역 한인들의 의지와 이해가 강하게 반영된 것으로 생각된다.

아령한인협회는 어떤 정치적 방향을 가지고 있었을까? 주 하얼빈 일본총영사관은 아령한인협회의 활동을 러시아혁명 이후 "새로운 자유를 얻어 평소 품고 있던 불령 획책을 실현하는 방편"37이라고 해석했다. 하지만 아령한인협회가 발표한 '격문(Воззвание)'에는 항일적인 내용이 두드러지지 않는다.38

아령한인협회는 기본적으로 현지정치 활동을 위한 조직이었다. 혁명으로 정치가 대변혁을 맞이한 상황에서 "행할 바 방침을 연구

실행하기 위해" 설립되었다.39 발기회는 격문을 통해 러시아 제헌의회에 한인들도 대의원을 선출해 한인의 입장을 대변할 수 있어야 한다고 주장했다. 제헌의회는 1917년 11월 25일에 치러진 러시아 최초의 자유선거였다. 발기회는 제헌의회에 보낼 적임자를 선정하기 위해 회의와 강연, 언론의 역할을 강조하며, 조선어로 된 신문 발행을 위해 의연금 기부를 호소했다.40

1917년 5월 3일 아령한인협회 발기회의 회의 결과는 국한문, 일본어, 그리고 러시아어로 작성되었다.41 국한문과 일어본의 내용은 거의 동일하지만, 러시아어본은 이 두 가지와 전반적으로 비슷한 내용이면서도 총회의 지방대표 선출 방식과 의결권 부여 방식에서 차이가 있다.

발기회에서 다룬 주요 안건은 크게 세 가지였다. 첫째는 총회에 파견될 지방대표의 역할, 둘째는 대표의 선정 방법, 셋째는 의결권 부여 방식이었다. 지방대표는 자신이 속한 지역의 인구를 조사하고, 총회에 이 결과를 보고하며, 지역의 토지와 노동 등 당면한 문제를 제시하는 역할을 맡았다.

인구조사 시 거주기간은 중요한 기준이 됐다. "입적한 사람 및 입적치 아니하고 5년 이상 거주한 한인"이 조사 대상으로 선정됐다. 5년이라는 시간은 귀화 자격 조건으로서 유의미한 기간이자, 단기 거주한 비귀화자와 구분될 수 있는 시간적 기준점이었다. 5년 이상 거주한 비귀화자는 통상 러시아 한인사회에서 귀화를 위한 주요 자격 조건인 체류 기간을 만족하여, 가까운 시일 안에 귀화할 것이 예상되는 유형이었으므로 인구 통계를 내기에 유의미하게 분류된 것이다.

대표 선정 방식은 번역본에 따라 다르게 해석될 수 있었다. 국한문본과 일어본에서는 지방의 인구가 50호에서 100호 사이일 경우,

18세 이상의 남녀 중에서 1명을 선정하도록 명시되어 있었다. 반면 러시아어본에서는 보다 구체적으로, 선거권이 있는 만 18세 이상의 남녀가 보통·직접·평등·비밀 투표를 통해 선출한다고 적혀 있다.⁴² 또한 100명 중 1명의 지방대표를 선출한다고 명시되어 있으며, "완전한 100명이 되지 않는 경우도 완전한 것으로 간주한다"는 문구는 50호 이하의 지역에서도 지방대표 1인을 선출할 가능성으로 읽힐 수 있었다.

결국, 국한문본을 기준으로 할 경우, 러시아어를 잘 모르는 한인은 50호 이하의 지역에서는 지방대표를 선출하지 못한다고 해석할 수 있다. 반면, 러시아어를 잘 아는 한인은 러시아어본을 바탕으로 100명 이하, 즉 국한문본에서 명시된 50호보다 더 적은 규모의 지역에서도 지방대표를 선출할 수 있는 것으로 해석된다. 일반적으로 한 호를 3~5명이라 한다면, 100명은 20~33호 정도로 계산할 수 있어 50호 이하여도 대표 선출이 가능해지기 때문이다. 실제로 총회장에는 약 70명의 귀화자와 30명의 비귀화자가 참석했다.⁴³ 상대적으로 비귀화자에 비해 러시아어가 능숙한 귀화자에게 유리하게 해석될 수 있는 회의 결과 기록이었다. 언어에 따라 지방대표 선출 방식을 달리 해석할 수 있어, 총회 의결권자 확보에서 정보의 비대칭이 발생했다.⁴⁴

1917년 6월 3일 우수리스크에서 전 아령한인협회 총회가 개최되었다. 이 회의는 '전로한족대표자대회'라고도 불렸으며, 각지 대표 96명이 총회에 참석했다.⁴⁵ 회의 일정표에 따르면, 1917년 6월 3일에 개최될 아령한인협회 총회에서 의결할 문제는 러시아 제헌의회에 한인 대표를 파견하는 정치적 안건부터, 노동·토지와 같은 경제적 안건을 아울렀다. 신문 발행과 교육 등 사회적 안건도 토의가 예정되어 있었다.⁴⁶

러시아에서 국적을 취득했어도 민족차별을 벗어나지 못한 것이 아령한인협회 조직 배경 중 하나였다. 총회 안건 중에는 제정러시아기 한인의 불평등한 처우 문제가 있었다.[47] 러시아에 귀화할 것으로 기대된 한인도 민족차별을 받지 않도록 제도적 권리를 확보하는 것이 아령한인협회의 주요 목적이었다. 이런 주장이 제기된 배경에는, 러시아혁명 이후 연해주에서 군촌회가 조직되면서 1917년 4월의 대회에서 귀화 한인들이 상당한 세력을 갖게 되었지만, 그로 인해 러시아인들로부터 경계를 샀던 상황이 있다.[48]

아령한인협회는 한인 내부의 문제, 즉 귀화자와 비귀화자의 관계에 어떠한 시사점을 던져주는가? 그간 아령한인협회는 귀화자 중심의 단체로 파악되었다. 이러한 판단은 귀화자만이 의결권을 갖고 회의의 주요 안건을 결정했다는 사실에서 기인한다. 일본 측도 아령한인협회가 "비귀화선인을 자치단에 병합"[49]했다고 평가했을 정도로 그 일방성이 부각됐다.

아령한인협회에서 귀화자들이 일방적으로 의사결정을 한 것은 분명 귀화자와 비귀화자 간의 중요한 갈등 요인이 되었다.[50] 귀화자들은 국적 취득을 정치적 권리를 얻기 위한 기준으로 삼으려 했고, 러시아혁명기 사회적 권리의 재분배 과정에서 양측 간에 갈등이 생겼다. 이 갈등은 국적에 따라 러시아 한인사회 내부의 두 주요 세력을 구분하는 계기가 되었다. 귀화자들은 기득권 유지에 몰두하거나 미래의 정치적 권리를 독점하려는 세력으로 여겨졌다.

그러나 의결권을 둘러싼 양자의 갈등만으로 모든 상황을 설명하기는 어렵다. 그 이면에 가려진 역사적 균열에도 주목할 필요가 있다. 아령한인협회를 '귀화자 중심'이라는 성격으로 규정하기 전에 말이다.

아령한인협회가 귀화자의 이익을 중심에 두긴 했지만, 비귀화자에 대한 경제적 원조도 함께 고려되었다. 의결한 논의 가운데 "입적치 아니하고 농사하는 한인을 구제하며 보호할 것"[51]과 같이 비귀화자에 대한 경제적 지원 안건도 포함되어 있었다. 비귀화자들이 농사를 지으며 러시아에 장기 거주할 시, 결국 귀화하여 러시아 국민으로서 법적 권리를 획득할 것으로 예상되었기 때문에 그들에 대한 경제적 지원을 고려한 것이다.

또한 아령한인협회는 망명귀화자를 총회 참석에 배제했다. 일본의 정보보고에 따르면 최재형은 망명귀화자 이강이 반일 언설을 외칠 우려가 있어 그를 회의장에 들여보내지 않았다고 기록하고 있다.[52] 귀화자라고 하더라도, 아령한인협회의 방향성과 반대되는 입장을 취할 우려가 있다면 총회 참석 자체를 배제했다. 이는 전쟁 이전 권업회에서 망명자가 참여하여 표면으로는 현지정치를, 이면으로는 고국정치를 전개하며 양자를 양립시켰던 때와는 사뭇 다른 상황이었다.

아령한인협회에 반감을 품은 한인들도 있었다. 이들은 러시아 임시정부가 항일활동을 억누르고 있기 때문에, 그러한 임시정부를 지지하는 것 등 항일활동에 대한 완전한 부정은 아니더라도, 결과적으로 방해하는 행위로 여겼다.[53]

불만을 품은 세력 중에 귀화군인에 주목할 만하다. 이들이 귀화자임에도 아령한인협회에 반감을 가졌던 이유는 협회가 독일과의 전쟁을 지속하려는 러시아 임시정부를 지지했기 때문이다. 러시아군에 입대한 후 전쟁의 참상을 직접 경험한 이들은 전쟁에 대한 부정적인 인식을 갖게 되었고, 그로 인해 혐전(嫌戰) 분위기가 지배적이었다고 보인다.[54] 또한, 노동자 군인 소비에트의 성립으로 군인으로서 대우가 나아진 점을 고려하면, 군인 세력은 상대적으로 임시정부와 소비에트라는 이중권력체제에서 후자를 지지할 가능성이 컸다.

1917년 9월 초 '군인 그룹'은 블라디보스토크 신한촌 민회를 장악했다. 군인 그룹이란 제1차 세계대전에 참전한 러시아 귀화 한인들로, 혁명이 일어난 후 연해주에서 군 활동 경력과 네트워크를 바탕으로 정치적 영향력을 행사한 소장파 집단이다. 이 그룹에는 최 니콜라이 막시모비치, 박 이반 표도르비치, 박 세묜, 조장원, 강양오, 장 표트르, 고명호, 이흥운, 이가순 등이 해당한다.[55]

1917년 7월 17일, 한인들은 군인회를 조직했다. 이들은 블라디보스토크 시민회에 한인 대표를 파견하기로 결정했다.[56] 군인 그룹은 주로 블라디보스토크의 신귀화자와 기타 지역의 귀화 2세대 청년층으로 이루어져, 아령한인협회가 대변하지 못한 귀화자의 또 다른 면모를 드러낸다. 일본영사관조차 한인 군인 세력이 블라디보스토크 신한촌의 "실권을 수중에 넣었다"[57]고 평가할 만큼 독자적인 세력을 형성했다.

왜 군인 그룹은 블라디보스토크 신한촌 민회를 장악했을까? 1917년 가을 러시아의 정세 변화와 관련이 있다. 1917년 8월 코르닐로프 장군의 반란 후, 페트로그라드의 노동자·병사 소비에트는 볼셰비키가 장악하여 급진화되었다.[58] 이와 같은 상황 속에서 블라디보스토크의 한인 군인들도 정치적 활동 영역을 넓혀나가고 있던 것이다.

당시 신한촌 민회 구성원을 보면, 지역적 다양성과 귀화 2세대의 활동 증가가 눈에 띈다. 조장원과 강양오 같이 블라디보스토크 신한촌에 뿌리를 두고 활동한 정주유력자도 있었다.[59] 반면 부회장 최 니콜라이처럼 포시에트 부근에서 출생하여 군인으로 활동하다 임원에 오른 이도 있었다.[60] 블라디보스토크 한인 정치세력 내에 세대교체가 이뤄지고 있었다.

군인 그룹은 민회를 장악했지만, 현지주민과 관계를 등한시하지 않았다. 『청구신보』는 "군인파와 주민의 협력"으로 "사업이 매우 유망"하다고 평가했다. 『신한민보』도 "신한촌 주민과 당지 우리 군인이 합동하여 오는바"라고 소개했다.[61] 군인 그룹은 "노장 측 인사들과 타협"하며 한발 물러섰다. 민회는 1917년 12월 30일 개최된 총회에서 김치보를 회장으로 하는 체제로 새로이 개편됐다.[62]

군인 그룹은 위기에 처한 한인 망명자를 적극적으로 지원했다. 이들은 망명자와 소비에트 모두와 정치적 친연성을 지닌 세력이었다. 1917년 4월 16일, 이동휘는 독일 스파이 혐의로 체포되어 알렉세예프스크 감옥에 수감됐다.[63] 그러나 그해 11월에 석방됐다. 한인 군인회가 소비에트 측에 석방을 요청한 것이 받아들여졌기 때문이다.[64] 신한촌 군인회는 최고려와 박 세몬을 대표로 하여 러시아군인회와 함께 관청을 방문했다. 이들은 이동휘의 무죄를 주장하며 석방을 요청했다. 이후 러시아 당국이 이동휘를 하바롭스크 감옥으로 옮기자, 군인회는 박 세몬과 박 이반을 대표로 파견했다.[65] 망명자 백원보에 따르면 이동휘는 "이번 한인 군인들의 석방운동의 결과 일시 석방"되었다고 전했다.[66] 이는 이동휘 스스로가 석방 주도 세력을 군인 그룹으로 인식하고 있었음을 보여준다.

군인 그룹은 고국정치에 어떠한 태도를 보였는가. 일본 측은 한인 군인 모두가 고국정치에 공감한다고 보기는 어렵지만, 그 활동을 펼치는 이들과 협력할 가능성이 있다고 보았다.[67] 군인 그룹은 주로 군사교육을 받았기 때문에 일본 측에서는 이들의 무장활동 가능성을 경계할 수밖에 없었다. 또한 한인 망명자와 협력하여 계획을 실질적인 활동으로 전환할 수 있었기 때문에, 일본 측에 잠재적으로 큰 위협이 됐다.

결국 군인 그룹은 귀화자가 비귀화자, 그중에서도 특히 비귀화 망명자와 맺는 협력관계의 한 단면을 보여준다. 망명자에게 우호적 성향을 지닌 군인 그룹이 블라디보스토크의 신한촌에 자리 잡아 세력을 키운 것은 상징적인 일이다. 신한촌은 망명자와 정주유력자 간 대립뿐만 아니라 협력 경험이 풍부하게 축적된 공간이었기 때문이다.

요컨대, 신귀화자는 귀화 2세대 청년층과 함께 현지정치를 지향하는 아령한인협회의 조직과 균열 양쪽 모두에 관여했다. 나아가 군인 그룹에 속한 신귀화자는 귀화 2세대 청년들과 함께 신한촌 민회를 장악했다. 이들은 현지정치만이 아니라 망명자와 협력해 고국정치를 지지할 가능성이 큰 세력으로 남아 있었다.

3. 고국정치: 한반도 바깥에서 식민해방을 꾀하다

러시아 2월혁명 직후 등장한 두 주요 한인 신문은 『청구신보』와 『한인신보』다. 두 신문 모두 러시아 2월혁명 후 언론의 자유가 확산하는 가운데 한인들의 선제적 대응으로 탄생했다. 1917년 6월 3일, 아령한인협회는 우수리스크에서 『청구신보』를, 블라디보스토크에서 『한인신보』를 각각 발행하기로 결정했다.[68]

1917년 7월 8일 블라디보스토크 신한촌에서 『한인신보』가 창간됐다. 『한인신보』는 "혁명 후 러시아의 언론 집회 등 자유"의 산물이었다. 1917년 8월 29일 한일강제병합 8주년에 "국권 회복"을 외쳐 일본 측이 주시하고 있었다.[69]

창간 과정에는 여러 귀화자가 참여했다. 김학만, 김치보, 윤능효 등 신귀화자와 최재형, 최만학, 차석보 등 구귀화자가 그들이다. 이들은 양기탁을 주필로 초청했다.[70] 그는 『대한매일신보』기자로 활동한 경력이 있으며, 신민회 회원으로서 105인 사건에 연루되어 투옥된 경험이 있는 인물이다.

『한인신보』는 어떤 신문이었을까? 한인과 일본 측 모두『한인신보』를『권업신문』의 계보를 잇는 신문으로 인식했다. 주블라디보스토크 총영사 기쿠지 요시로(菊池義郎)는 "이미 금지된『권업신문』,『대양보』의 후신"이자 "배일적 신문"으로 파악했다.[71] 1917년 9월 23일『한인신보』에는 "장하도다『한인신보』『권업신문』떠난 뒤에 한인동포 세우려고 뒤를 이어" 나타났다는 축사가 실렸다.[72]

『한인신보』의 성격에 관해 서로 다른 두 견해가 있다. 첫 번째는『한인신보』가『청구신보』에 대항하여 나왔으며, 1918년 5월에 창당된, 최초의 한인 사회주의 정당인 한인사회당의 주도세력이었다는 설명이다.[73] 실제로 당대 여러 인물들은『한인신보』가 귀화자 중심의 노선에 대항하여, 비귀화자의 입장을 대변해주는 신문으로 인식했다.

안창호를 따르는 민족주의자 백원보는 귀화자가『청구신보』를, 비귀화자가『한인신보』를 발간했다고 보았다.[74] 주블라디보스토크 일본총영사관은 아령한인협회가 비귀화자를 참여시켜주지 않은 것에 분개하여 그에 대항하는 의미로『한인신보』가 창간되었다고 설명했다.[75] 사회주의자로 활동한 박진순도 비슷한 견해를 보였다. 그는『한인신보』가 비귀화자를 위한 신문이며, 전로한족중앙총회에 대항했다고 기록했다.[76]

반면,『한인신보』가『청구신보』와 대립 관계에 있지 않다는 시각도 있다. 1917년 창간 초기의 성격은 특별히 친볼셰비키적이지 않았다는 것이다. 이 주장에 따르면,『한인신보』그룹은 블라디보스토크 민회의 실질적 기관지였으며, 귀화자와 비귀화자가 공존하는 정치세력이었다.[77]

두 주장에서 공통으로 알 수 있는 점은 『한인신보』에 귀화자와 비귀화자가 공존했다는 것이다.[78] 그러나 지금까지 『한인신보』 그룹의 구성원을 논할 때 귀화 여부 논의에 가려져 주목받지 못한 부분이 있다. 바로 '고본단'의 존재다. 지금까지 한인신보사의 구성원을 논할 때 고본단에 소속된 인물이 언급된 적은 있지만, 고본단이 무엇인지, 그리고 이 단체가 『한인신보』 및 민회와 어떤 관계에 있었는지 설명이 없었다. 민회, 고본단, 『한인신보』의 관계를 밝히면 어째서 『한인신보』 그룹이 비귀화자를 아울러 러시아 한인사회의 단결을 강조했는지 이해할 수 있다.

1917년 10월 10일에 고본단 주주총회가 열렸다. 고본단의 단장에 김치보, 한인신보사 사장에 김병흡(金秉洽)이 임명됐다.[79] 고본단의 임원 8명 중 7명이 귀화자였으며, 그중 4명이 신귀화자로 확인된다.[80] 단장과 부단장 모두 신귀화자였다. 임원의 비중과 직책을 고려할 때, 고본단의 주도세력은 블라디보스토크에 정주하는 신귀화자였다.

고본단 임원을 보면, 1912~1914년 당시 권업회의 고본단 주주로 있던 이들과 인적 연속성이 있다.[81] 단장 김치보, 부단장 이형욱(李亨郁), 재무 윤능효, 회계감사원 이설(李卨, 또는 李可順), 강양오 5명은 1912~1914년 고본단의 주주였다.

1917년의 고본단은 한인신보사에 소속되어 활동 자금을 마련하기 위해 설립된 단체다. 일본 측 기록에 따르면, 김치보가 "한인신보사 주식단"과 관련이 있는 인물로 언급되어 있다.[82] 한인들도 고본단을 한인신보사의 산하단체로 인식하고 있었다. 『한인신보』 기사에 따르면, 고본단 단장의 정식 직함은 "한인신보사 고본단 단장"이었다. 또한, "본단(고본단—인용자)에서 고본을 모집하기 위해 한인신보 사원 최의수 씨에게 위탁하였사오니"라는 『한인신보』 기사

표 8. 지역별 고본단 주식 보유량

지명	주주 수	주식 수	『한인신보』 근거 자료
뻬림스크	5명	5주	1917.10.10., 4면
?	20명	20주	1917.10.14., 3면
수청	8명	8주	1917.10.22., 3면
니콜라옙스크	10명	10주	1917.11.4., 3면
소왕령	25명	56주	1917.11.17., 4면; 1917.11.25., 3면
유정커우	5명	10주	1917.11.25., 3면
블라디보스토크	1명	1주	1917.11.25., 3면
말구소까	2명	2주	1917.11.25., 3면
빠스까	4명	5주	1917.11.25., 3면
이만	3명	4주	1917.11.25., 3면
바십쓰크	1명	1주	1917.12.23., 3면
다반	13명	13주	1917.12.23., 3면
하바롭스크시	7명	10주	1917.12.23., 3면
하바롭스크 말이와촌	7명	10주	1917.12.23., 3면
하바롭스크 하인동	9명	10주	1917.12.23., 3면
하바롭스크 웃능평	6명	6주	1917.12.23., 3면
흥커우	1명	1주	1917.12.23., 3면
합계	127명	172주	

내용은 고본단과 한인신보사의 밀접한 관계를 잘 보여준다.[83]

『한인신보』는 고본단을 통해 주식을 발행했다. 〈표 8〉은 지역별 고본단의 주식 보유량이다.[84] 주주들은 지역적으로 넓게 분포되어 있었다. 수청, 이만, 다반 지역 등 연해주 곳곳에 주주들이 흩어져 있었다. 특히 주식 보유 수로 눈에 띄는 지역은 소왕령, 즉 우수리스크였다. 이곳의 25명의 주주가 56주를 보유하고 있었다. 주주수로만 따지면 하바롭스크 지역이 가장 많아, 29명의 주주가 36주를 보유하고 있었다. 그러나 우수리스크는 1인당 주식 보유 수가 약 2.2주로, 1.4주인 하바롭스크에 비해 높았다. 이는 우수리스크에 부유한 지주층이 많았던 것과 관련이 있는 것으로 보인다.

1914년 연해주청과 군무지사의 조사에 따르면, 우수리스크에 거주하는 한인의 수는 하바롭스크에 비해 훨씬 많았다. 하바롭스크시는 귀화자 255명, 비귀화자 1,188명으로 총 1,443명이었다. 하바롭스크군 전체를 포함하면 귀화자 945명, 비귀화자 1,427명으로, 총 2,372명이었다. 반면 우수리스크시는 귀화자 703명, 비귀화자 1,520명으로, 총 2,223명이었다. 우수리스크 군 전체를 포함하면 귀화자 1만 4,687명, 비귀화자 3만 6,757명으로, 총 5만 1,444명이었다.[85]

시내에 거주하는 한인의 인구는 우수리스크가 하바롭스크보다 약 1.5배 많았다. 군(郡)으로 보면 그 차이는 더 컸다. 우수리스크 군의 한인 수는 하바롭스크 군의 한인 수보다 21.6배 많았다. 그럼에도 불구하고 하바롭스크의 주주 수가 우수리스크보다 많다는 사실은 하바롭스크에서 『한인신보』에 대한 지지가 상대적으로 컸을 가능성을 시사한다.

『한인신보』 그룹에서 귀화자가 다수를 차지했음에도 불구하고, 당대 인물들에게 비귀화자의 입장을 대변한 것으로 인식된 데는 두 가지 이유가 있다. 첫째, 신귀화자가 『한인신보』와 고본단의 주요 직책을 맡고 있었다는 점이다. 이들은 구귀화자에 비해 비교적 최근까지 비귀화자였기 때문에, 귀화했음에도 불구하고 여전히 비귀화자로 인식되었던 것으로 보인다.

둘째, 『한인신보』가 하바롭스크 지역에서 많은 주주를 확보했기 때문이다. 1918년 4월에 창당된 한인사회당은 하바롭스크를 정치적 근거지로 삼았고, 지역별 주식 분포를 고려할 때 『한인신보』는 하바롭스크의 한인들에게 강한 영향력을 받을 수 있었다. 이 점은 블라디보스토크에서 발행된 『한인신보』가 어떻게 하바롭스크의 한인사회당과 관계를 맺을 수 있었는지에 대한 단서를 제공한다.

한인신보사는 주로 귀화 2세대 청년과 망명자가 주축을 이뤘다.[86] 반면, 고본단은 정주유력자가 중심이었다. 신문사를 이끌기 위해 발행인과 사주는 현지 사정을 잘 알고 자원을 조달할 능력이 있는 인물들로 선출되었다. 발행인 한용헌(韓龍憲)은 1917년에 29세였으며, 러시아명은 한 안드레이 콘스탄티노비치였다. 그는 고국정치에 깊은 관심을 가진 귀화 2세대 청년이었다. 러시아에서 중학교를 졸업했으며, 조선어에 능숙하지는 않았지만, 꾸준히 배움을 이어갔다. 일본 측 기록에 따르면 그는 한인 청년들 사이에서 신뢰할 수 있는 인물로 평가받았다.[87]

사장 김병흡은 간도와 연해주 한인단체에 폭넓게 관여한 인물이다. 그는 간도 지역에서 한인 자치단체인 간민회 설립에 참여했으며, 프리아무르 휼병회 한인분과 임원으로도 활동했다. 비귀화자였지만 "굴지의 자산가"로 알려져 한인신보사의 사장으로 선출되었다.[88] 『한인신보』는 활자와 인쇄 기계를 간도에서 조달하려 했는데,[89] 간도와 연해주를 연결할 수 있는 인물이 필요했기에 그가 사장이 된 것으로 보인다.

실무진은 주로 망명자로 구성되었고, 대학교육을 받았거나 교사로 활동한 경력을 지닌 인물들이 선임되었다. 『한인신보』 총무와 주필을 맡은 김하구는 1911년 일본 와세다 대학 정치경제과를 졸업하고 블라디보스토크로 건너왔다. 1917년에는 34세로, 그해 7월부터 『한인신보』 주필로 활동했다. 그는 일본 측이 "극단적인 배일사상을 고취"하는 인물로 평가하여 크게 경계한 인물이다.

『한인신보』 서기를 맡은 김진은 1917년 25세로, 1909년 간도를 거쳐 블라디보스토크에 도착했다. 그는 한민학교 교사와 권업회 서기로 활동했으며, 고본단 서기 김철훈과 함께 상업에 종사했다. 일본 측 기록에 따르면 김진은 "배일사상을 가진 청년들 사이에서 신망이 높다"[90]고 평가받았다. 김하구와 김진 모두 귀화자로, 러시아로 이주한 시기와 배경을 보면 망명귀화자였다.

비귀화자로 주목되는 인물 중 하나는 장기영(張基永)이다. 1917년 당시 29세였던 그는『한인신보』초대주필을 맡았다.[91] 와세다 대학을 졸업하고 간도에서 나자구 사관학교 교사로 활동한 경력이 있다. 장기영 역시 일반 청년들에게 신망이 높았다고 평가받았다.[92]

『한인신보』주요 임원 5명 중 3명이 귀화자, 2명이 비귀화자였다. 1918년 10월 신귀화자 정재관이 사장직을 맡은 상황을 고려하면, 한인신보사는 귀화자의 비율이 조금 더 높은 조직이었다. 하지만 이러한 차이는 이 신문이 어느 한쪽의 이익만을 대변한다고 보기에 결정적 요소는 아니었다.『한인신보』를 논할 때는 임원의 귀화 여부를 넘어, 이 신문이 제국주의 비판의 공론장이었다는 점이 중요하다.[93]

『한인신보』는 아령한인협회라는 현지정치 조직에 의해 창간되었으나, 고국정치를 위한 장으로 기능했다. 1917년 8월 29일 한일 강제병합 8주년에「우리의 편지」라는 제하의 호외 기사를 발행하며 "국치무망"이라 적고, 애국가, 태극기 등 고국의 상징물을 신문에 실었다.[94] 또한 1917년 11월 17일에 진행된 '단군황조 성탄기원절' 행사를 상세히 보도했다. 다음은 그 기사의 일부다.

> 오늘은 곧 우리 부여족의 조상되는 단군대황조의
> 성탄절이며 겸하여 건국기원절이니 자손이오 백성되는
> 우리들은 정성을 다하여 경축하고 마음에 새겨 기념할

지니라. (…) 슬프다 오늘에 우리의 형편이 어찌 되였는고.
4천 년 기념이 끊어지고 2천만 민족이 노예가 되며 3천 리
강토가 없어져 오늘에 우리가 무슨 면목으로 단군대황조
성탄기원절에 기쁨을 드리며 기념을 올리리오. (…)
우리는 그럴수록 제 조상을 더욱 사모하며 내 본국을 또한
생각하여 (…) 우리는 해외에 나온 수백만 부여족의
대표와 내지에 있는 2천만 동포의 정신상 연락을 한데
뭉치고 (…)95

'단군황조 성탄기원절' 행사는 고국의 역사적 신화를 통해 러시아 한인사회의 내부적 결속을 다지고 항일의식을 고취하기 위한 행사였다. 김치보, 김하구, 김진 등 고본단·『한인신보』관계자가 이 행사를 주도했다. 김치보는 식사(式辭)에서 "단군황조를 잊지 않기 위한 날임과 동시에 대한 독립을 기념하려는 것"이라며 행사의 취지를 밝혔다.96

『한인신보』는 주필 자리에 조선에서 건너온 망명자를 적극적으로 기용했다. 블라디보스토크의 신귀화자들이 이러한 방향을 지지했다. 『한인신보』는 양기탁(梁起鐸)을 주필로 초청했다.97 그는 조선에서 『대한매일신보』를 발행하고 신민회 활동을 전개했던 인물이다. 1917년 12월 10일 군인 그룹 인물 중 하나인 강양오의 집에서 '양기탁 환영회'가 열렸다. 남녀 48명이 모인 이 자리에는, 『한인신보』관계자 김병흡, 김하구, 김진뿐만이 아니라 고본단 관계자 김치보, 이형욱, 이가순, 채성하도 참석했다. 환영회에서 이동휘를 비롯한 연사들이 "격렬한 배일 연설"을 했으며, 주인공인 양기탁은 "노령 동포가 협력 동심하여 최후의 목적에 매진할 것을 희망"한다고 밝혔다. 이 행사는 일본 측에서 "일한병합 후 미증유의 성회"라고

평가했을 정도로 성황리에 진행되었다.⁹⁸

『한인신보』의 주요 세력이 신귀화자였다는 점은 어떠한 의미를 지니는가? 신귀화자는 러시아 국민이라는 점에서 구귀화자와 비슷한 이해관계에 있었다. 그러나 동시에 비귀화자와 계급적 성격을 공유했다. 이들은 정세에 따라 고국정치에 호응하며 구귀화자와 비귀화자, 양자를 매개했다. 이러한 신귀화자가 『한인신보』 그룹의 주축이 되었다는 것은 이 그룹이 귀화 여부를 떠나 정치적으로 중도적 입장에 서서 가능한 한 두 집단의 이익을 양립시키고자 했음을 시사한다.

『한인신보』는 민회의 실질적 기관지였다.⁹⁹ 민회를 분석하기에 앞서, 먼저 블라디보스토크 지역의 특성을 살펴볼 필요가 있다. 일반적으로 러시아 내 한인사회에서는 귀화자와 비귀화자가 서로 다른 마을에서 생활했지만, 블라디보스토크의 신한촌은 두 집단이 함께 어우러져 사는 독특한 형태를 띠고 있었다.¹⁰⁰ 일본 측의 기록에 따르면 블라디보스토크 한인 중에 "가옥을 가진 자는 귀화·비귀화 서로 반반이므로 용이하게 결속하기는 어려웠"음에도 1917년에는 비귀화자도 참여하는 민회가 조직됐다.¹⁰¹ 도시 내 이민족 특수구역인 신한촌은 귀화 여부에 따라 배제되는 공간이 아니라 오히려 참여의 장으로 기능했다.¹⁰²

민회는 연해주 전역에서 활동한 권업회와는 달리, 블라디보스토크 신한촌과 주변 지역에만 영향력을 미쳤다. 민회의 설립 목적은 "육체적 노동의 관습을 양성"하고, "정신적 요구를 발달"시키는 것이었다. 특히 후자의 목적을 위해 신문 발행도 주요 사업 중 하나였다. 민회의 입회 자격은 "러시아인의 권리를 지닌 장년 이상의 공민인 조선인"이었다. 또한, 신한촌에서 토지를 빌린 이들은 "경제적 성질상 일반적 이해관계가 있는 자"로 여겨져 민회 회원이 될 수 있었다.[103] 즉 기본적인 입회 조건은 귀화자였지만 신한촌 내 토지임차를 통해 귀화 여부를 불문하고 민회에 가입할 수 있던 것이다.

민회의 임원은 고본단, 『한인신보』, 군인 그룹과 밀접한 관계를 맺고 있었다. 1918년 1월 블라디보스토크 민회 임원선거에서 김치보가 회장으로 선출되었으며, 재무에는 윤능효, 심사부장에는 김철훈(金哲勳), 부원에는 채성하, 경찰부원에는 조장원, 노동부장에는 강양오, 교육부장에는 김하구가 임명되었다. 교육부원으로는 김병흡과 조장원도 선임되었다.[104] 이 가운데 김치보, 윤능효, 김철훈, 채성하는 고본단 임원, 김병흡와 김하구는 한인신보사 임원, 강양오와 조장원은 군인 그룹으로 분류될 수 있다. '민회-한인신보사-고본단'은 기관과 기관지, 그리고 산하 자금 조달 단체라는 관계로 밀접하게 연관되어 있었다. 따라서 운영 메커니즘의 복합체로서 '민회-한인신보사-고본단'에 해당하는 정치세력을 종합하여 '『한인신보』그룹'으로 재구성하기로 한다.

『한인신보』그룹은 이동휘가 독일 스파이 혐의로 체포되었을 때 그를 적극적으로 보호했다. 항간에 떠도는 소문은 "다 믿지 못할 말"이고 "허무한 사실"이라며 그의 입장을 옹호했다. 또한 이동휘의 체포는 "시기와 협잡으로" 밀고를 당한 것이며 "선생의 이름을 팔아 제 욕심을 채우고", 그를 러시아에 있지 못하게 하려는 "반대파의 모략"이라 비판의 목소리를 높였다.[105]

『한인신보』그룹은 군인 그룹이 이동휘의 석방을 위해 노력한 과정도 자세히 보도했다. 블라디보스토크 군인회는 최고려와 박세몬을 대표로 파견하여 러시아 당국에 이동휘의 무죄를 설득했다.[106] 이동휘가 석방되지 않고 하바롭스크 감옥으로 이감되자, 현지에서 러시아군 장교로 복무하고 있던 유 스테판은 그를 면회하러 가, "비록 초면이나 영웅의 비참한 형편을 보고" 사식을 보내 위

로 했다.[107]

결국 블라디보스토크 군인회는 이동휘를 석방시키기 위해 박 세몬과 박이완을, 블라디보스토크 민회는 한용헌을 대표로 선정했다. 김치보와 이형욱은 이들의 활동 자금을 지원했다.[108] 군인회와 민회의 노력은 결실을 맺었다. 이동휘는 알렉세예프스크 감옥에서 석방되어 한용헌과 박 세몬과 함께 블라디보스토크로 돌아왔다. 그는 민회장 이형욱의 집에 머물며 한인신보사에 출입했고, 1917년 12월 15일에는 블라디보스토크를 떠나 북만주 목릉현의 자택으로 향했다.[109]

이처럼 1917년 '이동휘 석방운동'은 군인 그룹, 그리고 이들과 밀접하게 제휴하고 있던 『한인신보』 그룹이 중심이 되어 진행되었다. 이들은 2월혁명 후 러시아로 건너오는 망명자들의 근거지를 제공해 주고 유사시 안전망 역할을 해주었다.

또한, 『한인신보』 그룹은 아령한인협회의 방향이 귀화자 중심으로 흐르는 것을 막았다. 1917년 6월에 조직된 아령한인협회는 후에 고려족중앙총회로 이름을 바꾸었다.[110] 1918년 1월 초, 『한인신보』 그룹의 김하구는 고려족중앙총회가 귀화자 중심이라는 점에 반발하여 윤해, 김립과 함께 '한족중앙총회' 조직을 위한 발기회를 열었다.[111] 고려족중앙총회는 한족중앙총회와의 조직 통합을 고려하여 타협한 결과, 전로한족중앙총회로 통합되었다. 새롭게 출범한 전로한족중앙총회는 귀화 여부를 불문하고 대동단결을 외치며 1918년 1월 17일에 탄생했다. 고려족중앙총회 측은 새로운 조직의 명칭에서 '고려족' 대신 '한족'을 사용하는 데 동의했으나, 본부는 기존의 근거지였던 우수리스크에 두었다.[112]

『한인신보』 그룹은 전로한족중앙총회 헌장기초위원의 절반을 차지했다. 전로한족중앙총회의 임원으로는 위원장 문창범, 부위원장 겸 학무원장 김립, 총무 겸 서기 장기영, 재무 서윤철(徐允喆), 헌장기초위원으로 장기영, 김립, 윤해, 한용헌, 김하구가 선출되었다.113 이 가운데 『한인신보』 그룹에 속하는 인물은 발행인 한용헌, 초대 주필 장기영, 그리고 총무 겸 주필 김하구 3인이다.

『한인신보』 그룹은 김하구와 같은 망명자를 정치력의 한 축으로, 동시에 정주유력자를 다른 한 축으로 삼고 있었다. 1918년 1월 초, 고려족중앙총회가 전로한족중앙총회로 통합되기 전에, 블라디보스토크 민회는 고려족중앙총회에 파견할 인물로 한용헌, 채성하, 강양오, 조장원, 김형권을 선정했다.114 채성하, 강양오, 조장원은 모두 민회 임원으로 활동하던 정주유력자들이다.

『한인신보』 그룹은 1919년 3월 17일에 결성된 임시정부 대한국민의회의 주요 참여세력 중 하나였다. 전로한족중앙총회는 '전로국내조선인대표자회'를 열어 대한국민의회를 조직하기 위해 『한인신보』 기자 이흥삼(李興三)을 조선에 파견했다. 그는 경성에 가 이종호, 김하석 등과 접촉했다.115 대한국민의회 조직 발기의 주요 인물에는 김치보, 김진, 장기영 등이 포함되어 있었고, 이들은 『한인신보』 그룹의 일원이었다. 또한 대한국민의회 상설의원에는 김치보를 비롯해 정재관, 이강, 안정근 등 정주유력자와 망명자들이 함께 참여했다.

『한인신보』 그룹은 한인사회당과 깊은 관계를 맺었다. 한인사회당은 1918년 5월 하바롭스크에서 조직된 한국 최초의 사회주의 정당이다. 『한인신보』는 인선에 개방적인 조직으로, 사장과 주필의 선정에 러시아 귀화 여부가 중요한 요소로 작용하지 않았다. 이 그룹은 이동휘를 비롯한 망명자들에게 우호적인 태도를 보였다.

다만 『한인신보』 그룹이 처음부터 친사회주의적 정치세력이었던 것은 아니다. 1918년 5월 10일 이동휘가 한인사회당을 조직했을 때, 그 임원 목록에는 『한인신보』 그룹에 속한 인물이 없었다.[116] 기사의 논조를 보아도 초기 『한인신보』는 사회주의나 볼셰비키를 지지하는 모습이 두드러지지 않았다. 오히려 반대되는 정치세력을 지지했다. 1917년 12월 23일 『한인신보』는 "이제 아령에는 우리의 중심되는 모듬은 곳 고려족중앙총회"라 언급하며 고려족중앙총회를 지지했으며, 자치권과 토지 획득을 위해 「농민회 제2호에 투표하시오」라는 기사를 게재했다.[117] 『한인신보』는 볼셰비키가 10월 혁명을 성공시킨 후 11월 25일부터 진행된 러시아 제헌의회 선거에서도 볼셰비키가 아니라 연해주 농민대표회를 지지했다.[118] 이러한 사실을 고려할 때 『한인신보』 그룹이 처음부터 사회주의를 수용한 것은 분명 아니었다.[119]

그러나 시간이 지남에 따라 『한인신보』 그룹과 한인사회당의 관계는 긴밀해졌다.[120] 한인사회당은 창당 초기와는 달리 1919년 이후 『한인신보』와 더 가까운 협력관계를 맺었다. 1919년 5월 초, 3·1운동 이후 고양된 혁명 분위기에서 한인사회당은 두 번째 당대회를 열어 선전 활동에 『한인신보』를 활용하기로 결정했다.[121]

양자 간 관계가 밀접해진 것은 당시 볼셰비키가 승기를 잡은 정세와 관련이 있다. 1920년 1월 수장 콜차크의 처형으로 백위파 러시아는 패색이 짙어졌다. 한인들은 초기에 백위파 정부를 지지했다 하더라도, 점차 볼셰비키의 승기를 의식할 수밖에 없던 상황이었다.

1920년 3월에 열린 한인사회당 대회에서 선출된 임원 명단을 보면, 『한인신보』 그룹과의 관계가 강화되었음을 알 수 있다.[122] 의사회장 김진, 부의사회장 이흥삼, 선전부장 전일(순一),[123] 재정부장 이영호, 의사원 한용헌 모두 『한인신보』 임원으로 활동한 경력이 있었다. 군인 그룹도 찾을 수 있다. 부회장 김 미하일 미하일로비치

와 노동부장 조장원이 이에 해당했다.[124]

이들 중 일부는 1919년 7월 블라디보스토크를 기반으로 하여 결성된 사회주의 단체인 일세당(一世黨)의 회원이었다.[125] 러시아 각 지방의 한인들은 친볼셰비키적 조직인 일세당에 참여했다. 일세당과 한인사회당은 서로 공감대를 형성하며 우호적 관계를 유지했다.[126] 특히 장도정과 김진은 일세당 계열로, 한인사회당의 새로운 간부들이었다.[127] 한인사회당 내부에서도 점차 신구(新舊) 임원의 구분이 생겨나며, 『한인신보』 그룹과 접점이 점차 확대됐다.

이처럼 신귀화자는 『한인신보』 그룹을 중심으로 정치세력화했다. 이들은 고려족중앙총회, 전로한족중앙총회, 대한국민의회 등 주요 조직에 적극 참여했다. 한인사회당이 처음 창당될 때는 직접적인 연관은 없었지만, 주변에서 지지세력으로 활동을 이어갔다. 시간이 흐르며 『한인신보』 그룹의 인물들이 한인사회당에 직접 참여하며 활동 범위를 넓혔고, 볼셰비키의 영향력이 커지며 『한인신보』 그룹과 한인사회당의 관계도 더욱 밀접해졌다.

결국 러시아 2월혁명 후 신귀화자의 정치적 역할은 현지정치와 고국정치를 양립시키는 것이었다. 러시아혁명이 일어나자 한인은 참정권의 확대를 바탕으로 국적의 시민권적 전환을 겪었다. 이들은 임시정부와 소비에트라는 이중권력체제에서 정치적 입장을 표명해야 했다. 이때 신귀화자의 첫 번째 정치적 역할은 현지정치 참여였다. 거주국에서 한인사회의 물적 기반을 안정화하기 위해 구귀화자와 함께 아령한인협회(고려족중앙총회)를 조직해 러시아 제헌의회에 한인 대표를 파견했다. 또한, 고려족중앙총회가 한족중앙총회를 통합하여 전로한족중앙총회가 되었을 때, 이 조직의 정치적 방향이 귀화자 중심으로만 흐르지 않도록 균형을 맞추는 데 힘썼다.

두 번째 역할은 고국정치 참여였다. 신귀화자들은 『한인신보』 그룹으로 정치세력화했다. 이들은 현지정치뿐만 아니라 고국정치에도 참여하며 비귀화 망명자와 접점을 찾아갔다. 이들은 『한인신보』를 통해 고국정치의 공론장을 만들고 망명자를 지지하며 정치적 연대를 이어갔다. 이러한 경험의 축적은 『한인신보』 그룹이 국내외 한인을 대표하는 임시정부인 대한국민의회가 조직되었을 때 주도세력의 일부로 참여할 수 있게 한 원동력이었다. 또한 점차 한인사회당의 '조력자'에서 '주도자'의 일부로 관계가 전화될 수 있는 발판이 되었다. 나아가, 차르체제의 붕괴 후 신사조가 확산하는 가운데 신귀화자는 반제적 의미로서 식민성 자체에 대한 보다 근본적 비판으로 고국정치를 발전시키는 토대를 마련할 수 있었다.

에필로그
경계를 넘어: 양립하는 정체성

이주는 정체성의 문제를 수반한다. 이주민은 입국, 체류, 취업, 그리고 귀화 과정에서 끊임없이 정체성에 대한 질문과 마주하게 된다. 당시 러시아와 일본 모두 한인을 신민화하려는 욕망은 다르지 않았다. '한국'이라는 국적은 한인들에게 기호로만 남아 있었다.

한국은 사라졌지만, 이주한 한인들은 러시아에서 고국을 재현하고자 했다. 물론 그것은 원래의 한국과 동일할 수는 없었다. 그들은 한반도 바깥에서 새롭게 탄생할 고국을 꿈꿨다.

지금까지 러일전쟁 후부터 러시아혁명기 초입에 걸쳐 한인의 러시아 귀화가 취업, 주거, 병역, 정치와 어떻게 연결되었는지를 살펴보았다. 1905년부터 1917년까지는 한반도의 식민지화 과정에서 새롭게 귀화한 한인, 즉 신귀화자가 러시아 한인사회에서 새로운 사회계층으로 자리 잡던 시기였다. 이 책은 신귀화자라는 프리즘을 통해 한인이 해외로 이주해 정착하고, 귀화를 통해 일상생활을 영위하며 현지에서 정치적 주체로 서기까지의 과정을 묘사했다.

이주사회를 분석할 때 귀화 여부는 중요한 문제다. 하지만 언제, 어떤 배경에서 귀화를 했는지, 그리고 귀화 후 어떤 활동을 했는지 면밀히 살피지 않으면 '귀화자와 비귀화자'라는 정적인 시각에 갇히기 쉽다. 귀화에도 시기에 따른 다양한 스펙트럼이 존재한다. 따라서 신귀화자라는 역사적 집단을 조명하고, 이들이 구귀화자 및 비귀화자와 맺은 관계를 밝혀, 보다 동적이고 다층적인 러시아 한인사회의 모습을 복원하고자 했다.

러일전쟁 후 귀화자와 비귀화자는 단순히 대립만 한 것이 아니라 공생하며 협력했다. 이들은 공문서의 매매, 대여, 위조 등 러시아 행정 시스템의 허점을 이용해 생존을 도모했다. 블라디보스토크의 신한촌은 귀화 여부를 떠나 현지정치와 고국정치가 활발히 전개된 대표적 공간이었다. 이곳에서는 귀화 여부보다 망명자와 정주유력자의 상호작용이 중요한 요소로 작동하며 정치활동이 이루어졌다. 이들이 모여 대립하고 이를 극복해 다시 협력하는 과정은 민족이라는 범주를 중심으로 이루어졌다.

주목할 점은 국적이라는, 국가에 대한 소속 기표는 이주민이 겪는 삶의 연속선 위에서 변할 수 있다는 것이다. 외국인으로서 체류 조건을 확보하고 정착해 거주국의 국적을 취득하는 일련의 과정은 이주민의 삶을 통시적이고 연속적으로 바라볼 필요성을 시사한다.

러일전쟁 직후에는 비귀화자였지만, 러시아혁명이 일어날 즈음에 이미 귀화자가 된 한인이 적지 않았다. 이 책에서는 그들을 신귀화자라는 역사적 주체로 호명해 그 귀화 방식을 '양립형 귀화'로 정의했다. 신귀화자는 거주국에서 이주민의 생활 조건을 개선하는 현지정치와 한국의 식민화에 저항 담론을 만드는 고국정치, 양쪽 모두에 관심을 가진 존재였다.

국가가 정하는 귀화 방식에는 대체로 제도를 통해 이주민이 거주국에 문화적으로 동화되어야 한다는 전제가 깔려 있다. 그러나 실제로 이주민은 국가의 바람대로만 움직이지 않는다. 귀화는 동화를 보장하지 않는다. 신귀화자는 러시아 국적을 취득한 지 얼마 되지 않은 사회집단이었기 때문에 이들이 단기간에 러시아 문화에 동화된다는 것은 현실적으로 어려운 일이었다. 신귀화자 집단은 정책적 이유로 인해 전반적으로 지주화로 이어지지도 못했다. 결과적으로 경제적 측면에서도 신귀화자가 러시아 문화에 동화될 유인은 적었다.

아이러니하게도 한국의 식민화는 한인이 생득적 국적을 벗어나 새로운 소속을 선택할 수 있게 된 실험적 계기였다. 이주민의 정치적 활동은 반드시 하나의 국민국가로만 향하지는 않는다. 그들은 현지정치와 고국정치를 통해 초국적 활동을 펼칠 수 있다. 물론 러일외교와 러시아 국내 정치 상황에 따라 이 두 방향의 정치가 동시에 이루어지기 어려운 시기도 있었지만, 신귀화자들은 그것을 양립시킬 틈을 끊임없이 찾았다.

한인은 러시아 귀화를 통해 일상의 영역을 더욱 풍부하게 하고, 운동의 영역을 확장했다. 이때 일상과 운동은 분리되지 않았다. 이주 한인의 일상은 운동의 원동력이 되었고, 운동은 새로운 일상의 영역을 만들어냈다. 사회구조적 문제로서 착취를 인식할 때 일상에서 문제의식이 시작됐다. 반대로, 운동은 러시아 한인사회에 자금을 모으는 구심력을 제공하며 일상을 더욱 풍부하게 만들었다. 일상과 운동은 선순환하며 상승(相乘) 효과를 낳았다.

신귀화자의 탄생과 그들의 정치적 역할은 일상이 운동의 원동력이 될 수 있음을 보여준다. 일상에 매몰되는 것은 단기적으로 운동의 동력을 상실하게 할 수도 있다. 그러나 일상은 현재를 지속시키고 미래를 준비하는 힘을 제공한다. 신귀화자는 '민족'과 '국민', 두 방향으로 일상을 지속하며, 고국과 현지의 문제가 각각 정치 이슈가 될 때, 일상에서 운동으로 전환했다.

결국, 한인이 귀화를 통해 거주국과 새로운 관계를 맺고, 다시 고국의 정치문제에 관여하는 행위는 국민과 민족이라는 두 범주가 공존하는 가운데 이주민의 정체성이 새롭게 만들어지는 과정을 보여준다. 국민과 민족이 반드시 일치해야 하는 것이 아니라 양립할 수 있다는 관점에서 보면, 러일전쟁 후 한인의 러시아 귀화는 해외 한인이 겪은 20세기 초 한반도 식민화 경험의 일부이자, 고국과 현지를 넘나드는 동아시아 초국적 역사 현상의 하나인 것이다.

미주

프롤로그 | 한국을 떠난 한인들

1   해당 사진을 개척리로 특정할 수 있는 이유는 다음과 같다. 첫째, 해당 사진을 수록한 자료에 블라디보스토크 한인 교외(Korean Suburb-Vladivostok)로 명시되어 있다. 당시 개척리는 시외로 간주되었다. 둘째, 시테인은 사진 촬영을 끝낸 후, 뒤쪽 언덕 너머 철길 옆 페르바야 레치카(Первая Речка)라는 하천으로 향했다("Korean Suburb-Vladivostok", 1905.5.9., Элеонора Лорд Прей, *Владивостокский альбом*, Владивосток: "Рубеж", 2012, с.93). 그렇다면, 사진의 왼쪽 상단에 있는 언덕은 라게르나야 언덕(Сопка Лагерная)이다. 라게르나야 언덕은 서쪽에서 북쪽으로 철길이 두르고 있고, 북쪽에 페르바야 레치카를 끼고 있는 곳이다. 이곳은 후일 신한촌 건설의 부지가 된 장소다. 셋째, 사진 촬영 시기는 1905년 5월로 신한촌이 건설되기 약 6년 전이다. 따라서 해당 사진은 북쪽으로 라게르나야 언덕을 가까이에서 올려다볼 수 있는 교외 저지대이자 시기적으로 신한촌이 건설되기 이전이라는 점을 미루어볼 때 개척리임을 알 수 있다.

2   Элеонора Лорд Прей, там же, с.76.

3   러시아군이 쓰는 양모자로, '바라시코바야 샤프카(Барашковая шапка)'라 불렸다. 이 모자는 1881년에 도입되어 1908년에 폐지됐다. http://ru.wikipedia.org/wiki/Барашковая_шапка 접속일자: 2022.12.9.

4   운테르베르게르는 독일계 러시아인으로 188년 연해주 군무지사, 1895년 청일전쟁 당시 연해주 군사령관을 거쳐 1905년 11월부터 1910년 12월까지 프리아무르 총독을 역임한, 연해주 행정실무 경험이 풍부한 인물이다. 그는 한인의 러시아 귀화와 노동 분야에서 한인에 대한 고용을 억제했다. 이러한 행위의 배경에는 한인의 정착성이 높고 러시아에 잘 동화되지 않는다는 점이 작용했다. 그는 한인이 러시아 안에서 한민족의 국가를 만들 것을 우려하며, "러시아 주민에 의한 지역 개척이 아니라면 차라리 그 황폐함이 더 낫다"고 보았을 정도로 한인의 러시아 극동이주와 정착에 부정적인 견해를 보였다. 임경석·김영수·이항준 공편, 『한국 근대 외교사전』, 성균관대학교 출판부, 2012, 386-387쪽.

5   이 책은 귀화와 국적 취득을 같은 의미로 혼용한다. 귀화(歸化, Naturalization)라는 용어를 '천황에게 귀속하다'라는 의미로서 일제시기의 잔재로 파악하는 견해가 있다. 이 견해에 따르면 귀화는 '심리적 복속', '감화'라는 뉘앙스를 띠는 감정적·주관적 범주의 용어다(소준섭, 「'천황에 귀의하다'로 쓰인 '귀화', 알고 계셨나요?」, 『오마이뉴스』, 2017.7.13.; 「귀화(歸化)의 원래 뜻을 알면 사용할 수 있을까?」, 『프레시안』, 2019.8.21.). 그러나 한일강제병합 전부터 국내외 한인 언론들은 귀화라는 용어를 이미 사용하고 있었다. 1908년 블라디보스토크에서 발행된 『해조신문』에서도 이미 캐나다 국적을 취득하려는 행위를 귀화로 표현하고 있다. 국내 신문도 마찬가지다. 1908년 『황성신문』에서는 '독일귀화법'

이라는 표현을 사용했으며, 1908년 『대한매일신보』에서도 '간도한인귀화'라는 말을 쓰고 있다(「歸化不聽」, 『해조신문』, 1908.5.12.; 「獨逸歸化法」, 『황성신문』, 1909.10.12.; 「間島韓人歸化」, 『대한매일신보』, 1908.4.28.). 그 외에도 조선시대 문헌에서 귀화와 관련된 여러 용어가 발견되는데, '투화(投化)', '향화(向化)'라는 표현이 널리 사용되었다. 조선시대 귀화와 관련된 연구들은 '향화'가 주된 용어로 자리 잡고 있지만(임학성, 「17세기 전반 戶籍자료를 통해 본 귀화 野人의 조선에서의 생활 양상: 蔚山戶籍(1609)과 海南戶籍(1639)의 사례 분석」, 『古文書硏究』 33, 2008, 99-100쪽; 한문종, 「조선전기 일본인의 向化와 정착」, 『東洋學』 68, 2017, 154쪽; 이규철, 「조선전기 향화 여진인의 활동과 경계인의 삶」, 『역사와 현실』 117, 2020), 기본적으로 귀화/향화 두 용어를 혼용하고 있다. 일제시기를 거치며 국적 취득을 의미하는 여러 용어 가운데 귀화가 대표적 용어로 굳어진 것은 사실로 생각되나, 소통 차원에서 귀화라는 용어가 현재 사회적으로 국적 취득 또는 변경의 의미로 널리 받아들여지고 있다는 점, 시대적 맥락 차원에서 이 책에서 다루는 한인은 공화정이 아닌 제정러시아의 국적을 취득했다는 점을 고려하고자 한다. 즉 귀화를 왕조시대 군과 민의 관계를 표현하는, 시대상을 반영하는 용어로 사용하고자 한다.

6   이 책에서는 이주민의 '제한적 권리'를 드러내기 위해 정치적 권리가 강조되는 시민권(citizenship)보다는 더 포괄적인 개념인 국적(nationality)이라는 용어를 쓰고자 한다. 19세기 말부터 20세기 초까지 제정러시아는 한인의 민족성(ethnicity)에 기반하여 극동 식민정책의 전개 아래 한인을 조직적으로 관리하고 러시아인의 수를 늘리기 위해 힘을 썼다. 나아가 일본과의 국제정치적 관계 속에서 한인을 러시아 신민으로 포섭하여 '제한적 권리'를 부여하고자 했다. 러시아 내에서 한인이 부여받은 제한적 권리를 염두에 두기 위해서는 국적이 더 적합한 설명 개념이라 생각한다. 국적과 시민권은 통상 유사한 의미로 사용되지만, 엄밀히 말하면 다른 개념이다. 시민권은 국가의 내부 정치에 초점을 맞추고 국적은 국제법의 문제와 관련된다(Saskia Sassen, "Towards Post-National and Denationalized Citizenship", Bryan S. Turner (eds.), *Handbook of Citizenship Studies*, SAGE Publications, 2002, p.278). 국적은 국가 내에서 완전한 정치적 권리를 행사하기 위한 필요조건이긴 하지만 충분조건은 아니다(Olivier Vonk, *Dual Nationality in the European Union: A Study on Changing Norms in Public and Private International Law and in the Municipal Laws of Four EU Member States*, Brill Nijhoff, 2012). 또한, 국적은 시민권을 가진 이와 가지지 못한 이를 모두 포함한다. 이에 비해 시민권의 일반적 특징은 시민권을 가진 이들이 투표나 입후보와 같은 국가의 정치활동에 참여할 권리다. 대부분의 국가에서 국민은 국가의 시민이며 시민이 곧 국가의 국민이다. 그러나 역사적으로 많은 이들이 정부와 법률적 관계를 유지해왔음에도 성별, 사회경제적 계층, 민족, 종교 등을 이유로 시민권에서 제외됐다(Stefan Kadelbach, "Citizenship Rights in Europe", Dirk Ehlers (ed.), *European Fundamental Rights and Freedoms*, Berlin: De Gruyter Recht, 2007, pp.547-548).

7   오늘날에도 이주사회에 새롭게 등장한 집단을 부르는 용어는 계속 생겨나고 있다. 타이완의 경우 '신주민', 중국 동북지역의 경우 '신조선족'이라는 용어가 사용되고 있다.

8   일상사·일상성에 관해서는 다음의 연구를 참고했다. 알프 뤼드케 외, 이동기 역, 『일상사란 무엇인가』, 청년사, 2002; 페르낭 브로델 저, 주경철 역, 『물질문명과 자본주의』, 까치, 1995; 앙리 르페브르 저, 박정자 역, 『현대인의 일상성』, 기파랑, 2005.

1장 까다로운 입국 과정 속 체류 전략

1 이해조, 「소학령(5)」, 『매일신보』, 1912.5.7., 4면.

2 「1907년 2월 26일 촉탁관 A.M. 카자리노프가 보낸 라즈돌닌스크 읍에 거주하는 러시아인과 한인들의 경제생활상에 대한 보고서」, РГИА ДВ, ф.702, оп.3, д.302, лл.96-102, 1907.2.26.(러), 강성희, 『러시아문서번역집 XIX』, 선인, 2014, 53쪽.

3 다만 농촌에서 지주와 소작인 사이에서 발생할 수 있는 착취관계로 인한 갈등도 염두에 둘 필요가 있다. 거주허가를 받지 못한 한인에게 가해질 수 있는 부당한 대우는 향후 비귀화자와 귀화자 사이의 갈등이 러시아혁명 때 계급갈등으로 전환될 소지가 있었다.

4 프리아무르 총독부(Приамурское генерал-губернаторство)는 1884년에 조직되었다. 조직 당시 연해주, 아무르주, 자바이칼주 세 관할 구역을 지녔지만, 1906년 자바이칼주는 이르쿠츠크 총독부로 이관되었다. 1909년에는 캄차카주와 사할린주가 형성되었다. Н. И. Дубинина, "ПРИАМУ́РСКОЕ ГЕНЕРА́Л-ГУБЕРНА́ТОРСТВО", Большая российская энциклопедия, http://bigenc.ru/domestic_history/text/3165920 접속일자: 2022.12.25.

5 권희영, 「20세기 초 러시아 극동에서의 황화론: 조선인 이주와 정착에 대한 러시아인의 태도」, 『정신문화연구』 29-9, 2006, 344쪽.

6 러시아의 '황화론'은 종교철학자 솔로비요프(В. С. Соловьёв)에 의해 확산되었다. 그는 '황인종'이 세계사적 승리를 거머쥘 것이라고 주장했다. 그가 1894년에 발표한 시 〈범몽골주의(Панмонголизм)〉에서 '황인종'을 사탄의 군대로 묘사했다. 이 작품은 러일전쟁 때 재판되어 '황인종'에 대한 러시아의 여론에 영향을 주었다. 나인호, 『증오하는 인간의 탄생: 인종주의는 역사를 어떻게 해석했는가』, 역사비평사, 2019, 232-235쪽.

7 임경석·김영수·이항준 공편, 『한국 근대 외교사전』, 성균관대학교 출판부, 2012, 386-387쪽.

8 В. Д. Песоцкий, *Корейский вопрос в Приамурье*, Хабаровск, 1913, с.12.

9 В. Д. Песоцкий, там же, с.13-17.

10 최규진, 「러일전쟁 전후 한국인의 러시아 이미지 형성 경로와 러시아 인식」, 『마르크스주의연구』 7, 2010, 235쪽.

11 배항섭, 「아관파천 시기(1896~1898) 조선인의 러시아 인식」, 『한국사학보』 33, 2008. 그 외 한인의 러시아 인식에 관해서는 다음 연구 참고. 노대환, 「白春培(1844~1887)의 探探使 활동과 對러시아인식」, 『역사문화연구』 46, 2013; 황민호, 「일제하 국내언론의 소련에 대한 인식과 在露韓人문제」, 『한국민족운동사연구』 54, 2008.

12 최규진, 앞의 글, 221-222쪽.

13 П. Ф. Унтербергер, *Приамурский край 1906-1910 гг*, СПБ: Тип. В. Ф. Киршбаума, 1912, приложение.

14 흑룡주(黑龍州)로도 불리지만 이 책에서는 아무르주로 통일한다.

15 П. Ф. Унтербергер, указ. соч., приложение 1, с.5-6. 해당 자료에는 연해주만이 아니라, 아무르주·캄차카주 거주 한인 인구도 기록되어 있지만, 연해주 거주 한인 인구에 비해 그 수가 적다. 1910년 기준 아무르주의 한인 수는 2,074명, 캄차카주 84명이었다. 사할린주에 거주하는 한인의 수는 해당 자료에 기록되어 있지 않다.

16 이 책에서는 러시아 관(官)의 자료를 인용할 때 본문에서는 현재 통용되는 그레고리력을 기준으로 하되, 원사료의 출처를 표기할 때는 원문을 존중하여 '(러)'로 붙인 후 제정러시아기에 사용되던 율리우스력으로 적는다.

17 김도형은 대한제국의 여권을 일컬을 때 '일제의 잔재'라는 근거로 기존의 여권이라는 용어 대신 '여행권'을 사용한다(김도형, 「여행권(집조)을 통해 본 초기 하와이 이민의 재검토」, 『한국독립운동사연구』 44, 2013, 293-294쪽; 김도형, 「한국 근대 旅行券(旅券) 제도의 성립과 추이」, 『한국근현대사연구』 77, 2016). 필자도 이 견해에 일부 동의하지만, 독자와의 소통을 위해 대한제국의 여행권을 여권으로 통일하여 사용한다. 덧붙여, 러시아의 경우 여권의 본질적 속성이 거주지역의 제한에 있었으므로, '여행권'이라는 용어는 그 속성을 잘 설명해주지 못한다. 따라서 러시아에서 발급한 여권도 '여권'이라는 용어를 그대로 사용하고자 한다. 러시아 여권의 거주 제한 속성에 대해서는 다음 참고. Eric Lohr, *Russian Citizenship: From Empire to Soviet Union*, Harvard University Press, 2012, pp.12-13, 24-26.

18 「연해주의 조선인 신민들에게 러시아 거주허가증을 발급하는 규칙에 대한 법령」, РГИА ДВ, ф.1, оп.3, д.969, лл.47-48об, 1903.4.25.(러), 이재훈, 『러시아문서번역집 XVI』, 선인, 2014, 176-177쪽.

19 대한제국의 여권 발급 주체는 시기별로 차이가 있다. 1895년 3월 갑오개혁 후 여권 발급은 외부(外部)에서 발급했다. 당시 외교관용 여권은 영어와 프랑스어로, 민간용은 한문으로만 적혀 있었다. 그러다 1903년 민간용 여권도 영어와 프랑스어로 된 것이 발급됐다. 1905년 11월 을사늑약 후 통감부 시기에는 약 1년간 한국정부의 외사국에서 여권을 발급했으나, 1906년 9월 12일 『한국인외국여권규칙』의 고시와 더불어, 여권 발급권은 통감부로 넘어갔다. 이때 관용 여권은 통감 또는 이사관이, 민간용은 이사관이 발급했다. 이후 1907년 5월 1일 『외국여권규정』이 고시되며 여권 양식이 통일됐다. 이렇게 일제는 여권 발급권을 가져갔으나, 여전히 한국정부의 지방관들이 여권을 발급하는 경우도 종종 있었으며, 해외에 거주하는 한인들은 통감부에서 여권을 발급받지 않고, 주상트페테르부르크 대한제국공사관과 같이 현지 한국공관에서 그대로 여권을 발급받는 경우도 있었다. 당시 여권 발급에 관한 구체적 과정은 다음의 연구 참고. 김도형, 앞의 글, 2016.

20 在浦潮斯德 總領事 男爵 大鳥富士太→臨時外務大臣 伯爵 林董, 「露淸鮮國境地方旅行復命書提出ノ件」, 「陸軍大佐斎藤季治郎北洲及露領浦塩地方在住朝鮮人ノ状態視察一件」 明治44年 9月 16日, p.42 (아시아역사자료센터 제공, 레퍼런스코드: B16080797800).

21 「연해주의 조선인 신민들에게 러시아 거주허가증을 발급하는 규칙에 대한 법령」, РГИА ДВ, ф.1, оп.3, д.969, лл.47-48об, 1903.4.25.(러), 이재훈, 『러시아문서번역집 XVI』, 선인, 2014, 176-177쪽.

22　이 책에서 지칭하는 러시아 이주 중국인은 민족적으로 만주인(旗人, Манза)을 의미한다. 당시 1900년 의화단사건 이후 러시아가 훈춘 지역을 장악하고 기인(만주인)사회가 큰 피해를 입어 기인과 민인(民人), 즉 한인(漢人)의 관계가 전도됐다. 민인들은 훈춘에서 주요 중개무역업을 장악하며 기인들은 점차 경제적으로 곤궁해졌다(윤욱, 「러시아의 남하와 만주 주방의 변화, 1900-1911: 琿春 駐防의 사례」, 『역사와 세계』 61, 2022). 고국에서 살기 어려워진 만주인은 러시아로 이주하여 노동자로서 살아갔다. 블라디보스토크의 주민들은 보통 중국인들을 지칭할 때 "긴 머리를 거의 땅바닥까지 끌고 다니는" 모습으로 묘사하며 이들을 '만주인'이라 불렀다. 이들은 대체로 경제적으로 곤궁한 이들이 많았으며, 주로 어렵, 인삼 채취, 건설노동을 통해 생계를 이어갔다. Д. А. Бутырин, "Владивостокский Русско-китайский пиджин на рубеже XIX-XX веков", *Известия восточного института*, №.30(2), 2016, с.13-14.

23　「1903년 11월 12일 자아무르 지역 관구 세관감독관이 프리아무르 총독 관방실에 보내는 상신」, РГИА ДВ, ф.1, оп.3, д.969, лл.57-57об, 1903.11.12.(러), 이재훈, 『러시아문서번역집 XVI』, 선인, 2014, 184-185쪽.

24　김학만, 「居留同胞에게 警告함」, 『해조신문』, 1908.4.30., 1면; 「몸표차자가시오」, 『대동공보』, 1909.7.15., 3면; 뒤바보(계봉우), 「아령실기」, 『독립신문』, 1920.3.18.; 이인섭, 「第一次世界大戰과 朝鮮民族」, 『이인섭과 독립운동자료집 I: 자서전』, 독립기념관 한국독립운동사연구소, 2010, 226쪽; 長官→議政府參政大臣 朴齊純, 「露國沿海州ニ於ケル韓國臣民ニ居住券交付規則ノ件」, 『統監府文書』 卷1, 明治39年 2月 21日.

25　앞의 자료, РГИА ДВ, ф.1, оп.3, д.969, лл.47-48об, 1903.4.25.(러), 이재훈, 『러시아문서번역집 XVI』, 선인, 2014, 177-178쪽.

26　В. Д. Песоцкий, указ. соч., с.73-74.

27　В. Д. Песоцкий, там же, с.79.

28　앞의 자료, РГИА ДВ, ф.702, оп.1, д.566, лл.266-266об, 1906년 5월 30일(러), 김선안, 『러시아문서번역집 XVIII』, 선인, 2014, 134쪽.

29　앞의 자료, РГИА ДВ, ф.702, оп.3, д.302, лл.96-102, 1907.2.26.(러), 강성희, 『러시아문서번역집 XIX』, 선인, 2014, 63쪽.

30　도산안창호선생전집편찬위원회 편, 『도산안창호전집 제2권 서한 II』, 도산안창호선생기념사업회, 2000, 3쪽.

31　РГИА ДВ, ф.1, оп.4, д.2412, л.58, 1914.10.20.(러).

32　РГИА ДВ, ф.1, оп.4, д.2350, л.7об-8, 1914.

33　РГИА ДВ, ф.1, оп.4, д.2350, 8-17об, 1914.

34　제정러시아기 상트페테르부르크와 모스크바에 거주하는 노동자들은 "адресный билет"이라는 것을 발급받았다. 이 문서의 명칭을 어떻게 번역할지는 논의가 더 필요하지만, 편의상 '주소증'이라고 번역한다. 콘코바에 따르면 여권을 주소국에 제출하고 주소증을 받았다. А. Ю. Конькова, "Документы, удостоверяющие личность, в Российской Импе рии", *Научный Вестник Крыма*, №4 (9), 2017, с.8.

35 В. Д. Песоцкий, указ. соч., с.79.
36 「외국 국적의 중국인과 조선인이 프리아무르 총독부 관할지역과 자바이칼주에 들어오고 거주하는 것에 관한 규정안」, РГИА ДВ, ф.702, оп.1, д.590, лл.2-8, 1908.6.3.(러), 김선안, 『러시아문서번역집 XVIII』, 선인, 2014, 176쪽.
37 위의 자료, 김선안, 『러시아문서번역집 XVIII』, 선인, 2014, 179-180쪽.
38 장지연, 「해항일기」, 김영호 편, 『抗日運動家의 日記』, 瑞文堂, 1975, 155-156쪽.
39 城津理事廳 副理事官 大枝義祐→臨時統監總務長官事務取扱 統監府 參與官 石塚英藏, 「機密第三二號, 在露韓國勞動者의 狀況 및 浦鹽 視察報告書 提出 件」, 『統監府文書』 卷3, 明治42年 10月 15日.
40 長官事務取扱→內部次官, 「統發第五六五七號, 浦潮ニ於ケル韓人ノ近況ニ關スル件」, 『統監府文書』 卷3, 明治42年 9月 8日.
41 城津理事廳 副理事官 大枝義→臨時統監總務長官事務取扱 統監府 參與官 石塚英藏, 「機密第三二號, 在露韓國勞動者의 狀況 및 浦鹽 視察報告書 提出 件」, 『統監府文書』 卷3, 明治42年 10月 15日.
42 「1908년 3월 22일 프리아무르 총독이 내무대신에게 보내는 프리아무르 변강의 수수료 용도제한 관련 보고서」, РГИА ДВ, ф.702, оп.1, д.1687, лл.43-48об, 1908.3.22.(러), 김선안, 『러시아문서번역집 XVIII』, 선인, 2014, 245쪽.
43 위의 자료, РГИА ДВ, ф.702, оп.1, д.1687, лл.43-48об, 1908.3.22.(러), 김선안, 『러시아문서번역집 XVIII』, 선인, 2014, 251쪽.
44 「1910년 1월 21일 부레인스크 산악경찰관구 경찰서장이 아무르주 군무지사에게 보내는 위조신분증 관련 보고」, РГИА ДВ, ф.702, оп.1, д.566, лл.255-255об, 1910.1.21.(러), 김선안, 『러시아문서번역집 XVIII』, 선인, 2014, 129쪽.
45 당시 비귀화자는 광산에서 퇴거되었던 상황으로 보아, 성순이도 비귀화자라 생각된다.
46 「1910년 1월 21일 부레인스크 산악경찰관구 경찰서장이 아무르주 군무지사에게 보내는 위조신분증 관련 보고」, РГИА ДВ, ф.702, оп.1, д.566, лл.255-255об, 1910년 1월 21일(러), 김선안, 『러시아문서번역집 XVIII』, 129쪽.
47 「1910년 2월 24일 연해주 군무지사 직무대행이 프리아무르 총독부로 보내는 위조신분증 관련 보고」, РГИА ДВ, ф.702, оп.1, д.566, лл.257-258, 1910년 2월 24일(러), 김선안, 『러시아문서번역집 XVIII』, 선인, 2014, 131쪽.
48 「1910년 3월 23일 연해주 군무지사 직무대행이 프리아물 총독부로 보내는 위조신분증 관련 보고」, РГИА ДВ, ф.702, оп.1, д.566, лл.270-271, 1910년 3월 23일(러), 김선안, 『러시아문서번역집 XVIII』, 선인, 2014, 136쪽.
49 「1909년 6월 24일자 신분증 매매 관련 보고」, РГИА ДВ, ф.702, оп.1, д.566, лл.249-

249об, 1909년 6월 24일(러), 김선안, 『러시아문서번역집 XVIII』, 선인, 2014, 126쪽.

50 В. Д. Песоцкий, указ. соч., с.162-163; 보리스 박·니콜라이 부가이 저, 오성환 역, 『러시아에서의 140년간』, 시대정신, 2004, 100쪽.

51 「1910년 12월 14일 아무르주 부지사가 프리아무르 총독부로 보내는 특별협의회 결정사항 보고」, РГИА ДВ, ф.702, оп.1, д.566, лл.292-292об, 1910년 12월 14일(러), 김선안, 『러시아문서번역집 XVIII』, 선인, 2014, 145쪽.

52 존 토피 저, 이충훈·임금희·강정인 역, 『여권의 발명』, 후마니타스, 2021, 313쪽.

53 성공회대 동아시아연구소 기획, 『'나'를 증명하기: 아시아에서의 국적 여권 등록』, 한울아카데미, 2017, 23쪽.

54 성공회대 동아시아연구소 기획, 위의 책, 24쪽.

55 한인의 러시아 이주 50주년 기념으로 제작된 역사서 『강동쉰해』에 따르면 1896년 9월에 한인이 러시아에 입적하는 것이 허락되어 처음 귀화가 시작됐다(『강동쉰해』, 『한인신보』, 1917.9.17., 3면). 그 이전에도 산발적인 귀화가 있었지만, 한인사회 일반이 널리 귀화를 했다고 인정된 것은 1896년으로 추측된다.

56 在外朝鮮人事情研究会, 「北滿及露領朝鮮人事情」, 『在外朝鮮人事情研究会報: 臨時增刊』, 1922, 86쪽.

57 이인섭, 「짜리 로시아원동에서 거주하던 조선민족 사회에서 발생되었던 계급투쟁」(수고본), 14-15쪽(반병률, 「러시아 한인(고려인)사회와 정체성의 변화」, 『한국사연구』 140, 2008, 106-107쪽 재인용).

58 뒤바보(계봉우), 「아령실기(六)」, 『독립신문』, 1920.3.18.

59 세와키 히사토 저, 구양근 역, 「블라디보스토크 견문잡기」, 『한일관계사연구』 9, 1998, 272쪽.

60 S. M. 두다료노크 외, 양승조 역, 『러시아 극동지역의 역사』, 진인진, 2018, 190쪽.

61 반병률, 앞의 글, 2008, 107쪽.

2장 귀화·취업 단속에 대응하다

1 반병률, 「露領 沿海州 한인사회와 한인민족운동(1905~1911)」, 『한국근현대사연구』 7, 1997, 72-78쪽.

2 Н. И. Дубинина, *Приамурский генерал-губернатор П.Ф. Унтербергер*, Хабаровск, 2008, с.139.

3 П. Ф. Унтербергер, *Приамурский край 1906-1910 гг*, СПБ: Тип. В. Ф. Киршбаума, 1912, с.87.

4 고등교육 또는 중등교육을 받은 사람, 또는 사법기관 및 농촌 기관에서 3년 이상 근무한

사람이 임명되었다. 임명과 해임 여부는 내무대신과 총독이 결정했다. 이 제도는 1898년 6월 시베리아에 처음 실시되어, 러시아 극동에는 1902년 6월에 도입되었다. "Крестьянские начальники", https://ru.wikisource.org/wiki/ЭСБЕ/Крестьянские_начальники 접속일자: 2021.11.29.; "Крестьянские начальники Южно-Уссурийского края (1902-1917 гг.)", http://rgiadv.ru/rabota-s-polzovatelyami/v-pomosch-issledovatelyu/ krestyanskie-nachalniki 접속일자: 2021.11.29.

5 「1909년 4월 3일 연해주 군무지사 직무대행이 프리아무르 총독부로 보내는 조선인 귀화 관련 보고」, РГИА ДВ, ф.702, оп.1, д.640, лл.14-19об, 1909.4.3.(러), 김선안, 『러시아문서번역집 XVIII』, 선인, 2014, 187쪽.

6 "Свод законов Российской Империи", http://pravo.gov.ru/proxy/ips/?empire 접속일자: 2021.11.14.

7 А. И. Петров, *Корейская Диаспора В России(1897-1917)*, Владивосток, 2001, с.369.

8 「1909년 10월 30일자 아무르주 군무지사의 아무르주 거주 조선인 명부 조사보고서」, РГИА ДВ, ф.702, оп.1, д.640, лл.3-6об, 1909.10.30.(러), 김선안, 『러시아문서번역집 XVIII』, 선인, 2014, 184쪽.

9 소련 시기 통행증(прописка)과 소련 붕괴 후 러시아에서 거주등록증(Регистрация)을 통해 당국이 외국/내국인의 이동 자유를 제한한 것은 제정러시아의 거주허가증(Билет)과 여권(Паспорт)에서 그 기원을 찾을 수 있다. 오늘날 러시아에서는 외국인/무국적자가 7일 이상 러시아에 체류할 시, 내국인이 90일 이상 등록 거주지 외 다른 지역에 체류할 시 거주등록증을 발급받아야 한다.

10 다만 부모가 국적을 취득한 후 태어난 자녀는 러시아 신민으로 인정받았다.

11 В. Д. Песоцкий, указ. соч., с.159.

12 1908년 발행된 러시아 한인 신문 『해조신문』과 1909~1910년 발행된 러시아 한인 신문 『대동공보』 각 면 상단에는 상이한 역법이 적혀 있다. 위의 두 언론매체에서는 러시아의 율리우스력, 대한제국의 그레고리력, 음력, 단군기원을 사용했다. 어떻게 한인이 1년을 337일로 계산했는지, 위 보고서 작성자의 기록만으로는 불분명하다.

13 앞의 자료, РГИА ДВ, ф.702, оп.1, д.640, лл.14-19об, 1909.4.3.(러), 김선안, 『러시아문서번역집 XVIII』, 선인, 2014, 191쪽.

14 В. В. Граве, *Китайцы, корейцы и японцы в Приамурье*, Сантк-Петербург, 1912, с.191.

15 앞의 자료, РГИА ДВ, ф.702, оп.1, д.640, лл.14-19об, 1909.4.3.(러), 김선안, 『러시아문서번역집 XVIII』, 선인, 2014, 190쪽, 192-193쪽.

16 해당 보고서에 따르면 김씨 235가구, 이씨 114가구, 박씨 112가구, 최씨 98가구, 한씨 63가구, 정씨 37가구, 유씨 35가구로 기록되어 있다.

17 앞의 자료, ф.702, оп.1, д.640, лл.14-19об, 1909.4.3.(러), 김선안, 『러시아문서번역집 XVIII』, 선인, 2014, 190쪽.

18 「1910년 5월 11일 프리아무르 총독부에서 작성한 조선인의 러시아 귀화 자격 심사 결과 보고서」, РГИА ДВ, ф.702, оп.1, д.640, лл.134-136об, 1910.5.11.(러), 김선안, 『러시아문서번역집 XVIII』, 선인, 2014, 199-200쪽.

19 보고서에서는 네 가지 부류를 들고 있다. ① 귀화 관련 서류 미제출자, ② 1893~1895년 현지실무자 수하노프의 전결(專決)로 귀화 허가가 날 때까지 마을에 거주하라는 명령을 받은 자, ③ 부모가 아니라 큰아버지나 큰외삼촌이 귀화한 자, ④ 귀화 한인으로부터 재산권과 권리를 승계한 자.

20 앞의 자료, РГИА ДВ, ф.702, оп.1, д.640, лл.134-136об, 1910.5.11.(러), 김선안, 『러시아문서번역집 XVIII』, 선인, 2014, 200-202쪽.

21 南満州鉄道株式会社 庶務部調査課 日譯, 『極東露領に於ける黃色人種問題』, 大阪毎日新聞社, 1929, 123쪽; В. В. Граве, указ. соч., с.154.

22 南満州鉄道株式会社 庶務部調査課 日譯, 위의 자료, 123쪽; В. В. Граве, там же, с.154.

23 南満州鉄道株式会社 庶務部調査課 日譯, 위의 자료, 123쪽; В. В. Граве, там же, с.154-155.

24 S. M. 두다료노크 외, 양승조 역, 『러시아 극동지역의 역사』, 진인진, 2018, 300쪽.

25 「1908년 4월 내무성에서 운테르베르게르에게 보내는 조선인 인구조사 필요성에 관한 서한」, РГИА ДВ, ф.702, оп.1, д.566, лл.82-82об, 김선안, 『러시아문서번역집 XVIII』, 선인, 2014, 117쪽.

26 「1909년 6월 2일자 아무르주 군무지사의 조선인 추방 관련 회람 명령서」, РГИА ДВ, ф.702, оп.1, д.566, лл.233-233об, 1909.6.2.(러), 김선안, 『러시아문서번역집 XVIII』, 선인, 2014, 123쪽.

27 위의 자료, РГИА ДВ, ф.702, оп.1, д.566, лл.233-233об, 1909.6.2.(러), 김선안, 『러시아문서번역집 XVIII』, 선인, 2014, 124쪽.

28 南満州鉄道株式会社 庶務部調査課 日譯, 앞의 자료, 136쪽; В. В. Граве, указ. соч., с.166-167.

29 이채문은 "무토지 또는 3데샤티나 미만의 토지소유자"를 빈농층으로 규정했다.

30 이채문, 「러시아 극동지역의 한인농업이민에 관한 사회사적 분석」, 『한국동북아논총』 17, 2000, 18-20쪽.

31 「1909년 4월 3일 연해주 군무지사 직무대행이 프리아무르 총독부로 보내는 조선인 귀화 관련 보고」, РГИА ДВ, ф.702, оп.1, д.640, лл.14-19об, 김선안, 『러시아문서번역집 XVIII』, 선인, 2014, 197-198쪽.

32 이항준, 「러시아 연흑룡총독 운떼르베르게르의 조선이주민 인식과 정책(1905~1910)」, 『역사와 현실』 64, 2007, 288-291쪽.

33 南滿州鉄道株式会社 庶務部調査課 日譯, 앞의 자료, 131쪽; В. В. Граве, указ. соч., с.162.

34 南滿州鉄道株式会社 庶務部調査課 日譯, 위의 자료, 122-123쪽; В. В. Граве, там же, с.15.

35 П. Ф. Унтербергер, указ. соч., с.86.

36 南滿州鉄道株式会社 庶務部調査課 日譯, 앞의 자료, 131쪽; В. В. Граве, указ. соч., с.159.

37 南滿州鉄道株式会社 庶務部調査課 日譯, 위의 자료, 128쪽; В. В. Граве, там же, с.163.

38 운테르베르게르 총독 역시 그의 보고서에서 러시아인 노동자들의 파업, 무단결근, 임금인상 요구 등으로 인해 사용자들이 여러 어려움을 겪고 있음을 지적하고 있다. 또한 정착할 생각이 없이 봄에 왔다 가을에 떠나는 계절노동자로 와서 각종 지원 혜택을 누리고 다시 돌아가는 경우도 있었다. П. Ф. Унтербергер, указ. соч., с.91-92.

39 南滿州鉄道株式会社 庶務部調査課 日譯, 앞의 자료, 132-133쪽; В. В. Граве, указ. соч., с.163-164.

40 南滿州鉄道株式会社 庶務部調査課 日譯, 위의 자료, 133쪽; В. В. Граве, там же, с.165.

41 南滿州鉄道株式会社 庶務部調査課 日譯, 위의 자료, 133-135쪽; В. В. Граве, там же, с.165-167.

42 南滿州鉄道株式会社 庶務部調査課 日譯, 위의 자료, 134쪽; В. В. Граве, там же, с.165.

43 南滿州鉄道株式会社 庶務部調査課 日譯, 위의 자료, 135쪽; В. В. Граве, там же, с.165.

44 南滿州鉄道株式会社 庶務部調査課 日譯, 위의 자료, 136쪽; В. В. Граве, там же, с.166-167.

45 총 여섯 가지를 제안했다. "(1) 러시아 국적 한인의 10퍼센트를 한도로 하여 포시에트구로부터 북방으로 이주를 허가한다. 왜냐하면 무제한으로 이주를 허가하면, 거의 모두가 이주하게 되어, 이후 정말로 러시아인이 이주해야 할 지구의 경제상황에 악영향을 미치기 때문이다. (2) 한인의 이주지역을 특히 촌락으로부터 멀리 떨어진 곳에 설정한다. (3) 분배지 면적을 1인 10 내지 12데샤티나로 늘린다. (4) 한인에게 병역을 부과한다. (5) 한인에게 러시아어 의무교육을 실시한다. (6) 러시아 국적 취득의 수속을 간단하게 한다." 南滿州鉄道株式会社 庶務部調査課 日譯, 앞의 자료, 138쪽; В. В. Граве, там же, с.171.

46 페소츠키 역시 장기적인 방향으로는 한인들을 한러 국경에서 멀리 떨어진 곳에 한인들을 재이주시켜야 한다는 관점을 보였다. В. Д. Песоцкий, указ. соч., с.124-125.

47 南滿州鉄道株式会社 庶務部調査課 日譯, 앞의 자료, 117쪽; В. В. Граве, указ. соч., с.146.

48 이상근, 「한인노령이주사연구」, 단국대학교 사학과 박사학위논문, 1994, 138쪽.

49 П. Ф. Унтербергер, указ. соч., с.88.

50 뒤바보,「아령실기(5)」,『독립신문』, 1920.3.13.

51 田原茂,『滿洲と朝鮮人』, 滿洲朝鮮人親愛議會本部, 1923, 140-141쪽(이상근, 앞의 글, 140쪽 재인용).

52 南満州鉄道株式会社 庶務部調査課 日譯, 앞의 자료, 116쪽; В. В. Граве, указ. соч., с.145-146.

53 국사편찬위원회,『한국독립운동사2』, 503-504쪽(이상근, 앞의 글, 138쪽 재인용).

54 南満州鉄道株式会社 庶務部調査課 日譯, 앞의 자료, 116쪽; В. В. Граве, указ. соч., с.145-146.

55 П. Ф. Унтербергер, там же, с.88, 92, 94.

56 П. Ф. Унтербергер, там же, с.88.

57 南満州鉄道株式会社 庶務部調査課 日譯, 앞의 자료, 117쪽.

58 「동포 윤고문」,『대동공보』, 1909.3.7., 3면.

59 「韓人逐出에 關한 事項」,『대동공보』, 1909.3.14., 2면.

60 「러시아 회의의 대 한청정책」,『대동공보』, 1909.4.18., 3면;「俄國議會의 對韓淸 兩國人 流入防禦方針」,『대동공보』, 1909.4.21., 3면.

61 만코프는 코사크 군대에서 복무했던 경험이 있었고, 1907년 3월에 아무르와 우수리 코사크 군대를 대표하는 두마 의원으로 선출된 바 있다. "Сибиряки - депутаты третьей Государственной думы(1907-1912 гг.)", Томская областная универсальная научная библиотека им. А. С. Пушкина, http://tomskhistory.lib.tomsk.ru/page.php?id=1621 접속일자: 2022.1.15..

62 「황인의 위해론」,『대동공보』, 1909.6.10., 1면. 위의 회의 결과에서 황인종 노동력 사용을 지지하거나 적어도 부분적으로 지지한 이들은 시베리아 의회 그룹(Сибирская парламентская группа)에 속한다.

63 「황인의 위해론」,『대동공보』, 1909.6.10., 1면.

64 1909년 9월은 러시아 징병령이 시행되던 때였다. 러시아 극동에서 징병령은 1894~1895년 청일전쟁 후 1896년 처음 시행되었다. 1899년 말부터 시작된 의화단사건의 영향으로 1900년에도 징병령이 시행되었다. 1909년 징병령은 프리아무르 지방에서 시행된 세 번째 징병령이었다. 1909년 징병령을 통해 부대의 동원 과정과 전투력을 평가하기 위한 특별위원회가 조직됐다. Р. С. Авилов, "Поверочная мобилизация войск Приамурского военного округа в 1909 году", Военно-исторический журнал, №2, 2017.

65 「俄籍에 在한 韓人은 俄國兵役에 잘 服從함이 可한 일」,『대동공보』, 1909.9.2., 2면.

66 조덕환,「연해주 한인사회의 귀화한인과 국권회복운동」, 성균관대학교 사학과 석사학위논문, 2010, 17쪽.

67　В. В. Граве, указ. соч., с.196.

68　「아인의 오해를 설명함」, 『대동공보』, 1910.5.19., 1면.

69　한인의 반일 감정은 한인과 일본인을 구분할 때 러시아 관료들 사이에서도 중요한 논리로 작용했다. 실제로 1909년 2월 23일 아무르주 위원 칠리킨은 한청 양국인 방어방침에 대해 평할 때도 "일한 양국인의 교제가 외면상에는 가까운 듯하나, 내용은 구슈간이라"는 발언을 했던 것이다. 「러시아 회의의 대 한청정책」, 『대동공보』 1909.4.18., 3면.

70　「러시아 회의의 대 한청정책」, 『대동공보』, 1909.4.18., 3면.

71　АВПРИ, ф.126, оп.487, д.770, лл.68-69об(동북아역사넷 제공). 이 문서의 정확한 생산일자는 알기 어렵지만, "지난 1911년"이라는 구절과, 국민회의 연해주 활동 시기를 고려했을 때, 1912~1914년 사이에 작성된 것으로 추정된다.

72　РГИА ДВ, ф.702, оп.3, д.376, 1909.5.12.(러), 친일반민족진상규명위원회, 『친일반민족행위관계사료집Ⅶ』 친일반민족행위진상규명위원회, 선인, 2008, 331-333쪽.

73　강창일의 설명에 따르면 아시아주의란 "19세기 후반 이후 서양의 진출을 계기로 하여 서양을 타자화하면서 아시아의 문명적·인종적 근친성과 운명공동체성을 입론의 근거로 삼아 아시아를 하나의 정치단위로 설정하여 아시아의 연대와 단결 혹은 통합을 주창하는 언설"을 의미한다. 강창일, 『근대 일본의 조선침략과 대아시아주의: 우익 낭인의 활동과 사상을 중심으로』, 역사비평사, 2002, 16-18쪽.

3장 호의와 적의, 그 사이에 선 의병

1　1905~1910년 연해주 한인 의병활동에 대한 자세한 내용은 다음 참고. 박민영, 『대한제국기 의병연구』, 한울아카데미, 1998, 285-347쪽. 그는 한인 의병세력을 '선이주민'과 '도강이주민'으로 나누어 구분했다. 이 책에서는 그의 구분법을 일정하게 받아들이지만, '선이주민'의 용어를 '정주유력자'로, '도강이주민'을 '망명자'로 바꾸어 칭한다.

2　박민영, 위의 책, 291쪽.

3　남우수리 국경위원회는 1869년에 설치되어 1922년까지 존속했으며, 내무성 소속으로 러시아 제국의 지역 안보에 핵심적 역할을 맡았다. 프리아무르 총독이 국경위원을, 그에 배속된 통역사는 연해주 군무지사가 임명권을 갖고 있었다. 국경위원은 군사와 관련된 업무를 연해주 군무지사에게, 외교 관련 사안을 프리아무르 총독에게 보고했다. 다만 1906년 이후로 러시아 외무성의 영사관 네트워크가 만주에서 운영됨에 따라, 국경위원의 외교적 기능이 폐지되었다. 남우수리 국경위원회에 대한 보다 자세한 정보는 다음 참고. И. В. Шмонин·Д. И. Шмонин, "Деятельность управления пограничного комиссара в Южно-Уссурийском крае по защите национальных интересов Российской империи", *Россия и АТР*, 2016; https://ru.wikipedia.org/wiki/Южно-Уссурийское_пограничное_комиссарство 접속일자: 2022.8.15.

4　아니시모프는 1877년 러시아-터키 전쟁, 1900년 의화단사건에 참여한 경력이 있다. 1904년 제2 동시베리아 소총여단(1906년에 사단이 됨)의 장으로 임명되었고

1908년에 은퇴했다. В. Ф. Новицкого [и др.], *Военная энциклопедия, СПб. Т. 2: Алжирские экспедиции-Аракчеев гр. А. А*, СПб: Т-во И. Д. Сытина, 1911, с.559.

5 「1908년 4월 5일 국경위원 E. T. 스미르노프가 연해주 군사총독 V. E. 플루크에게 보내는 한인들의 활동 관련 서한」, РГИА ДВ, ф.1, оп.3, д.1160, лл.2-5, 1908년 4월 5일(러), 이재훈, 『러시아문서번역집 XVI』, 선인, 2014, 190-194쪽. 이때 아니시모프가 언급한 '포츠머스 조약'의 최종 조약문 가운데 제2조에는 "일본제국 정부가 한국에서 필요하다고 인정하는 지도, 보호 및 감리의 조치를 취함에 있어 이를 방해하거나 간섭하지 않을 것을 약정한다. (…) 양 조약 체결국은 일체의 오해의 원인을 피하기 위하여 러시아와 한국 간의 국경에서 러시아국 또는 한국의 영토의 안전을 침해할 수 있는 하등의 군사상 조치를 취하지 않는다는 것을 동의한다"라는 구절이 있다(최덕수 외, 『조약으로 본 한국 근대사』, 열린책들, 2010, 523-524쪽). 즉, 아니시모프는 포츠머스 조약 제2조에 근거하여 이범윤의 무기를 제공하지 않았던 것이다.

6 심헌용의 설명에 따르면, 아니시모프 휘하의 한인 부대는 "총 보병 7 1/2대대, 대포 20문, 12 1/2까자크 중대, 공병대 1/2중대"로 편성되었다. 해당 부대에 대한 자세한 정보는 다음 연구 참고. 심헌용, 「러일전쟁 전후 한인의병운동에 끼친 '러시아적 요소'와 한인의용군 창설계획」, 『한국민족운동사연구』 42, 2005, 96쪽.

7 최덕규, 「고종황제의 독립운동과 러시아 상하이 정보국(1904~1909)」, 『한국민족운동사연구』 81, 2014, 55-56쪽, 68쪽.

8 「1908년 4월 5일 국경위원 E. T. 스미르노프가 연해주 군사총독 V. E. 플루크에게 보내는 한인들의 활동 관련 서한」, РГИА ДВ, ф.1, оп.3, д.1160, лл.2-5, 1908.4.5.(러), 이재훈, 『러시아문서번역집 XVI』, 선인, 2014, 190-194쪽.

9 위의 자료, РГИА ДВ, ф.1, оп.3, д.1160, лл.2-5, 1908.4.5.(러), 이재훈, 『러시아문서번역집 XVI』, 선인, 2014, 193쪽.

10 「1908년 6월 19일 남우수리 변강 국경위원 E. T. 스미르노프가 보내는 한국에서의 항일운동 관련 보고서」, РГИА ДВ, ф.1, оп.3, д.1160, лл.31-32, 1908.6.19.(러), 이재훈, 『러시아문서번역집 XVI』, 선인, 2014, 226-227쪽.

11 「1908년 6월 19일 남우수리 변강 국경위원 E. T. 스미르노프가 보내는 한국에서의 항일운동 관련 보고서」, РГИА ДВ, ф.1, оп.3, д.1160, лл.31-32, 1908.6.19., 이재훈, 『러시아문서번역집 XVI』, 선인, 2014, 226-227쪽.

12 영산전투가 언제 벌어져 종료되었는지 정확한 기록을 찾기 어렵다. 일본 측 자료에 의하면 일본군은 1908년 7월 25일 흥남 부근을 출발해 7월 27일에 청진에 상륙했다. 또한 해안경비를 위한 일본군이 7월 27일 성진을 떠나 청진으로 향했다. 경성의 증원군은 7월 27일 부산을 출발해 7월 30일 독진에 도착할 예정이었다(咸興警察署長代理 警部 茂義孫→內部 警務局長 松井茂, 「李範允에 關한 件」, 1908.7.27., 『한국독립운동사 자료 11권: 의병편 IV』). 7월 말 일본군의 움직임을 고려하면, 영산전투는 7월 말에서 8월 초에 발생하지 않았나 생각된다.

13 咸興警察署長代理 警部 茂義孫→內部 警務局長 松井茂, 「李範允에 關한 件」, 1908.7.27.,

『한국독립운동사 자료 11권: 의병편 IV』.

14 박민영, 앞의 책, 319쪽, 322쪽.

15 咸興警察署長代理 警部 茂義孫→內部 警務局長 松井茂, 「李範允에 關한 件」, 1908.7.27., 『한국독립운동사 자료 11권: 의병편 IV』.

16 「1908년 5월 14일 국경위원 E. T 스미르노프가 보는 남우수리 변강의 항일운동 관련 보고서」, РГИА ДВ, ф.1, оп.3, д.1160, лл.24-24об, 1908.5.14.(러), 이재훈, 『러시아문서번역집 XVI』, 선인, 2014, 224-225쪽. 1908년 5월 무산에서의 승리 후, 1908년 7월부터 8월은 한인 의병들의 휴전 시기였다. 의병들이 휴전을 결정한 이유는 여러 설이 있었다. 탄약이 부족하기 때문이라는 설, 주민들이 동절기를 날 수 있도록 식량을 확보할 수 있는 시간을 제공하기 위한 것이라는 설, 보다 유리한 정세가 조성될 때까지 기다리고 있다는 설이었다. 「1908년 7월 15일 국경위원 E. T. 스미르노프가 보내는 한국-만주 국경 관련 정보보고」, РГИА ДВ, ф.1, оп.3, д.1160, лл.82-84, 1908.7.15.(러), 이재훈, 『러시아문서번역집 XVI』, 선인, 2014, 239-245쪽.

17 포드고르나야는 한반도 동북단에 위치한 녹둔도 부근이다. 녹둔도 맞은편에 홍의동이 있었다. 1908년 7월 7일에 공격이 개시됐다면, 이는 국내 진공 작전을 위해 홍의동으로 진격했던 것과 동일한 날이므로, 해당 러시아 자료가 언급하고 있는 사건은 국내 진공 작전 첫날의 홍의동 진격을 의미한다.

18 두만강 하구 좌안의 낮은 평원에 자리 잡은 크라스노예 셀로는 한인들이 '녹둔도(鹿屯島)', '녹둔(鹿屯)', '녹도(鹿島)', '녹평(鹿坪)'이라 불렀다. 기록상으로 1875년 또는 1880년대 녹둔도의 한인마을에 형성되었다. 크라스노예 셀로의 북쪽에는 '웃누불뫼(웃누울뫼)', '상와봉(上臥峰)'이라 불린 포드고르나야 마을이 있었다. 포드고르나야 마을은 크라스노예 셀로 마을과 같이 1875년에 만들어졌고, 1889년에 독립된 명칭을 얻었다. 반병률, 「러시아 연해주 두만강 하구의 한인마을 크라스노예 셀로(鹿屯島)의 형성과 변화」, 『한국근현대사연구』 54, 2010, 7쪽, 17-18쪽.

19 「1908년 6월 26일 한시 세관 관문에서 자아무르 지역 관구 세관감독관에게 보내는 한국인 빨치산 관련 보고서」, РГИА ДВ, ф.1, оп.3, д.1160, лл.43-43об, 1908.6.26.(러), 이재훈, 『러시아문서번역집 XVI』, 선인, 2014, 234-235쪽.

20 「1908년 7월 20일 국경위원 E. T. 스미르노프가 보내는 한국인 반란자들 활동 관련 보고서」, РГИА ДВ, ф.1, оп.3, д.1160, лл.105-106об, 1908.7.20.(러), 이재훈, 『러시아문서번역집 XVI』, 선인, 2014, 246-249쪽.

21 「十二月 二日附 咸興憲兵分隊長 內報」, 1908.12.2., 『한국독립운동사 자료 12: 의병편 V』.

22 「1908년 12월 31일 남우수리 변강 수찬 지방경찰관할구역 경찰서장이 남우수리군 군수에게 보내는 상신서」, РГИА ДВ, ф.1, оп.3, д.1160, лл.203-204об, 1908.12.31.(러), 이재훈, 『러시아문서번역집 XVI』, 선인, 2014, 273쪽.

23 1908년 7월 의병들의 국내 진공 작전 종료 후, 형세 관망으로 전략을 변경한 최재형과 대일항전 강경노선을 견지한 이범윤 간의 노선 대립으로 보는 견해도 있다. 최재형은 정주유력자로서 러시아 한인사회 여론과 이익을 대변하는 한인지도자 역할에 충실해야 하

는 입장도 있었기에, 무력적 대일항전에 집중한 이범윤에 비해 상대적으로 보수적 성향을 노정했다는 것이다. 박민영, 앞의 책, 334쪽.

24 최재형, 「광고」, 『대동공보』, 1909.1.17.

25 반병률, 「노령 연해주 한인사회와 한인민족운동(1905~1911)」, 『한국근현대사연구』 7, 1997, 82쪽.

26 반병률, 위의 글, 82쪽.

27 20세기 초 한반도 내에서도 마찬가지지만, 연해주에 등장한 의병 역시 사회적 지지 없이 존재하기 어려웠던 존재였다. 의병들은 사회적 지지를 얻기 위해 노력했고 소기의 성과도 보았지만, 결국 한반도에서만이 아니라, 러시아영에서도 점차 사회적 지지를 잃어 그 동력이 감소했다. 이처럼 지역 네트워크에 기반한 존재로서의 의병은 사회적 지지가 존립의 근간이었다. 의병에 대한 지역사회의 지지와 그 철회에 대해서는 다음 연구 참고. 김헌주, 「후기의병의 사회적 성격에 관한 연구」, 고려대학교 사학과 박사학위논문, 2018.

28 박민영, 앞의 책, 331쪽.

29 물론 조선으로 추방된 경우도 있었다. 그러나 이것은 고위관료에게 보고되지 못한 경우였다. 스미르노프는 의병들 가운데 일부가 한인 정치조직에 속하고 있다는 사실을 자신에게 알리지 못하여 한국으로 추방되어 처형된 사실을 비판하기도 했다. 그는 의병들이 그러한 사실을 알렸더라면 "한국이 아닌 만주로 추방했을 것"이라 유감을 표한 바 있다. 「1910년 6월 16일 남우수리 변강 국경위원이 보내는 이범윤 민병대 관련 진술서」, РГИА ДВ, ф.1, оп.3, д.1160, лл.251-253об, 1910.6.16.(러), 이재훈, 『러시아문서번역집 XVI』, 선인, 2014, 290쪽.

30 А. Ю. Мальцев, "Особенности регионального политического лидерства России", диссертация на соискание учёной степени кандидата политических наук, Институт истории, археологии и этнографии народов Дальнего Востока ДВ РАН, 2003.

31 Там же.

32 Н. И. Дубинина, "Генерал-губернаторская власть в Приамурском крае: Её особенности и Эволюция", *История и Культура Приамурья*, №.1, 2007, с.77-79.

33 「1910년 6월 16일 남우수리 변강 국경위원이 보내는 이범윤 민병대 관련 진술서」, РГИА ДВ, ф.1, оп.3, д.1160, лл.251-253об, 1910.6.16.(러), 이재훈, 『러시아문서번역집 XVI』, 선인, 2014, 289쪽.

34 구체적으로 어떤 비밀정치단체를 지칭하는지 자료상으로는 불분명하다. 다만 스미르노프가 의병 관련 인물을 추려내는 과정에서 해당 명단을 입수한 것을 보면, 동의회(同義會) 내지는 그 안에서 이범윤을 따르는 의병조직이 아닌가 한다. 동의회가 『해조신문』이라는 공론장에서 환난상휼을 표방하며 공개적으로 조직의 결성을 알리는 등 합법·공개적 조직의 행보에 가까운 면모를 보였으며, 회원수가 2,000~3,000명에 달했다는 점(박민영, 앞의 책, 292-298쪽)을 고려하면, 스미르노프가 입수한 '비밀정치단체'의 명단은 의병활동 그 자체에 집중한 이범윤 측의 세력으로 추측된다. 또한 스미르노프가 입수한 명부와 러

일전쟁 참여자를 비교 검토하는 대목은, 해당 명부가 러일전쟁을 수행했던 이범윤 측 의병일 가능성에 무게를 더해준다.

35 앞의 자료, РГИА ДВ, ф.1, оп.3, д.1160, лл.251-253об, 1910.6.16.(러), 이재훈, 『러시아문서번역집 XVI』, 선인, 2014, 291-292쪽.

36 위의 자료, РГИА ДВ, ф.1, оп.3, д.1160, лл.251-253об, 1910.6.16.(러), 이재훈, 『러시아문서번역집 XVI』, 선인, 2014, 290쪽.

37 위의 자료, РГИА ДВ, ф.1, оп.3, д.1160, лл.251-253об, 1910.6.16.(러), 이재훈, 『러시아문서번역집 XVI』, 선인, 2014, 291쪽.

38 위의 자료, РГИА ДВ, ф.1, оп.3, д.1160, лл.251-253об, 1910.6.16.(러), 이재훈, 『러시아문서번역집 XVI』, 선인, 2014, 293쪽.

39 운테르베르게르가 그의 보고서에서 "다른 사람들이 자신들의 국가를 빼앗는 것에 대해 거의 반응하지 않는 상황에서 어떻게 그들과 다른 국가의 이익을 위해 모든 존재를 바칠 것이라고 기대할 수 있는가"라고 기록한 부분은 '국가에 대한 충성'이 그에게 중요한 덕목이었음을 보여준다. П. Ф. Унтербергер, *Приамурский край 1906-1910 гг*, СПБ: Тип. В. Ф. Киршбаума, 1912, с.84.

40 앞의 자료, РГИА ДВ, ф.1, оп.3, д.1160, лл.251-253об, 1910.6.16.(러), 이재훈, 『러시아문서번역집 XVI』, 선인, 2014, 293쪽.

41 여기서 주목되는 것은 한인의 항일여론 조성 행위를 막고자 했던 남우수리 군수조차도 "진정한 애국자들(истиные патриоты)"을 구분하고 있었다는 점이다.

42 「1909년 3월 17일 연해주 행정청 문관이 보내는 한국인들의 선동행위 방지 방안 관련 상신서」, РГИА ДВ, ф.1, оп.3, д.1160, лл.233-234об, 1909.3.17.(러), 이재훈, 『러시아문서번역집 XVI』, 선인, 2014, 288쪽.

43 위의 자료, РГИА ДВ, ф.1, оп.3, д.1160, лл.233-234об, 1909.3.17.(러), 이재훈, 『러시아문서번역집 XVI』, 선인, 2014, 286쪽.

44 원문은 "инородца"로, 번역집에서는 "외국인"으로 번역했으나, 엄밀한 의미에서는 국적은 러시아인이라도 민족적으로 이민족임을 나타내므로 이 점을 부기한다.

45 「1909년 2월 6일 남우수리 변강 국경위원이 보내는 주 내 한국인 정치이민자들의 활동 관련 보고서」, РГИА ДВ, ф.1, оп.3, д.1160, лл.222-224, 1909.2.6.(러), 이재훈, 『러시아문서번역집 XVI』, 선인, 2014, 282쪽. 최재형의 신분이 흔히 노비 출신이었다고 알려졌지만, 그에 대한 반론도 있다. 최재형의 신분에 대한 재검토는 다음 연구 참고. 주미희, 「최재형 연구의 현황과 향후 과제」, 『역사연구』 40, 2021.

46 「1908년 6월 19일 남우수리 변강 국경위원 E. T. 스미르노프가 보내는 한국에서의 항일운동 관련 보고서」, РГИА ДВ, ф.1, оп.3, д.1160, лл.31-32, 1908.6.19.(러), 이재훈, 『러시아문서번역집 XVI』, 선인, 2014, 226-227쪽.

47 「1909년 2월 6일 남우수리 변강 국경위원이 보내는 주 내 한국인 정치이민자들의 활동

관련 보고서」, РГИА ДВ, ф.1, оп.3, д.1160, лл.222-224, 1909.2.6.(러), 이재훈, 『러시아 문서번역집 XVI』, 선인, 2014, 283쪽.

48 위의 자료, РГИА ДВ, ф.1, оп.3, д.1160, лл.222-224, 1909.2.6.(러), 이재훈, 『러시아문서번역집 XVI』, 선인, 2014, 285쪽.

49 이민복은 전 경무사였던 이범구의 아들로, 연추에서 소학교 교사로 활동한 경력이 있다. 朝鮮駐箚憲兵隊司令部,「(秘)明治45年 6月調, 露領沿海州移住鮮人ノ狀態」, 1913.3.3.; 『수촌박영석교수화갑기념한민족독립운동사논총』, 탐구당, 1992, 1189쪽.

50 1896년에 설립되어 1904년 러일전쟁 때 폐교되었다.

51 1881년생이며, 윤욱(尹煜)으로도 불렸다. 블라디보스토크 헌병대 통역 일을 했으며, 『대동공보』의 번역 일도 맡은 바 있다. 1911년에 기록된 일본 측 자료(朝鮮駐箚憲兵隊司令部,「(秘)明治45年 6月調, 露領沿海州移住鮮人ノ狀態」 1913.3.3.; 『수촌박영석교수화갑기념한민족독립운동사논총』, 탐구당, 1992, 1187쪽)에는 그가 함북 출신이라는 기록도 있으나, 이후 작성된 『왜정시대인물사료』에 따르면 그는 충청도 노성 파평윤씨 자제다. 『왜정시대인물사료』에서는 윤일병에 대한 과거 기록을 다음과 같이 정정하고 있다. "윤일병(尹一炳)에 대해서는 조사서 제1에서 윤욱(尹煜)은 북청(北靑) 사람으로 했으나 동인은 충청남도 노성(魯城) 출신입니다. 소위 노성(魯城) 윤씨(尹氏) 일족으로 경성으로 나와 관립 러시아학교에 들어간 뒤 러시아 수도로 유학하고 블라디보스토크로 가서 윤욱(尹煜)으로 변명(變名)한 것이라고 합니다."「伊藤 조난 사건 조사보고 제2보」, 『統監府文書 7권』; 統監→桂 總理大臣, 小村 外務大臣,「機密統發第一一一號, 伊藤 公 사건 연루자 조사차 浦潮 출장 중인 松井 大尉 復命書 송부 件」, 1910.1.20., 『統監府文書 7』; 『왜정시대인물사료』.

52 박종효,「관립아어학교의 설립과 교사 비류코프의 활동」, 『한국근현대사연구』 46, 2008, 9-10쪽.

53 한러정보협력의 자초지종과 윤일병·구덕성 등 러시아어학교 출신자들의 역할, 그리고 러시아 관료들의 다층적 태도에 대한 내용은 다음 연구 참고. 최덕규,「고종황제의 독립운동과 러시아 상하이 정보국(1904~1909)」, 『한국민족운동사연구』 81, 2014, 68쪽.

54 「朝憲機 제773호, 浦潮斯德 지방 在住 조선인에 관한 최근의 정보」, 1912.6.11., 『不逞團關係雜件-朝鮮人의 部-在西比利亞 4』.

55 「연해주 군무지사의 이범윤 추방 허가 요청서」, РГИА ДВ, ф.1, оп.11, д.73, лл.81-81об, 1910.8.17.(러), 한희정 역, 『러시아문서번역집 XVII』, 선인, 2014, 55-56쪽.

56 1910년 8월 말 한일강제병합에 반대하여 조직되어, 9월 초에 러시아 당국의 단속으로 해체된 조직이다. 1910년 6월 간도·연해주 한인 의병부대 통합을 위해 조직된 '십삼도의군'을 모체로 한 단체다. 박민영, 앞의 책, 347쪽.

57 일본 측 정보보고에 따르면, 이범윤은 이르쿠츠크에 있는 동안 생활비로 1일에 90코페이카씩 받아 "다소의 여유"가 있었다고 한다. 鳥居 블라디보스토크 통역관,「朝憲機 제2217호, 9월 19일 이후 浦潮斯德지방 재주 조선인에 관한 정보」, 1911.10.5., 2-3쪽, 『不逞團關係雜件-朝鮮人의 部-在西比利亞 3』.

58 「이르쿠츠크 총독 P.K. 그란에게 보낸 이범윤 이르쿠츠크 추방에 관한 연해주 군무지사의 서한」, РГИА ДВ, ф.1, оп.11, д.73, лл.110-110об, 1910.10.24.(러), 한희정 역, 『러시아문서번역집 XVII』, 선인, 2014, 57-58쪽.

59 일본 측 밀정의 보고이긴 하나, 러시아 관료들이 의병활동을 내면적으로 지지하고 있었던 또 다른 정황이 발견된다. 러시아 경찰의 모 고관은 이범윤을 불러, "힘껏 의병을 성공시키시오. 후사는 자신이 인수할 테니"라 말했던 사례도 있었다. 大鳥富士太郎(블라디보스토크 총영사)→小村壽太郎(외무대신), 「憲機 제232호 제165호, 1월 13일 이후 블라디보스토크지방 조선인 동정」, 1911.1.28., 『不逞團關係雜件-朝鮮人의 部-在西比利亞 2』.

60 「프리아무르 총독에게 보낸 연해주 군무지사의 조선인 애국지사들에 대한 이르쿠츠크 추방 명령 철회 요청서」, РГИА ДВ, ф.1, оп.11, д.73, лл.211-212, 1911.5.8.(러), 한희정 역, 『러시아문서번역집 XVII』, 선인, 2014, 63-64쪽.

61 「1909년 2월 6일 남우수리 변강 국경위원이 보내는 주 내 한국인 정치이민자들의 활동 관련 보고서」, РГИА ДВ, ф.1, оп.3, д.1160, лл.222-224, 1909.2.6.(러), 이재훈, 『러시아문서번역집 XVI』, 선인, 2014, 284쪽.

62 위의 자료, РГИА ДВ, ф.1, оп.3, д.1160, лл.222-224, 1909.2.6.(러), 이재훈, 『러시아문서번역집 XVI』, 선인, 2014, 285쪽.

63 「1908년 11월 12일 이범윤이 남우수리 변강 국경위원 E. T. 스미르노프에게 보내는 한국인 추방 처분 취소 청원서」, РГИА ДВ, ф.1, оп.3, д.1160, лл.174-174об, 1908.11.12.(러), 이재훈, 『러시아문서번역집 XVI』, 선인, 2014, 266쪽.

64 「1908년 11월 26일 남우수리 변강 국경위원 E. T. 스미르노프가 보내는 한국인 반란자들의 체포 관련 보고서」, РГИА ДВ, ф.1, оп.3, д.1160, лл.174-174об, 1908.11.26.(러), 이재훈, 『러시아문서번역집 XVI』, 선인, 2014, 264-265쪽.

65 「1909년 2월 6일 남우수리 변강 국경위원이 보내는 주 내 한국인 정치이민자들의 활동 관련보고서」, РГИА ДВ, ф.1, оп.3, д.1160, лл.222-224, 1909.2.6.(러), 이재훈, 『러시아문서번역집 XVI』, 선인, 2014, 284쪽.

66 「1908년 4월 5일 국경위원 E. T. 스미르노프가 연해주 군사총독 V. E. 플루크에게 보내는 한인들의 활동 관련 서한」, РГИА ДВ, ф.1, оп.3, д.1160, лл.2-5, 1908.4.5.(러), 이재훈, 『러시아문서번역집 XVI』, 선인, 2014, 190-194쪽.

67 「1908년 5월 14일 국경위원 E. T 스미르노프가 보는 남우수리 변강의 항일운동 관련 보고서」, РГИА ДВ, ф.1, оп.3, д.1160, лл.24-24об, 1908.5.14.(러), 이재훈, 『러시아문서번역집 XVI』, 선인, 2014, 244-245쪽.

68 앞의 자료, РГИА ДВ, ф.1, оп.3, д.1160, лл.222-224, 1909.2.6.(러), 이재훈, 『러시아문서번역집 XVI』, 선인, 2014, 284쪽.

69 「1909년 1월 4일 남우수리 변강 수찬 지방경찰관할구역 경찰서장이 남우수리 군 군수에게 보내는 상신서」, РГИА ДВ, ф.1, оп.3, д.1160, лл.205-205об, 1909.1.4.(러), 이재훈, 『러시아문서번역집 XVI』, 선인, 2014, 276-277쪽.

70 물론 러시아가 일본에 망명자를 직접 인도한 사례는 적지만 있다. 대표적인 것이 안중근의 이토 저격 사건이다. 당시 러시아 당국이 안중근을 신속히 일본 측에 인도한 이유를 둘러싸고 '정치적 부담', '사법침탈 결과'라는 설명이 있다(신운용, 「안중근 연구의 현황과 쟁점」, 『역사문화연구』 45, 2013, 150쪽). 최근 연구는 러시아 측이 안중근을 일본에 인도한 것에 대해 러시아의 대일외교정책 기조의 변화 속, 재무상 코코프초프와 관구검사 밀레르의 상이한 입장 차이로 설명하는 데까지 나아갔다. 이 설명에 따르면, 코코프초프에게 안중근 인도는 "일본의 여론을 의식한 고육책"이었다. 밀레르는 러시아 관할하에 사건을 처리해야 한다는 입장이었으나, 안중근의 이토 사살 당시 어떠한 러시아인 사상자가 발생하지 않았기 때문에, 역설적으로 이것이 그가 러시아 관할권을 끝까지 주장하기 어렵게 만들었다(최덕규, 「러일전쟁 이후 러시아 극동의 방위계획과 재무상과 육군상의 정책대립: 안중근의 하얼빈의거와 관련하여」, 『군사』 120, 2021, 153쪽). 필자는 이토 저격 당시 러시아 당국이 안중근을 일본에 인도한 것은 일본의 중앙정계 인물의 사망이 대일외교의 기조 유지에 정치적으로 큰 부담으로 작용했기 때문으로 본다. 의병활동은 중앙정부의 방침과 지방정부의 재량 사이에 틈새를 이용할 여지가 컸던 반면, 안중근 사건의 경우 사건의 특수성과 의제의 무게로 인해 대일외교라는 큰 흐름을 역행하기는 어려웠던 것으로 생각된다.

71 박보리스는 한인 의병에 러시아 측이 이중적 태도를 보인 이유에 대해 "조선애국지사들의 반일적 분위기를 자신의 대외정치적 목적에 이용하고 싶어했기 때문이었다고 할 수 있고, 다른 한편으로는 제1차 세계대전 직전에 인지된 러일의 친화라는 조건에서 일본정권의 요구를 고려하여야 했기 때문"으로 분석했다. 박보리스, 「국권피탈 직후시기 재소한인의 항일투쟁」, 『한민족독립운동사논총』, 수촌박영석교수화갑기념논총간행위원회, 1992, 1083쪽.

72 이범윤, 「니콜라이 르보비치 각하께」, 1912.4.20.(러), 『한국독립운동사 자료 34권 러시아편 I』.

4장 러시아 국적 취득의 기회를 잡다

1 이항준, 「러시아 연흑룡총독 운떼르베르게르의 조선이주민 인식과 정책(1905~1910)」, 『역사와 현실』 64, 2007, 293쪽.

2 이항준, 「청일전쟁 전후 러시아 연해주군무지사 운떼르베르게르의 동아시아에 대한 정책적 입장」, 『이화사학연구』 49, 2014, 43쪽.

3 「1910년 5월 11일 육군대신이 내무대신에게 보내는 서한」, РГИА ДВ, ф.702, оп.1, д.640, лл.212-213, 1910.5.11.(러), 김선안, 『러시아문서번역집 XVIII』, 선인, 2014, 203-204쪽.

4 В. В. Граве, *Китайцы, корейцы и японцы в Приамурье*, Сантк-Петербург, 1912, с.1-4.

5 운테르베르게르는 1910년 12월 19일 황제의 명으로 러시아 상원의원으로 임명되어 이듬해인 1911년 1월 초 블라디보스토크를 떠나 상트페테르부르크로 향했다. 당대 언론 『달니보스토크(Дальный Восток)』는 그의 통치에 대해 실책도 있었지만, "아무것도 하지

않는 이는 실수도 하지 않는다"며 그의 통치를 우호적으로 평가했다. Н. И. Дубинина, *Приамурский генерал-губернатор П. Ф. Унтербергер*, Хабаровск, 2008, с.292, 353. 1910년 12월에서 1911년 1월 사이 프리아무르 총독이 바뀐 이유는 명확하지 않다. 운테르베르게르가 상원의원직과 훈장을 받았다는 점을 고려하면 그의 정책에 대한 비판이나 문책의 의미라기보다는, 러시아 극동행정에 대한 그간의 공로를 치하하면서도, 1910년 8월 한일강제병합으로 변화된 정세를 고려하여 정책적 변화를 꾀하려는 것이 아니었나 생각된다. 때마침 곤다티가 아무르탐험대를 성공적으로 이끌어 정치적으로 부상했다. 극동 개발을 보다 경제적 관점에서 추진할 수 있고 한일강제병합 후 불거진 한인의 법적 지위 문제도 해결할 수 있는 복안을 지닌 곤다티가 당시 총독직에 더 적합하다고 인정이 되었기 때문에 그러한 총독 인선의 변화가 있지 않았나 생각한다.

6   Н. И. Дубинина, *Приамурский генерал-губернатор Н.Л. Гондатти*, Приамурское географическоеобщество, 1997, с.34, 36, 49.

7   Н. И. Дубинина, там же, с.152.

8   극동이주위원회가 등장한 배경은 극동지역에서 러시아의 안보위협 의식과 관련 있다. 1900년 의화단사건, 1905년 러일전쟁의 패배 등과 같은 일련의 정세적 충격을 준 사건은 러시아에 안보 위기의식을 높였다. 이에 스톨리핀은 극동지역에서 러시아의 영향력을 확고히 하기 위해, 아무르철도 건설과 러시아인 정착 강화를 정책의 방향으로 내세웠다. 이러한 프로그램을 국가정책적 차원에서 실행하기 위한 집행기관이 극동이주위원회였다. 극동이주위원회는 1909년 10월 27일 "아무르 지역의 통하 및 식민화 조치의 일반적 방향을 위해" 활동을 시작했다. 그 구성은 위원장과 육군성, 내무성, 재무성, 산업통상성 등 정부 각 부처 대표로 구성되었다. 곤다티가 이끈 아무르원정대는 극동이주위원회에 정보를 제공하는 역할을 부여받았다. И. Н. Мамкина·Н. Ю. Гусевская, "Комитет по заселению Дальнего Востока как механизм реализации имперских интересов России в начале XX века", Россия и Китай: история и перспективы сотрудничества(Материалы Х международной научно-практической конференции, 2020), Благовещенский государственный педагогический университет, 2020, с.168-169.

9   「1911년 2월 4일 극동이주위원회의 조선인 채금작업 허용 및 귀화 요건 관련 회의록」, РГИА ДВ, ф.702, оп.1, д.640, лл.242-247об, 1911.2.4.(러), 김선안, 『러시아문서번역집 XVIII』, 선인, 2014, 205-213쪽.

10 앞의 자료, РГИА ДВ, ф.702, оп.1, д.640, лл.242-247об, 1911.2.4.(러), 김선안, 『러시아문서번역집 XVIII』, 선인, 2014, 205쪽.

11 「황인종 노동력 우세와 관련한 연아무르 금광경영의 현 상태와 수요에 관한 보고서」, РГИА ДВ, ф.702, оп.2, д.398, лл.2-11об, 1910-1911년 추정, 강성희, 『러시아문서번역집 XIX』, 선인, 2014, 30-35쪽.

12 앞의 자료, РГИА ДВ, ф.702, оп.1, д.640, лл.242-247об, 1911.2.4.(러), 김선안, 『러시아문서번역집 XVIII』, 선인, 2014, 205-206쪽.

13 「황인종 노동력 우세와 관련한 연아무르 금광경영의 현 상태와 수요에 관한 보고서」, РГ

ИА ДВ, ф.702, оп.2, д.398, лл.2-11об, 1910-1911년 추정, 강성희, 『러시아문서번역집 XIX』, 선인, 2014, 35-36쪽.

14 「한인축출에 관한 사항」, 『대동공보』, 1909.3.14.

15 앞의 자료, РГИА ДВ, ф.702, оп.1, д.640, лл.242-247об, 1911.2.4.(러), 김선안, 『러시아문서번역집 XVIII』, 선인, 2014, 207쪽.

16 위의 자료, РГИА ДВ, ф.702, оп.1, д.640, лл.242-247об, 1911.2.4.(러), 김선안, 『러시아문서번역집 XVIII』, 선인, 2014, 207-208쪽.

17 위의 자료, РГИА ДВ, ф.702, оп.1, д.640, лл.242-247об, 1911.2.4.(러), 김선안, 『러시아문서번역집 XVIII』, 선인, 2014, 209쪽.

18 위의 자료, РГИА ДВ, ф.702, оп.1, д.640, лл.242-247об, 1911.2.4.(러), 김선안, 『러시아문서번역집 XVIII』, 선인, 2014, 209쪽.

19 大鳥富士太郎(在浦鹽總領事)→小村壽太郎(外務大臣), 「憲機 제58호 제135호, 明治43년 12월 23일 이후 블라디보스토크지방 조선인 동정(李相禼, 李範錫 등이 파견한 密偵 등)」, 1911.1.10., 7쪽, 『不逞團關係雜件-朝鮮人의 部-在西比利亞 1』.

20 앞의 자료, РГИА ДВ, ф.702, оп.1, д.640, лл.242-247об, 1911.2.4.(러), 김선안, 『러시아문서번역집 XVIII』, 선인, 2014, 210쪽.

21 위의 자료, РГИА ДВ, ф.702, оп.1, д.640, лл.242-247об, 1911.2.4.(러), 김선안, 『러시아문서번역집 XVIII』, 선인, 2014, 211쪽.

22 위의 자료, РГИА ДВ, ф.702, оп.1, д.640, лл.242-247об, 1911.2.4.(러), 김선안, 『러시아문서번역집 XVIII』, 선인, 2014, 211-212쪽.

23 위의 자료, РГИА ДВ, ф.702, оп.1, д.640, лл.242-247об, 1911.2.4.(러), 김선안, 『러시아문서번역집 XVIII』, 선인, 2014, 212쪽.

24 위의 자료, РГИА ДВ, ф.702, оп.1, д.640, лл.242-247об, 1911.2.4.(러), 김선안, 『러시아문서번역집 XVIII』, 선인, 2014, 212쪽.

25 大鳥富士太郎(在浦潮斯德總領事)→小村壽太郎(外務大臣), 「機密鮮 제26호, 조선인의 歸化問題에 관한 신문기사 역문 송부의 건」, 1911.3.13., 6-7쪽, 『不逞團關係雜件-朝鮮人의 部-在西比利亞 2』.

26 민회는 1890년대 초부터 존재했다. 1905년 프리아무르 총독이 되기 전, 1890년 당시 연해주 군무지사로 재직 중이었던 운테르베르게르는 1891년 2월 '연해주 내 중국인 한인 민회 조직을 위한 특별임시규칙'을 시행했다. 민회는 하바롭스크, 블라디보스토크 등 연해주 각 도시와 대규모 상공업 지역, 주거지역에 생겨나, 이후 읍 단위로 나뉘었고, 자치관리소가 도입됐다. 해당 규칙은 러시아 현행법에 위배된다는 이유로 1년 만에 철회됐지만, 민회는 활동을 이어나갔다. 1895년 블라디보스토크 민회 도헌(회장)에 김학만이 선출됐다. 보리스 박·니콜라이 부가이 저, 오성환 역, 『러시아에서의 140년간』, 시대정신, 2004, 69-70쪽, 85쪽.

27　大鳥富士太郎(在浦鹽總領事)→小村壽太郎(外務大臣),「機密韓 제77호, 조선인에 관한 정보 진달의 건」, 1910.12.14., 3-5쪽, 『不逞團關係雜件-朝鮮人의 部-在西比利亞 1』.

28　이명화,「도산 안창호의 독립운동과 혁명관」,『도산학연구』11·12, 2006, 141-142쪽.

29　그러한 활동의 일환으로 안창호는 신문 발행과 자선공제회(慈善共濟會) 설립에 힘을 썼다. 1910년 12월 18일에 조직된 자선공제회의 목적은 한인들의 생활 상태 개선을 위해 자선사업을 벌이고 귀화 청원에 관련된 일을 처리하는 것이었다. 자선공제회에는 백원보와 같이 안창호와 밀접한 관계를 지닌 대한인국민회 계열의 망명자만이 아니라, 김치보·김병학 등 다수의 정주유력자도 참여했다. 鳥居(블라디보스토크 通譯官),「憲機 제66호 제147호, 12월 16일 이후 블라디보스토크지방 조선인의 동정」, 1911.1.11., 『不逞團關係雜件-朝鮮人의 部-在西比利亞 2』.

30　블라디보스토크派遣官,「朝憲機 제2037호 제384호, 8월 29일 浦塩地方 朝鮮人動靜(其二)」, 1911.9.14., 『不逞團關係雜件-朝鮮人의 部-在西比利亞 3』; 「입적맹서표를 나눠줌」, 『권업신문』, 1912.6.2.

31　「광고」,『권업신문』, 1912.6.16.

32　위의 자료.

33　南滿州鉄道株式会社 庶部調査課 日譯,『極東露領に於ける黃色人種問題』, 大阪每日新聞社, 1929, 120쪽.

34　「1913년 1월 23일 8등문관 졸로트니쯔키가 연아무르 총독 사무 관리자에게 위임받아 작성한 조선인 문제에 대한 기록」, РГИА ДВ, ф.702, оп.5, д.811, лл.9-16, 1913.1.23.(러), 강성희,『러시아문서번역집 VIX』, 선인, 2014, 218쪽.

35　二瓶兵二(블라디보스토크 總領事代理)→小村壽太郎(외무대신),「機密鮮 제39호, 과거 1개월 간의 당지 조선인의 상황 보고의 건」, 1911.6.1., 16-17쪽, 『不逞團關係雜件-朝鮮人의 部-在西比利亞 2』.

36　「клятвенное обешание на подданство(입적맹서)」, РГИА ДВ, ф.515 оп.1 д.53 л.134, 1912년 추정.

37　浦潮派遣通譯官,「朝憲機 제491호 제511호, 浦潮 新開拓里 鮮人의 沿黑龍總督 환영」, 1912.4.5., 5쪽, 『不逞團關係雜件-朝鮮人의 部-在西比利亞 4』.

38　浦潮派遣通譯官, 위의 자료, 5-9쪽.

39　在浦潮鳥居通譯官,「憲機 제232호 제165호, 1월 13일 이후 블라디보스토크지방 조선인 동정」, 1911.1.28., 7-10쪽, 『不逞團關係雜件-朝鮮人의 部-在西比利亞 2』.

40　大鳥富士太郎(在浦潮斯德總領事)→小村壽太郎(外務大臣),「機密鮮 제26호, 조선인의 歸化問題에 관한 신문기사 역문 송부의 건」, 1911.3.13., 4쪽, 『不逞團關係雜件-朝鮮人의 部-在西比利亞 2』.

41　在浦塩鳥居通訳官,「憲機 제816호, 4월 22일 이후 블라디보스토크지방 조선인의 동정」, 1911.5.4., 1쪽, 『不逞團關係雜件-朝鮮人의 部-在西比利亞 2』.

42　在浦塩鳥居通訳官,「憲機 제973호 제266호, 5월 10일 이후 블라디보스토크지방 조선인 동정」, 1911.5.24., 4쪽, 『不逞團關係雜件-朝鮮人의 部-在西比利亞 2』.

43　3만 명이라는 수는 1910년 9월 1일에 발표된 귀화결의문의 성인 남성 9,980명의 부인과 자녀를 합친 것으로 추측된다.

44　南満州鉄道株式会社 庶務部調査課 日譯, 앞의 자료, 154쪽.

45　鳥居 블라디보스토크 통역관,「朝憲機 제1557호, 7월 11일 이후 浦鹽 지방 조선인의 동정」, 1911.7.25., 14-15쪽, 『不逞團關係雜件-朝鮮人의 部-在西比利亞 3』.

46　「로국에 입적한 한인」,「신한민보」, 1912.7.8.

47　浦潮派遣通訳官,「朝憲機 제427호, 浦潮斯德지방 조선인의 情態」, 1912.3.23., 『不逞團關係雜件-朝鮮人의 部-在西比利亞 3』.

48　南満州鉄道株式会社 庶務部調査課 日譯, 앞의 자료, 156쪽.

49　「권업회 연혁」,「권업신문」, 1912.12.19.

50　「광고」,「권업신문」, 1913.3.9.;「포고」,「권업신문」, 1913.3.23.;「포고」,「권업신문」, 1913.4.13.

51　임경석,「권업회 설립 전후 재노령 한인 정치세력과 안창호」,『도산사상연구』 5, 1998, 94-95쪽.

52　「권업회를 사랑하는 러시아 신문들」,『권업신문』, 1912.11.17.

53　「'권업회'의 규약」, РГИА ДВ, ф.702, оп.3, д.479, лл.36-39, 1911.11.10.(러), 강성희,『러시아문서번역집 XIX』, 선인, 2014, 88쪽.

54　「布告」,『권업신문』, 1914.4.26.

55　「광고」,『권업신문』, 1912.12.1.

56　「광고」,『권업신문』, 1912.8.25.

57　朝鮮駐箚憲兵隊司令部,「(秘)明治45年 6月調, 露領沿海州移住鮮人ノ狀態」, 1913.3.3., 『수촌박영석교수화갑기념한민족독립운동사논총』 탐구당, 1992, 1188쪽.

58　「시찰위원 발정」,『권업신문』, 1912.10.6.

59　「라부류에 분사무소」,『권업신문』, 1914.5.9.

60　「루황실 기념식과 본항」,『권업신문』, 1913.3.2.; 野村基信(블라디보스토크 總領事代理)→加藤高明(外務大臣),「機密鮮 제1호, 로마노프家 300년기념 祝典에 조선인 대표자 露都行에 관한 건」, 1913.2.7., 『不逞團關係雜件-朝鮮人의 部-在西比利亞 4』.

61　鳥居 블라디보스토크 통역관,「朝憲機 제1557호, 7월 11일 이후 浦鹽 지방 조선인의 동정」, 1911.7.25., 19쪽, 『不逞團關係雜件-朝鮮人의 部-在西比利亞 3』;「권업회 연혁」,『권업신문』, 1912.12.19.

62 「광고」, 『권업신문』, 1913.4.20.

63 「포고」, 『권업신문』, 1912.12.29.

64 「포고」, 『권업신문』, 1913.1.7.

65 「입적맹서에 주의할 일」, 『권업신문』, 1914.5.3.

66 「布告」, 『권업신문』, 1914.4.26.

67 「포고」, 『권업신문』, 1912.12.29.

68 「몸표 낼 이의 주의」, 『권업신문』, 1913.2.2.

69 「내무부의 一법안」, 『권업신문』, 1914.3.1.

70 「법을 범치 말 일」, 『권업신문』, 1914.5.24.

71 최봉준, 「사랑하는 동포에게 간절한 말씀이요」, 『권업신문』, 1914.2.15.

72 野村基信(블라디보스토크총영사대리)→牧野伸顯 (外務大臣), 「機密鮮 제4호, 露國帝室 로마노프家 300년 祝典에 조선인 대표자 參列에 관한 건」, 1913.3.10., 『不逞團關係雜件 -朝鮮人의 部-在西比利亞 4』.

73 П. Ф. Унтербергер, *Приамурский край 1906-1910 гг.*, СПБ: Тип. В. Ф. Киршбаума, 1912, с.91.

74 곤다티가 중국인을 유독 강력히 단속했던 이유는 두 가지로 추측된다. 첫 번째로는, 러청 양국 간 군사적 긴장을 고조시킨 1900년 의화단사건, 블라고베셴스크에서 벌어진 '아무르 전투', 그리고 '아무르 중국인 학살사건'과 같이 중국인을 직접적 안보위협으로 생각한 듯하다. 1900년 의화단사건 당시 동청철도는 크게 피해를 입었다. 청이 블라고베셴스크를 공격하자 러시아 측은 해당 지역 내 모든 중국인을 강제로 추방했다. 그 과정에서 다수의 중국인 사망자가 발생했다(Sarah C. Paine, *Imperial Rivals: China, Russia, and Their Disputed Frontier, 1858-1924*, Routledge, 1996. pp.213-215). 청이 의화단사건 과정에서 러시아를 공격한 경험, 그리고 러시아 극동의 치안을 위협하는 홍후즈(마적)의 존재로 인해 중국인이란 러시아에 군사적으로 잠재적인 위협 요소였다. 두 번째로는, 곤다티 총독 암살계획에 관한 첩보가 그러한 시각을 강화하는 데 영향을 미쳤을 것으로 보인다. 1912년 4~6월경 러시아 헌병대는 곤다티의 중국인 노동자 추방으로 인해 총독 암살이 계획되고 있다는 정보를 듣고 총독에 대한 경호를 강화했다(최덕규, 『러시아국립극동역사문서보관소 한인관련자료 해제집』, 고려학술문화재단, 2004, 366-369쪽). 이 사건은 실제로 실행되지 않았고, 헌병대는 그 실제성 여부도 의심했지만, 프리아무르 총독부에 중국인 단속 강화에 대한 명분을 제공하는 일이었다. 또한 총독 살해계획 정보를 흘린 인물이 이러한 정보가 헌병대에 통할 것으로 생각한 이유는 그만큼 당시 곤다티 총독에 대한 중국인의 불만이 컸기 때문이라는 점도 짐작할 수 있다.

75 John J. Stephan, *The Russian Far East: A history*, Stanford, 1994, p.80.

76 「곤씨의 극동책」, 『권업신문』, 1913.4.6.

77　劉孝鐘, 「極東ロシアにおける朝鮮民族運動: 「韓國倂合」から第一次世界大戰の勃發まで」, 『朝鮮史硏究會論文集』 22, 1985, 147쪽.

78　이병조도 유효종처럼 곤다티의 대(對)한인정책에 비판적 입장을 취한다. 다만 그의 비판의 날은 동화 그 자체보다는 곤다티가 지닌, "운테르베르게르 못지 않은" 인종주의에 서 있다. 이병조, 『러시아 프리아무르 한인사회와 정교회 선교활동(1865-1916)』, 한국외국어대학교 사학과 박사학위논문, 123-125쪽.

79　И. Гоженьский, *Революция на Дальнем Востоке Выпуск1*, Государственное издательство, 1923, с.359.

80　반병률, 『성재이동휘일대기』, 범우사, 1998, 123쪽.

81　浦潮派遣員→總督 外, 「朝憲機 제306호, 露國革命이 조선인에게 미치는 영향(別冊)」, 1917.10.16., 22쪽, 『不逞團關係雜件-朝鮮人의 部-在西比利亞 6』.

82　「1913년 1월 23일 8등문관 졸로트니쯔키가 연아무르 총독 사무 관리자에게 위임받아 작성한 조선인 문제에 대한 기록」, РГИА ДВ, ф.702, оп.5, д.811, лл.9-16, 1913.1.23.(러), 강성희, 『러시아문서번역집 VIX』, 선인, 2014, 218쪽.

5장 정치적 방패와 그 이면

1　러시아어와 일본어 번역본 원문은 여권 수수료(паспортный сбор, 旅券手数料)로 되어 있다. 여권 수수료가 여권을 발급받을 때 여권 자체에 지불해야 할 비용인지, 아니면 여권을 가진 상태로 체류 연장을 위해 여권에 부착해야 할 각종 서류 발급비를 의미하는지 명확히 설명되어 있지는 않지만, 해당 자료에서 일본인 여권 수수료 75코페이카, 한인 5루블로 명시되어 있으므로, 문맥상 여권 수수료는 거주허가증 발급료를 의미한다고 생각된다.

2　二瓶兵二(浦潮總領事代理)→小村壽太郞(外務大臣), 「機密鮮 제44호, 當地 조선인 居留民會의 결의사항 보고」, 1911.7.18., 7쪽, 『不逞團關係雜件-朝鮮人의 部-在西比利亞 3』.

3　В. В. Граве, *Китайцы, корейцы и японцы в Приамурье*, Сантк-Петербург, 1912, с.199.

4　南滿州鐵道株式會社 庶務部調査課 日譯, 『極東露領に於ける黃色人種問題』, 大阪每日新聞社, 1929, 158쪽.

5　在浦潮總事代理 野村基信→外務大臣男爵, 「機密鮮 제4호, 營內 조선인 상황조사서 進達의 건」, 1914.4.28., 23쪽, 『不逞團關係雜件-朝鮮人의 部-在西比利亞 5』.

6　大臣→野村基信, 「機密 號外, 浦潮斯德총영사관 관계의 현안 등 처리에 관한 내훈의 건」, 1912.12.6., 6-7쪽, 『不逞團關係雜件-朝鮮人의 部-在西比利亞 4』.

7　大臣→野村基信, 위의 자료, 3쪽.

8　在浦潮斯德總領事代理 二瓶兵二→外務大臣子爵 內田康哉, 「機密鮮 제5호, 당지방 조선인 동정 보고」, 1912.5.6., 14쪽, 『不逞團關係雜件-朝鮮人의 部-在西比利亞 4』.

9   РГИА ДВ, ф. 1. оп.12 д.317 л.1 (해당 자료는 임경석 및 김슬기 제공).

10 在浦潮斯德總領事代理 野村基信→外務大臣男爵 牧野伸顯,「機密鮮 제4호, 露國帝室 로마노프家 300년 祝典에 조선인 대표자 參列에 관한 건」, 1913.3.10.,『不逞團關係雜件-朝鮮人의 部-在西比利亞 4』.

11 러일범죄인인도조약은 나가사키를 근거지로 하여 러시아 정부를 상대로 혁명 활동을 하던 나로드니키 체포를 위해 러시아가 먼저 제안했다. 그러나 최초 교섭 제안 시 일본 측은 조약 체결로 얻을 수 있는 이익이 특별히 없다고 생각하여 교섭에 소극적 태도를 보였지만, 1908년경 러시아 영토를 근거지로 한 한인 의병부대의 반일운동이 활발해지자, 일본 측은 태도를 바꾸어 1908년 말부터 교섭을 본격화했다. 특히 한일강제병합 직후 러시아 영내에서 한인의 반일활동이 고조되자 1911년 6월 1일에 조약이 체결되었다. 조약은 일반 형사범의 인도를 규정한 본조약과, 정치범 인도를 규정한 부속 비밀선언서로 이루어져 있었다. 정치범 인도를 부속비밀조약으로 정한 것은 정치범의 인도를 금지하고 있는 국제법을 의식했기 때문이다. 러일범죄인인도조약은 해석과 실행을 두고 러시아와 일본 간에 문제가 자주 일어났지만, 러시아 내 한인의 반일운동의 조건을 규정하는 제도적 장치로 기능했다(劉孝鐘,「極東ロシアにおける朝鮮民族運動:「韓國併合」から第一次世界大戰の勃發まで」,『朝鮮史研究會論文集』 22, 1985, 141쪽). 러일범죄인인도조약으로 인해 1911년 이후 러시아 영토 안에서 공식적으로 반일활동을 표방하는 단체를 설립하기는 사실상 불가능했다(임경석,「권업회 설립 전후 재노령 한인 정치세력과 안창호」,『도산사상연구』 5, 1998, 93쪽).

12 朝鮮総督男爵 寺內正毅→外務大臣子爵 內田康哉,「浦塩地方의 排日鮮人 首領 처분에 부쳐 露國政府와 교섭에 관한 건」, 1912.8.20.,『不逞團關係雜件-朝鮮人의 部-在西比利亞 4』.

13 В. Д. Песоцкий, *Корейский вопрос в Приамурье*, Хаборовск, 1913, с.124-125.

14 В. Д. Песоцкий, там же, с.56-57.

15 В. Д. Песоцкий, там же, с.56-59.

16 니콜라스 V.랴자놉스키, 마크 D.스타인버그 저, 조호연 역,『러시아의 역사(하)』, 2011, 620-621쪽.

17 양승조,「제정 말 러시아의 소수민족 교육정책과 조선인-이주민의 교육 활동: 프리모리예 지역을 중심으로」,『숭실사학』 46, 2021, 302쪽.

18 러시아 제국이 한인을 법제적 신민으로 끌어들이면서도, 민족과 인종으로 배제했듯, 일본제국 역시 조선인을 신민으로 포섭하면서도, 경계를 지으며 밀어냈다. 일례로 식민지 조선인의 법적 지위는 '일본 국적민'이면서, '조선 지역민'이라는 이중적 지위를 갖고 있었다. 이는 대만 역시 마찬가지였으며, 조선·대만은 다른 법역으로 간주하여 내지법역 외부에 두었던 것이다. 즉 일제시기 일본 신민은 하나의 통합된 실체가 아니라 이질적 존재를 포함했던 것이다. 호적식의 내지화를 통해 일본 신민의 '형식적 등질화'는 1939년까지 진행됐다(이승일,「일제시기 朝鮮人의 日本國民化 연구: 戶籍制度를 중심으로」,『韓國學論集』 34, 2000, 113-114쪽). 그 외 일본의 조선인 동화 방식에 대해서는 다음 연구 참고. 특히 고마고메 다케시는 일제의 '동화' 이념은 문화통합을 만들어낼 수 있는 적극

적 원리를 결여했고, 이 점을 극복하기 위해 "차별의 중층구조를 확대 재생산하는 원리가 대두되었다"고 설명했다(고마고메 다케시 저, 오성철·이명실·권경희 역, 『식민지제국 일본의 문화통합』, 역사비평사, 2008, 439쪽; 나카바야시 히로카즈, 「조선총독부의 교육정책과 동화주의의 변천」, 연세대학교 사학과 박사학위논문, 2015; 이정선, 『동화와 배제』, 역사비평사, 2017).

19 南滿州鐵道株式會社 庶務部調查課 日譯, 앞의 자료, 158쪽.

20 劉孝鐘, 앞의 글, 153쪽.

21 南滿州鐵道株式會社 庶務部調查課 日譯, 앞의 자료, 156쪽.

22 В. Д. Песоцкий, указ. соч., с.50.

23 В. Д. Песоцкий, указ. соч., с.51-52.

24 浦潮派遣通譯官, 「朝憲機 제319호 제489호, 2월 중순(其二) 浦潮斯德지방 조선인에 관한 정보」, 1912.3.1., 『不逞團關係雜件-朝鮮人의 部-在西比利亞 3』.

25 浦潮派遣通譯官, 「朝憲機 제619호 제536호, 4월 하순 재浦潮 지방 조선인에 관한 정보」, 1912.5.9., 3-5쪽, 『不逞團關係雜件-朝鮮人의 部-在西比利亞 4』.

26 「1890년 11월 6일자 연해주 군무지사의 조선인 귀화문제 보고」, РГИА ДВ, ф.702, оп.1, д.94, лл.36-38, 1890.11.6.(러), 김선안, 『러시아문서번역집 XVIII』, 선인, 2014, 44-45쪽.

27 南滿州鐵道株式會社 庶務部調查課 日譯, 앞의 자료, 152쪽.

28 南滿州鐵道株式會社 庶務部調查課 日譯, 위의 자료, 151-153쪽.

29 В. Д. Песоцкий, указ. соч., с.53-54.

30 В. Д. Песоцкий, там же, с.51-52.

31 南滿州鐵道株式會社 庶務部調查課 日譯, 앞의 자료, 151-153쪽.

32 이병조, 「러시아 프리아무르 한인사회와 정교회 선교활동(1865-1916)」, 한국외국어대학교 사학과 박사학위논문, 2008, 260-262쪽.

33 南滿州鐵道株式會社 庶務部調查課 日譯, 앞의 자료, 150쪽.

34 南滿州鐵道株式會社 庶務部調查課 日譯, 위의 자료, 151쪽.

35 이경숙의 설명에 따르면, 민족학교라는 용법은 서로 다르다. 러시아 측은 민족 분리 또는 민족 상호 간 적대감을 고취한다는 의미에서 민족학교라는 용어를 사용했다. 반면 한인은 민족정체성 확립이나 실력양성운동의 일환으로 민족학교를 인식했다(이경숙, 「블라디보스토크 한인 학교의 변동: 1905-1922」, 『정신문화연구』 34-1, 2011, 9쪽). 이 책은 민족학교 정의에 관해 후자의 견해를 따른다.

36 「海參威特信啓東學校趣旨書」, 『황성신문』, 1907. 5.29.

37 이경숙, 앞의 글, 16쪽.

38 이경숙, 위의 글, 21쪽.

39 이경숙, 위의 글, 22쪽; 정태수, 「망국 직후의 신한촌과 한민학교 연구」, 『한국교육사학』 13, 1991, 279쪽.

40 이경숙, 위의 글, 23쪽.

41 한민학교에서는 〈보국가(保國歌)〉, 〈대한혼(大韓魂)〉 외 7개의 창가가 불렸다. 〈애국가(愛國歌)〉, 〈국기(國旗)의 노래〉, 〈운동가(運動歌)〉, 〈국민가(國民歌)〉, 〈소년건국가(少年建國歌)〉, 〈부모은덕가(父母恩德歌)〉, 〈한반도가(韓半島歌)〉. 大鳥富士太郎(블라디보스토크 총영사)→小村壽太郎(外務大臣), 「機密鮮 제52호, 韓民學校 兒童用 唱歌 等 譯報의 건」, 1911.8.29., 『不逞團關係雜件-朝鮮人의 部-在西比利亞 3』; 정태수, 앞의 글, 280-283쪽. 일본영사관 측의 자료에는 정태수의 글에 수록되어 있지 않은 〈부모은덕가〉가 실려 있다.

42 통차이 위니짜꾼(Thongchai Winichakul)은 영토에 기반한 집단의식을 의미하는 '지리체(geo-body)'라는 개념을 통해 민족 형성의 과정을 밝힌 바 있다. 그는 근대지리학의 개념이 장악한 지도에서 만들어지는 연쇄 작용, 즉 권력 효과와 언어, 관념, 기호 생성을 밝혔다. 지리체는 공간적 정의를 넘어 권력적 효과를 통해 새로운 관념, 가치, 문화를 만든다. 민족주의, 애국심, 국가에 관한 교훈 등이 그 사례라 할 수 있다. 통차이 위니짜꾼, 이상국 역, 『지도에서 태어난 태국』, 진인진, 2019.

43 유인석은 정치체제로 공화정을 추구하는 것은 사리의 정당함을 잃는 것이라 생각했다. 그는 제왕을 "하늘의 명을 받아 법도를 세워 만반을 다스리고 만인에 군림하니 모든 정사를 총괄하고 모든 교화의 근본"이라고 정의한다. 유인석에게 공적 행위는 오직 천명을 받은 제왕만이 가능했다. 윤대식, 『유인석 평전: 자존의 보수주의자』, 신서원, 2020, 278-280쪽.

44 윤대식, 위의 책, 272-273쪽.

45 윤대식, 위의 책, 273-274쪽.

46 그러나 당대 미주 한인사회가 발행한 『신한민보』 애국논설에 『대한매일신보』와 『황성신문』이 자극을 받은 일, 특히 『황성신문』은 해외 이주민을 '나라를 지키기는 전위부대'라고 묘사했던 것(앙드레 슈미드 저, 정여울 역, 『제국 그 사이의 한국』, 휴머니스트, 2007, 544-545, 567쪽)을 보면 해외에 거주하는 한인은 한인으로서의 정체성을 자신들만의 방식으로 이어나가며, 고국의 국권 회복과 독립 문제에 끊임없이 관여하고자 했다고 할 수 있다.

47 김도형은 이민 1세대가 고국의 민족문화를 오랫동안 지닌 현상에 대해 다음과 같이 언급한 바 있다. "이민 정착민 사회는 특수사회이다. 왜냐하면 출신국과의 혈연적·영역적 연계가 이민사회에 지속되면서, 본국과의 연계가 이민 온 나라에까지 연장시켜놓는 경향이 있기 때문이다. 그렇기 때문에 이민 1세들은 한국적 전통에서 완전히 탈각되지 못한 채로 이민 대상국의 문화에도 완전히 적응하지 못하고 고국에 대한 향수를 느끼고 살아야 한다는 고달픈 사정이 있었다." 김도형, 「미주·유럽 및 일본지역 연구성과와 과제」, 『한국근현대사연구』 100, 2022, 206쪽.

6장 도시 속 '내 집 마련'의 꿈

1. С. А. Власов, *Очерки Истории Владивостока*, Владивосток, 2010, С. 250.

2. 佐藤洋一, 「ウラジオストクの外国人居住区」, 新潟市美術館, 『浦潮とよばれた街: 新潟開港140周年記念』, 新潟市美術館, 2008, 96쪽.

3. А. В. Мялк, *Владивосток. Памятники архитектуры*, Владивосток, 2005, с.181

4. 佐藤洋一, 앞의 글, 97쪽.

5. Е. В. Ермакова [и др.], *Приморский край: Краткий энциклопедический справочник*, Владивосток: издательство дальневосточного университета, 1997, с.300-301.

6. 佐藤洋一, 앞의 글, 97쪽.

7. Е. В. Ермакова [и др.], указ. соч., с.247-248.

8. 「한국국적 가옥소유 한인의 전권대표인 김치보, 김야군, 김한조, 김일원과 김희오의 탄원서」, РГИА ДВ, ф.28, оп.1, д.234, лл.366-366об, 1906.5.(러), 한희정 역, 『러시아문서번역집 XVII』, 선인, 2014, 108쪽.

9. 다만 모든 한인이 동시에 이전된 것은 아니며 단계적으로 개척리로 옮겨진 것으로 추정된다. 또한 지도에 표시하지는 않았지만, 〈그림 14의 4〉의 남쪽 언덕을 넘어 자그마한 골목까지 카레이스카야 거리가 있었다. 이곳은 현재 베스투제프 거리(улица Бестужева)라고 불린다.

10. В. В. Граве, *Китайцы, корейцы и японцы в Приамурье*, Сантк-Петербург, 1912, с.183.

11. 「カレイスカヤ通り, バーザル附近」, https://pastvu.com/p/1153379 접속일자: 2022.12.11. 해당 사진의 촬영 시기는 정확히 알 수는 없지만, 일본어로 적혀 있는 것을 볼 때, 일본군의 시베리아 출병기(1918~1922)가 아닌가 생각된다.

12. А. И. Петров, *Корейская Диаспора В России(1897-1917)*, Владивосток, с.127-128.

13. 「Об устройстве вне города поселения для китайцев и корейцев」, РГИА ДВ, ф.28, оп.1, д.233, л.127, 1899년 추정.

14. 위의 자료, РГИА ДВ, ф.28, оп.1, д.233, л.128-129, 1899년 추정.

15. 개척리로 이전되기 전 세묘노프스키 초지 지역(또는 세묘노프스키 시장)에서 밀리온까와 한인거주구가 아주 가까웠으므로 중국인과 한인은 어느 정도 이미 잡거했을 것으로 추정된다.

16. 「1906년 3월 23일자 블라디보스토크시 두마 조례 No.9에 준해 연해주 군무지사가 공포한 블라디보스토크시 주민을 위한 법규」, РГИА ДВ, ф.28, оп.1, д.391, л.11, 1906.4.25.(러), 한희정 역, 『러시아문서번역집 XVII』, 선인, 2014, 182-183쪽.

17 「중국인과 한인의 블라디보스토크 배정구역 외 거주 관련 의무조례 2항 수정안」, РГИА ДВ, ф.28, оп.1, д.391, л.12, 1906-1912년 추정, 한희정 역, 『러시아문서번역집 XVII』, 선인, 2014, 184쪽.

18 РГИА ДВ, ф.28, оп.1, д.234, л.359.

19 「Список владельцам фанз в корейской слободки при Куперовской пади города Владивостока」, РГИА ДВ, ф.28, оп.1, д.234, лл.354-356об, 1905.

20 陸軍憲兵 大尉 村井因憲→韓國駐箚憲兵隊長 榊原昇造, 「憲機 第一四七號, 復命書」, 1910.1.17., 『한국독립운동사자료7: 안중근편 II』.

21 「О принятии мере против заноса чумы и для борьбы с чумной эпидемией」, РГИА ДВ, ф.28, оп.1, д.234, лл. 147-148, 1899.9.1.(러).

22 「Об устройстве вне города поселения для китайцев и корейцев」, РГИА ДВ, ф.28, оп.1, д.234, л.130, 1899년 추정.

23 「По поводу выселения инородцев из города」, РГИА ДВ, ф.28, оп.1, д.234, л.194, 1902.12.3.(러).

24 С. А. Власов, указ. соч., с.64-65.

25 「한국국적 가옥소유 한인의 전권대표인 김치보, 김야군, 김한조, 김일원과 김희오의 탄원서」, РГИА ДВ, ф.28, оп.1, д.234, лл.366-366об, 1906.5., 한희정 역, 『러시아문서번역집 XVII』, 선인, 2014, 109쪽.

26 「Об устройстве поселения для китайцев и корейцев и отводе участков для дворов ломовых извозчиков」, РГИА ДВ, ф.28, оп.1, д.234, лл.306-306об, 1906.3.22.(러).

27 앞의 자료, РГИА ДВ, ф.28, оп.1, д.234, лл.366-366об, 1906.5, 한희정 역, 『러시아문서번역집 XVII』, 선인, 2014, 108-109쪽.

28 『해조신문』, 1908.4.25.

29 「머리 깍으러 오시오」, 『해조신문』, 1908.3.1.

30 「의거악습」, 『해조신문』, 1908.2.28.

31 「평의회의결」, 『대동공보』, 1909.8.19.

32 「광고」, 『대동공보』, 1909.10.13.

33 「유행병 예방의 주의」, 『해조신문』, 1908.5.24.

34 「청결법을 속히 실행함」, 『해조신문』, 1908.4.8.

35 상공당제사는 "마을 제사의 일종이며, 일부 마을에서는 개인 단위로 필요에 따라 수시로 지냈던 것"이다. 연변 지역에 많았으며 주로 제물로 돼지를 바쳐 제를 지냈다. 일부 지역에서 상공당이란 "한족의 상공(上供) 풍습과 관련 있을 가능성이 있"지만 "한족과 전혀 관련이 없는 마을에서도 상공당 신앙은 아주 광범위하게 존재"했다(최민호, 「민간신앙으로

본 명동사람들의 삶』,『윤동주와 그의 시대』, 혜안, 2018, 54-58쪽). 당시 간도와 연해주는 왕래가 잦았으므로 상공당제사 풍습을 공유하는 것은 자연스러운 현상으로 보인다. 또한 최민호의 설명을 참고하면, 상공당의 한자 표기는 중국의 민간신앙과 관련하여 상공당(上供堂)이라는 단어가 있으므로, 이것과 동일한 표기일 가능성이 있다고 생각된다.

36 「개척리한인은 괴질을 예방할일」,『대동공보』, 1910.7.24.

37 В. В. Граве, указ. соч., с.190-191.

38 최민호, 앞의 글, 41쪽.

39 「해항 한인거류민 자치는 우리 한국독립의 근본」,『대동공보』, 1909.8.22.

40 臨時統監府總務長官事務取扱 統監府參與官 石塚英藏→軍參謀長 明石元二郎,「機密統發第一九八二號, 安重根 및 음모 혐의자 신문 조사 件」, 1909.11.18.,『統監府文書 7권』; 大鳥 總領事→石塚 長官,「來電第八四號, 安應七 脫監 계획에 관한 大鳥 總領事의 정보」, 1909.12.26.,『統監府文書 10』.

41 花岡止郞(在浦潮領事館事務代理)→小村壽太郞(外務大臣),「公第二二八號, 韓人近況報告ノ件」, 1909.9.24.,『韓國近代史資料集成3』.

42 大鳥富士太郞(在浦鹽總領事)→小村壽太郞(外務大臣),「機密送 第21號, 浦鹽在留韓人ガ同在留本邦人ニ對スル不穩ノ行動ニ關スル件」, 1910.8.24., 2-3쪽,『不逞團關係雜件-朝鮮人의 部-在西比利亞 1』.

43 大鳥富士太郞(在浦鹽總領事)→小村壽太郞(外務大臣),「電受 제2751호 제57호, [日韓倂合說에 항의하는 韓人 단속과 日人 보호를 軍務知事에게 요청]」, 1910.8.24., 1쪽,『不逞團關係雜件-朝鮮人의 部-在西比利亞 1』.

44 「해삼위 상보」,『신한민보』, 1910.10.19.

45 大鳥富士太郞(在浦潮總領事)→小村壽太郞9(外務大臣),「機密鮮 제6호, 開拓里에서 조선인의 제2회 演藝會에 관한 건」, 1911.2.5., 6쪽,『不逞團關係雜件-朝鮮人의 部-在西比利亞 2』.

46 大鳥富士太郞(在浦潮總領事)→小村壽太郞(外務大臣),「機密鮮 제8호, 조선인의 근황 보고의 건」, 1911.2.16., 2쪽,『不逞團關係雜件-朝鮮人의 部-在西比利亞 2』.

47 大鳥富士太郞(在浦潮總領事)→小村壽太郞(外務大臣),「機密鮮 제12호, 開拓里 상황 보고의 건」, 1911.2.23., 2쪽,『不逞團關係雜件-朝鮮人의 部-在西比利亞 2』.

48 「告示第14303號, 朝鮮町移轉ニ關スル告示」, 1911.3.29.,『韓國近代史資料集成 10』.

49 鳥居通譯官→陸軍大臣 外,「憲機第671號, 朝鮮町ノ移轉外二件」, 1911.4.7.,『韓國近代史資料集成 10』.

50 이경숙, 앞의 글, 23쪽.

51 鳥居通譯官→陸軍大臣 外,「憲機第671號, 朝鮮町ノ移轉外二件」, 1911.4.7.,『韓國近代史資料集成 10』.

52 S. M. 두다료노크 외, 양승조 역,『러시아 극동지역의 역사』, 진인진, 2018, 191쪽.

53　А. И. Петров, указ. соч., с.349. 블라디보스토크로 온 러시아인이 다른 지역으로 이주할 수도 있고 되돌아갈 수도 있어 이주자 수가 그대로 블라디보스토크시의 인구가 된다고 보기는 어렵지만, 전체적인 추세를 보기에 무리는 없다.

54　고승제도 개척리 철거 배경을 도시팽창으로 설명한 바 있다. 고승제, 『한국이민연구사』, 장문각, 1973, 73-74쪽.

55　二瓶兵二(在浦潮斯德總領事代理)→小村壽太郞(外務大臣), 「公第85號, 朝鮮町居住民移轉處分二關スル件」, 1911.4.8., 『韓國近代史資料集成 10』.

56　다만 일본영사관 측은 개척리 철거문제가 수년 전부터 제기되어왔으며 일본 유곽업자와 블라디보스토크시와의 토지임차계약 기간이 종료되었기 때문에 토지 소유주인 시 측에서 퇴거를 통고하면 저항할 만한 근거가 부족하다고 인식했다. 二瓶兵二(在浦潮斯德 總領事代理)→小村壽太郞(外務大臣), 「公第85號, 朝鮮町居住民移轉處分二關スル件」, 1911.4.8., 『韓國近代史資料集成 10』.

57　二瓶兵二(在浦潮斯德 總領事代理)→小村壽太郞(外務大臣), 위의 자료.

58　大鳥富士太郞(在浦鹽總領事)→小村壽太郞(外務大臣), 「機密送 第21號, 浦鹽在留韓人ガ同在留本邦人ニ對スル不穩ノ行動ニ關スル件」, 1910.8.24., 4쪽, 『不逞團關係雜件-朝鮮人의 部-在西比利亞 1』.

59　В. В. Граве, указ. соч., с.204.

60　二瓶兵二(在浦潮斯德 總領事代理)→小村壽太郞(外務大臣), 앞의 자료, 1911.4.8.

61　곤다티 총독이 애초부터 의도적으로 한인과 일본인을 공간적으로 분리하려 했는지 직접적으로 알기는 어렵지만, 한일강제병합 전후 블라디보스토크 한인사회에서 높아진 반일적 분위기로 인해 러시아 당국 입장에서 개척리라는 공간이 도시 치안 유지에 위협이 되고, 러일 외교문제로 비화할 가능성이 높은 '문제적 공간'이 된 것은 사실이었다는 점에서 적어도 철거 시 어떤 효과를 볼 수 있었는지 알고 있었다고 생각한다. 그는 개척리 내 이뤄진 성명회 활동, 반일적 연극회 계획 등으로 인해 고조된 반일적 분위기를 어떤 형태로든 통제할 필요가 있었다. 한인 귀화 장려 정책을 펼치며 한인들의 호응을 얻은 곤다티가 한인들에게 "가혹한 정치"(鳥居 블라디보스토크 통역관, 「朝憲機 제1557호, 7월 11일 이후 浦鹽 지방 조선인의 동정」, 1911.7.25., 2쪽, 『不逞團關係雜件-朝鮮人의 部-在西比利亞 3』)라는 여론 악화를 무시하면서까지 총독에 취임하자마자 시내 유휴지 부족으로 고가의 토지를 제공하면서까지 서둘러 개척리를 철거하고자 한 행동은 당시 여러 맥락을 고려할 때 방역 조치라는 명분만으로는 설명이 부족하다. 그는 극동 식민지를 러시아화하고 러일 외교관계를 고려해야 하는 총독이라는 직책을 맡고 있었다는 점이 고려되어야 한다. 따라서 그가 서둘러 실시한 개척리 철거 역시도 도시 팽창에 따른 소수민족 거주지의 주변화, 러일 외교관계를 고려한 반일적 분위기에 대한 통제 등 다양한 맥락 속에서 독해되어야 한다.

62　鳥居 通譯官→陸軍大臣 外, 「憲機第1157號, 5月31日木藤通譯官ト新舊開拓里視察情況」, 1911.5.31., 『韓國近代史資料集成 10』; 鳥居(在浦潮通譯官), 「憲機 제1085호 제280호, 5월 23일 이후 블라디보스토크지방 조선인 동정의 건」, 1911.6.6., 4-5쪽, 『不逞團關係雜

件-朝鮮人의 部-在西比利亞 2』.

63 鳥居(在浦潮通譯官), 위의 자료, 5쪽; 二甁兵二(在浦潮斯德總領事代理)→小村壽太郎(外務大臣), 앞의 자료, 1911.6.1., 6쪽.

64 「블라디보스토크시 참사회에 보낸 연해주 군무지사의 서신」, РГИА ДВ, ф.28, оп.1, д.377, лл.3-3об, 1907.2.24.(러), 한희정 역, 『러시아문서번역집 XVII』, 선인, 2014, 118쪽.

65 「1909년 1월 1일부터 1911년 1월 일까지 한인촌 임대료 수금증」, РГИА ДВ, ф.28, оп.1, д.377, л.13, 1911년 추정, 한희정 역, 『러시아문서번역집 XVII』, 선인, 2014, 122-123쪽; 二甁兵二(在浦潮斯德 總領事代理)→小村壽太郎(外務大臣), 앞의 자료, 1911.4.8.

66 「시 참사회가 연해주 군무지사에게 보내는 보고서」, РГИА ДВ, ф.28, оп.1, д.377, лл.156-157об, 1913.5.7., 한희정 역, 『러시아문서번역집 XVII』, 선인, 2014, 158쪽.

67 오늘날 신한촌 기념비가 위치한 언덕을 말한다. David E. Habecker, "Ruling the East-Russian urban administration and the Chinese, Koreans, and Japanese in Vladivostok, 1884-1922", Ph.D. dissertation, University of Maryland, College Park, 2003, p.225.

68 토지위원회는 구체적 부지 배정 계획, 임대료, 임대기간을 책정했다. 기술건설위원회는 부지에 세울 건축물의 구체적 형태와 조건을 정했다. 시 참사회는 토지위원회와 기술건설위원회에 맡길 일을 논의하여 시 두마에 보고하고 승인받았다. 종합하면 시 참사회는 안건의 실행을 논의하며 토지위원회와 기술·건설위원회가 구체적으로 조사 및 계획을 세우고 최종적으로 시 두마가 결제하는 형태였다. 「블라디보스토크시 두마에 제출한 이민족의 이주지 분여에 관한 보고서」, РГИА ДВ, ф.28, оп.1, д.377, лл.3-3об, 1911.1.3.(러), 한희정 역, 『러시아문서번역집 XVII』, 선인, 2014, 121쪽; 「블라디보스토크시 두마에 제출한 한중촌 부지 임대 조건에 관한 보고서」, РГИА ДВ, ф.28, оп.1, д.377, л.153, 1911.2.16.(러), 한희정 역, 『러시아문서번역집 XVII』, 선인, 2014, 156-157쪽.

69 앞의 자료, РГИА ДВ, ф.28, оп.1, д.377, лл.3-3об, 1911.1.3.(러), 한희정 역, 『러시아문서번역집 XVII』, 선인, 2014, 120-121쪽.

70 「시 참사회가 연해주 군무지사에게 보내는 보고서」, РГИА ДВ Ф.28, оп.1, д.377, лл.156-157об, 1913.5. 7.(러), 한희정 역, 『러시아문서번역집 XVII』, 선인, 2014, 158쪽.

71 「프리아무르 총독에게 보낸 한인 탄원서」, РГИА ДВ, ф.28, оп.1, д.377, лл.17-17об, 1911.3.19.(러), 한희정 역, 『러시아문서번역집 XVII』, 선인, 2014, 124-125쪽; 二甁兵二(在浦潮斯德 總領事代理)→外務大臣, 앞의 자료, 1911.6.1.

72 鳥居通譯官→陸軍大臣 外, 앞의 자료, 1911.5.31.

73 二甁兵二(在浦潮斯德總領事代理)→外務大臣, 앞의 자료, 1911.6.1.

74 在浦鹽譯官→小村壽太郎(外務大臣),「憲機 제620호, 3월 17일 이후 블라디보스토크지방 조선인의 동정」, 1911.3.29., 16쪽, 『不逞團關係雜件-朝鮮人의 部-在西比利亞 2』.

75 鳥居通譯官→陸軍大臣 외, 앞의 자료, 1911.5.31.; 二甁兵二(在浦潮斯德總領事代理)→外務大臣, 앞의 자료, 1911.6.1.

76 二瓶兵二(在浦潮斯德總領事代理)→外務大臣, 위의 자료, 1911.6.1.

77 「프리아무르 총독에게 보낸 한인 탄원서」, РГИА ДВ, ф.28, оп.1, д.377, лл.17-17об, 1911.3.19.(러), 한희정 역, 『러시아문서번역집 XVII』, 선인, 2014, 125쪽.

78 「블라디보스토크시 두마에 제출한 한중촌 부지 임대 조건에 관한 보고서」, РГИА ДВ, ф.28, оп.1, д.377, л.153, 1911.2.16.(러), 한희정 역, 『러시아문서번역집 XVII』, 선인, 2014, 156-157쪽.

79 「프리아무르 총독에게 보낸 한인 탄원서」, РГИА ДВ, ф.28, оп.1, д.377, лл.17-17об, 1911.3.19.(러), 한희정 역, 『러시아문서번역집 XVII』, 선인, 2014, 125-126쪽.

80 제정러시아의 면적 단위로 1평방 사젠(1사젠은 2.13미터)은 4.536제곱미터다.

81 「블라디보스토크시 두마에 제출한 한인의 신한중촌 시유지 임대조건 완화에 관한 보고서」, РГИА ДВ, ф.28, оп.1, д.377, лл.152-152об, 1911.4.4.(러), 한희정 역, 『러시아문서번역집 XVII』, 선인, 2014, 155쪽.

82 「블라디보스토크시 두마에 보낸 한인촌 건립용 무이자 대출 제공 청원 재개에 관한 보고서」, РГИА ДВ, ф.28, оп.1, д.377, л.151, 1911.5.16.(러), 한희정 역, 『러시아문서번역집 XVII』, 선인, 2014, 151-152쪽.

83 二瓶兵二(浦潮總領事代理)→小村壽太郎(外務大臣), 「機密鮮 제44호, 當地 조선인 居留民會의 결의사항 보고」, 1911.7.18., 5쪽, 『不逞團關係雜件-朝鮮人의 部-在西比利亞 3』.

84 鳥居通譯官→陸軍大臣 外, 앞의 자료, 1911.5.31.

85 신한촌 한인들의 반일감정을 보여주는 대목은 이광수의 기록에도 등장한다. 1913년 겨울 상하이에서 블라디보스토크 신한촌에 도착한 이광수는 행장이 일본식이고 일본어로 된 서적을 갖고 있다는 이유로 한인 청년들에 의해 일본 첩자로 오해를 받아 곤경을 겪은 바 있다. 그는 당시 상황에 대해 "형세는 자못 위급"했고, 자신을 일본 첩자로 오인한 한인 청년들이 자신을 죽이려 했다고 기록했다. 그는 김립과 유해의 도움으로 겨우 위기를 벗어날 수 있었다. 이광수, 「그 당시의 追憶: 露領情景」, 『동광』 제26호, 1931.10.4.

86 РГИА ДВ, ф.28, оп.1, д.377-2, л.1.

87 자료의 제목을 보다 정확히 하자면 '신한중촌 설계도'이다. 단순히 한인촌(Корейская слободка)이 아니라, 한인·중국인(Корейско-китайская слободка)이었다는 점에 주목할 필요가 있다.

88 「블라디보스토크시 두마에 제출한 한중촌 부지 임대 조건에 관한 보고서」, РГИА ДВ, ф.28, оп.1, д.377, л.153, 1911.2.16.(러), 한희정 역, 『러시아문서번역집 XVII』, 선인, 2014, 156쪽.

89 「블라디보스토크 신한촌 시유지구의 조선인 임차인 명부」, РГИА ДВ, ф.28, оп.1, д.377, л.167-167об, 1913.2.14.(러)로 추정, 한희정 역, 『러시아문서번역집 XVII』, 선인, 2014, 168-169쪽; 「블라디보스토크 신한촌 시유지구의 (러시아 신민) 임차인 명부」, РГИА ДВ, ф.28, оп.1, д.377, л.170-170об, 1912.12.14.(러)로 추정, 한희정 역, 『러시아문서

번역집 XVII』, 선인, 2014, 172-173쪽; 「1913년 블라디보스토크시 참사회와 한중촌 부지를 계약한 다양한 주체 및 미청구 주체들의 계약서 목록」, РГИА ДВ, ф.28, оп.1, д.377, л.176-176об, 1913년으로 추정, 한희정 역, 『러시아문서번역집 XVII』, 선인, 2014, 176-177쪽.

90 신한촌 근처의 채소밭도 블라디보스토크 시민회에 의해 중국인은 임차가 불가했지만, 한인의 경우 러시아로 국적을 취득했다면 가능했다. 「채마전 맡아 가시오」, 『권업신문』, 1914.3.1.

91 鳥居通譯官→陸軍大臣 외, 앞의 자료, 1911.5.31.

92 신한촌 민회가 최초 설립된 것은 1911년 6월 8일 유진률이 회장으로 당선되면서부터지만 그는 열흘 뒤 사임했다. 二瓶兵二(블라디보스토크 總領事代理)→小村壽太郎(外務大臣), 「機密鮮 제41호, 조선인 상황 보고」, 1911.6.23., 『不逞團關係雜件-朝鮮人의 部-在西比利亞 3』.

93 二瓶兵二(블라디보스토크 總領事代理)→小村壽太郎(外務大臣), 「機密鮮 제41호, 조선인 상황 보고」, 1911.6.23., 『不逞團關係雜件-朝鮮人의 部-在西比利亞 3』; 二瓶兵二(浦潮總領事代理)→小村壽太郎(外務大臣), 「機密鮮 제44호, 當地 조선인 居留民會의 결의사항 보고」, 1911.7.18., 1-3쪽, 『不逞團關係雜件-朝鮮人의 部-在西比利亞 3』.

94 В. В. Граве, указ. соч., с.197. 이 부분에 대해 일역본은 번역상 과장이 있다. 일역본에는 "한인은 중국인을 모충(毛蟲)처럼 싫어한다"라고 번역된 부분이 있다(南滿州鐵道株式會社 庶務部調査課 日譯, 앞의 자료, 156쪽). 그러나 러시아 원문에 그러한 표현은 없다.

95 「광고」, 『권업신문』, 1912.9.15.; 「채마전 맡아 가시오」, 『권업신문』, 1914.3.1.; 「고기 잡아 빚에 빼앗겨」, 『권업신문』, 1913.8.31.; 「중국 상인 절도 발각」, 『권업신문』, 1914.2.

96 「경고 본촌 거류 동포」, 『권업신문』, 1914.3.1.

97 「블라디보스토크시 두마에 제출한 한인 시유지 임대 혜택과 임대 부지 소유권 매입 권한에 관한 보고서」, РГИА ДВ, ф.28, оп.1, д.377, лл.110-110об, 1912.2.16.(러), 한희정 역, 『러시아문서번역집 XVII』, 선인, 2014, 138쪽.

98 「블라디보스토크시 두마에 제출한 한중촌 부지 임대 조건에 관한 보고서」, РГИА ДВ, ф.28, оп.1, д.377, л.153, 1911.2.16.(러) 한희정 역, 『러시아문서번역집 XVII』, 선인, 2014, 156쪽.

99 「블라디보스토크시 신한촌 가옥소유자 전권대표 폴랴놉스키와 김의 청원서」, РГИА ДВ, ф.28, оп.1, д.377, лл.100-100об, 1912.1.14.(러), 한희정 역, 『러시아문서번역집 XVII』, 선인, 2014, 135-136쪽.

100 「블라디보스토크시 두마에 제출한 한인 시유지 임대 혜택과 임대 부지 소유권 매입 권한에 관한 보고서」, РГИА ДВ, ф.28, оп.1, д.377, лл.110-110об, 1912.2.16.(러), 한희정 역, 『러시아문서번역집 XVII』, 선인, 2014, 139쪽.

101 「블라디보스토크시 신한촌 가옥소유자 전권대표 폴랴놉스키와 김의 청원서」, РГИА ДВ, ф.28, оп.1, д.377, лл.100-100об, 1912.1.14.(러), 한희정 역, 『러시아문서번역집 XVII』, 선

인, 2014, 135-136쪽.

102 301명의 한인 모두가 러시아 국적자는 아닌 것으로 보인다. 1912년 청원서에는 "저희 한인 러시아 신민들"이라고 적었으나 1913년 2월 청원서에 김치보, 고상준처럼 아직 러시아 국적자가 아닌 사례가 발견된다(「블라디보스토크시 참사회에 제출한 블라디보스토크시 신한촌 시유택지지구 임차인의 청원서」, РГИА ДВ, ф.28, оп.1, д.377, лл.165-166об, 1913.2.14.(러), 한희정 역, 『러시아문서번역집 XVII』, 선인, 2014, 167쪽). 장기임대 청원을 위해 국적 취득 전에 '귀화예정자'로서 미리 이름을 올렸던 것으로 추정된다.

103 「첨부된 금년 7월 10일자 명부에 서명한 블라디보스토크시 신한촌 301가구 가옥소유자의 청원서」, РГИА ДВ, ф.28, оп.1, д.377, лл.124-126об, 1912.7.12., 한희정 역, 『러시아문서번역집 XVII』, 선인, 2014, 146-148쪽.

104 「첨부된 금년 7월 10일자 명부에 서명한 블라디보스토크시 신한촌 301가구 가옥소유자의 청원서」, РГИА ДВ, ф.28, оп.1, д.377, лл.124-126об, 1912.7.12.(러), 한희정 역, 『러시아문서번역집 XVII』, 선인, 2014, 146쪽.

105 자신들을 비귀화자로 주장한 임차인 가운데는 김치보, 김학만 등 이후 귀화자로 확인되는 인물들이 있다. 이들은 해당 기간에 귀화를 신청했지만, 아직 허가를 대기 중인 '귀화예정자' 신분에 있었을 가능성이 크다. 이들은 곤다티 총독의 특별 지시로 러시아 내 취업 가능성은 열려 있었지만, 토지임대 분야에서는 귀화자로서 권리를 누리지 못했던 것으로 보인다.

106 「블라디보스토크시 참사회에 제출한 블라디보스토크시 신한촌 시유택지지구 임차인의 청원서」, РГИА ДВ, ф.28, оп.1, д.377, лл.165-166об, 1913.2.14.(러), 한희정 역, 『러시아문서번역집 XVII』, 선인, 2014, 166-167쪽.

107 이들 가운데 1911년과 1912년에 국적이 바뀐 신귀화자들이 있었다는 점에 주목해야 한다. 귀화 장려 정책에 힘입어 점차 주거 안정성을 확보하고자 한 블라디보스토크의 신귀화자들은 신한촌을 근거로 하여 사회세력으로 성장했다. 1911~1913년 사이에 귀화한 인물로 조영진, 허태화, 이형욱, 윤능효, 김도여, 최 니콜라이, 최 이반 이바노비치, 황 메포디, 안레온티이 드미트리예비치, 이 빅토르 알렉세예비치, 최 콘스탄틴 알렉세예비치, 이성도(李成道), 정명필(조명필?), 김두선, 김병일이 확인된다. 당시 귀화 장려 정책이 한참 진행 중이었다는 점을 감안하면 더 많을 것으로 추정된다. 「1911년 4월 1일 이후 한인촌 부지를 임차한 조선인 명부」, РГИА ДВ, ф.28, оп.1, д.377, лл.28-28об, 1911.4.1.(러), 한희정 역, 『러시아문서번역집 XVII』, 선인, 2014, 129-130쪽; 「블라디보스토크 신한촌 시유지구(러시아 신민) 임차인 명부」, РГИА ДВ, ф.28, оп.1, д.377, лл.170-170об, 한희정 역, 『러시아문서번역집 XVII』, 선인, 2014, 172-173쪽; 「1913년 블라디보스토크시 참사회와 한중촌 부지를 계약한 다양한 주체 및 미청구 주체들의 계약서 목록」, РГИА ДВ, ф.28, оп.1, д.377, лл.28-28об, 한희정 역, 『러시아문서번역집 XVII』, 선인, 2014, 176-177쪽.

108 해당 조례는 1911년 3월 7일에 시 두마에 의해 승인되었다(「토지삼림위원회 결정서」, РГИА ДВ, ф.28, оп.1, д.377, лл.161-162, 1912년 11월 1일, 한희정 역, 『러시아문서번역집 XVII』, 선인, 2014, 164쪽). 개척리 철거가 1911년 3월 말부터 시작되었으므로 이전 작업의 준비와 실행에 집중해야 했던 개척리 거주 한인들은 해당 조례의 변화를 인지할 만한 충분한 시간적 여유가 없었다고 생각한다.

109 「블라디보스토크시 참사회에 제출한 블라디보스토크시 신한촌 시유택지지구 러시아 신민 임차인의 청원서」, РГИА ДВ, ф.28, оп.1, д.377, лл.168-169об, 1912.12.14.(러), 한희정 역, 『러시아문서번역집 XVII』, 선인, 2014, 170-171쪽.

110 「시 참사회가 연해주 군무지사에게 보내는 보고서」, РГИА ДВ ф.28, оп.1, д.377, лл.156-157об, 1913.5. 7.(러), 한희정 역, 『러시아문서번역집 XVII』, 선인, 2014, 158쪽.

111 「블라디보스토크시 두마에 제출한 러시아 신민 한인 가옥소유자의 시유지 36년 장기 임대 청원에 관한 보고서」, РГИА ДВ, ф.28, оп.1, д.377, лл.127-127об, 1912.7.16/26, 한희정 역, 『러시아문서번역집 XVII』, 선인, 2014, 150쪽.

112 「토지삼림위원회 결정서」, РГИА ДВ, ф.28, оп.1, д.377, лл.161-162, 1912.11.1.(러), 한희정 역, 『러시아문서번역집 XVII』, 선인, 2014, 163-165쪽.

7장 일과 땅을 찾아서

1 П. Ф. Унтербергер, *Приамурский край 1906-1910 гг.*, СПБ: Тип. В. Ф. Киршбаума, 1912.

2 반병률, 「'전면적 집단화' 시기 러시아 연해주 수청지방 한인농촌사회의 제문제」, 『역사문화연구』 30, 2008, 166쪽.

3 淺山書記生調, 「機密鮮 제4호, 營內 조선인 상황조사서 進達의 건」, 1914.4.28., 25-37쪽, 『不逞團關係雜件-朝鮮人의 部-在西比利亞 5』; 반병률, 위의 글, 166쪽. 해당 자료에는 여러 업종이 나열되어 있다. 상인으로 분류한 기준은 물건을 직접 생산하기보다는 완성된 재화 및 인력을 유통하거나, 영업장을 갖고 상행위를 하는 업종으로 정했다. 잡화상, 청부업, 상점지배인, 주점, 이발업 등을 포함한다. 또한, 노동자로 구분한 기준은 정해진 사업장이 아니라 고용되어 자신의 노동력을 판매해 임금을 받는 업종으로 했다. 선박의 인부, 탄광의 인부, 어부 등이 이에 포함된다.

4 二瓶兵二(블라디보스토크 총영사대리)→小村壽太郞(外務大臣), 「機密鮮 제44호, 當地 조선인 居留民會의 결의사항 보고」, 1911.7.18., 4쪽, 『不逞團關係雜件-朝鮮人의 部-在西比利亞 3』; 鳥居(在浦潮通譯官), 「憲機 제1085호 제280호, 5월 23일 이후 블라디보스토크지방 조선인 동정의 건」, 1911.6.6., 5쪽, 『不逞團關係雜件-朝鮮人의 部-在西比利亞 2』; 二瓶兵二(在浦潮斯德總領事代理)→小村壽太郞(外務大臣), 「機密鮮 제39호, 과거 1개월간의 당지 조선인의 상황 보고의 건」, 1911.6.1., 6-8쪽, 『不逞團關係雜件-朝鮮人의 部-在西比利亞 2』.

5 劉孝鐘, 「極東ロシアにおける朝鮮民族運動:「韓國併合」から第一次世界大戰の勃發まで」, 『朝鮮史研究會論文集』 22, 1985, 154쪽.

6 「아령실기(六)」, 『독립신문』, 1920.3.18.

7 鳥居(블라디보스토크 通譯官)→小村壽太郞(외무대신), 「憲機 제1041호, 5월 17일 이후 블라디보스토크지방 조선인 동정」, 2-3쪽, 4-5쪽, 1911.6.1., 『不逞團關係雜件-朝鮮人의 部-在西比利亞 2』.

8   鳥居(블라디보스토크 通譯官), 「憲機第1042號 第277號, 5월 22일 木藤通譯官이 嚴仁燮으로부터 얻은 情報」, 1911. 6. 1., 1-3쪽, 『不逞團關係雜件-朝鮮人의 部-在西比利亞 2』.

9   블라디보스토크 파견관, 「朝憲機 제2427호, 10월 17일 이후 浦潮斯德지방 조선인에 관한 정보」, 1911.10.31., 『不逞團關係雜件-朝鮮人의 部-在西比利亞 3』.

10 鳥居 블라디보스토크 통역관, 「朝憲機 제1451호 제325호, 6월 27일 이후 浦潮지방 鮮人의 동정」, 1911.7.12., 『不逞團關係雜件-朝鮮人의 部-在西比利亞 3』.

11 귀화 청원을 제출한 귀화 예정자라면 러시아의 국책사업에 참여할 수 있었음에도 어째서 위장신분이 필요했는가? 이들은 귀화 자격에 해당하는 '5년 이상 러시아 거주'라는 조건을 충족시키지 못했던 한인이었을 가능성이 높다. 당시 곤다티의 귀화 장려 정책으로 많은 한인이 귀화를 한 것은 사실이지만, 5년 이상 거주라는 기본 자격조건을 충족해야 했던 것으로 보인다. 위장신분으로 우선 자격조건을 채울 시간이 필요했던 것이다.

12 블라디보스토크 파견관, 「朝憲機 제2427호, 10월 17일 이후 浦潮斯德지방 조선인에 관한 정보」, 1911.10.31., 『不逞團關係雜件-朝鮮人의 部-在西比利亞 3』.

13 鳥居 블라디보스토크 통역관, 「朝憲機 제1451호 제325호, 6월 27일 이후 浦潮지방 鮮人의 동정」, 1911. 7.12., 『不逞團關係雜件-朝鮮人의 部-在西比利亞 3』.

14 블라디보스토크 파견관, 「朝憲機 제2427호, 10월 17일 이후 浦潮斯德지방 조선인에 관한 정보」, 1911.10.31., 8-10쪽, 『不逞團關係雜件-朝鮮人의 部-在西比利亞 3』.

15 블라디보스토크 통역관, 「朝憲機 제2657호, 浦潮斯德地方 在住朝鮮人에 관한 정보」, 1911.12.9., 『不逞團關係雜件-朝鮮人의 部-在西比利亞 3』.

16 블라디보스토크 통역관, 「朝憲機 제319호 제489호, 2월 중순(其二) 浦潮斯德지방 조선인에 관한 정보」, 1912.3.1., 『不逞團關係雜件-朝鮮人의 部-在西比利亞 3』.

17 「아령실기(六)」, 『독립신문』, 1920.3.18.

18 「아령실기(六)」, 『독립신문』, 1920.3.13.

19 淺山書記生調, 「機密鮮 제4호, 營內 조선인 상황조사서 進達의 건」, 1914.4.28., 35-37쪽, 『不逞團關係雜件-朝鮮人의 部-在西比利亞 5』.

20 南満州鉄道株式会社 庶務部調査課 日譯, 앞의 자료, 118쪽; В. В. Граве, указ. соч., с.147-148.

21 지역 특성상 육체노동의 강도로 인해 소비량이 많았다고 생각되지만, 그럼에도 불구하고 매월 육류 소비량이 16.4킬로그램이라는 것은 현대인의 관점에서도 매우 높은 소비량이다. 2008년의 경우 한국인 1인당 연간 육류 소비량은 연간 약 35킬로그램(매월 2.9킬로그램) 정도다. 이규진, 조미숙, 「근대 이후 한국 육류 소비량과 소비문화의 변화: 쇠고기 돼지고기를 중심으로」, 『한국식생활문화학회지』 27(5), 2012, 432쪽.

22 П. Ф. Унтербергер, указ. соч.

23 4.266그램에 해당한다.

24 南満州鉄道株式会社 庶務部調査課 日譯, 『極東露領に於ける黄色人種問題』, 大阪毎日新聞社, 1929, 120-121쪽; В. В. Граве, Китайцы, корейцы и японцы в Приамурье, Сантк-Петербург, 1912, с.149. 그러나 이러한 평가는 금광·철도·어장 노동을 통해 번 돈을 들고 블라디보스토크로 돌아와 도박으로 돈을 탕진하는 이들이 많다고 한탄하는 『권업신문』 기사("일년 벌어 하루에 없이하여』, 1912.10.20.)와 배치되는 면이 있다. 해당 지역의 금광업자들이 저렴한 노동력의 한인 노동자를 쓰고자 러시아 관료들을 설득하고자 한 의도가 있었다는 점에서 독해에 주의가 필요하다. 오히려 그러한 경향이 있었지만, 한인들이 러시아로부터 부정적으로 인식될 수 있는 행동을 어떻게 스스로 통제해나가고자 했는가를 살펴보아야 한다.

25 「본 신문을 위하여 350여 원의 의연」, 『권업신문』, 1913.1.19.

26 「알료스깨 금광 노동 동포의 편지」, 『권업신문』, 1913.1.19.

27 최상칠, 최순세, 조맹보, 김도여, 최문국, 장명운, 전대오, 엄공민.

28 「알료스깨 금광 노동 동포의 편지」, 『권업신문』, 1913.1.19.

29 「알로스끼 금광 동포에게 치하함」, 『권업신문』, 1913.6.8.

30 「안군금광소식」, 『권업신문』, 1913.6.15.

31 「광고」, 『권업신문』, 1913.10.26.

32 「몸표를 사주오니 감사하나이다」, 『권업신문』, 1914.3.8.

33 「학비 의연에 감사하나이다」, 『권업신문』, 1914.3.8.

34 「감사한 광고」, 『권업신문』, 1914.3.29.

35 「아버지 찾소」, 『권업신문』, 1914.5.24.; 「아버지 찾는 광고」, 『권업신문』, 1914.8.16.; 「아들찾소」, 『권업신문』, 1914.5.24.; 「최장원을 찾소」, 『권업신문』, 1914.6.28.; 「형님을 도로 찾소」, 『권업신문』, 1914.7.5.

36 南満州鉄道株式会社 庶務部調査課 日譯, 앞의 자료, 124-125쪽; В. В. Граве, указ. соч., с.156.

37 南満州鉄道株式会社 庶務部調査課 日譯, 위의 자료, 127쪽; В. В. Граве, там же, с.158.

38 В. Д. Песоцкий, Корейский вопрос в Приамурье, Хаборовск, 1913, с.61-62.

39 「1907년 2월 26일 촉탁관 А.М.카자리노프가 보낸 라즈돌닌스크 읍에 거주하는 러시아인과 한인들의 경제생활상에 대한 보고서」, РГИА ДВ, ф.702, оп.3, д.302, лл.96-102., 1907.2.26.(러), 강성희, 『러시아문서번역집 XIX』, 선인, 2014, 59쪽.

40 В. Д. Песоцкий, указ. соч., с.63.

41 В. Д. Песоцкий, там же, с.67.

42 В. Д. Песоцкий, там же, с.92.

43 南滿州鐵道株式會社 庶務部調査課 日譯, 앞의 자료, 146쪽; В. В. Граве, указ. соч., с.181.

44 大鳥富士太郞(在浦鹽總領事)→小村壽太郞(外務大臣),「憲機 제58호 제135호, 明治43年 12月 23日 이후 블라디보스토크지방 조선인 동정(李相㝢, 李範錫 등이 파견한 密偵 등)」, 1911.1.10., 6-7쪽,『不逞團關係雜件-朝鮮人의 部-在西比利亞 1』.

45 大鳥富士太郞(在浦鹽總領事)→小村壽太郞(外務大臣), 위의 자료, 8-11쪽.

46 "조선인들을 그곳에서 [다른 지역으로] 즉각 이주시키는 것은 포시에트 관할구역을 황무지로 만들기 쉬운데 그곳에 다른 주민이 거의 없어서 노역의 의무를 수행할 사람이 없기 때문입니다. 따라서 이 문제는 결정을 유보하고, 차후에 유즈노우수리 다른 구역들에 이주를 위한 경작편리 토지가 부족해지거나 다른 이유가 생김으로 인해 러시아 이주민들이 포시에트 관할구역에도 정착하려는 진지한 의지를 보이게 되면 다시 논의하기로 했습니다." 「1913년 1월 23일 8등문관 졸로트니쯔키가 연아무르 총독 사무 관리자에게 위임받아 작성한 조선인 문제에 대한 기록」, РГИА ДВ, ф.702, оп.5, д.811, лл.9-16, 1913.1.23.(러), 강성희,『러시아문서번역집 VIX』, 선인, 2014, 208-209쪽.

47 「노령조선인의 퇴거」,『매일신보』, 1911.8.12.

48 윤병석·박민영,「러시아한인사회의 형성과 독립운동」,『러시아지역의 한인사회와 민족운동사』, 교문사, 1994, 120-121쪽.

49 권업회,「1911년과 1912년 기간(1911년 12월 6일부터 1913년 1월 1일까지)의 권업회 보고서」,『한국독립운동사 자료 34: 러시아편 I』.

50 이만 라울류 토지가 신귀화자를 위한 것이었다는 사실은 유효종도 의견을 같이한다. "이종호는 러시아 당국과 교섭하여, 이만강변의 국유지를 신규귀화자에게 분배하는 권리를 얻었다." 劉孝鐘,「極東ロシアにおける朝鮮民族運動:「韓國併合」から第一次世界大戰の勃發まで」,『朝鮮史硏究會論文集』 22, 1985, 63쪽.

51 권업회→연해주 군무지사,「연해주의 군총독 각하께」, 1913년 2월 16일(러),『한국독립운동사 자료 34: 러시아편 I』.

52 윤병석,『국외한국인사회와 민족운동』, 일조각, 1990, 207-208쪽; 박환,『러시아한인민족운동사』, 탐구당, 1995, 157쪽; 윤병석·박민영,「러시아한인사회의 형성과 독립운동」,『러시아지역의 한인사회와 민족운동사』, 교문사, 1994, 132쪽.

53 뒤바보(계봉우),「아령실기(9)」,『독립신문』, 1920.3.30.

54 권업회가 준비하던 것 중 눈에 띄는 부분은 "정착민들의 재산을 보호하고 강도단이 등장하는 경우에 자기방어를 하기 위하여 협회가 5자루의 윈체스트식 연발총을 구입"하려고 했다는 것이다. 무기 소지 청원 사항은 해당 보고서에서는 결정이 나지 않았다고 기록되어 있다(권업회,「1911년과 1912년 기간(1911년 12월 6일부터 1913년 1월 1일까지)의 권업회 보고서」,『한국독립운동사 자료 34: 러시아편 I』). 한인의 무기 소지는 러시아 당국 입장에서 예민한 문제였기 때문에 결정을 미룬 것으로 보인다.

55 일본영사관 측은 여러 밀정들을 통해 한인사회의 동향을 예의주시하며 각종 비밀을 내

밀하게 파악하고 있었음에도, 라울류 농지개척에서 군사학교 운영에 관한 구체적 내막을 포착한 바가 없다. 그것이 비밀리에 성공적으로 진행되고 있다는 방증일 수도 있지만, 실제로 라울류 농지개척 자체가 지지부진하던 전체적 사업 맥락을 고려하면, 군사학교 설립과 운영 자체가 제대로 이뤄지지 않을 가능성이 크다.

56 「이만농작지에 대한 이야기」, 『권업신문』, 1913.1.12.

57 「장래한인의 복지」, 『권업신문』, 1912.12.1.

58 Переселенческое Управление, *Карты заселяемых районов за Уралом(Отчет о работах Переселенческого Управления за 1913 г.*), Петроград, 1914, с.12.

59 반병률은 라울류를 루키야노프카로 설명했지만, 다른 견해를 종합해보면 루키야노프카가 아니라 데르수임이 확인된다. 박환은 김경천의 기록인 『경천아일록』을 인용하여 라울류는 "나부유(羅扶遺)", "놀리허"라 불리며, "이만에서 약 300여 리"가 된다는 점을 밝혔다. 300리는 약 117킬로미터다. 이만에서 루키야노프카까지의 거리는 약 50킬로미터인 반면, 달네레첸스크(이만)에서 데르수(라울루)까지의 거리는 약 120킬로미터다. 즉 김경천의 기록을 비롯하여 러시아 측 자료를 종합해볼 때, 라울류는 루키야노프카가 아니라 데르수로 판단된다. 반병률, 「제2회 특별전로한족대표회의(1918년 6월)와 러시아 한인사회」, 『역사문화연구』 17, 2002, 342-343쪽; 박환, 『러시아 한인 독립전쟁』, 선인, 2022, 291쪽.

60 Е. В. Жевна·А. А. Торопов·Н. А. Троицкая, *Из истории заселения Красноармейского района: документы и материалы*, Владивосток: РГИА ДВ, 2016, с.7.

61 「Из списка инородческих участков, отведенных в Приморской область для оседания бродячих на землю (по 15 дес.) до 1 января 1915 г.」, РГИА ДВ, ф.702, оп.3 д.347 ч.1 л.229, Е. В. Жевна·А. А. Торопов·Н. А. Троицкая, указ. соч., с.78.

62 Ф. В. Соловьев, *Словарь китайских топонимов на территории советского Дальнего Востока*, Владивосток, 1975, с.85.

63 「권업회 연혁」, 『권업신문』, 1912.12.19.

64 「이만농작지에 대한 평론」, 『권업신문』, 1912.12.29.

65 「이만 농작에 대한 세 가지 경영」, 『권업신문』, 1912.12.15. '고본'이란 여러 사람이 공동 투자로 사업을 할 때, 투자자가 낸 자본금 또는 그 투자 사실을 증명해주는 문서로 주식과 같은 의미다. 이 책에서는 고본단의 역사성을 고려하여 단체명은 그대로 사용하지만, 소통을 위해 '고본'을 주식으로, 고본을 보유한 사람을 의미하는 단어인 '고주'를 주주로 통일한다.

66 「勸業會股本團規例」, 『권업신문』, 1912.12.15.

67 1주에 20원이면 일반 노동자들의 1달 치 월급의 최소 절반 이상에 해당하는 금액이었다. 1911년 신한촌 민회의 한문 서기 월급이 30원, 러시아어 서기 월급이 40원, 경비원이 20~25원이 월급을 받았는데(鳥居 블라디보스토크 통역관, 「朝憲機 제1451호 제325호, 6월 27일 이후 浦潮지방 鮮人의 동정」, 1911.7.12., 『不逞團關係雜件-朝鮮人의 部-在西比

利亞 3』), 직업마다 차이는 있지만 일반적으로 자기 월급의 절반 이상에 해당하는 금액이었다. 당시 광산지역이나 농촌에서 일하는 한인들의 평균 월급이 20~30원이었던 것을 생각하면, 꽤 비싼 금액이었던 것으로 생각된다.

68 『권업신문』, 1913.1.19.; 「布告」, 『권업신문』, 1913.2.23.; 「특별광고」, 『권업신문』, 1913.4.20.

69 「권업회 고본단 모집 취지서」, 『권업신문』 1912.12.22.

70 「이만 농작지 인허된 일로」, 『권업신문』, 1912.12.8.

71 「권업회 고본단 모집 취지서」, 『권업신문』 1912.12.22.

72 「布告」, 『권업신문』, 1913.2.2.; 「布告」, 『권업신문』, 1913.3.; 「訊問에 대한 安應七의 供述」, 『한국독립운동사 자료 7 안중근편Ⅱ』; 朝鮮駐箚憲兵隊司令部, 「(秘)明治45年 6月調, 露領沿海州移住鮮人ノ狀態」 1913.3.3., 『수촌박영석교수화갑기념한민족독립운동사논총』, 탐구당, 1992, 1187-1212쪽; 한희정, 『러시아문서번역집 XVII』, 선인, 2014.

73 1911~1913년 사이에 국적을 취득한 것으로 확인되는 인물은 김치보, 조창호, 이설, 오봉화, 고명호, 김자천, 김원용, 박진옥, 함세인, 윤능효다. 이들 중 김치보, 윤능효, 조창호, 오봉화, 이설, 고명호와 같은 신귀화자는 상업에 종사했으며, 권업회와 신한촌 민회 양쪽 모두에 관계한 이력을 지녔다.

74 1910년 4월 24일 『대동공보』 기사에 따르면 유세몬, 양야코프도는 '청년파'에 해당했다. '청년회'와 '청년파'가 동일한 것으로 보이긴 하지만, 만약에 정말로 같은 것을 지칭한다면 이들 역시 청년회 그룹에 넣을 수 있을 것이다. 이들은 임경석의 설명처럼 "독자적인 정치세력의 결성을 꾀했다기보다는 한인사회의 대동단결을 촉구하는 선에서 자체의 결속 수준을 한정했던 것"으로 보인다(임경석, 「권업회 설립 전후 재노령 한인 정치세력과 안창호」, 『도산사상연구』 5, 1998, 97쪽). 라울류 토지개척사업에 대한 주식투자인 고본단도 그러한 활동의 일환이었을 것으로 추측된다.

75 在浦鹽總領事 大島富士太郎→外務大臣 伯爵 小村壽太郎, 「機密第八二號, 浦鹽韓人ノ內情ニ關スル報告」, 1909.12.28., 『韓國近代史資料集成 3』; 大島 總領事, 「機密送第三號, 浦鹽韓人靑年會其他ニ關スル電報寫送付ノ件」, 1910.1.6., 『韓國近代史資料集成3』; 陸軍憲兵 大尉 村井因憲→韓國駐箚憲兵隊長 榊原昇造, 「憲機第一四七號, 伊藤博文 被擊事件 眞相調査 및 嫌疑者 搜査에 關한 件」, 1910.1.17., 『한국독립운동사 자료 7 안중근편Ⅱ』.

76 「布告」, 『권업신문』, 1913.4.13.

77 「라쁘류 농작지에 대한 정보」, 『권업신문』, 1913.4.20.

78 「라부류 지단 일로」, 『권업신문』, 1913.12.14.

79 「라쁘류 농작지에 대한 정보」, 『권업신문』, 1913.4.20.

80 「공고」, 『권업신문』, 1914.5.9.

81 이는 17.8제곱킬로미터로, 대략 서울특별시 서대문구(17.6제곱킬로미터) 정도의 면적이다.

82 「Из списка инородческих участков, отведенных в Приморской область для оседания бродячих на землю (по 15 дес.) до 1 января 1915 г.」, РГИА ДВ, ф.702, оп.3 д.347 ч.1 л.229, Е. В. Жевна·А. А. Торопов·Н. А. Троицкая, указ. соч., с.78.

83 南満州鉄道株式会社 庶務部調査課 日譯, 앞의 자료, 138쪽; В. В. Граве, указ. соч., с.171.

84 「라부류 농작 호황」, 『권업신문』, 1913.7.27.; 「라부류에 총독학원」, 『권업신문』, 1914.5.9.

85 「동포의 기한을 구휼」, 『권업신문』, 1913.12.14.

86 「이만 농작지에 대하여」, 『권업신문』, 1914.1.18. 라울류에 이주한 새로운 한인들을 보호해주는 사례도 보도했다. "채한묵 씨는 원래 공익사업에 대하여 힘을 다한바 요사이에 라부류에 이주하는 신호를 극히 보호하여주며 (…)", 「채씨의 동족사랑」, 『권업신문』, 1914.3.15.

87 「도회와 농촌 생활」, 『권업신문』, 1914.5.24.

88 「이만에 또 홍수가 날 뜻」, 『권업신문』, 1914.6.21.

89 1914년 8월 2일 기사가 2개 더 있긴 하지만, 판독이 어려워 정확히 어떤 내용인지 알 수 없다. 부분적인 내용으로 추론해보건대, 이만의 이민국과 교섭할 일이 있어 권업회에서 위원을 파견했고, 예상한 이주 호수를 채우지 못하여 계속해서 이주를 독려하는 내용으로 보인다. 「라부류이민 할 일로」, 「박씨의 이만행」, 『권업신문』, 1914.8.2.

90 반병률, 「러시아 한인(고려인)사회와 정체성의 변화」, 『한국사연구』 140, 2008, 109쪽.

91 십월혁명십주년원동긔념준비위원회, 『십월혁명 10주년과 쏘베트 고려민족』, 해삼위도서주식회사, 1927, 78-79쪽. 인용문의 밑줄은 인용자가 표시.

8장 제2차 러일전쟁의 예감 속 정치세력의 재편

1 뒤바보, 「아령실기9」, 『독립신문』, 1920.3.30.

2 이주문제를 연구하는 인접 분야에서 '고국정치(homeland politics)'라는 용어가 쓰이고 있다. 고국정치는 "이주자들이 고국에서 멀리 떨어진 곳에서 살아가면서도 고국과 관련된 다양한 활동에 참여함"을 의미한다. 이 용어는 "그동안 많은 연구가 이주자들이 수용국에서 자신들의 정치적, 사회적 권리를 주장하는 모습에 초점을 맞춰왔으며 자신들이 떠나온 '고국'과 관련하여 어떠한 정치적 수행을 하는지, 그리고 그 함의는 무엇인지에 대한 연구는 상대적으로 적었다"는 비판 속에서 2000년대에 나타났다(이수정, 「영국 거주 북한이주민의 고국 정치」, 『한국과 국제정치』 35-4, 2019, 6쪽). 이 책에서는 이러한 연구의 아이디어에 영향을 받아, 그 의미를 일부 수용하여 식민성에 대해 문제의식을 지닌 해외 한인이라는 맥락에서 고국정치라는 용어를 사용하고자 한다.

3 기존의 연구들에서는 해외로 이주한 한인이 고국의 국권 회복과 독립을 위해 펼친 저항활동을 두고 '독립운동', '국권회복운동', '민족운동', '민족해방운동' 등 다양한 방식으로 표현하고 있다. 그러나 각각의 용어는 각 용어의 외연과 내포에 한계가 있으며, 이주 한

인사회의 정치활동을 설명할 때 이주사회의 존재 방식을 탈맥락화하여 이주민의 정치활동을 고국의 문제로 환원할 우려가 있다. 러시아 한인의 '독립운동'이라고 하면 맥락이 제시되지 않을 경우, 일본으로부터의 독립인지, 러시아로부터의 독립인지 의미를 혼동할 수 있다. '민족운동'이라고 부르면 민족해방운동으로서의 민족운동인지, 현지에서 소수민족의 권리를 신장하기 위한 민족운동인지 의미가 불분명하다. '국권회복운동'은 1905년부터 1910년까지 의병운동·애국계몽운동을 의미하기 때문에 1910년부터 1917년까지의 움직임을 포착하기에는 시기적 범위가 좁은 용어다. 또한 국권회복운동 내의 초기 계몽운동 노선이 안고 있던 문제점, 즉 제국주의 국가의 사회진화론에 대한 비판에 취약했다는 한계 때문에 1905~1910년 애국계몽운동을 반제적 민족해방운동으로 위치 짓기는 애매하다. '민족해방'이라는 표현은 제1차 세계대전과 러시아혁명 이후 민족자결주의 대두와 3·1운동 이후에 확산되었다는 점(이기훈, 「독립운동인가, 민족해방운동인가?」, 『역사용어바로쓰기』, 역사비평사, 2005, 121-123쪽)을 고려하면, 1905~1917년 일본에 대한 러시아 한인의 저항운동을 민족해방운동으로 표현하기에는 시기적으로 이르다고 생각한다. 극동의 연해주는 러시아가 청으로부터 빼앗은 후 러시아의 내부 식민지가 되었고, 러시아의 관료들은 금광 경영을 통해 러시아 극동의 식민경영에 지대한 관심을 가졌음에도, 당시까지 러시아 한인사회에서 연해주의 내부 식민지적 성격을 문제시하는 분위기는 발견되지 않는다. 러시아혁명이 발발하기 전까지는 제정러시아의 극동 식민 경영에 적극적으로 협력했다고 볼 수 있다는 점 때문에, 1905~1917년까지 러시아 한인사회에서 벌어진 일련의 항일 정치활동은 반제적 의미에서 민족해방으로 부르기에는 그 성숙도가 아직 미약했다. 러시아혁명은 민족해방이 중간과제로 설정이 되지만, 운동 주체마다 민족해방과 계급해방의 선후를 상이하게 인식했다는 점에서, 주체의 정치적 행보에 따라 '민족해방'이라는 평가를 달리할 수 있다고 생각한다.

4   덧붙여두고 싶은 것은 현지정치를 논할 때 연해주 한인의 본격적인 선거 및 피선거권의 획득은 러시아 2월혁명 이후라는 점이다. 일찍이 김승화는 제정러시아기 한인에게 정치적 권리가 없다는 점을 지적한 바 있다(김승화 저, 정태수 역, 『소련한족사』, 대한교과서주식회사, 1989, 55쪽). 제정러시아기 러시아 극동에 거주하는 한인은 1905년 이후 나타난 러시아 중앙의 국가 두마 정치에 참여가 배제되어 있었다. 랴자놉스키의 견해에 따르면 초대 및 제2 두마의 경우 "거의 모든 러시아인은 두마 선거에 참여할 수 있었"고 초대 두마 구성원을 보면 다양한 민족 및 종교 집단이 포함되어 있었다(니콜라스 V. 랴자놉스키·마크 D.스타인버그 저, 조호연 역, 『러시아의 역사(하)』, 까치, 2011, 612쪽). 그러나 극동의 경우는 사정이 달랐다. 1905년 8월 러시아 중앙정부는 연해주 지역의 이민족(инородцы)은 러시아어에 대한 지식의 부족과 일반 선거 실시의 어려움으로 인해 선거에 참여할 권리를 거부하기로 결정했다. 1906년 4월에는 러시아 극동에 거주하는 "이민족과 코사크"에게는 국가 두마 대표자 선출권을 부여하지 않았다. 러시아 중앙정부의 위와 같은 일련의 조치를 고려하면, 한인은 귀화자라 하더라도 국가 두마에서 선거권과 피선거권이 제한되어 있었다. 실제로 『대동공보』와 『권업신문』에서 국가 두마에 관련된 러시아 한인의 선거 참여와 관련한 기사는 찾아보기 어렵다. 1917년 『한인신보』와 『청구신보』에서 한인의 투표 독려와 의원선거와 관련하여 여러 기사가 등장하는 것과는 대조적이다. 국가 두마에 대한 러시아 극동(자바이칼, 아무르, 연해주) 주민의 참정권에 관해서는 다음 연구 참고. В. Л. Землянский, "Выборное законодательство в Государственную думу Российской империи применительно к Приморской области",

Актуальные проблемы парламентаризма: история и современность, Санкт-Петербург, 2016, c.54-59. 한편, 지방정치의 경우, 러시아 극동지역에서는 1917년 2월 혁명이 일어난 후 임시정부에 의해 젬스트보 제도가 시작되었다. 1917년 6월 17일 러시아 임시정부는 아무르주, 연해주, 사할린 지역에 젬스트보 기관의 도입에 관한 법령을 승인했다(Г. Я. Тригуб, "Земское самоуправление на Дальнем Востоке, 1917-1922 гг.", *Россия и АТР*, №3, 2003). 젬스트보란 1864년 알렉산드르 2세의 개혁정책 일환으로 설치된, 러시아 지방 정치 기구를 의미하며, 교육과 의료 등 지방 정치에서 필요한 여러 영역을 다루었다. 그러나 오랜 기간 국경지역을 제외하고 러시아 제국 34개 주에서만 존재했다(니콜라스 V. 랴자놉스키·마크 D.스타인버그 저, 조호연 역, 같은 책, 562-563쪽).

5 1918년 12월 29일 한용헌과 김만겸은 블라디보스토크시 두마 의원으로 선출됐다.「朝憲機 제47호, 조선인 浦潮市會議員 당선에 관한 건」, 1919.2.3., 『不逞團關係雜件-朝鮮人의 部-在西比利亞 7』.

6 일본 측의 첩보에 따르면, 기호지역 출신을 중심으로한 '경파'의 리더 격인 이상설은 1911년경 귀화 청원을 하려 했다는 점(大鳥富士太郎(在浦鹽總領事)→小村壽太郎(外務大臣),「憲機 제148호 제158호, 明治44년 1월 6일 이후 블라디보스토크지방 조선인 동정」, 1911.1.20., 12쪽,「不逞團關係雜件-朝鮮人의 部-在西比利亞 1』), 그가 러시아 관료들과 밀접한 관계를 맺고 있었다는 점을 고려할 때, 이상설 역시 1914~1915년경에는 이미 러시아에 귀화했을 것으로 추정된다.

7 浦潮派遣員→總督 外,「朝憲機 제306호, 露國革命이 조선인에게 미치는 영향(別冊)」, 1917.10.16., 4쪽,『不逞團關係雜件-朝鮮人의 部-在西比利亞 6』.

8 이종만, 김립, 김하석, 엄인섭, 조장원, 이춘식, 백규삼, 오병묵 등이 참여했다(朝鮮駐箚憲兵隊司令部,「大正 元年 11月 調 在外 朝鮮人 結社團體狀況」, 1913.3.7.,『不逞團關係雜件-朝鮮人의 部-在西比利亞 4』). 연해주 한인 정치세력의 내용은 다음 연구 참고. 김슬기,「제1차 세계대전 시기 러시아 한인사회의 정치적 동향」, 성균관대학교 사학과 석사학위논문, 2022, 9-13쪽.

9 이범석, 윤일병, 이규영 등이 참여했다.

10 「朝憲機 제949호, 최근에서의 浦潮在留 鮮人의 상태」, 1912.7.16., 4쪽,『不逞團關係雜件-朝鮮人의 部-在西比利亞 4』.

11 김슬기, 앞의 글, 2022, 12쪽.

12 「1912년 3월 14일 블라디보스토크시 경찰국 제4구역 경찰서장이 보내는 '권업회' 관련 상신」, РГИА ДВ, ф.1, оп.2, д.2178, лл.14-16), 1912.3.14., 이재훈 역,『러시아문서 번역집 XVI』, 선인, 2014, 161-163쪽.

13 「일러 관계론」,『권업신문』, 1913.1.12.

14 「朝憲機 제291호, [李東輝의 행동과 露國 관헌 및 日露再戰說에 대한 건]」, 1914.5.5., 4-5쪽,『不逞團關係雜件-朝鮮人의 部-在西比利亞 5』.

15 「朝憲機 제359호, 鮮人學生 운동회」 1914.6.2., 『不逞團關係雜件-朝鮮人의 部-在西比利亞 5』.

16 위의 자료, 1914.6.2., 1-4쪽.

17 「朝憲機 제276호, 露領 鮮人의 義兵에 관한 건」 1914.5.5., 『不逞團關係雜件-朝鮮人의 部-在西比利亞 5』.

18 「이씨 환영회 성황」 『권업신문』, 1913.10.19.; 「이성재의 연설」 『권업신문』, 1913.11.2.

19 「이동휘가 안창호에게 보내는 편지」, 1914.2.3., 『도산안창호전집 제2권 서한2』, 510쪽.

20 「自大正4年9月日至大正5年12月日」 『不逞團關係雜件-朝鮮人의 部-在滿洲部5』(윤병석, 『해외동포의 원류』, 집문당, 2005, 169-170쪽 재인용).

21 「이동휘가 안창호에게 보낸 편지」, 1914.1.7., 『도산안창호전집 제2권 서한2』, 2000, 508쪽.

22 「朝憲機 제276호, 露領 鮮人의 義兵에 관한 건」 1914.5.5., 4-9쪽, 『不逞團關係雜件-朝鮮人의 部-在西比利亞 5』; 大鳥富士太郞(블라디보스토크 총영사), 「朝憲機 제262호, [義兵件에 대한 조선인의 논의, 露探鮮人 등에 대한 정보]」 1914.4.29., 『不逞團關係雜件-朝鮮人의 部-在西比利亞 5』.

23 위의 자료, 1914.5.5., 4-9쪽; 大鳥富士太郞(블라디보스토크 총영사), 위의 자료, 1914.4.29.

24 「권업회 지방 시찰 총대」 『권업신문』, 1913.11.12.

25 임경석, 「권업회 설립 전후 재노령 한인 정치세력과 안창호」 『도산사상연구』 5, 1998; 김슬기, 앞의 글.

26 윤대원, 『상해시기 대한민국임시정부 연구』, 서울대학교 출판부, 2006, 95쪽.

27 정순만·양성춘 살해사건에 대해서는 다음 연구 참고. 반병률, 「露領 沿海州 한인사회와 한인민족운동 (1905~1911)」 『한국근현대사연구』 7, 1997; 신세라, 「정순만의 생애와 민족운동」 『한국근현대사연구』 25, 2003; 박걸순, 「연해주 한인사회의 갈등과 정순만의 피살」 『한국독립운동사연구』 34, 2009; 조덕환, 「연해주 한인사회의 귀화한인과 국권회복운동」 성균관대학교 사학과 석사학위논문, 2010.

28 그러한 점에서 연해주 한인 정치세력의 갈등을 귀화자와 비귀화자의 갈등 구도로 설명한 설명은 재검토되어야 할 필요가 있다(조덕환, 위의 글). 1905~1910년 한인 정치세력 갈등은 외형적으로 '귀화자 대 비귀화자'라는 구도로 보이는 측면도 있는 것이 사실이나, 그 실상은 현지에서의 경제적 이익과 강하게 결부된 정주유력자와 그렇지 않은 망명자의 대립 구도로 보는 것이 타당하다. 물론 망명자에 비해 정주유력자가 러시아에서 장기간 거주하며 귀화자가 되는 것이 보다 일반적인 현상이긴 하지만, 주지했듯이 귀화의 이유는 주체별로 다양할 수 있다. 오히려 현지에서 생활의 문제에 더 강한 관심을 가질 수밖에 없는 정주유력자와 상대적으로 언제든 이동할 수 있는 망명자 간에 빚어지는 정치 사안별 태도의 온도차로 보는 것이 타당하다.

29 「Ko-Рю-Мин-Хой」 РГИА ДВ Ф.702 Оп.5 Д.143 Лл.96-97, 1911년 추정.

30 鳥居通譯官→陸軍大臣 외, 「憲機第一一五七號, 五月三十一日木藤通譯官ト新舊開拓里視察情況」, 1911.5.31., 『韓國近代史資料集成 10 - 間島·沿海州 關係 2』.

31 朝鮮駐箚憲兵隊司令部, 「(秘)明治45年 6月調, 露領沿海州移住鮮人ノ狀態」 1913.3.3., 『수촌박영석교수화갑기념한민족독립운동사논총』, 탐구당, 1992, 1198쪽.

32 二瓶兵二(블라디보스토크 총영사대리)→小村壽太郎(外務大臣), 「機密鮮 제44호, 當地 조선인 居留民會의 결의사항 보고」, 1911.7.18., 『不逞團關係雜件-朝鮮人의 部-在西比利亞 3』.

33 二瓶兵二(블라디보스토크總領事代理)→內田康哉(外務大臣), 「機密鮮 제5호, 당지방 조선인 동정 보고」, 1912.5.6., 4-6쪽, 『不逞團關係雜件-朝鮮人의 部-在西比利亞 4』.

34 블라디보스토크 통역관, 「朝憲機 제234호, 1월 하순 浦潮地方 在留鮮人 정보」, 1912.2.12., 5-7쪽, 『不逞團關係雜件-朝鮮人의 部-在西比利亞 3』.

35 二瓶兵二(블라디보스토크總領事代理)→內田康哉(外務大臣), 「機密鮮 제5호, 당지방 조선인 동정 보고」, 1912.5.6., 『不逞團關係雜件-朝鮮人의 部-在西比利亞 4』.

36 鳥居 블라디보스토크 통역관, 「朝憲機 제1557호, 7월 11일 이후 浦鹽 지방 조선인의 동정」, 1911.7.25., 『不逞團關係雜件-朝鮮人의 部-在西比利亞 3』.

37 비류코프와 구덕성·윤일병의 사제관계는 돈독했던 것으로 보인다. 일본 측 정보보고에 의하면, 비류코프는 1911년 12월 19일 블라디보스토크에 와서 구덕성과 윤일병을 불러 함께 술을 마시고 도박을 즐겼다고 한다. 또한 비류코프와 셰르바코프도 업무상 협력관계에 있었던 것으로 보인다. 일본 측 정보보고에 따르면, 비류코프는 원산과 블라디보스토크를 오가며 셰르바코프와 여러 차례 접촉했던 것이 확인된다. 블라디보스토크 통역관, 「朝憲機 제42호, 작년 겨울 12월 하순 浦潮 조선인에 관한 첩보」, 1912.1.12., 12쪽, 『不逞團關係雜件-朝鮮人의 部-在西比利亞 3』.

38 블라디보스토크 통역관, 위의 자료, 1912.1.12., 13-14쪽.

39 二瓶兵二(블라디보스토크總領事代理)→內田康哉(外務大臣), 앞의 자료, 1912.5.6., 2-4쪽.

40 이경숙, 「블라디보스토크 한인 학교의 변동: 1905-1922」, 『정신문화연구』 34-1, 2011, 23쪽.

41 「朝憲機 제203호, [勸業會, 民會의 병합과 黃丙吉의 書信]」, 1914.4.1., 『不逞團關係雜件-朝鮮人의 部-在西比利亞 4』.

42 위의 자료, 1914.4.1.

43 위의 자료, 1914.4.1., 6-10쪽.

44 二瓶兵二(블라디보스토크總領事代理)→內田康哉(外務大臣), 앞의 자료, 1912.5.6., 15-16쪽.

45 앞의 자료, 1914.4.1., 6-10쪽.

46 이상설(망명자)→최만학(정주유력자)→이종호(망명자)→이상설(망명자)→김도여(정주유력자)→최재형(정주유력자)→김도여(정주유력자) 순으로 변했다. 권업회에는 총재직이 있었지만, 이는 사실상 명예직에 불과했고, 의사부 의장이 의사결정의 실권을 지녔다. 의

사부 의장은 1912년 11월부터 의장직이 아니라 회장직으로 명칭이 변했다. 박환, 『러시아 한인민족운동사』, 탐구당, 1995, 130-131쪽; 임경석, 앞의 글, 105쪽.

47 「권업회 하반기 총회에 대하여」, 『권업신문』, 1914.7.26.

48 해당 행사는 1914년 7월 10일 무기한 연기가 결정됐다. 일본 측 정보보고에 따르면, 기념회 중지의 이유는 러시아 관료들이 기념회의 모집 기부금을 경찰 측이 보관하겠다는 입장을 보이며, 한인들이 자유로운 행사 진행이 어렵다고 판단했기 때문이다. 이에 최재형을 비롯한 기념회 발기인들은 러시아 측 관료들에게 불만을 품었다고 한다(『朝憲機 제440호, 鮮人 露領移住 50年 記念祭의 건』, 1914.7.21., 『不逞團關係雜件-朝鮮人의 部-在西比利亞 5』). 이때 주목되는 것은 기념회 행사 모금이 의병활동에 쓰일 예정이었다는 설도 있었다는 점이다. 이러한 견해는 일본 측 정보보고만이 아니라, 계봉우의 「아령실기」에서도 "오십년기념대회를 장차 개하고 그 시기를 이용하여 군자금을 수취하기로 하여"라는 구절에서도 확인된다(뒤바보(계봉우), 「아령실기(九)」, 『독립신문』, 1920.3.30.). 다만 행사가 실제로 개최되지 않은 점, 모금액의 행방을 실제 알기 어렵다는 점에서 기념회와 의병활동 간의 뚜렷한 연결성은 확인하기 어렵다.

49 「오십주년 기념 발기회」, 『권업신문』, 1914.2.8.

50 「Информация комитета по устройству празднования пятидесятилетия переселения корейцев в Приамурский край」, РГИА ДВ, Ф.702, оп.5, д.830, лл.18-20, 1914.2.7.(러), Отв. ред. А. А. Торопов, *Корейцы на российском Дальнем Востоке(вт. пол. XIX-нач. XX вв.) Документы и материалы*, Владивосток, 2004, с.328; 朝鮮駐箚憲兵隊司令部→寺內正毅(조선총독), 『朝憲機 第125號;秘受 1603號, 印刷器機 및 活字의 件』, 1914.2.25., 4-5쪽, 『不逞團關係雜件-朝鮮人의 部-在滿洲의 部 3』. 두 자료의 대조를 통해 확인할 수 있는 주요 인물들의 한국식 이름과 러시아식 이름은 다음과 같다. 문창범(文昌範, Василий Андреевич Мун), 최재형(崔在亨, Петр Семенович Цой), 정재관(鄭在寬, Михаил Ефремович Тен), 김기룡(金起龍, Николай Иванович Ким), 한형권(韓馨權, Петр Иванович Хан), 고명호(高明昊, Александр Боросович Когай), 함세인(咸世仁, Иван Ананьевич Хам), 차석보(車錫甫, Николай Михайлович Чагай).

9장 제1차 세계대전의 발발, 간도로 간 망명자

1 권업회의 구체적인 해체 과정은 다음 연구 참고. 김슬기, 「제1차 세계대전 시기 러시아 한인사회의 정치적 동향」, 성균관대학교 사학과 석사학위논문, 2022, 18-21쪽.

2 Сост. и ред. к.и.н. Н. А. Троицкая, *Приамурское генерал-губернаторство в годы Первой мировой войны: штрихи времени, голоса современников. Документы и материалы*, Владивосток, 2014, с.114.

3 「Материалы о закрытии корейского общества развития труда」, РГИА ДВ, ф.515, оп.1, д.73, лл.2-2об, 1914.8-1915.4.

4 「블라디보스토크 주재 일본제국 총영사관이 보낸 한인들의 사회활동과 반일 선전에 대

한 보고서」, РГИА ДВ, ф.1, оп.12, д.581, лл.4-7, 1914.8.30.(러), 한희정 역, 『러시아문서번역집 XVII』, 선인, 2014, 87-90쪽.

5 위의 자료, РГИА ДВ, ф.1, оп.12, д.581, лл.4-7, 1914.8.30.(러), 한희정 역, 『러시아문서번역집 XVII』, 선인, 2014, 90쪽.

6 「블라디보스토크 주재 일본 총영사가 보낸 한인 주민들의 사회활동 관련 보고서」, РГИА ДВ, ф.1, оп.12, д.581, лл.10-10об, 1914.8.20, 한희정 역, 『러시아문서번역집 XVII』, 선인, 2014, 95쪽. 추방 요청자 명단은 다음과 같다. 이종호, 이종만, 이현재, 이동휘, 이동녕, 이병휘, 윤해, 조창호(조영진), 조률, 정재관, 김하구, 오주혁, 계봉우, 김도여, 허근, 이범윤, 강순기, 안정근, 안공근, 이강. 이 가운데 이종호, 이종만, 이동녕, 윤해, 조창호(조영진), 정재관, 김하구, 김도여, 안정근, 안공근, 이강은 신귀화자다.

7 이명화, 「하얼빈 한인사회와 김성백의 독립운동」, 『역사와 실학』 55, 2014.

8 일제시기 한인 망명자를 둘러싼 일본과 열강 정부의 인도 방식 차이에 관하여 프랑스의 사례가 참고된다. 상하이 프랑스 조계당국은 '상호성의 원칙'에 의거하여 양국의 체제에 위협을 줄 수 있는 망명자에 대해 정치적 교환을 하는 방식을 선호했으나, 일본은 그러한 방식이 제국의 '위신'이 추락할 가능성이 있었기 때문에 꺼렸다. 이혜린, 「3·1운동 직후 한인의 상해 망명에 대한 프랑스 조계당국의 인식과 대응」, 『사림』 75, 2021.

9 加藤高明(외무대신)→本野一郎(러시아 大使), 「機密送 제67호, 鮮人의 排日운동 근절방법에 관한 건」, 1914.9.14., 『不逞團關係雜件-朝鮮人의 部-在西比利亞 5』.

10 野村基信(블라디보스토크 총영사대리)→加藤高明(外務大臣), 「電受 제7646호 (暗) 제758호, [露國國籍을 가진 鮮人의 처리건]」, 1914.12.4., 『不逞團關係雜件-朝鮮人의 部-在西比利亞 5』.

11 大隈重信(外務大臣)→本野一郎(러시아 大使), 「政機密送 제26호, 在露 鮮人 排日運動 근절방법에 관한 건」, 1915.8.14., 『不逞團關係雜件-朝鮮人의 部-在西比利亞 5』.

12 오영섭, 「안공근의 생애와 항일독립운동」, 『숭실사학』 35, 2015, 233-234쪽.

13 石井菊次郎(外務大臣)→寺內朝鮮總督, 「政機密送 제54호, 排日鮮人 安定根 및 安恭根의 露國歸化에 관한 건」, 1915.10.14., 『不逞團關係雜件-朝鮮人의 部-在西比利亞 5』.

14 훈춘 주재 일본총영사관은 중화민국의 국적법 제4조 5항, "중화민국의 국적을 취득함으로 인해 그 본국의 본적을 상실한 자가 아니라면 내무부의 허가를 얻을 수 없다"는 조항과 더불어, 식민지 조선 내 국적법이 아직 정비되지 않았기 때문에 한인은 중국에 귀화할 수 없다고 보았다. 또한 기존에 중국 관료들이 귀화 허가를 내준 것은 어떤 효과도 없다고 간주하며, '배일선인' 가운데 중국 국적을 취득하는 자도 있기 때문에, 중국 관료들은 직간접적으로 일본 측의 "질서와 안녕을 방해"한다고 기록했다. 北條太洋(琿春副領事)→石井菊次郎(外務大臣), 「機密公 第38號; 秘受 第9898號, 歸化鮮人의 뜻에 따른 中國官憲에 대한 通知의 건」, 1915.11.2., 『不逞團關係雜件-朝鮮人의 部-在滿洲의 部 5』.

15 外務大臣 男爵 石井菊次郎→在哈爾賓 總領事代理佐藤尙武, 「政機密送 제17호, 排日鮮人의 처분에 관하여 露國側에 교섭의 건」, 1916.5.24., 『不逞團關係雜件-朝鮮人의 部-在西比利亞 6』.

16　1916년 7월 러시아와 일본 사이에 제4차 러일협상이 체결됐다. 그 내용은 중국이 러일 양국과 적대관계에 있는 국가의 지배를 받는 것을 막고, 러시아와 일본, 어느 하나가 다른 나라와 전쟁을 할 경우 원조하는 것이었다(김용구, 『세계외교사』, 서울대학교 출판문화원, 2006, 594쪽). 이 협상은 러일 양국의 전략적 우선순위를 정하기는 했지만, 한인에 대해 어떠한 방침을 내리고 있는지는 불분명하다.

17　「중동철도회사 이사회에서 그리고리 알렉산드로비치에게 보내는 발송서류」, РГИА, ф.323, оп.1, д.779, лл.27-27об. 1916.3.22.;「바이칼주 헌병대장이 바이칼주지사에게 보낸 보고서 사본」(1916.2.11.);「내무성 관리국에서 외무성의 보리스 부라디미로비치에게 보낸 문서」(1916.10.9.). 이명화,「하얼빈 한인사회와 김성백의 독립운동」,『역사와 실학』55, 2014, 361쪽 재인용.

18　「1913년 2월 5일 육군상이 재무상 B. N. 코콥쪼프에게 보내는 티혼 김 관련 서한」, РГИА ф.323, оп.1, д.779, лл.16-18., 1913.2.5.(러), 이재훈,『러시아문서 번역집 XVI』, 선인, 2014, 38-39쪽.

19　러시아 귀화자가 아니더라도 러시아 당국이 일본에 망명자를 인도하지 않은 것은 이후에도 마찬가지였다. 1917년 7월 주블라디보스토크 일본총영사관은 러시아 측에 이동휘의 인도를 요구하여 목적을 달성하는 것이 가능하지도 않고 기대할 수도 없다고 비관했다. 일본 측은 "러시아 영토 내에 있는 조선인은 일본국적자라 하더라도 단지 추방에 그친다"고 기록하고 있다. 이처럼 지도급 정치범의 직접 인도는 사실상 러시아령 내에서는 이뤄지기 어려웠으며, 일본 측도 다년간의 경험을 통해 인지하고 있었다. 本野一郎(外務大臣)→長谷川(京城 總督),「電送 제3410호 (暗) 제25호, [李東輝 引渡 요구에 관한 건]」, 1917.7.2.,『不逞團關係雜件-朝鮮人의 部-在西比利亞 6』.

20　최덕규,「러일전쟁 이후 러시아 극동의 방위계획과 재무상과 육군상의 정책대립: 안중근의 하얼빈의거와 관련하여」,『군사』120, 2021.

21　김슬기, 앞의 글, 167쪽.

22　김주용에 따르면, 비밀결사단체란 "협의의 독립운동단체"를 일컫는다. 소규모의 조직으로 비밀을 유지하며 "일제의 탄압과 생존권 확보"라는 두 목적을 위해 나타난 단체다. 김주용,「1910년대 북간도지역 비밀결사의 조직과 활동」,『한국독립운동사연구』46, 2013, 1-2쪽.

23　大鳥富士太郎(블라디보스토크총영사)→內田康哉(外務大臣),「機密鮮 제57호, 10월 이후에서의 당지방 조선인의 상태 보고」1911.11.13.,『不逞團關係雜件-朝鮮人의 部-在西比利亞 3』.

24　「朝憲機 제949호, 최근에서의 浦潮在留 鮮人의 상태」, 1912.7.16.,『不逞團關係雜件-朝鮮人의 部-在西比利亞 4』.

25　훈춘지역 둔전영 사업에 참여했던 인물은 이종호, 김익용, 윤해, 왕제칭, 황병길, 이상설, 진모(陳某) 등이었다. 당시 왕제칭은 "둔전영의 목적을 달성함은 여러 가지 방책이 있어야 하지만, 먼저 한국의 독립을 회복한 후 중국의 보전을 기해야 한다"고 주장한 바 있다. 진모는 왕제칭과 달리 중국의 국권을 먼저 확립하고 한국의 독립을 달성해야 한다고 주장했다(「朝憲機 제60호 제3호, 浦潮 지방 在留 조선인에 관한 정보」, 1912.8.13.,『不逞團

關係雜件-朝鮮人의 部-在西比利亞 4』).

26　落合謙太郞(봉천총영사)→桂太郞(외무대신),「機密公 第337號;秘受 52號, 屯田營 및 其他 他朝鮮人에 관한 情報의 건」, 1912.12.31.,『不逞團關係雜件-朝鮮人의 部-在滿洲의 部 2』.

27　일제 당국이 파악한 순치동제회 참여자 82명의 상세한 명단은 다음의 자료를 참고. 北條太洋(琿春副領事)石井菊次郞(外務大臣),「機密公信 第7號; 秘受 1782號, 不逞鮮人 名簿에 관한 건」, 1916.2.8.,『不逞團關係雜件-朝鮮人의 部-在滿洲의 部 5』.

28　김익용, 김하석, 엄인섭, 이종호, 조장원, 이종만, 이춘식, 백규삼, 김차환, 오병묵, 장봉한, 황모 등(블라디보스토크 통역관,「朝憲機 제42호, 작년 겨울 12월 하순 浦潮 조선인에 관한 첩보」, 1912.1.12.,『不逞團關係雜件-朝鮮人의 部-在西比利亞 3』).

29　블라디보스토크 통역관, 위의 자료, 1912.1.12.

30　大隈重信 (外務大臣)→本野一郞 (러시아 大使), 앞의 자료, 1915.8.14., 20쪽.

31　일본 측은 1916년 2월경 순치동제회에 특별히 어떤 세력이 있는 것 같지 않다고 파악했다. 그 이유는 무엇일까? 1912년 12월 일본 측 첩보 가운데는 이종호가 간도 한인사회에 10만 엔의 기부금을 약속했지만, 실행을 미루면서 백규삼을 비롯한 여러 한인 지도자의 신뢰를 잃었다는 기록이 있다. 해당 기록에 별지 첨부되어 있는 황병길의 서신에도 이종호에 대한 악평이 있는 것으로 보아, 1912년 순치동제회 조직 당시와는 달리, 제1차 세계대전 직전 간도 지역에서 이종호의 정치적 입지가 크지 않았던 것으로 보인다. 落合謙太郞(봉천총영사)→桂太郞(외무대신),「機密公 第337號;秘受 52號, 屯田營 및 其他 他朝鮮人에 관한 情報의 건」, 1912.12.31.,『不逞團關係雜件-朝鮮人의 部-在滿洲의 部 2』.

32　김치보와 엄인섭도 북빈의용단에 관여한 정황이 보인다. 埴原(次官)→水野(朝鮮政務總官),「政二機密送 제61호, 鮮人의 행동에 관한 건」, 1920.8.26., 234쪽,『不逞團關係雜件-朝鮮人의 部-在西比利亞 10』.

33　野村基信(블라디보스토크 총영사대리)→加藤高明(外務大臣),「機密 제12호, 排日鮮人이 조직한 北濱義勇團에 관한 건」, 1915.6.22.,『不逞團關係雜件-朝鮮人의 部-在西比利亞 5』; 在露本野大使→加藤大臣,「政機密送 제21호, 排日鮮人 李鍾浩의 거동에 관한 건」, 1915.6.29.,『不逞團關係雜件-朝鮮人의 部-在西比利亞 5』.

34　1888년 평양 근교 출신으로, 평양 광성학교를 졸업했다. 구한말 평남지역에서 유인석의 의병활동에 참가했다. 한일강제병합 후 남만주를 거쳐 1913년 러시아로 이주했다. 1917년 6월 김알렉산드라를 통해 사회주의를 수용하고 이동휘, 김립 등과 함께 한인사회당을 창당했다. 강만길·성대경 편,『한국사회주의운동 인명사전』, 창작과 비평, 1996, 363쪽.

35　이인섭의 글에는 30명으로 되어 있으나, 나자구 사관학교 학생이었던 조훈의 자서전에는 32명이라고 기록되어 있다. 이 책에서는 당사자의 기록을 신뢰하여 32명으로 서술한다.

36　「Автобиография тов.Те-Хуна」, РГАСПИ, ф.531 оп.1 д.247 л.14-17, 1927.3.28., с.1.

37　이인섭,「第一次世界大戰과 朝鮮民族」,『이인섭과 독립운동자료집 I: 자서전』, 독립기념관 한국독립운동사연구소, 2010, 230-235쪽.

38 1920년 일본의 조사에 따르면, 김진은 함남 출신으로 러시아 귀화자이며 안창호가 설립한 평양대학 졸업생이었다. 1909년 간도를 경유해서 블라디보스토크로 와서 한민학교 교사 생활을 했다. 그의 이주 시기로 보아 김진 역시 러시아 망명귀화자였다. 후일 그는 모스크바 동방노력자 공산대학에 입학하여 수학했다. 埴原(次官)→水野(朝鮮政務總官), 「政二機密送 제61호, 鮮人의 행동에 관한 건」, 1920.8.26., 214쪽, 『不逞團關係雜件-朝鮮人의 部-在西比利亞 10』, 『러시아문서보관소 자료집1_문서번역집: 모스크바 동방노력자 공산대학(1921~1938)의 한인들』, 한울아카데미, 2020, 101쪽, 129쪽, 150쪽, 278쪽.

39 이인섭, 「정치적 망명자의 수기: 짜리로시아 원동에서 거주하던 조선민족사회에서 발생되였던 계급투쟁」, 『이인섭과 독립운동자료집II: 저술 및 회상』, 독립기념관 한국독립운동사연구소, 2010, 64쪽.

40 물론 이인섭의 회고록은 볼셰비키의 입장에서 후대에 기록된 자료이기 때문에 어조나 태도 면에서 감정적이고 과장된 감이 있지만, 생도 32명이 벌목장에 파견되었다가 실종이 되었고, 한인들이 청부업자 김병학에 대해 분노하고 있었다는 것은 사실이라 생각된다. 이 책 7장 1절의 아무르철도 공사 인부 파견 과정에서도 언급했듯이, 한인들은 기본적으로 인력 파견을 통해 수익을 얻는 것에 대해 곱지 않은 시선을 갖고 있었고, 이 때문에 특정한 사고가 발생하면 해당 청부업자에 대한 여론은 급격하게 악화한 것이다. 청부업자에 대한 여론 악화는 일본 측 자료에서도 발견되며, 페소츠키가 남긴 청부업자에 대한 기록에서도 분명히 '착취'라고 서술하고 있기 때문에, 청부업자에 대한 반감은 특별히 이인섭과 볼셰비키들이 후대에 편향적 시각으로 기록한 것만으로 보기는 어렵다. 다만 그 반감의 수준과 문제의식이 전쟁 발생 이전과 차이점이 있다면, 제1차 세계대전이라는 전시체제의 특수한 상황 속에서 계약 조건을 위반하는 노동이 강제되자, 러시아 한인들은 그 이전보다 깊게 노동에 대한 문제의식을 갖게 된 것이다.

41 조훈은 1897년 전라북도 전주 출생이다, 한일강제병합 후 상하이를 거쳐 간도로 망명했다. 나자구 사관학교에서 수학했고, 이후 이르쿠츠크 고려공산당의 활동에 참여했다. 「Автобиография тов.Те-Хуна」, РГАСПИ, ф.531 оп.1 д.247 л.14-17, 1927.3.28., с.1; 강만길·성대경 편, 앞의 책, 464쪽.

42 나자구 한인사관학교의 조훈에 대해서는 다음 연구 참고. 임경석, 「러시아 벌목장, 막일하는 사관생도들」, 『한겨레21』, 2021.9.21.

43 「Автобиография тов.Те-Хуна」, РГАСПИ, ф.531 оп.1 д.247 л.14-17, 1927.3.28., с.1.

10장 러시아 전시체제에 참여하다

1 在琿春副領事 北條太洋→外務大臣男爵 加藤高明, 「機密公信 제8호, 露領 沿海州에서의 정보」, 1914.10.22., 3쪽, 『不逞團關係雜件-朝鮮人의 部-在西比利亞 5』.

2 「구주전선에 입할 동포」, 『매일신보』, 1915.10.28.

3 「징병가는 노령의 조선인, 술을 금한 해삼위의 요사이 병정으로 가는 귀화조선인」, 『매일신보』, 1916.3.3. 그 외에도 『매일신보』의 여러 기사에서 한인의 병역에 응하지 않는 현상을 서술하고 있다. 「로국귀화선인: 소집령을 받고 도피」, 『매일신보』, 1915.7.23.; 「구주전

선에 立할 동포」,『매일신보』, 1915.10.28.;「귀화선인 금귀」,『매일신보』, 1915.10.30.

4   野村基信(블라디보스토크 총영사대리)→石井菊次郎(外務大臣),「機密 제20호, 在露 鮮人의 從軍 지원에 관한 건」, 1915.11.4.,『不逞團關係雜件-朝鮮人의 部-在西比利亞 5』.

5   浦潮派遣員→總督 外,「朝憲機 제306호, 露國革命이 조선인에게 미치는 영향(別冊)」, 1917.10.16., 26-27쪽,『不逞團關係雜件-朝鮮人의 部-在西比利亞 6』.

6 「朝憲機 제43호 浦제32호, 舊來 歸化朝鮮人의 新歸化 및 非歸化 朝鮮人에 대한 惡感」, 1915.2.16.,『不逞團關係雜件-朝鮮人의 部-在西比利亞 5』.

7 「警高機發 제448호, 李鍾滿의 歸還과 不平者의 근래 동정」, 1916.9.14.,『不逞團關係雜件-朝鮮人의 部-在西比利亞 6』.

8   블라디보스토크 파견원,「朝憲機 제363호, 李賢在에 관한 건 續報」, 1916.8.3.,『不逞團關係雜件-朝鮮人의 部-在西比利亞 6』. 해당 자료에서 주목되는 것 가운데 하나는 이현재의 석방을 위해 여러 러시아인이 조력했다는 점이다. 1916년 7월 24일 동방연구소의 포드스타빈 교수와 기타 러시아인 4명은 이현재의 석방운동을 위해 힘썼고, 그의 변호를 맡은 러시아인 변호사도 군무지사 및 총독에게 탄원서를 제출했다. 이처럼 권업회 해체 후 이종호 일가가 만주로 떠났다 다시 러시아로 돌아왔을 때 포드스타빈 등 권업회 활동 때부터 이어져온 인적 네트워크가 여전히 작동하고 있었다.

9 「警高機發 제448호, 李鍾滿의 歸還과 不平者의 근래 동정」, 1916.9.14.,『不逞團關係雜件-朝鮮人의 部-在西比利亞 6』.

10   블라디보스토크 파견원,「朝憲機 제352호, 李賢在의 가택수색 및 拘引의 건」, 1916.7.25.,『不逞團關係雜件-朝鮮人의 部-在西比利亞 6』.

11   古海嚴潮(朝鮮駐剳憲兵隊 司令官, 朝鮮總督府 警務總長)→幣原喜重郎(外務次官),「朝憲密警 제154호, 不穩言動者 居住制限에 관한 件」, 1917.7.7.,『不逞團關係雜件-朝鮮人의 部-在上海地方 1』.

12   菊池義郎(블라디보스토크 總領事)→本野一郎(外務大臣),「機密 제34호, 조선인의 近狀에 관한 보고의 건」, 1917.6.20.,『不逞團關係雜件-朝鮮人의 部-在西比利亞 6』.

13 「이종호씨의 잡힘」,『신한민보』, 1917.8.9.

14   古海嚴潮(朝鮮駐剳憲兵隊 司令官, 朝鮮總督府 警務總長)→幣原喜重郎(外務次官),「朝憲密警 제154호, 不穩言動者 居住制限에 관한 件」, 1917.7.7.,『不逞團關係雜件-朝鮮人의 部-在上海地方 1』.

15   보안법 제5조는 다음과 같다. "내부대신은 정치에 관하여 불온한 움직임을 할 우려가 있는 자에게 거주지에서 퇴거를 명령하고 1년 동안 일정 지역에 출입을 금지할 수 있다."「保安法」,『官報』, 光武十一年七月二十九日(1907.7.29.).

16   러시아 연해주청과 내무성 이민국에서 조사한 자료에 따르면, 제1차 세계대전 당시 러시아령 내 한인 인구는 다음과 같다(『西伯利及滿洲出張復命書』, 1918, 金正柱 編,『朝鮮統治史料 10』, 韓国史料研究所, 1971, 38-39쪽).

	1914년 1월 1일	1915년 1월 1일	1916년 1월 1일
귀화자(남/녀)	18,680명 (-/-)	20,109명 (11,480/8,629)	18,490명 (9,734/8,756)
비귀화자(남/녀)	35,598명 (-/-)	44,200명 (24,953/19,247)	29,553명 (16,987/12,566)
계(남/녀)	54,278명 (-/-)	64,309명 (36,433/27,876)	48,043명 (26,721/21,322)

1916년 1월 1일 기준 귀화자 수는 전년도인 1915년 1월 1일의 자료에 비해 1,619명 줄었다. 1914년에서 1915년 귀화자 증가 수는 1,429명이었다. 당시 곤다티 총독의 귀화 장려 정책으로 인해 귀화자 수가 크게 증가 추세에 있던 점을 감안하면 상당수가 러시아령을 이탈했거나 전장에서 전사했을 것으로 추정된다. 특히 1915년에서 1916년 여성 귀화자의 수는 127명으로 소폭 증가했지만, 남성 귀화자는 1,736명 감소하여 성별에 따른 대비가 뚜렷하다. 또한 비귀화자도 4만 4,200명에서 2만 9,553명으로 상당히 감소했다는 점에도 주목해야 한다. 일본 측 해석에 따르면, 전쟁으로 극동지역의 상공업이 침체하고 러시아 화폐 가치가 폭락했으며, 러시아인들의 자산이 부족해지고, 물가가 상승했지만, 한인 노동자들의 임금은 오르지 않았다. 반면 1914년 조선 내에서는 풍작이었다. 이로 인해 러시아로 건너가 이주노동을 할 만한 유인이 줄어든 것이다.

17　И. Гоженьский, *Революция на Дальнем Востоке Выпуск1*, С.359.

18　浦潮派遣員→總督 外, 「朝憲機 제306호, 露國革命이 朝鮮人에게 미치는 영향(別冊)」, 1917.10.16., 26-27쪽, 『不逞團關係雜件-朝鮮人의 部-在西比利亞 6』.

19　「西伯利及滿洲出張復命書」, 1918, 金正柱 編, 『朝鮮統治史料 10』, 韓国史料研究所, 1971, 48쪽.

20　청원 관계자의 정확한 수는 알기 어렵지만, 청원서의 하단에는 박 니콜라이 외 15인 및 나머지는 문맹자들이라고 적혀 있다. "Николай Пак*, Сим Ермей, Ким Бохеби, Яков, Николай Тен, Михаил Вон, Ни Дюсеби, Тян Алексей, Ким Яков, Ни Ынюри, Тхай Хитоно, Никифор Пак, Пак Владимир, Ким Алексей, Пяк Пеншеки, Борис Тен, остальные неграмотные."

21　1874년 러시아 제국 병역규정에 따르면 21세 이상의 남성 전체가 징집 대상이었다. 다만 각종 혜택을 받아 병역 면제를 받은 사람은 전시에 민병대에 입대했다. 예비군에 들어갈 경우 훈련에 소집되기는 했지만, 이것이 개인의 직업과 농업노동에 방해가 되지 않았다. 그 외에도 병역 면제에 독자(獨子), 가족의 생계를 혼자 책임지고 있는 경우, 일부 국적의 대표자 등이 포함되었다. 「ИЗДАНЫ МАНИФЕСТ О ВВЕДЕНИИ ВСЕОБЩЕЙ ВОИНСКОЙ ПОВИННОСТИ И УСТАВ О ВОИНСКОЙ ПОВИННОСТИ」, Президентская библиотека имени Б. Р. Ельцина, https://prlib.ru/history/618941 접속일자: 2022.7.3.

22　「Прошение новопринятых в русское подданство корейцев Янчихинской волости Приморской области о желании призываться в Государственное ополчение」, РГИА ДВ, Ф.16. оп.1. д.35. лл.351-351об.), 1914.12.4., Сост. и ред. к.и.н. Н. А. Троицкая, *Приамурское генерал-губернаторство в годы Первой мировой войны: штрихи времени, голоса современников. Документы и материалы*, Вл

адивосток, 2014, с.90-91.
23 浦潮派遣員→總督 外,「朝憲機 제306호, 露國革命이 조선인에게 미치는 영향(別冊)」, 1917.10.16., 25쪽, 『不逞團關係雜件-朝鮮人의 部-在西比利亞 6』.
24 「정재관군의 투필종군」, 『신한민보』, 1916.2.22., 1면.
25 「남의 싸움에 6백 명을 출전」, 『신한민보』, 1916.4.13., 3면.
26 「대전란과 아령한인」, 『신한민보』, 1916.2.22., 1면.
27 「남의 싸움에 6백명을 출전」, 『신한민보』, 1916.4.13., 3면.
28 「풍운이 암담한 대전장에 나아간 해삼위 한인병」, 『신한민보』, 1917.9.13., 3면.
29 「구주 전장 동부 전선에서 돌아온 해삼위 한인병」, 『신한민보』, 1917.8.16., 3면.
30 「풍운이 암담한 대전장에 나아간 해삼위 한인병」, 『신한민보』, 1917.9.13., 3면.
31 「이관수씨 투필종군」, 『신한민보』, 1916.7.27.; 「여자종군가」, 『신한민보』, 1916.12.7.; 「한영호씨는 종군」, 『신한민보』, 1917.7.19.; 「김용성씨의 종군 청원」, 『신한민보』, 1917.8.9.; 「강호영씨의 종군」, 『신한민보』, 1917.9.20.; 「송인석씨의 종군」, 『신한민보』, 1917.10.11.
32 다음의 『신한민보』 기사는 신귀화자를 강하게 의식하고 있다. "10여 년 전(1907-인용자) 부터 우루시아국에 귀화한 사람이 매우 많이 있었다. 그래서 저들은 우루시아 신국민으로 장구한 세월을 화평히 지내오더니 지금으로부터 4년 전에 구주에 대전란이 일어나 (…) 우리가 동부전선에 나섰다."(「구주 전장 동부 전선에서 돌아온 해삼위 한인병」, 『신한민보』, 1917.8.16., 3면). 1903년 1월 하와이 이민을 시작으로 미주 한인사회가 본격적으로 시작되었다. 1863년에 공식적 이주가 시작된 러시아 한인사회에 비해 시기적으로 늦었다. 이 때문에 1905년을 전후로 이주하여 러시아에 귀화한 신귀화자가 이주 시기나 국적 등으로 보아 미주 한인사회의 형성에서 시기적으로 비교될 수 있는 대상이었다. 즉 거의 비슷한 시기에 이주를 시작하여 자리 잡은 러시아 신귀화자들의 행보는 구귀화자에 비해 상대적으로 더 『신한민보』의 주목을 받았다고 생각된다. 또한 1917년 4월 6일 미국도 공식적으로 제1차 세계대전에 참전하며, 신귀화자의 병역 문제는 미주 한인사회의 미군 입대와 유사한 의제로 인식되었다고 보인다.
33 「露國歸化鮮人出征」, 『매일신보』, 1915.6.12.
34 「풍운이 암담한 대전장에 나아간 해삼위 한인병」, 『신한민보』, 1917.9.13., 3면.
35 비슷한 기사는 『매일신보』에서도 발견된다. "서울에서 이러하다는 소식만 잇섯을 뿐 그 후로 종적이 엄습으로 아마 포리셰위가에게 죽은 듯하고 구주 방면에 출정한 조선사람은 항상 인종의 구별 노 인하야 비상히 분개하얏섯다. (…)", 「로국귀화선인의 생활」, 『매일신보』, 1919.7.4.
36 「구주전장 한인군가」, 『신한민보』, 1917.9.13.
37 "고구려 발해의 혈통을 받아서 본래 겁나지 아니하고 의용심, 호승벽이 있다"는 서술과 같이 『신한민보』는 지속해서 제1차 세계대전에 참전하는 것에 한인의 민족적 특성을 부

조하여 참전의 정당성을 부여하고자 했다. 「구주 전장 동부 전선에서 돌아온 해삼위 한인병」, 『신한민보』, 1917.8.16., 3면.

38　Отдел статистики и картографии Министерства путей сообщения, Карта путей сообщения Российской Империи, 1916.

39　민스크는 1918년 벨라루스의 수도가 되었다.

40　1916년 12월 6일 러시아 각료회의 기록에 따르면, 전쟁이 지속되며 러시아 산업계는 심각한 노동력 부족을 겪었다. 이 때문에 중앙정부 차원에서 중국인·한인 노동자를 고용하는 방향으로 정책을 추진하고 있었다. 당시 중요한 안건 가운데 하나는 중국인 노동자들의 처우였다. 1916년 11월 4일 러시아 외무대신이 재무대신에게 보내는 서한에 따르면, 중국 국민들은 러시아 상트페테르부르크에서 중국인 노동자들이 받는 가혹한 처우에 분노했다. 이를테면, 러시아의 추운 기후에도 중국 노동자들이 버틸 수 있는 따뜻한 옷이 주어지지 않았고, 노동자들이 머무는 숙소는 난방도 되지 않았다. 높은 물가에 비해 임금이 낮아 생활이 어려웠다. 이에 중국의 북양정부가 국민의 분노에 굴복하여 러시아로 출국하는 여권·비자를 발급하지 않고 있다고 기록하고 있다. 당시 노동력 부족으로 인해, 러시아 중앙정부가 느끼는 '후방 붕괴'에 대한 위기의식은 러시아 각료회의의 기록 곳곳에서 볼 수 있다. 이 때문에 러시아 정부는 중국인 노동자들에 대한 처우 개선을 직접 관리하기 시작했다. 1915~1916년에 걸쳐 러시아가 전시체제에 돌입한 후 러시아 산업계에서 발생한 노동력 부족으로 인해 대량으로 중국인·한인 노동자를 고용하며, 노동자의 수가 증가했을 것으로 생각한다. 그 정확한 수는 알기 어렵지만, 러시아 각료회의에서 파악한 23개 러시아 기업은 중국인·한인 노동자의 고용을 요청했는데, 그 규모는 2만 9,405명에 달했다(「О мерах к усилению притока рабочих желтой расы」, РГИА, ф.1276, оп. 12, д.270, лл.185, 189, 1916.11.23.(러); 「Список Предприятий, кои возбудили в установленном порядке ходатайства о разрешении выписать для их нужд рабочих китайцев」, РГИА, Ф.1276, оп. 12, д.270, л.186об). 결국 러시아 산업계의 필요로 고용된 노동자 수는 늘었지만, 가혹한 노동 조건은 지속되어 노동자들의 불만이 쌓였던 것으로 보이며, 러시아 정부 차원에서 개선을 시도했지만, 조치가 확산하여 널리 적용되기에는 시간이 걸린 것이다.

41　이인섭, 「러시아 말을 잘 아는 청부자와 러시아말을 알지 못하는 노동자」, 『이인섭과 독립운동자료집II: 저술 및 회상』, 독립기념관 한국독립운동사연구소, 2010, 67쪽.

42　이인섭, 위의 자료, 67-69쪽.

43　김봉준 자신의 소개에 따르면, 그는 러일전쟁 당시 남만주 철도에서 노동자로 일하다 러시아군이 시베리아로 향할 때 러시아에 왔다고 한다. 이인섭, 위의 자료, 71쪽.

44　이인섭, 위의 자료, 70쪽.

45　이인섭, 위의 자료, 71쪽.

46　강만길·성대경 편, 『한국사회주의운동 인명사전』, 창작과 비평, 1996, 363쪽.

47　강만길·성대경 편, 위의 책, 286쪽; 北條太洋(琿春副領事)→石井菊次郞(外務大臣), 「機密公信 第10號; 秘受 3145號; 汪淸縣에 있어서 不逞鮮人의 設定에 關係한 學校職員 및 生

徒 名簿에 관한 건」, 1916.3.11., 4쪽,『不逞團關係雜件-朝鮮人의 部-在滿洲의 部 5』. 해당 자료에는 동림무관학교(나자구 사관학교) 생도 53명의 명단이 첨부되어 있다.

48 이인섭, 앞의 자료, 71-72쪽.

49 이인섭, 위의 자료, 72쪽.

50 블라디보스토크 파견원,「朝憲機 제482호, 在浦潮 鮮人의 동정」, 1915.12.23.,『不逞團關係雜件-朝鮮人의 部-在西比利亞 5』.

51 현규환,『한국유이민사(上)』, 어문각, 1967, 853-836쪽.

52 「大正10年9月 第11師團駐屯區域內 朝鮮阿片栽培事業照査書」, 88쪽(박강,「러시아 이주 한인과 아편문제」,『한국민족운동사연구』53, 128쪽 재인용).

53 박강, 위의 글, 128쪽.

54 박강, 위의 글, 133쪽, 141쪽.

55 「해삼위에서 아편」,『매일신보』, 1916.4.16., 3면.

56 블라디보스토크 파견원,「朝憲機 제482호, 在浦潮 鮮人의 동정」, 1915.12.23.,『不逞團關係雜件-朝鮮人의 部-在西比利亞 5』.

57 박상철,「러시아 주류정책의 변화, 1914-1932: 금주령에서 보드카 독점으로」,『대구사학』103, 2011, 345쪽.

58 「징병가는 노령의 조선인, 술을 금한 해삼위의 요사이 병정으로 가는 귀화도 선언」,『매일신보』, 1916.3.3.

59 「밀수입 대검거, 해삼위 헌병대 활동, 조선인 수십 명 포박」,『매일신보』, 1916.9.6.

60 쌀로 만든 일본의 전통적 감미 음료로, 막걸리와 같은 탁한 색을 띠며, 소량의 알코올이 함유되어 있다.

61 박강, 앞의 글, 141쪽.

62 일본 측의 기록에 따르면, 매년 여름 아무르강 하구에 위치한 니콜라옙스크와 그 부근의 사할린의 어장에서 어부로 일한 한인들의 수는 2,000~3,500명에 달했다.「朝憲機第61號, 2月 19日 浦潮發 情報」, 1915.3.2.,『露国沿岸漁区表公布及漁区競売施行一件附漁区附帯諸雑件 第十巻』, 아시아역사자료센터, 레퍼런스코드: B11091912800.

63 러시아 사회의 전반적인 노동력 부족은 여성의 사회 진출을 불러왔다. 후방에서 사회 인프라 유지에 여성과 군 면제자들이 중요한 역할을 담당했다. 1916년 3월『매일신보』는 블라디보스토크에서 여성의 직업활동 모습에 대해 다음과 같이 묘사했다. "한 사람이라도 병정을 많이 뽑고자 하는 결과로 해삼위 시가에 있는 각종 관청관아와 사사회사 등에서 여자의 손으로 할 수 있는 일은 될 수 있는 데까지 여자를 사용하며 전차 운전수 같은 것은 남자를 쓰기는 쓰나 병정 노릇은 하지 못할 자를 사용하며 차창과 표 파는 것은 거의 여자를 사용하더라".「징병가는 노령의 조선인, 술을 금한 해삼위의 요사이 병정으로 가는 귀화도 선언」,『매일신보』, 1916.3.3.

64 「朝憲機第61號, 2月 19日 浦潮發 情報」, 1915.3.2., 『露国沿岸漁区表公布及漁区競売施行一件附漁区附帯諸雑件 第十巻』, 아시아역사자료센터, 레퍼런스코드: B11091912800.

65 「로국 선인갱부사용」, 『每日申報』, 1916.8.24.

66 황인종 노동력 사용에 대한 각료회의 자료는 다음 참고. 대통령 도서관(Президентская библиотека) 제공. РГИА, ф.1276. оп.12, д.270.; РГИА, ф.1276, оп.11, д.471.

67 РГИА, ф.1276, оп.11, д.471, лл.1-4, 1915.12.11.(러).

68 РГИА, ф.1276, оп.11, д.471, лл.1-4, 1915.12.11.(러). 흥미로운 것은 곤다티가 대신들에게 보내는 전보에서는 중국인의 정치적 위험성을 언급하지만, 한인에 대해서는 별다른 언급이 없다는 점이다. 러시아 중앙의 관료들도 황인종이라는 인종 범주를 이야기하지만, 그 안에 세부적 사안인 중국인·한인을 구분하지 않았다. 추측건대, 중국인 노동자의 수가 한인 노동자 수에 비해 많고, 특히 서부 유럽 러시아인들의 관심을 끄는 것은 중국인이었기 때문이었을 것이다. 다만 그러한 침묵의 이면에는 1910년 아무르탐험대와 1911년 극동이주위원회 회의에서 '한인유용론'을 주장했기 때문에 정치적 입장의 모순을 피하기 위한 의도로 추정된다. 황인종 유입 방지라는 러시아 중앙 차원의 정책 기조를 존중하면서, '황인종'이라는 인종적 범주 내 한인을 주요 논의에서 부차화하고, 그 대신 황인종에 의한 안보 위기라는 의제에 중국인을 주요 표적으로 삼았다고 생각된다.

69 РГИА, ф.1276, оп.12, д.270, л.183, 1916.11.1.(러).

70 Melissa K. Stockdale, *Mobilizing the Russian Nation: Patriotism and Citizenship in the First World War*, Cambridge University Press, 2017, pp.15-16.

71 곤다티 부인은 직접 러시아 기업가에게 휼병회에 대한 협력을 요청하는 서한을 보낼 만큼 해당 조직의 활동에 신경을 썼다. 「Открытое благодарственное письмо Приамурского комитета по оказанию помощи раненым, увечным и больным воинам и их семьям предпринимателю И. И. Пьянкову」, 1914.10.30.(러), Сост. и ред. к.и.н. Н. А. Троицкая, *Приамурское генерал-губернаторство в годы Первой мировой войны: штрихи времени, голоса современников. Документы и материалы*, Владивосток, 2014, с.201.

72 Н. И. Дубинина, *Приамурский генерал-губернатор Н.Л. Гондатти*, Приамурское географическоеобщество, 1997, с.143-144.

73 일본 측 보고에 따르면 1915년 11월 3일로 되어 있으나, 러시아 측 기록을 신뢰하여 11월 4일로 서술한다.

74 РГИА ДВ, ф.226, оп.1, д.459, лл.5-5об.

75 한인의 러시아 국적 취득 운동이 한창이던 1913~1914년 당시에도 러시아 한인사회에 병역 거부 경향이 있었던 것이 확인된다. 1914년 4월 『권업신문』은 한인 가운데 "종종 군사사리를 싫어하여 혹 미리 피하는 자"가 있다고 지적하고, "병역의 의무는 어느 나라 사람이든지 다 한 번씩 이행하는 일이요, 신체에도 유익한 일"이라며 병역 수행을 독려하는 기사를 냈다(「특히 주의할 일」, 『권업신문』, 1914.4.26.). 한인 언론에서 '병역 기피'를 비판하

고 군 입대를 독려하는 기사는 제1차 세계대전이 발발하기 전부터 러시아가 한인을 자발적으로 병역을 수행할 '충성스러운' 신민으로 포섭하는 것이 쉽지 않았음을 방증한다.

76　РГИА ДВ, ф.226, оп.1, д.459, лл.4-4об, 1915.11.12.(러).

77　한인들은 군무지사 스타셰프스키, 블라디보스토크 요새사령관 크를로바, 사할린 주지사 그리고리예프 등 군·행정만이 아니라, 대주교 예브세비야, 주교 예브게니야 등 러시아 정교회 요직에 있던 인물들에게도 명예회원직 수락을 요청했다. РГИА ДВ, ф.226, оп.1, д.459, л.6, 1915.10.22.(러).

78　РГИА ДВ, ф.226, оп.1, д.459, л.6 1915.10.22.(러).

79　РГИА ДВ, ф.226, оп.1, д.459, л.17-17об, 1915.12.10.(러); РГИА ДВ, ф.226, оп.1, д.459, л.39, 1916.4.8.(러); РГИА ДВ, ф.226, оп.1, д.459, л.45. 1916.2.28.(러).

80　РГИА ДВ, ф.226, оп.1, д.459, л.7, 1915.10.22.(러).

81　최덕규의 자료 해설에 따르면, 김치보와 채성하는 권업회가 해체된 뒤에도 지속적으로 권업회 사업을 위한 모금을 비밀리에 모집하고 있다는 혐의로 1915년 6월 23일(러시아력 10일) 러시아 경찰에게 조사를 받았다. 1910년 블라디보스토크 민회 부회장을 역임한 안 리온 드미트리예비치(안옥도)의 제보에 의한 것이었다. 박환과 최덕규의 자료 해설을 종합하면, 채성하와 김치보는 위생비를 명목으로 673루블을 모았다고 한다(최덕규, 『러시아국립극동역사문서보관소 한인관련자료 해제집』, 고려학술문화재단, 2004, 63-66쪽. 덧붙이면, 해제집에 기재된 해당 문서의 번호는 "Ф.1, оп.4, д.730"이나, 현재 문서보관소에는 해당 문서번호는 없다. 'оп.4' 대신 'оп.11'일 가능성이 있다.). 그 돈이 실제 위생 유지든 권업회 사업의 지속을 위해 쓰였든 정확히 알기는 어렵지만, 적어도 이러한 활동을 통해 정주유력자들이 조직력을 계속해서 유지하고 있던 것이 확인된다.

82　РГИА ДВ, ф.226, оп.1, д.459, лл.7-8, 1915.11.24.(러).

83　이경숙, 「블라디보스토크 한인 학교의 변동: 1905-1922」, 『정신문화연구』 34-1, 2011.

84　野村基信(블라디보스토크 총영사대리)→石井菊次郎 (外務大臣), 「機密 제19호, 鮮人 학교 조직 개정에 관한 건」, 1915.11.3., 『不逞團關係雜件-朝鮮人의 部-在西比利亞 5』.

85　1915년 12월 23일(러시아력 10일) 곤다티가 받은 한 러시아 측 보고서에 따르면, 휼병회 한인분과가 "휼병회의 다른 지부 부서들 사이에서 다소 다른 지위를 점하며 조직과 활동에서 약간 다른 성격을 띠고 있다"고 기록되어 있다(РГИА ДВ, ф.226, оп.1, д.459, л.10, 1915.12.10.(러)). 구체적으로 휼병회 한인분과가 다른 휼병회와 어떻게 다른 지위와 성격을 가진 것인지 자료상으로 확인하기는 어려워, 이러한 구절을 휼병회 한인분과의 운영 자율성으로 연결짓기는 조심스럽다. 그러나 러시아 측이 감지한 그 차이는 한인이 휼병회 한인분과를 권업회처럼 표면단체로서 한인들이 조직력을 유지하기 위한 방편으로 활용하고 그 내면으로는 항일을 위한 목적으로 이용했을 가능성을 시사한다.

86　РГИА ДВ, ф.226, оп.1, д.459, л.7, 1915.11.24.(러).

87　김슬기, 「제1차 세계대전 시기 러시아 한인사회의 정치적 동향」, 성균관대학교 사학과 석사학위논문, 2022, 51쪽.

88 휼병회 한인분과의 구체적 활동양상을 밝히기 위해서는, 러시아국립극동역사문서보관소에서 다음의 문서번호에 대한 추가 발굴이 요청된다. РГИА ДВ, ф.226, оп.1, д.459.

89 Melissa K. Stockdale, op. cit., p.254.

90 김슬기, 앞의 글, 51쪽.

11장 러시아혁명기, 두 가지 정치적 과제

1   현재 널리 사용되는 그레고리력에 의하면 3월 8일에 혁명이 발생했지만, 당시 러시아는 율리우스력을 사용하여 13일의 차이가 있었다. 따라서 당시 혁명은 2월혁명이라 불렸다.

2   「Декларация Временного правительства о его составе и задачах」, 1917.3.3.(러); Н. И. Дубинина, Приамурский генерал-губернатор Н.Л. Гондатти, Приамурское географическое общество, 1997, p.157(김슬기, 「제1차 세계대전 시기 러시아 한인사회의 정치적 동향」, 성균관대학교 사학과 석사학위논문, 2022, 52쪽 재인용). 1917년 3월 12일에 러시아에는 이중권력체제가 성립했다. 러시아 국가 두마의 온건파 세력들이 부르주아 민주주의자와 사회주의자들 연합한 '임시정부'를, 사회주의자들은 '페트로그라드 소비에트'를 각각 수립했다(존 M.톰슨 저, 김남섭 역, 『20세기 러시아 현대사』, 사회평론, 2004, 162-164쪽). 그러나 공식적인 통치권력은 러시아 임시정부가 쥐고 있었다. 임시정부는 대내적으로 자유주의 개혁을 실시하고, 대외적으로는 전쟁을 지속하고자 했다.

3   김슬기, 위의 글, 52-53쪽.

4   「블라디보스토크시 거주 한인 전권대표에게 보내는 서신 및 1917년 한인활동 소식지 발췌본」, РГИА ДВ, ф.1, оп.11, д.405, лл.24-25, 1917.3.9.(러), 한희정 역, 『러시아문서번역집 XVII』, 선인, 2014, 79-80쪽.

5   루카 인노켄티예비치 김(1918년 당시 신한촌 민회 부회장-인용자), 니콜라이 이바노비치 김.

6   앞의 자료, РГИА ДВ, ф.1, оп.11, д.405, лл.24-25, 1917.3.9.(러), 한희정 역, 『러시아문서번역집 XVII』, 선인, 2014, 80-81쪽.

7   위의 자료, РГИА ДВ, ф.1, оп.11, д.405, лл.24-25, 1917.3.9.(러), 한희정 역, 『러시아문서번역집 XVII』, 선인, 2014, 80-81쪽.

8   주블라디보스토크 영사관의 자료에는 블라디보스토크 파견원(浦潮派遣員)이 자주 등장한다. 1910년대 주블라디보스토크 일본총영사관의 문서에서 그 직책은 보이지만, 이름이 언급되지 않기 때문에 누구인지 특정하기는 쉽지 않다. 다만 러시아 한인사회에 대한 상세한 정보를 파악하고 있는 것을 고려하면, 추측건대, 1910년대 내내 조선총독부 직원으로 주블라디보스토크 총영사관에 파견되어 통역관으로 근무한, 도리이 다다요시(鳥居忠恕) 또는 기토 가쓰미(木藤克己)가 아닌가 한다. 1916년 기록에 따르면, 이 두 인물의 원래 소속은 조선총독부 경무총감부 고등경찰과 기밀계였다. 도리이는 1918년 1월 조선총독부 발행 『조선휘보』에 「북만주 및 시베리아 거주 조선인의 상태(北滿洲及'西伯利在住朝鮮人の狀態)」라는 종합보고서를 작성했을 정도로 북만·연해주 한인사회에 대해 상세히 알고 있었다. 기토는 당시 러시아 한인사회의 항일운동 중진인 엄인섭을 밀정으로 부리며 블라디보스토크 한인사회의 내밀한 사정을 속속들이 파악한 인물이다. 「조선총

독부및소속관서직원록』, 1916; 임경석, 「독립운동가 찍어낸 밀정계의 대부」, 『한겨레21』, 2018.6.11.; 정진석, 『극비 조선총독부의 언론검열과 탄압』, 커뮤니케이션북스, 2008, 66쪽.

9　浦潮派遣員→總督 外, 「朝憲機 제306호, 露國革命이 조선인에게 미치는 영향(別冊)』, 1917.10.16., 47쪽, 『不逞團關係雜件-朝鮮人의 部-在西比利亞 6』.

10　위의 자료, 10쪽.

11　浦潮派遣員→總督 外, 「朝憲機 제306호, 露國革命이 조선인에게 미치는 영향(別冊)』, 1917.10.16., 4-9쪽, 『不逞團關係雜件-朝鮮人의 部-在西比利亞 6』.

12　앞의 자료, 1917.10.16., 20쪽.

13　위의 자료, 7-8쪽.

14　위의 자료, 24쪽.

15　위의 자료, 20쪽.

16　위의 자료, 27쪽.

17　위의 자료, 32-33쪽.

18　위의 자료, 33쪽.

19　「海參威에 도항자 격증, 돈벌기 좋아서」, 『매일신보』, 1918.7.6.

20　「空手로 수십만원, 해삼위에 가 성공한 조선 사람」, 『매일신보』, 1917.11.10. 한인만이 아니라 블라디보스토크 내 일본 유곽의 창기(娼妓)들은 "일제히 졸부가 되지 않은 자가 없"으며, "수만 원씩 모아" 조선으로 돌아오는 이들도 있다고 소개되었다(「卒富된 娼妓들, 해삼위의 소식」, 『매일신보』, 1918.5.16.). 이것이 가능했던 것은 당시 루블화의 가치폭락으로 인해 엔화의 상대적 구매력이 커졌기 때문이다. 혁명기 러시아의 환율은 전쟁 전 1루블에 1.2엔 정도의 환율이었지만, 전쟁이 시작된 후에는 0.87엔, 2월혁명 직후에는 0.53엔까지 떨어졌다가, 10월혁명 직후에는 0.14엔까지, 3년간 약 10분의 1 수준으로 폭락했다. 당시 조선 내 신문기사에서도 1914년 이전에는 러시아 루블 환율에 대한 기사는 많지 않았지만, 1914년 전쟁 이후부터 루블화 환율 변경에 대한 기사가 자주 등장한다. 그만큼 당시 러시아 루블화 변동이 잦았으며 조선 내에서 관심거리였다는 점을 시사한다.

	전쟁 직전	1915.2.	1916.1.30.	1917.3.15.	1917.12.12.	1918.6.20.
루블	1	1	1	1	1	1
엔	1.20	0.87	0.57	0.53	0.14	0.18

출처: 「러함 입항과 러화[露貨]의 이야기」, 『부산일보』, 1915.11.25.; 「러시아화[露貨] 고등하다」, 『부산일보』, 1916.2.3.; 「露貨又復 하락」, 『매일신보』, 1917.3.9.; 「露貨 환산 변경」, 『매일신보』, 1917.12.26.; 「露貨換算 변경」, 『매일신보』, 1918.6.22.

21 위의 자료, 34쪽.

22 앞의 자료, 1917.10.16., 34쪽.

23 블라디보스토크 파견원이 제시한 비귀화자 가운데 망명자의 대표적인 인물로 이동휘 외 9명(이종호, 윤해, 김하구, 김하석, 장기영, 김진, 최의수, 김립, 이강)을 기록했지만(위의 자료, 35쪽), 그 가운데 망명자인 신귀화자, 즉 망명귀화자도 섞여 있었다. 1917년까지 귀화자로 확인되는 인물은 이종호, 이강이 있었으며, 1920년 8월 조사 기록에 따르면 윤해, 김하구, 김진, 최의수, 김립도 러시아 귀화자로 확인된다.

24 위의 자료, 32쪽.

25 위의 자료, 45쪽.

26 「백원보가 안창호에게 보낸 편지」, 1917.7.23., 『도산안창호자료집(1)』, 독립기념관, 1990, 221쪽.

27 앞의 자료, 1917.10.16., 45쪽.

28 「아령한인협회 발기회 통고서」, Всероссийский Съезд делегатов от граждан корейцев. Организационное бюро по созыву, РГВИА, Ф.2003, оп.1, д.1768, л.7, 1917.4,20.(러), www.gwar.mil.ru (소장처).

29 발기회 회장 한 안드레이, 부회장 김바실리, 의사원 최재형, 문창범, 김치보, 김 야코프 안드레예비치, 김 니콜라이, 서기 김기룡, 고진화. 佐藤尙武(하얼빈 總領事代理)→本野一郎(外務大臣), 「政機密 제28호, 露領 韓人協會에 관한 건」, 1917.6.4., 7-8쪽, 『不逞團關係雜件-朝鮮人의 部-在西比利亞 6』.

30 佐藤尙武(하얼빈 總領事代理)→本野一郎(外務大臣), 「政機密 제28호, 露領 韓人協會에 관한 건」, 1917.6.4., 7-9쪽, 『不逞團關係雜件-朝鮮人의 部-在西比利亞 6』.

31 이미 1917년 5월경에는 주요 망명자들이 사망하거나 체포된 상황이었다. 이상설, 이갑은 사망했고, 이종호는 역시 상하이에서 활동하다 체포된 것으로 추정되며, 이동휘와 김립은 러시아 경찰에 독일 스파이 혐의로 체포된 상황이었다. 「西伯利及滿洲出張復命書」, 1918, 金正柱 編, 『朝鮮統治史料 10』, 韓国史料研究所, 1971, 44쪽.

32 지금까지 아령한인협회의 한 안드레이가 한용헌(한 안드레이 콘스탄티노비치)으로 알려져 왔으나, 최근 김슬기의 연구에 의해 한명세임이 확인되었다. 김슬기, 앞의 글, 56쪽.

33 菊池義郎(블라디보스토크總領事)→本野一郎(外務大臣), 「機密 제42호, 재 조선인의 近狀에 관한 보고의 건」, 1917.7.7., 2-3쪽, 『不逞團關係雜件-朝鮮人의 部-在西比利亞 6』.

34 박환, 「러시아 지역 한인의 민족운동과 일제의 회유정책: 니코리스크 간화회를 중심으로」, 『한국민족운동사연구』 69, 2011, 122쪽.

35 1917년 이후 한명세와 더불어, 한용헌(한 안드레이 콘스탄티노비치)의 활동이 두드러진다. 그 역시 1917년 당시 32세의 귀화 2세대 청년으로, 러시아 중학교에서 수학한 인물이었다. 그는 1917년 블라디보스토크에서 창간된 『한인신보』와 『애국혼』의 발행인이었으며, 전로한족대표자회의 부의장을 맡기도 했다. 埴原 (次官)→水野(朝鮮政務總官), 「政二

機密送 제61호, 鮮人의 행동에 관한 건」, 1920.8.26., 103쪽, 『不逞團關係雜件-朝鮮人의 部-在西比利亞 10』.

36 위의 자료, 234쪽.

37 佐藤尙武(하얼빈 總領事代理)→本野一郎(外務大臣), 「政機密 제28호, 露領 韓人協會에 관한 건」, 1917.6.4., 3쪽, 『不逞團關係雜件-朝鮮人의 部-在西比利亞 6』.

38 「Воззвание」, Всероссийский Съезд делегатов от граждан корейцев. Организационное бюро по созыву, РГВИА, Ф.2003, оп.1, д.1768, л.2, 1917.4.

39 佐藤尙武(하얼빈 總領事代理)→本野一郎(外務大臣), 「政機密 제28호, 露領 韓人協會에 관한 건」, 1917.6.4., 3쪽, 『不逞團關係雜件-朝鮮人의 部-在西比利亞 6』; 「아령한인협회 발기회 통고서」, Всероссийский Съезд делегатов от граждан корейцев. Организационное бюро по созыву, РГВИА, Ф.2003, оп.1, д.1768, л.7, 1917.04.

40 「Воззвание(격문)」, Всероссийский Съезд делегатов от граждан корейцев. Организационное бюро по созыву, 1917.04., РГВИА. Ф.2003, оп.1, д.1768, л.2; 佐藤尙武(하얼빈 總領事代理)→本野一郎(外務大臣), 「政機密 제28호, 露領 韓人協會에 관한 건」, 1917.6.4., 4-5쪽, 『不逞團關係雜件-朝鮮人의 部-在西比利亞 6』. 격문에서 러시아본과 일어본은 제헌의회 대표 파견과 신문 출판 호소가 요점이라는 점에서 내용상 큰 차이는 없으나, 전자가 제헌의회에서 논의될 내용을 토지 분배, 인구 부족 문제 등으로 보다 자세하게 서술했다. 신문 출판의 목적을 전자는 제헌의회에 파견될 적임자를 논의하기 위한 것으로, 후자는 "동포 제반의 편리를 꾀하고", "천변만화의 현 상황을 보도하여 동포의 현재 및 장래를 지도할 필요"에 의한 것으로 기록하고 있다. 즉 신문 출판의 이유에 대해서는 전자가 더 구체적으로 설명하고 있다.

41 佐藤尙武(하얼빈 總領事代理)→本野一郎(外務大臣), 「政機密 제28호, 露領 韓人協會에 관한 건」, 1917.6.4., 9-11쪽, 『不逞團關係雜件-朝鮮人의 部-在西比利亞 6』; 「발기회에서 처리한 사건 제1호」, Всероссийский Съезд делегатов от граждан корейцев. Организационное бюро по созыву, РГВИА, Ф.2003, оп.1, д 1768, л.5, 1917.4.;「СТАНОВЛЕНИЕ №1」, Всероссийский Съезд делегатов от граждан корейцев. Организационное бюро по созыву, РГВИА, Ф.2003, оп.1, д 1768, л.1об, 1917.4.

42 김슬기는 국한문본·러시아어본에서 지방대표 선정 방법에서 '호'와 '명'의 차이에 대해 "100호에서 1인을 선출하는 것과, 100명 중에 1명을 선출하는 것은 큰 차이"라고 지적한 바 있다. 김슬기, 앞의 글, 58쪽.

43 「백원보가 안창호에게 보낸 편지」, 1917.7.23, 독립기념관 한국독립운동정보시스템.

44 국한문본·일어번역본 회의결과서의 7번 항목은 "총대 외에 참석한 사람은 의견은 진술하나 가부 결정권은 없음"으로 명시하여 발언권과 의결권을 보다 분명하게 구분하고 있다. 반면, 같은 내용에 해당하는 러시아어본 8번 항목의 경우 "희망하는 모든 한인에게 발언권을 갖고 대회에 참석할 권리를 제공하는 문제(Вопроса о предоставлении права участвовать на Съезде с совещательным голосом всем желающим корейцам)"라 표현하여, 의결권 부재보다는 대회 참석을 장려하는 듯한 표현이 두드러진다. 이

러한 판단이 더욱 타당해 보이는 이유는 러시아어본 6번 항목의 내용인 "의회에 대한 보고서의 타당성에 대하여(О желательности докладов Съезду)"에서, 파견된 대표들이 가능한 한 보다 중요한 안건에 대해 총회에 보고하도록 요청하지만, 그와 동시에 "모든 희망자의 보고서를 접수한다(Также принимать доклады всех желающих.)"고 적고 있기 때문이다. 국한문본에는 이와 같은 항목이 전혀 존재하지 않는다. 즉 러시아어본은 국한문본에 비해 독자에게 제약 사항에 대한 표현보다는, 참여를 독려하는 표현이 두드러진다.

45 반병률, 『성재이동휘일대기』, 범우사, 1998, 138-139쪽.

46 佐藤尙武(하얼빈 總領事代理)→本野一郎(外務大臣), 「政機密 제28호, 露領 韓人協會에 관한 건」, 1917.6.4., 12쪽, 『不逞團關係雜件-朝鮮人의 部-在西比利亞 6』; 「조직회에 의결할 예정 문제의 순서」, Всероссийский Съезд делегатов от граждан корейцев. Организационное бюро по созыву, РГВИА, Ф.2003, оп.1, д.1768, л.3, 1917.4.; 「Программа」, Всероссийский Съезд делегатов от граждан корейцев. Организационное бюро по созыву, РГВИА. Ф.2003, оп.1, д.1768, л.8, 1917.4.

47 佐藤尙武(하얼빈 總領事代理)→本野一郎(外務大臣), 「政機密 제28호, 露領 韓人協會에 관한 건」, 1917.6.4., 『不逞團關係雜件-朝鮮人의 部-在西比利亞 6』.

48 「西伯利及滿洲出張復命書」, 1918, 金正柱 編, 『朝鮮統治史料 10』, 韓國史料硏究所, 1971, 45쪽.

49 위의 자료, 46쪽.

50 귀화자와 비귀화자의 갈등과 관련하여 1917년 11월부터 12월까지 시베리아·만주를 조사한 주블라디보스토크 일본영사관 통역관 도리이 다다요시(鳥居忠恕)의 설명이 주목된다. 그는 「시베리아 및 만주출장 복명서」에서 시베리아와 북만주에 거주하는 한인들은 귀화자와 비귀화자 간 상호 반목이 크지 않다고 적었다. 그 대신 상호 갈등의 주요 원인은 출생지 및 "배일과 친일"의 차이라 했다. 그는 러시아로 이주한 한인은 "평화로운 민"과 "불온한 자" 두 종류가 있다고 보았다. 전자와 후자 모두 귀화자와 비귀화자가 섞여 있었다. 그의 설명에 따르면 귀화자와 비귀화자는 같은 고국을 떠나왔기 때문에 평소에는 서로 반목하는 것은 없었다고 한다. 다만 한두 명이 다투면 동향 출신이 가세를 하여 서로 친일자라 비난하는 경우가 있었다고 한다. 그는 한인의 출신지는 기호·서북 출신으로 나뉘기는 하나, 진심으로 서로 융화하는 경우는 드물다고 기록했다. 흥미로운 것은 교육사업을 두고는 한인들이 갑자기 통일된 움직임을 보여주었다는 점이다(鳥居忠恕, 「西伯利及滿洲在住朝鮮人保護二關スル卑見」, 1918.2.18., 『朝鮮統治史料 10』, 韓国史料硏究所, 1971, 49쪽). 요컨대, 이주사회에서 벌어질 수 있는 갈등의 여러 요소 가운데, 귀화 여부는 본질적인 것이 아니었으며, 출신지, 일본에 대한 정치적 태도 등이 보다 중요한 요소였다는 것이다. 그러나 그 역시 교육이라는 영역에서는 전혀 다른 정치 지형이 펼쳐지는 것이다.

51 「조직회에 의결할 예정 문제의 순서」, 「Программа」, Всероссийский Съезд делегатов от граждан корейцев. Организационное бюро по созыву, РГВИА. Ф.2003, оп.1, д.1768, л.3, 1917.4.

52 앞의 자료, 1918, 金正柱 編, 『朝鮮統治史料 10』, 韓国史料硏究所, 1971, 45쪽. 물론 이강은 1916년에 러시아 국적을 취득하여 그 시기가 얼마 되지 않았기 때문에 법률적으로는 귀화자였지만, 비귀화자에 가깝게 인식되었을 가능성도 있다. 다만 회의 참석을 거부당한 이유는 귀화 여부보다는 해당 인물이 어떠한 정치적 성향을 지녔는지가 보다 본질적 요소라고 생각된다.

53 유효종은 아령한인협회에 불만을 품은 세력을 "비국적 내지 항일 그룹"과 "동원된 조선인병사 일부"로 설명했다(劉孝鐘, 「極東ロシアにおける10月革命と朝鮮人社会」, 『ロシア史研究』 45, 1987, 24쪽). 이 가운데 한인 병사들은 귀화자였고, 이들이 가진 불만 원인을 더 세밀하게 설명할 필요가 있다.

54 1918년 6월의 소비에트 군대 모집에 한인 병사들의 응모가 저조한 상황에 대한 설명이 긴 하나, 유효종 역시 러시아군에 참전했던 한인들 사이에 혐전 분위기가 있었으며, 가능한 고국과 관련된 것이 아니면 참전을 꺼리는 분위기가 있었다고 설명한다. 劉孝鐘, 위의 글, 20쪽.

55 菊池義郎(블라디보스토크 總領事)→本野一郎(外務大臣), 「機密 제58호, 조선인의 近狀에 관한 보고의 건」, 1917.10.8., 『不逞團關係雜件-朝鮮人의 部-在西比利亞 6』; 鏡城憲兵大將, 「朝憲機 제489호, 圖們江방면 露領情況 彙報(블라디보스토크의 排日鮮人의 상황에 관한 건)」, 1918.8.10., 1쪽, 『不逞團關係雜件-朝鮮人의 部-在西比利亞 6』.

56 「풍운이 암담한 대전장에 나아간 해삼위 한인병」, 『신한민보』, 1917.9.13., 3면.

57 菊池義郎(블라디보스토크 總領事)→本野一郎(外務大臣), 「機密 제58호, 조선인의 近狀에 관한 보고의 건」, 1917.10.8., 『不逞團關係雜件-朝鮮人의 部-在西比利亞 6』.

58 반병률, 「신한촌과 노령 한인사회」, 『근대독립운동사와 연해주 신한촌』, 해외한민족연구소, 1999, 183쪽.

59 일본 측의 정보보고는 조장원을 "배일자 중 징병으로 러시아군에 출정한 자" 가운데 하나로 기록했다(『西伯利及滿洲出張復命書』, 1918, 金正柱 編, 『朝鮮統治史料 10』, 韓国史料硏究所, 1971, 47쪽). 그는 신귀화자이자 정주유력자로서 한인사회당 노동부장에 선임된 인물이었다. 신한촌 민회에서 오랜 기간 정주유력자로 활동해 온 강양오도 그러한 인물 가운데 하나였다.

60 菊池義郎(블라디보스토크 總領事)→本野一郎(外務大臣), 「機密 제58호, 조선인의 近狀에 관한 보고의 건」, 1917.10.8., 2-5쪽, 『不逞團關係雜件-朝鮮人의 部-在西比利亞 6』. 한인 군인세력이 신한촌 민회를 장악한 상황에 대한 일본 측의 설명이 주목된다. 이 사건에서 드러나는 두 가지 특징은 세대와 지역 갈등이다. 러시아에 귀화한 한인 군인들은 신한촌의 일부 연소한 한인들과 함께 "민정 개혁"과 "노인 배척"을 표방하며 민회를 장악할 계획을 세워 실행했다. 한인 일반은 신한촌에 적을 두지 않은 이들이 민회 사무를 맡는 것은 부당하다며 반대했지만, 한인 군인세력은 반대 의견에 굴하지 않고 신한촌 민회를 장악했다. 실제로 한인 민회의 임원 명단을 살펴보면 신한촌 민회 임원으로서 기존에 눈에 띄지 않은 인물들이 다수 발견된다(최 니콜라이 막시모비치, 박 세묜, 황 콘스탄틴, 장 니콜라이, 박 스테판, 이 표트르, 한 안드레이 콘스탄티노비치(한용헌) 등). 이 가운데 부회장으로 임명된 최 니콜라이는 포시에트 부근 출생, 러시아어 서기 박 이반은 수청 출신이

다.

61 「요사이 브라디보 한인회」,『청구신보』, 1917.10.7., 2면;「원동, 최근 해삼위 사정」,『신한민보』, 1918.4.4., 3면.

62 「본항 한민회의 임원선정」,『한인신보』, 1918.1.6.

63 1916년경 독일 측은 상하이와 베이징에서 일본과 러시아에 반감을 가진 한인·중국인들을 이용해 동청철도의 파괴와 첩보 수집 활동을 목적으로 한 '공위단(鞏衛團)'을 조직하고 반일·반러적 신문 발간을 추진하고 있었다. 일러 양국은 독일 측의 활동을 저지하기 위해 정보협력을 강화했다. 이러한 배경 아래, 일본 측은 실행되지 않은 일을 과장하여 러시아 측에 정보가 들어가게 한 것이다(반병률, 앞의 책, 1998, 132쪽).

64 劉孝鐘, 앞의 글, 1987, 24쪽; 반병률, 앞의 책, 130쪽. 언급해 두고 싶은 것은 당시 일본은 이동휘를 인도받고자 했지만 "그 성부가 의심"되며, 러시아 중앙정부와 교섭 시 일본 국적의 한인도 추방에 그칠 뿐 인도하지 않으며, "금번 이동휘의 인도를 요구해도 그 목적을 달성하는 것은 가능하지도 않고 예상할 수도 없는 것으로, 전연 기대할 수 없다"고 비관했다는 점이다(本野一郞(外務大臣)長谷川(京城 總督),「電送 제3410호 (暗) 제25호, [李東輝 引渡 요구에 관한 건]」, 1917.7.2.,『不逞團關係雜件-朝鮮人의 部-在西比利亞 6』). 반면, 이인섭의 주장에 따르면「리동휘에 대한 소송사건」이라는 서류에서 러시아 임시정부가 실제로 일본에 이동휘를 인도할 계획이었다는 기록이 있었다고 한다(이인섭,「최고려자서전을 연구하다가 나의 소감」, 44~45쪽; 반병률, 앞의 책, 137쪽 재인용). 이동휘 수감사건에 대한 러시아 임시정부의 태도와 관련하여 사료의 발굴과 연구가 더 진척될 필요가 있다.

65 반병률, 위의 책, 136쪽.

66 「백원보가 안창호에게 보낸 편지」, 1917.7.23.,『도산안창호자료집(1)』, 독립기념관, 1990, 220쪽.

67 「西伯利及滿洲出張復命書」, 1918, 金正柱 編,『朝鮮統治史料 10』, 韓国史料研究所, 1971, 47쪽.

68 위의 자료, 45쪽.

69 위의 자료, 46-47쪽.

70 菊池義郎(블라디보스토크 總領事) 本野一郞(外務大臣),「機密 제34호, 조선인의 近狀에 관한 보고의 건」, 1917.6.20.,『不逞團關係雜件-朝鮮人의 部-在西比利亞 6』.

71 위의 자료.

72 「축사」,『한인신보』, 1917.9.23., 3면.

73 임경석,『한국사회주의의 기원』, 역사비평사, 2003, 63-65쪽.

74 백원보→안창호, 1917.7.23.,『도산안창호전집 제2권 서한 II』, 2000, 217쪽.

75 菊池義郎(블라디보스토크總領事)→本野一郞(外務大臣),「機密 제42호, 재 조선인의 近狀

에 관한 보고의 건」, 1917.7.7., 『不逞團關係雜件-朝鮮人의 部-在西比利亞 6』. 그러나 해당 기록은 한 가지 오류가 있다. 『한인신보』가 어떻게 탄생되었는지 생략했다. 아령한인협회의 결정 사항에서 나온 것은 『청구신보』만이 아니라 『한인신보』도 마찬가지였다. 두 신문 모두 1917년 6월 4일에 개최된 아령한인협회(고려족중앙총회)의 결과물로 나온 신문이었다. 「西伯利及滿洲出張復命書」, 1918, 金正柱 編, 『朝鮮統治史料 10』, 韓国史料研究所, 1971, 45-46쪽.

76 И. Гоженьский, *Революция на Дальнем Востоке Выпуск1*, Государственное издательство, 1923, с.361.

77 반병률, 앞의 책, 149-150쪽.

78 임경석, 앞의 책, 60쪽; 반병률, 위의 책, 150쪽.

79 「고본단 광고」, 『한인신보』, 1917.10.28., 3면.

80 단장 김치보(신귀화자), 부단장 이형욱(신귀화자), 서기 김철훈(귀화자), 재무 윤능효(신귀화자), 회계검사원 이설(신귀화자), 채성하(귀화자), 강양오(귀화자), 강석봉(?). 「고본단 광고」, 『한인신보』, 1917.10.28., 3면.

81 1912년부터 1914년까지 존속한 고본단은 1914년 8월 권업회의 해체와 함께 활동이 무기한 중단되었을 가능성이 크다. 고본단은 권업회의 산하단체였고, 권업회를 주도하던 이종호와 고본단의 총무 윤해가 만주로 떠났기 때문이다. 1917년에 다시 등장한 고본단은 기존의 주주였던 이해관계자가 다수 참여한 점으로 보아 라올류 농지개척에서 한인신보 발간으로 사업의 대상을 달리할 뿐, 한인들이 당면한 공공사업을 위한 자금을 모집한다는 점에서 그 취지는 유사하다.

82 埴原(次官)→水野(朝鮮政務總官), 「政二機密送 제61호, 鮮人의 행동에 관한 건」, 1920.8.26., 103쪽, 214쪽, 234쪽, 『不逞團關係雜件-朝鮮人의 部-在西比利亞 10』.

83 「고본단 광고」, 『한인신보』, 1917.11.17.

84 위의 자료는 1917년 12월까지 기준으로 작성했다. 일러두고 싶은 점은 『한인신보』의 자료가 완전하게 국내에 입수된 것이 아니라 제한된 자료 속에서 주식 보유량을 작성했다는 것이다. 따라서 주식 보유량의 수나 지역별 차이는 변할 수 있으나, 고본단 주식을 통해 한인신보사가 지역적으로 폭넓은 이해관계자를 가질 수 있었다는 사실은 변하지 않는다.

85 블라디보스토크 파견원, 「朝憲機 제65호, 블라디보스토크정보(沿海州 露國歸化鮮人, 非歸化鮮人數)」, 1917.3.6., 『不逞團關係雜件-朝鮮人의 部-在西比利亞 6』.

86 발행인 한용헌(귀화 2세대), 사장 김병흡(비귀화자), 총무 김하구(신귀화자로 추정, 후에 주필이 됨), 서기 김진(신귀화자로 추정). 埴原(次官)→水野(朝鮮政務總官), 「政二機密送 제61호, 鮮人의 행동에 관한 건」, 1920.8.26., 103쪽, 214쪽, 228쪽, 『不逞團關係雜件-朝鮮人의 部-在西比利亞 10』. 김진의 러시아 이주 시기는 1909년, 김하구는 1911~1912년 경이라는 점, 1920년 8월 일본 측의 조사에 따르면 두 인물 모두 귀화자였다는 점을 고려하면 두 인물이 1917~1920년 사이에 귀화했을 가능성도 있지만, 망명귀화자의 개념을 유연하게 적용한다면 이들 역시 신귀화자로서 망명귀화자 유형에 속할 수 있다.

87 埴原(次官)→水野(朝鮮政務總官), 「政二機密送 제61호, 鮮人의 행동에 관한 건」, 1920.8.26., 103쪽, 『不逞團關係雜件-朝鮮人의 部-在西比利亞 10』.

88 1918년 10월에는 망명귀화자 정재관이 김병흡을 대신해 한인신보사의 사장직을 맡았다. 埴原(次官)→水野(朝鮮政務總官), 「政二機密送 제61호, 鮮人의 행동에 관한 건」, 1920.8.26., 『不逞團關係雜件-朝鮮人의 部-在西比利亞 10』.

89 菊池義郎(블라디보스토크 總領事) 本野一郎(外務大臣), 「機密 제34호, 조선인의 近狀에 관한 보고의 건」, 1917.6.20., 2쪽, 『不逞團關係雜件-朝鮮人의 部-在西比利亞 6』.

90 埴原(次官)→水野(朝鮮政務總官), 「政二機密送 제61호, 鮮人의 행동에 관한 건」, 1920.8.26., 214쪽, 228쪽, 『不逞團關係雜件-朝鮮人의 部-在西比利亞 10』.

91 반병률은 일찍이 계봉우의 「아령실기」를 통해 장기영과 김하구가 "繼하야" 『한인신보』의 주필을 맡았다는 점을 밝혔다. 장기영은 1917년 여름 5개월간 주필직에 있었다. 반병률, 앞의 책, 143쪽.

92 埴原(次官)→水野(朝鮮政務總官), 「政二機密送 제61호, 鮮人의 행동에 관한 건」, 1920.8.26., 57쪽, 『不逞團關係雜件-朝鮮人의 部-在西比利亞 10』.

93 이 책에서 『한인신보』를 공론장이라 규정한 것은 망명자와 정주유력자, 비귀화자와 귀화자를 물론하고 고국의 식민지 해방 문제에 대해 자유롭게, 그리고 비판적으로 발화할 수 있는 공간이 확보되었음을 부각하기 위함이다. 또한 블라디보스토크의 신귀화자를 비귀화 망명자와 친연성이 있는 세력으로서, 그리고 이들과 함께 일본의 식민주의를 비판하는 연대세력으로서의 인적 네트워크로 조명하기 위함이기도 하다. 본래 공론장 논의는 위르겐 하버마스가 주도한 바 있다. 그는 '공론장'을 사적 영역에서 논의되던 여러 문제를 공적 의사소통 영역에서 공개적이고, 비판적으로 논의하는 제도적 공간과 인적 네트워크라는 의미로 사용했다. 그는 공론장의 역사적 형성과 변동을 탐구하며, 18세기 시민적 공공성의 잠재력과 '비판적 합리성'을 회복하기 위한 문제의식 아래 연구를 진행해왔다. 그에 따르면 19세기 이후 공론장은 국가와 시장에 의해 개방성에서 폐쇄성을 띤 공간으로 변화하며, '평등', '자유', '비판성' 등 공론장 본래 속성이 침식당했다고 설명한다(위르겐 하버마스 저, 한승완 역, 『공론장의 구조변동: 부르주아 사회의 한 범주에 관한 연구』, 나남출판, 2004). 하버마스의 시민적 공공성은 한동안 식민지 조선에 관한 연구에서 식민 공공성과의 연관성 속에서 비판적으로 논의된 바 있다(조경달 저, 정다운 역, 『식민지기 조선의 지식인과 민중: 식민지 근대성론 비판』, 선인, 2012). 이에 대한 재비판도 있었는데, 그 논지는 식민지 공공성 논의가 하버마스의 시민적 공공성을 연역한 것이라는 점은 '오해'이며, "하버마스의 시민적 공공성은 실제로는 부르주아적 공공성"을 의미하며, "합리적 의사소통의 이상적 발화 상황을 전제"하고 있다는 것이었다(윤해동·황병주 편, 『식민지 공공성 실체와 은유의 거리』, 책과함께, 2010). 이와 같은 논의에도 식민지 조선에서 '공공성' 문제를 논할 때 "위르겐 하버마스 등이 구축해놓은 논리적 지평으로 되돌아가서 정당한 정의에 입각하여 검토를 수행해야 한다"는 입장을 보이며 '공공성' 개념의 효용과 한계를 측정하려는 실험적 연구가 진행되기도 했다(나미키 마사히토, 「식민지기 조선에서의 '공공성' 검토」, 『식민지 공공성 실체와 은유의 거리』, 책과함께, 2010, 129쪽). 이러한 논의는 하버마스식의 공론장 논의는 식민지에서는 존재하지 않

으며, 단지 자율성을 박탈당한 '식민지 공론장'만이 존재한다는 주장으로 비판적으로 전 유되고 있으며, 이에 대한 반박으로, 자율성 없이도 공론장이 성립할 수 있는지 비판이 오 가며, 논쟁이 최근까지도 진행되고 있다(송호근, 『국민의 탄생: 식민지 공론장의 구조 변 동』, 민음사, 2020; 윤해동, 「허를 찌르는 상상력 그리고 새로운 사회학적 역사상: 송호 근, 《국민의 탄생-식민지 공론장의 구조 변동》, 민음사, 2020」, 『문명과 경계』 4, 2021). 하버마스식의 공론장은 자율성이 박탈당한 식민지 영역에서 존재하기 어려우며, 부르주 아에 한정된 공론장이라는 비판이 오가는 가운데, 여러 논자가 지적한 하버마스의 공론 장 대한 한계를 염두에 두더라도, 1917년 러시아혁명 후 언론 출판의 자유 속에 생겨난 『한인신보』는 임시정부와 소비에트의 이중권력체제라는 '체제경합기'에 차르체제만이 아니라, 식민지 조선 해방문제 대한 자유로운 비판의 장이 되었다. 이러한 점을 고려하 면, 『한인신보』를 러시아 한인사회 내에서 제국주의 비판의 '공론장' 역할을 하고 있었다 고 표현해도 무리는 없다고 생각한다.

94 블라디보스토크 파견원, 「朝憲機 제282호, 블라디보스토크 정보」, 1917.9.13., 『不逞團關 係雜件-朝鮮人의 部-在西比利亞 6』.

95 「단군대황조 성탄기원절」, 『한인신보』, 1917.11.17.; 블라디보스토크 日本帝國總領事館→ 外務大臣官房文書課, 「號外, 부속서류 追送의 건(韓人新報)」, 1917.12.2., 『不逞團關係雜 件-朝鮮人의 部-在西比利亞 6』.

96 菊池義郞(블라디보스토크 總領事)→本野一郞(外務大臣), 「機密 제78호, 조선인이 개최한 檀君降誕紀念會에 관한 건」, 1917.12.1., 7쪽, 『不逞團關係雜件-朝鮮人의 部-在西比利亞 6』.

97 菊池義郞(블라디보스토크 總領事)→本野一郞(外務大臣), 「機密 제34호, 조선인의 近狀에 관한 보고의 건」, 1917.6.20., 『不逞團關係雜件-朝鮮人의 部-在西比利亞 6』; 반병률, 앞 의 책, 138쪽.

98 블라디보스토크 파견원, 「朝憲機 제404호, [李東輝의 近情 및 梁起鐸의 행동에 관한 건]」, 1917.12.28., 4-6쪽, 『不逞團關係雜件-朝鮮人의 部-在西比利亞 6』.

99 『한인신보』는 아령한인협회라는 현지정치 조직의 결정에 의해 탄생했는데, 어떻게 아령 한인협회가 아니라 민회의 기관지적 성격을 띠는지 의문이 제기될 수 있다. 아령한인협 회는 한 도시의 한인사회를 대표하는 성격이었던 민회와 달리, 러시아 한인사회 전체를 대표하는 조직이었다. 아령한인협회가 블라디보스토크에 『한인신보』, 우수리스크에 『청 구신보』의 발행을 결정했지만, 그것은 거시적 차원의 방침이었다. 이 책에서 『한인신보』 를 민회의 기관지라 규정한 것은 이 신문이 러시아 한인사회 전체를 대표하는 신문이기 보다는, 블라디보스토크 한인사회라는 지역적 차원의 대표성을 띠는 신문으로 보았기 때 문이다.

100 반병률, 앞의 책, 20쪽.

101 「西伯利及滿洲出張復命書」, 1918, 金正柱 編, 『朝鮮統治史料 10』, 韓国史料研究所, 1971, 46쪽. 덧붙여, 신한촌 민회에서 세력을 형성할 수 있는지는 귀화 여부보다도 '부동산 소유 여부'가 큰 영향을 주었던 것이 아닌가 생각한다. 블라디보스토크시 거주 조례안 (1906년, 1914년, 1915년)에 따르면, 비귀화자도 부동산 소유자로서 블라디보스토크 시 내 거주자격이 러시아 측에 의해 보장되어 있었다. 또한 현지에서 허가받은 업종의 사

업장을 갖고 있다면 거주권을 보장받을 수 있었다(「블라디보스토크시 두마에 제출한 중국인과 한인의 블라디보스토크시 거주에 대한 조례안」, РГИА ДВ, ф.28, оп.1, д.391, л л.98-98об, 1914.2.5.(러), 한희정 역, 『러시아문서번역집 XVII』, 선인, 2014, 197-198쪽; 「블라디보스토크시 거주 한인 및 중국인의 거주권 제한에 대한 블라디보스토크시 두마 조례안」, РГИА ДВ, ф.28, оп.1, д.452, лл.34-35, 1915.2.27.(러), 한희정 역, 『러시아문서번역집 XVII』, 선인, 2014, 209쪽).

102 일찍이 반병률은 1918년 6월에 개최된 제2차 전로한족대표회에 대한 연구에서, 귀화자와 비귀화자의 대립이라는 인식의 계보를 밝힌 바 있다. 그는 양자의 대립이 1923년 이반 고젠스키의 글, 1928년 아노소프의 해석에서 기인했고, 그러한 인식을 김승화가 계승한 것으로 보았다. 아노소프가 묘사한 1918년 6월 특별전로한족대표회의에서 귀화자/비귀화자의 대립은 근본적으로 토지 문제를 둘러싼 두 한인 그룹의 대립이었고, 이는 소비에트 권력과 시베리아 지방의회의 권력이라는 이중권력체제에서 기인한 것이기도 했다. 그는 "아노소프가 상정한 입적-비입적의 대립구도는 토지 문제에서 사회경제적 이해관계의 대립을 염두에 둔 것"이며, 이것은 곤다티 총독시기 토지를 분배받지 못하고 국적만 취득한 신귀화자들이 고려되지 않은 해석이라 비판했다. 덧붙여, 농촌이 아닌 도시지역의 한인들은 "토지 문제로 인한 대립 구도에서 벗어나 있었다"고 주장했다(반병률, 「제2회 특별전로한족대표회의(1918년 6월)와 러시아 한인사회」, 『역사문화연구』 17, 2002, 336-337쪽). 필자 역시 반병률의 견해에 동의하는 바이며, 제2차 전로한족대표회의 주도자들의 정치적 성향은 극단적 반볼셰비키도, 한인사회당의 친볼셰비키적 입장도 아닌, '중립적 입장'에 있었다는 그의 주장은 재조명받아야 한다고 생각한다.

103 블라디보스토크 파견원, 「朝憲機 제218호, 블라디보스토크 朝鮮人會에 관한 건」, 1917.7.26., 『不逞團關係雜件-朝鮮人의 部-在西比利亞 6』.

104 「본항 한민회의 임원선정」, 『한인신보』, 1918.1.6.

105 「리동휘 선생을 위하야」, 『한인신보』, 1917.10.7.

106 위의 자료.

107 「리동휘씨는 허발포 군옥으로」, 『한인신보』, 1917.11.4.; 「이동휘참령은 허발포에 이수」, 『신한민보』, 1917.12.13. 그 외에도 하바롭스크 한민회장 전태국은 이동휘가 옥중에서 입을 옷을 지원했고, 러시아 정교회 신부 오바실리는 러시아 당국에 이동휘의 입장을 변호하기도 했다.

108 「군인총대의 전왕」, 『한인신보』, 1917.11.4.

109 「이동휘 참령은 놓인 후」, 『신한민보』, 1918.1.17.; 블라디보스토크 파견원, 「朝憲機 제404호, [李東輝의 近情 및 梁起鐸의 행동에 관한 건]」, 1917.12.28., 『不逞團關係雜件-朝鮮人의 部-在西比利亞 6』.

110 劉孝鐘, 앞의 글, 26-28쪽.

111 블라디보스토크 파견원, 「朝憲機 제42호, 韓族會 창립에 관한 건」, 1918.2.7., 2-4쪽, 『不逞團關係雜件-朝鮮人의 部-在西比利亞 6』.

112 반병률, 앞의 글, 2002, 311쪽.

113 블라디보스토크 파견원,「朝憲機 제42호, 韓族會 창립에 관한 건」, 1918.2.7.,『不逞團關係雜件-朝鮮人의 部-在西比利亞 6』.

114 「고려족회의년종회」,『한인신보』, 1918.1.6.

115 대한국민의회의 참여 인물에 대한 자세한 정보는 다음 연구 참고. 반병률은 언급한 위의 인물 외에도 "직간접적으로 관여"했다고 판단되는 인물(한용헌·조장원·이동녕·김병흡·김만겸 등)을 소개한 바 있다(반병률,「대한국민의회의 성립과 조직」,『한국학보』 46, 1987, 147-157쪽). 그 가운데 후일 상하이파 고려공산당의 주요 인물로 거론되는 이동휘·김립·김진 등이 대한국민의회의 조직에 참여하고 있었다. 문창범·원세훈 등 대한국민의회의 주요 간부는 후일 이르쿠츠크파 고려공산당의 일원이 되어 상하이파 고려공산당과 대립했다. 후일 양대 사회주의 세력의 갈등이 본격적으로 빚어지기 이전, 대한국민의회의 조직에 이처럼 다양한 정치세력이 모였다는 것은 이 조직에 대한 평가를 시기별로 달리할 수 있음을 시사한다. 러시아 한인이 두 계열의 사회주의(상하이파·이르쿠츠파)로 나뉘어 갈등하기 전, 초기 대한국민의회는 러시아만이 아니라 간도·조선 국내 한인까지 포함한, 광범한 대표 기관으로서 기대를 받았음을 알 수 있다.

116 중앙위원회 위원장 이동휘, 총서기 김립, 부위원장 오 와실리(러시아어 서기 겸임), 청년부의장 오성묵, 한글서기 김립, 군사부장 겸 군사학교장 유동열, 재무부장 겸 선전부장 이인섭(이영일,『리동휘 성재 선생』, 54쪽; 반병률, 앞의 책, 151쪽 재인용).

117 「고려족동포들이여」,『한인신보』, 1917.11.17., 블라디보스토크 日本帝國總領事館→外務大臣官房文書課,「號外, 부속서류 追送의 건(韓人新報)」, 1917.12.2.,『不逞團關係雜件-朝鮮人의 部-在西比利亞 6』.

118 반병률, 앞의 책, 150쪽.

119 반병률, 위의 책, 149-150쪽.

120 1921년 12월 주 하얼빈 일본총영사는『한인신보』를 "이동휘의 기관신문"으로 파악했다. 인물이 기관은 아니므로, 신문을 한 인물의 기관지로 보는 것은 무리가 있지만, 일본 측의 판단은『한인신보』와 이동휘의 관계가 그만큼 밀접했다는 것을 방증한다. 山內四郎(하얼빈 총영사)→內田康哉(외무대신),「機密 53호, 주된 不逞鮮人에 관한 조사보고 건(재만 민족운동가의 경력과 주소지에 대한 보고)」, 1921.12.10., 12쪽,『不逞團關係雜件-朝鮮人의 部-在西比利亞 13』.

121 С. Д. Аносов, Корейцы в Уссурийском крае, Хабаровск - Владивосток. 1928, с.22.

122 회장 장도정, 부회장 김 미하일 미하일로비치, 의사회장 김진, 부의사회장 이흥삼, 의사원 오성묵, 최뉴님(동), 김필수, 박 모이세이 페트로비치, 한일제, 이재익, 김응, 김일, 유영락, 진병도, 한용헌(안드레이 콘스탄티노비치), 엄주필, 선전부장 전일, 부원 연병우, 유일, 김여락, 박 모이세이 페트로비치, 최성우, 한일제, 진병도, 노동부장 조장원, 부원 김관하, 조흥명, 전희세, 재정부장 이영호(한인신보사 서기), 부 박인섭, 오성묵, 김필수, 김성준, 한 Pauer, 한광숙, 박대성 서기(한문) 박갑, 서기(러시아어) 이재익, 서무 최구녀, 전 Cherenchi.「高警第9156號, 韓人社會黨役員選擧の件」, 1920.3.31., 金正柱 編,『朝鮮獨立

運動 Ⅴ』, 原書房, 1967, 93-94쪽; 菊池義郎(블라디보스토크 總領事)→內田康哉(外務大臣),「機密 제25호, 鮮人에 관한 건」, 1920.4.17.,『不逞團關係雜件-朝鮮人의 部-在西比利亞 9』.

123 비귀화자로, 1919년 8월 한인신보사 총무 겸 서기직을 맡았다. 埴原(次官)→水野(朝鮮政務總官),「政二機密送 제61호, 鮮人의 행동에 관한 건」, 1920.8.26., 302쪽,『不逞團關係雜件-朝鮮人의 部-在西比利亞 10』.

124 김 미하일 미하일로비치는 귀화자로, 1920년 당시 26세였다. 소성중학교를 졸업하고 적위군 군대와 한국독립군을 왕복했다. 위의 자료, 252쪽.

125 일세당의 주요 임원은 장도정, 김진, 전일, 최성우, 한용헌이었다. 임경석, 앞의 책, 133쪽.

126 위의 책, 133쪽.

127 반병률, 앞의 책, 298쪽.

참고문헌

1. 자료

1) 일본어 자료

- 『不逞團關係雜件-朝鮮人의 部-在上海地方 1』(국사편찬위원회 한국사데이터베이스).
- 『不逞團關係雜件-朝鮮人의 部-在西比利亞 1』(국사편찬위원회 한국사데이터베이스).
- 『不逞團關係雜件-朝鮮人의 部-在西比利亞 2』(국사편찬위원회 한국사데이터베이스).
- 『不逞團關係雜件-朝鮮人의 部-在西比利亞 3』(국사편찬위원회 한국사데이터베이스).
- 『不逞團關係雜件-朝鮮人의 部-在西比利亞 4』(국사편찬위원회 한국사데이터베이스).
- 『不逞團關係雜件-朝鮮人의 部-在西比利亞 5』(국사편찬위원회 한국사데이터베이스).
- 『不逞團關係雜件-朝鮮人의 部-在西比利亞 6』(국사편찬위원회 한국사데이터베이스).
- 『不逞團關係雜件-朝鮮人의 部-在西比利亞 9』(국사편찬위원회 한국사데이터베이스).
- 『不逞團關係雜件-朝鮮人의 部-在西比利亞 10』(국사편찬위원회 한국사데이터베이스).
- 『不逞團關係雜件-朝鮮人의 部-在西比利亞 13』(국사편찬위원회 한국사데이터베이스).
- 『不逞團關係雜件-在滿州의 部-在滿州의 部 2』(국사편찬위원회 한국사데이터베이스).
- 『不逞團關係雜件-在滿州의 部-在滿州의 部 3』(국사편찬위원회 한국사데이터베이스).
- 『不逞團關係雜件-在滿州의 部-在滿州의 部 5』(국사편찬위원회 한국사데이터베이스).
- 『不逞團關係雜件-在滿州의 部-在滿州의 部 6』(국사편찬위원회 한국사데이터베이스).
- 『倭政時代人物史料』(국사편찬위원회 한국사데이터베이스).
- 『統監府文書』(국사편찬위원회 한국사데이터베이스).
- 南滿州鉄道株式会社 庶務部調査課 日譯,『極東露領에 於き는 黄色人種問題』, 大阪毎日新聞社, 1929.
- 『露国沿岸漁区表公布及漁区競売施行一件附漁区附帯諸雑件 第十巻』, 아시아역사자료센터, 레퍼런스코드: B11091912800.
- 在浦潮斯德 總領事 男爵 大鳥富士太→臨時外務大臣 伯爵 林董,「露淸鮮國境地方旅行復命書提出ノ件」,『陸軍大佐斎藤季治郎北満洲及露領浦塩地方在住朝鮮人ノ状態視察一件』明治44年 9月 16日, 아시아역사자료센터, 레퍼런스코드: B16080797800.
- 在外朝鮮人事情研究会,「北滿及露領朝鮮人事情」,『在外朝鮮人事情研究会報-臨時增刊』, 1922.
- 朝鮮總督府學務局社會課,『滿洲及西比利亞地方에 於き는 朝鮮人事情』, 朝鮮總督府, 1923.

2) 러시아어 자료

(1) 보고서 및 단행본

- С. Д. Аносов, *Корейцы в Уссурйском крае*, Хабаросвк-Владивосток. 1928.
- В. Д. Песоцкий, *Корейский вопрос в Приамурье*, Хаборовск, 1913.
- В. В. Граве, *Китайцы, корейцы и японцы в Приамурье*, Сантк-Петербург, 1912.
- П. Ф. Унтербергер, *Приамурский край 1906-1910 гг*, СПБ: Тип. В. Ф. Киршбаума, 1912.
- И. Гоженьский, *Революция на Дальнем Востоке Выпуск*1, Государственное издательство, 1923.
- Переселенческое Управление, *Карты заселяемых районов за Уралом(Отчет о работах Переселенческого Управления за 1913 г.)*, Петроград, 1914.

(2) 문서보관소 자료

- АВПРИ(제정러시아 대외정책문서보관소), ф.126, оп.487, д.770.
- АВПРИ, ф.126, оп.487, д.1059.
- РГАСПИ(러시아국립 사회정치사문서보관소) ф.531, оп.1, д.247.
- РГВИА(러시아국립 군사문서보관소), ф.2003, оп.1, д.1768.
- РГИА(러시아국립 역사문서보관소), ф.1276, оп.11, д.471.
- РГИА, ф.1276, оп.12, д.270.
- РГИА ДВ(러시아국립 극동역사문서보관소), ф.1. оп.12, д.317.
- РГИА ДВ, ф.1, оп.4, д.2350.
- РГИА ДВ, ф.1, оп.4, д.2412.
- РГИА ДВ, ф.1, оп.12, д.317.
- РГИА ДВ, ф.28, оп.1, д.233.
- РГИА ДВ, ф.28, оп.1, д.234.
- РГИА ДВ, ф.28, оп.1, д.377-2.
- РГИА ДВ, ф.226, оп.1, д.459.
- РГИА ДВ, ф.515, оп.1, д.53.
- РГИА ДВ, ф.515, оп.1, д.73.
- РГИА ДВ, ф.702, оп.5, д.143.

3) 연속간행물

- 『권업신문』, 『대동공보』, 『독립신문』, 『동광』, 『매일신보』, 『부산일보』.
- 『신한민보』, 『청구신보』, 『한인신보』, 『해조신문』.

4) 자료집

- 강성희 역, 『러시아문서번역집 XIX』, 선인, 2014.
- 국사편찬위원회, 『韓國近代史資料集成 3』, 국사편찬위원회, 2001.
- 국사편찬위원회, 『韓國近代史資料集成 10』, 국사편찬위원회, 2004.
- 국사편찬위원회, 『한국독립운동사 자료 7: 안중근편 II』, 국사편찬위원회, 1978.
- 국사편찬위원회, 『한국독립운동사 자료 11: 의병편 IV』, 국사편찬위원회, 1982.
- 국사편찬위원회, 『한국독립운동사 자료 12: 의병편 V』, 국사편찬위원회, 1983.
- 국사편찬위원회, 『한국독립운동사 자료 34: 러시아편 I』, 국사편찬위원회, 1997.
- 김선안 역, 『러시아문서번역집 XVIII』, 선인, 2014.
- 金正柱 編, 『朝鮮統治史料 10』, 韓国史料研究所, 1971.
- 金正柱 編, 『朝鮮獨立運動 V』, 原書房, 1967.
- 독립기념관 한국독립운동사연구소, 『도산안창호자료집(1)』, 독립기념관, 1990.
- 독립기념관 한국독립운동사연구소, 『도산안창호자료집(2)』, 독립기념관, 1991.
- 독립기념관 한국독립운동사연구소, 『도산안창호자료집(3)』, 독립기념관, 1992.
- 도산안창호선생전집편찬위원회 편, 『도산안창호전집 제2권 서한2』, 도산안창호선생전집편찬위원회, 2000.
- 엄순천 역, 『러시아문서번역집 XX』, 선인, 2015.
- 이재훈 역, 『러시아문서번역집 XVI』, 선인, 2014.
- 최덕규, 『러시아국립극동역사문서보관소 한인관련자료 해제집』, 고려학술문화재단, 2004.
- 친일반민족진상규명위원회, 『친일반민족행위관계사료집 VII』, 친일반민족행위진상규명위원회, 선인, 2008.
- 한국외국어대학교 디지털인문한국학연구소 편, 『러시아문서보관소 자료집1_문서번역집: 모스크바 동방노력자공산대학(1921~1938)의 한인들』, 한울아카데미, 2020.
- 한희정, 『러시아문서번역집 XVII』, 선인, 2014.
- Сост. и ред. к.и.н. Н. А. Троицкая, *Приамурское генерал-губернаторство в годы Первой мировой войны: штрихи времени, голоса современников. Документы и материалы*, Владивосток, 2014.
- А. В. Мялк, *Владивосток. Памятники архитектуры*, Владивосток, 2005.
- Е. В. Жевна·А. А. Торопов·Н. А. Троицкая, *Из истории заселения Красноармейского района: документы и материалы*, Владивосток: РГИА ДВ, 2016.
- Отв. ред. А. А. Торопов, *Корейцы на российском Дальнем Востоке(вт. пол. XIX-нач. XX вв.)Документы и материалы*, Владивосток, 2004.
- Элеонора Лорд Прей, *Владивостокский альбом*, Владивосток: "Рубеж", 2012.

5) 일기/회고록

- 독립기념관 한국독립운동사연구소, 『이인섭과 독립운동자료집 I: 자서전』, 독립기념관 한국독립운동사연구소, 2010.
- 독립기념관 한국독립운동사연구소, 『이인섭과 독립운동자료집 II: 저술 및 회상』, 독립기념관 한국독립운동사연구소, 2010.
- 이인섭 저, 반병률 편, 『망명자의 수기』, 한울, 2013.
- 장지연, 「해항일기」, 김영호 편, 『抗日運動家의 日記』, 瑞文堂, 1975.

6) 기타

- 십월혁명십주년원동긔념준비위원회, 『십월혁명 10주년과 쏘베트 고려민족』, 해삼위도서주식회사, 1927.

2. 저서 및 논문

(1) 저서

- 강만길·성대경 편, 『한국사회주의운동 인명사전』, 창작과 비평, 1996.
- 강창일, 『근대 일본의 조선침략과 대아시아주의: 우익 낭인의 활동과 사상을 중심으로』, 역사비평사, 2002.
- 고마고메 다케시 저, 오성철·이명실·권경희 역, 『식민지제국 일본의 문화통합』, 역사비평사, 2008.
- 권희영, 『한국과 러시아: 관계와 변화』, 국학자료원, 1999.
- 권희영, 『한인 사회주의운동 연구』, 국학자료원, 1999.
- 김백영, 『지배와 공간』, 문학과지성사, 2009.
- 김승화 저, 정태수 역, 『소련한족사』, 대한교과서주식회사, 1989.
- 김용구, 『세계외교사』, 서울대학교 출판문화원, 2006.
- 김준엽·김창순, 『한국공산주의운동사1』, 고려대학교 아세아문제연구소, 1967.
- 김춘선, 『북간도 한인사회의 형성과 민족운동』, 고려대학교 민족문화연구원, 2016.
- 나인호, 『증오하는 인간의 탄생』, 역사비평사, 2019.
- 니콜라스 V. 랴자놉스키·마크 D. 스타인버그 저, 조호연 역, 『러시아의 역사(하)』, 2011.
- 마르크 블로크 저, 고봉만 역, 『역사를 위한 변명』, 한길사, 2007.
- 마뜨베이 찌모피예비치 저, 이준형 역, 『일제하 극동시베리아의 한인 사회주의자들』, 역사비평사, 1990.
- 마이클 키벅 저, 이효석 역, 『황인종의 탄생: 인종적 사유의 역사』, 현암사, 2016.

- 박경태, 『인종주의』, 책세상, 2009.
- 박민영, 『대한제국기 의병연구』, 한울아카데미, 1998.
- 박민영, 『이상설 평전: 독립운동의 대부』, 신서원, 2020.
- 박환, 『러시아한인민족운동사』, 탐구당, 1995.
- 박환, 『근대해양인, 최봉준: 상업과 무역, 언론과 교육의 길로 나서다』, 민속원, 2017.
- 박환, 『러시아 한인 독립전쟁』, 선인, 2022.
- 반병률, 『성재이동휘일대기』, 범우사, 1998.
- 보리스 박·니콜라이 부가이 저, 오성환 역, 『러시아에서의 140년간』, 시대정신, 2004.
- 서대숙 편, 『소비에트 한인 백년사』, 태암, 1989.
- 성공회대 동아시아연구소 기획, 『'나'를 증명하기: 아시아에서의 국적 여권 등록』, 한울아카데미, 2017.
- 송호근, 『국민의 탄생: 식민지 공론장의 구조 변동』, 민음사, 2020.
- 스티븐 카슬, 마크 J.밀러 공저, 한국이민학회 옮김, 『이주의 시대』, 일조각, 2013.
- 알리 라탄시 저, 구정은 역, 『인종주의는 본성인가』, 한겨레출판, 2011.
- 알프 뤼드케 외, 이동기 역, 『일상사란 무엇인가』, 청년사, 2002.
- 앙드레 슈미드 저, 정여울 역, 『제국 그 사이의 한국』, 휴머니스트, 2007.
- 앙리 르페브르 저, 박정자 역, 『현대인의 일상성』, 기파랑, 2005.
- 양승조 역, 『러시아 극동지역의 역사』, 진인진, 2018.
- 역사비평 편집위원회, 『역사용어바로쓰기』, 역사비평사, 2005.
- 염운옥, 『낙인찍힌 몸』, 돌베개, 2019.
- 와다 하루키 저, 이웅현 역, 『러일전쟁: 기원과 개전』, 한길사, 2019.
- 위르겐 하버마스 저, 한승완 역, 『공론장의 구조변동: 부르주아 사회의 한 범주에 관한 연구』, 나남출판, 2004.
- 윤대식, 『유인석 평전: 자존의 보수주의자』, 신서원, 2020.
- 윤대원, 『상해시기 대한민국임시정부 연구』, 서울대학교 출판부, 2006.
- 윤병석, 『국외한인사회와 민족운동』, 일조각, 1990.
- 윤병석, 『해외동포의 원류』, 집문당, 2005.
- 윤해동·황병주 편, 『식민지 공공성 실체와 은유의 거리』, 책과함께, 2010.
- 이기훈, 『청년아 청년아 우리 청년아: 근대 청년을 호명하다』, 돌베개, 2014.
- 이정선, 『동화와 배제』, 역사비평사, 2017.
- 임경석, 『한국사회주의의 기원』, 역사비평사, 2004.
- 임경석·김영수·이항준 공편, 『한국 근대 외교사전』, 성균관대학교 출판부, 2012.
- 정재각, 『이주정책론』, 인간사랑, 2010.
- 정진석, 『극비 조선총독부의 언론검열과 탄압』, 커뮤니케이션북스, 2008.

- 조경달 저, 정다운 역, 『식민지기 조선의 지식인과 민중: 식민지 근대성론 비판』, 선인, 2012.
- 존 M. 톰슨 저, 김남섭 역, 『20세기 러시아 현대사』, 사회평론, 2004.
- 존 토피 저, 이충훈·임금희·강정인 역, 『여권의 발명』, 후마니타스, 2021.
- 최덕수 외, 『조약으로 본 한국 근대사』, 열린책들, 2010.
- 최성철, 『역사와 우연: 역사에서 '우연'의 문제, 어떻게 볼 것인가』, 길, 2016.
- 통차이 위니짜꾼, 이상국 역, 『지도에서 태어난 태국』, 진인진, 2019.
- 페르낭 브로델 저, 주경철 역, 『물질문명과 자본주의』, 까치, 1995.
- 한국독립유공자협회, 『러시아지역의 한인사회와 민족운동사』, 교문사, 1994.
- 한문종, 『조선전기 향화·수직 왜인 연구』, 국학자료원, 2001.
- 허혜경·김혜수 공저, 『청년발달심리학』, 학지사, 2002.
- 현규환, 『한국유이민사(上)』, 어문각, 1967.
- Alyssa M. Park, *Sovereignty Experiments: Korean Migrants and the Building of Borders in Northeast Asia, 1860-1945*, Cornell University Press Ithaca and London, 2019.
- Eric Lohr, *Russian Citizenship: From Empire to Soviet Union*, Harvard University Press, 2012.
- Erik H. Erikson, *Identity Youth and Crisis*, WW Norton & Company, 1968.
- John J. Stephan, *The Russian Far East - A history*, Stanford, 1994.
- Jon K. Chang, *Burnt by the Sun: The Koreans of the Russian Far East*, University of Hawaii Press, 2016.
- Melissa K. Stockdale, *Mobilizing the Russian Nation: Patriotism and Citizenship in the First World War*, Cambridge University Press, 2017.
- Nianshen Song, *Making Borders in Modern East Asia*, Cambridge University Press, 2019.
- Olivier Vonk, *Dual Nationality in the European Union: A Study on Changing Norms in Public and Private International Law and in the Municipal Laws of Four EU Member States*, Brill Nijhoff, 2012.
- Sarah C. Paine, *Imperial Rivals: China, Russia, and Their Disputed Frontier, 1858-1924*, Routledge, 1996.
- С. А. Власов, *Очерки Истории Владивостока*, Владивосток, 2010.
- Н. И. Дубинина, *Приамурский генерал-губернатор Н.Л. Гондатти*, Приамурское географическоеобщество, 1997.
- Н. И. Дубинина, *Приамурский генерал-губернатор П.Ф. Унтербергер*, Хабаровск, 2008.
- Е. В. Ермакова [и др.], *Приморский край: Краткий энциклопедический справочник*, Владивосток: издательство дальневосточного университета, 1997.
- Б. Д. Пак, *Корейцы в Российской Империи*, Иркутск, 1994.
- А. И. Петров, *Корейская Диаспора В России(1897-1917)*, Владивосток, 2001.

- Ф. В. Соловьев, *Словарь китайских топонимов на территории советского Дальнего Востока*, Владивосток, 1975.

(2) 논문

- 고승제, 「연해주이민의 사회사적 분석」, 『백산학보』 11, 1971.
- 권희영, 「20세기 초 러시아 극동에서의 황화론: 조선인 이주와 정착에 대한 러시아인의 태도」, 『정신문화연구』 29-9, 2006.
- 김도형, 「여행권(집조)을 통해 본 초기 하와이 이민의 재검토」, 『한국독립운동사연구』 44, 2013.
- 김도형, 「한국 근대 旅行券(旅券) 제도의 성립과 추이」, 『한국근현대사연구』 77, 2016.
- 김도형, 「미주·유럽 및 일본지역 연구성과와 과제」, 『한국근현대사연구』 100, 2022.
- 김도훈, 「1910년 전후 미주지역 공립협회·대한인국민회의 민족운동 연구」, 국민대학교 사학과 박사학위논문, 2002.
- 김슬기, 「제1차 세계대전 시기 러시아 한인사회의 정치적 동향」, 성균관대학교 사학과 석사학위논문, 2022.
- 김슬기, 「제1차 세계대전 시기 제정 러시아의 전시정책과 연해주 한인사회의 대응」, 『한국독립운동사연구』 79, 2022.
- 김유동, 「1910년대 초, 재러한인매체를 통해 본 민족주의의 계승과 굴절: 『대한인정교보』와 『권업신문』을 중심으로」, 『대동문화연구』 114, 2021.
- 김주용, 「1910년대 북간도지역 비밀결사의 조직과 활동」, 『한국독립운동사연구』 46, 2013.
- 김헌주, 「후기의병의 사회적 성격에 관한 연구」, 고려대학교 사학과 박사학위논문, 2018.
- 나카바야시 히로카즈, 「조선총독부의 교육정책과 동화주의의 변천」, 연세대학교 사학과 박사학위논문, 2015.
- 노대환, 「白春培(1844~1887)의 探探使 활동과 對러시아인식」, 『역사문화연구』 46, 2013.
- 박강, 「러시아 이주 한인과 아편문제」, 『한국민족운동사연구』 53, 2007.
- 박걸순, 「연해주 한인사회의 갈등과 정순만의 피살」, 『한국독립운동사연구』 34, 2009.
- 박보리스, 「국권피탈 직후시기 재소한인의 항일투쟁」, 『한민족독립운동사논총』, 박영석교수화갑기념논총간행위원회, 1992.
- 박상철, 「러시아 주류정책의 변화, 1914-1932: 금주령에서 보드카 독점으로」, 『대구사학』 103, 2011.
- 박종효, 「관립아어학교의 설립과 교사 비류코프의 활동」, 『한국근현대사연구』 46, 2008.
- 박환, 「러시아 지역 한인의 민족운동과 일제의 회유정책: 니코리스크 간화회를 중심으로」, 『한국민족운동사연구』 69, 2011.
- 반병률, 「대한국민의회의 성립과 조직」, 『한국학보』 46, 1987.
- 반병률, 「박환, 《러시아한인민족운동사》(서울: 탐구당), 1995, pp.387」, 『역사학보』 152, 1996.
- 반병률, 「露領 沿海州 한인사회와 한인민족운동 (1905~1911)」, 『한국근현대사연구』 7, 1997.

- 반병률, 「신한촌과 노령 한인사회」, 『근대독립운동사와 연해주 신한촌』, 해외한민족연구소, 1999.
- 반병률, 「제2회 특별전로한족대표회의(1918년 6월)와 러시아 한인사회」, 『역사문화연구』 17, 2002.
- 반병률, 「일제초기 독립운동노선논쟁-급진론과 완진론: 초기 상해 임시정부를 중심으로」, 『동양정치사상사』 5, 2006.
- 반병률, 「'전면적 집단화'시기 러시아 연해주 수청(水淸)지방 한인농촌사회의 제문제」, 『역사문화연구』 30, 2008.
- 반병률, 「러시아 한인(고려인)사회와 정체성의 변화」, 『한국사연구』 140, 2008.
- 반병률, 「러시아 연해주 두만강 하구의 한인마을 크라스노예 셀로(鹿屯島)의 형성과 변화」, 『한국근현대사연구』 54, 2010.
- 배항섭, 「아관파천 시기(1896~1898) 조선인의 러시아 인식」, 『한국사학보』 33, 2008.
- 세와키 히사토 저, 구양근 역, 「블라디보스토크 견문잡기」, 『한일관계사연구』 9, 1998.
- 송영화, 「1911년 블라디보스토크 개척리 철거와 신한촌의 건설」, 『슬라브학보』 35, 2020.
- 송영화, 「복류하는 정체성: 한일강제병합 전후 한인의 러시아 국적 취득」, 『역사문화연구』 79, 2021.
- 송영화, 「러시아의 한인 이주민 단속정책과 그 균열: 프리아무르 총독 운테르베르게르 시기(1905-1910)를 중심으로」, 『사총』 105, 2022.
- 송영화, 「1910년대 러시아 한인의 고본단 조직과 활동」, 『한국독립운동사연구』 84, 2023.
- 신세라, 「정순만의 생애와 민족운동」, 『한국근현대사연구』 25, 2003.
- 신운용, 「안중근 연구의 현황과 쟁점」, 『역사문화연구』 45, 2013.
- 심헌용, 「조선인의 러시아 이민사(이민초기의 쟁점과 현대적 의미)」, 『한국과 러시아 관계』, 경남대학교 극동문제연구소, 2001.
- 심헌용, 「러일전쟁 전후 한인의병운동에 끼친 '러시아적 요소'와 한인의용군 창설계획」, 『한국민족운동사연구』 42, 2005.
- 양승조, 「제정 말 러시아의 소수민족 교육정책과 조선인-이주민의 교육 활동: 프리모리예 지역을 중심으로」, 『숭실사학』 46, 2021.
- 오세호, 「白秋 金圭冕(1881~1969)의 독립운동 연구」, 국민대학교 사학과 박사학위논문, 2022.
- 오영섭, 「안공근의 생애와 항일독립운동」, 『숭실사학』 35, 2015.
- 유숙란, 「이주자 통합정책 유형과 통합정책 전환에 대한 분석: 스웨덴과 네덜란드의 사례를 중심으로」, 『국제·지역연구』 20, 2011.
- 윤상원, 「러시아지역 한인의 항일무장투쟁 연구: 1918-1922」, 고려대학교 사학과 박사학위논문, 2010.
- 윤상원, 「1914년 한인이주 50주년 기념식 개최 시도」, 『인천문화연구』 10, 2013.
- 윤상원, 「근대인 이위종의 생애와 시대 인식」, 『한국인물사연구』 20, 2013.

- 윤욱, 「러시아의 남하와 만주 주방의 변화, 1900-1911: 琿春 駐防의 사례」, 『역사와 세계』 61, 2022.
- 윤해동, 「트랜스내셔널 히스토리(Transnational History)의 가능성: 한국근대사를 중심으로」, 『역사학보』 200, 2008.
- 윤해동, 「허를 찌르는 상상력 그리고 새로운 사회학적 역사상: 송호근, 《국민의 탄생-식민지 공론장의 구조 변동》, 민음사, 2020」, 『문명과 경계』 4, 2021.
- 이경숙, 「블라디보스토크 한인 학교의 변동: 1905-1922」, 『정신문화연구』 34-1, 2011.
- 이규진·조미숙, 「근대 이후 한국 육류 소비량과 소비문화의 변화: 쇠고기 돼지고기를 중심으로」, 『한국식생활문화학회지』 27(5), 2012.
- 이규철, 「조선전기 향화 여진인의 활동과 경계인의 삶」, 『역사와 현실』 117, 2020.
- 이명화, 「1910년대 재러한인사회와 大韓人國民會의 민족운동」, 『한국독립운동사연구』 11, 1997.
- 이명화, 「도산 안창호의 독립운동과 혁명관」, 『도산학연구』 11·12, 2006.
- 이명화, 「하얼빈 한인사회와 김성백의 독립운동」, 『역사와 실학』 55, 2014.
- 이병조, 「러시아 프리아무르 한인사회와 정교회 선교활동(1865-1916)」, 한국외국어대학교 사학과 박사학위논문, 2008.
- 이상근, 「한인노령이주사연구」, 단국대학교 사학과 박사학위논문, 1994.
- 이수경·오인수, 「아시아 거주 한인 CCKS(Cross-Culture Kids)의 문화적응 유형과 문화적응 스트레스」, 『아시아교육연구』 16, 2015.
- 이수정, 「영국 거주 북한이주민의 고국 정치」, 『한국과 국제정치』 35-4, 2019.
- 이승윤, 「역사와 허구의 접합, 『토지』의 연해주 지역 형상화방식」, 『현대문학의 연구』 74, 2021.
- 이승일, 「일제시기 朝鮮人의 日本國民化 연구: 戶籍制度를 중심으로」, 『韓國學論集』 34, 2000.
- 이정용, 「시베리아 한인사회의 사회주의 수용과 이르쿠츠크 콤그룹 연구」, 연세대학교 사학과 석사학위논문, 2022.
- 이정용, 「시베리아 한인사회의 사회주의 수용과 이르쿠츠크 공산그룹의 형성」, 『한국독립운동사연구』 79, 2022.
- 이정윤, 「19세기 말~20세기 초 대러시아 소 수출과 유통구조의 변화」, 『한국사연구』 189, 2020.
- 이채문, 「러시아 극동지역의 한인농업이민에 관한 사회사적 분석」, 『한국동북아논총』 17, 2000.
- 이항준, 「러시아 연흑룡총독 운떼르베르게르의 조선이주민 인식과 정책(1905~1910)」, 『역사와 현실』 64, 2007.
- 이항준, 「청일전쟁 전후 러시아 연해주군무지사 운떼르베르게르의 동아시아에 대한 정책적 입장」, 『이화사학연구』 49, 2014.
- 이혜린, 「1932년 일본의 재상해한인 체포활동과 프랑스조계당국의 대응」, 『사림』 62, 2017.
- 이혜린, 「3·1운동 직후 한인의 상해 망명에 대한 프랑스 조계당국의 인식과 대응」, 『사림』 75, 2021.

- 임경석, 「고려공산당연구」, 성균관대사학과 박사학위논문, 1993.
- 임경석, 「한말 노령의 애국계몽운동과 블라디보스토크 한인거류지」, 『성대사림』 12·13, 1997.
- 임경석, 「권업회 설립 전후 재노령 한인 정치세력과 안창호」, 『도산사상연구』 5, 1998.
- 임학성, 「17세기 전반 戶籍자료를 통해 본 귀화 野人의 조선에서의 생활 양상: 蔚山戶籍(1609)과 海南戶籍(1639)의 사례 분석」, 『古文書硏究』 33, 2008.
- 정예지, 「1910년대 북간도 조선인학교의 연합운동회」, 『만주연구』 12, 2011.
- 정태수, 「망국 직후의 신한촌과 한민학교 연구」, 『한국교육사학』 13, 1991.
- 정현백, 「트랜스내셔널 히스토리의 가능성과 한계」, 『역사교육』 108, 2008.
- 조덕환, 「연해주 한인사회의 귀화한인과 국권회복운동」, 성균관대학교 사학과 석사학위논문, 2010.
- 주미희, 「최재형 연구의 현황과 향후 과제」, 『역사연구』 40, 2021.
- 진태원, 「어떤 상상의 공동체? 민족, 국민 그리고 그 너머」, 『역사비평』 96, 2011.
- 최규진, 「러시아의 대외정책과 노령지역의 한인(1905-1914)」, 『슬라브학보』 18-2, 2003.
- 최규진, 「러일전쟁 전후 한국인의 러시아 이미지 형성 경로와 러시아 인식」, 『마르크스주의연구』 7, 2010.
- 최규진, 「고종황제의 독립운동과 러시아 상하이 정보국(1904~1909)」, 『한국민족운동사연구』 81, 2014.
- 최규진, 「러일전쟁 이후 러시아 극동의 방위계획과 재무상과 육군상의 정책대립: 안중근의 하얼빈의거와 관련하여」, 『군사』 120, 2021.
- 최민호, 「민간신앙으로 본 명동사람들의 삶」, 연세대학교 국학연구원 연세학풍연구소 편, 『윤동주와 그의 시대』, 혜안, 2018.
- 최호근, 「이념형과 현실형 사이에서: 오토 힌체와 독일 근대 역사학의 방법론적 갱신」, 『역사와 담론』 86, 2018.
- 한동훈, 「19세기 후반 조선과 러시아의 상호인식과 외교정책」, 고려대학교 한국사학과 박사학위논문, 2021.
- 한문종, 「조선전기 일본인의 向化와 정착」, 『東洋學』 68, 2017.
- 황민호, 「일제하 국내언론의 소련에 대한 인식과 在露韓人문제」, 『한국민족운동사연구』 54, 2008.
- 岡部克哉, 「日露戦争直後のロシア対日戦略 1905-1907」, 『戦略研究』 19, 2016.
- 劉孝鐘, 「極東ロシアにおける朝鮮民族運動: 「韓國倂合」から第一次世界大戰の勃發まで」, 『朝鮮史硏究會論文集』 22, 1985.
- 劉孝鐘, 「極東ロシアにおける10月革命と朝鮮人社會」, 『ロシア史研究』 45, 1987.
- 佐藤洋一, 「ウラジオストクの外国人居住区」, 新潟市美術館, 『浦潮とよばれた街: 新潟開港140周年記念』, 新潟市美術館, 2008.
- Byung Yool Ban, "Korean nationalist activities in the Russian far east and north Chientao(1905-1921)", Ph.D. dissertation, Honolulu University of Hawaii at Manoa, 1996.

- David E. Habecker, "Ruling the East-Russian urban administration and the Chinese, Koreans, and Japanese in Vladivostok, 1884-1922", Ph.D. dissertation, University of Maryland, College Park, 2003.
- Mario Millán-Franco et al., "The Effect of Length of Residence and Geographical Origin on the Social Inclusion of Immigrants", *Psychosocial Intervention*, Vol. 28(3), 2019.
- Micol Seigel, "Beyond Compare: Comparative Method after the Transnational Turn", *Radical History Review* 91, 2005.
- Saskia Sassen, "Towards Post-National and Denationalized Citizenship", Bryan S. Turner (eds.), *Handbook of Citizenship Studies*, SAGE Publications, 2002.
- А. А. Кружалина, "Манзы и хунхузы в повседневной жизни Дальнего Востока (вторая половина XIX века)", *Вестник бурятского государственного университета*, №7, 2015.
- А. Н. Демьяненко·Л. А. Дятлова, "Общий замысел Амурской экспедиции 1910 года и краткий обзор ее трудов", *Ойкумена*, №3, 2010.
- А. Ю. Конькова, "Документы, удостоверяющие личность, в Российской Империи", *Научный Вестник Крыма*, №4, 2017.
- А. Ю. Мальцев, "Особенности регионального политического лидерства России", диссертация на соискание учёной степени кандидата политических наук, Институт истории, археологии и этнографии народов Дальнего Востока ДВ РАН, 2003.
- В. Л. Землянский, "Выборное законодательство в Государственную думу Российской империи применительно к Приморской области", *Актуальные проблемы парламентаризма: история и современность*, Санкт-Петербург, 2016.
- Г. Я. Тригуб, "Земское самоуправление на Дальнем Востоке, 1917—1922 гг.", *Россия и АТР*, №3, 2003.
- Д. А. Бутырин, "Владивостокский Русско-китайский пиджин на рубеже XIX-XX веков", *Извести восточного института*, №.30, 2016.
- Е. П. Баева·Н. М. Иванова, "Благотворительные комитеты и первая мировая война", *Научно-технический вестник информационных технологий, механики и оптики*, №1, 2006.
- И. В. Шмонин·Д. И. Шмонин, "Деятельность управления пограничного комиссара в Южно-Уссурийском крае по защите национальных интересов Российской империи", *Россия и АТР*, №4, 2016.
- И. Н. Мамкина·Н. Ю. Гусевская, "Комитет по заселению Дальнего Востока как механизм реализации имперских интересов России в начале XX века", Россия и Китай: история и перспективы сотрудничества(Материалы X международной научно-практической конференции, 2020), Благовещенский государственный педагогический университет, 2020.
- Н. И. Дубинина, "Генерал-губернаторская власть в приамурском крае: её особенности и эволюция", *История и культура приамурья*, №1, 2007.

- Р. С. Авилов, "Поверочная мобилизация войск Приамурского военного округа в 1909 году", Военно-исторический журнал, №2, 2017.
- С. И. Лазарева, "Государственная и общественная помощь населению в городах Дальнего востока в годы Первой мировой войны (1914-1917 гг.)", *Россия и АТР*, №1, 2015.
- Т. Я. Иконникова, "Дальневосточный тыл России в годы первой мировой войны, 1914-1918 гг", доктор исторических наук, 1999.
- Ю. Е. Пискулова, "Ли Виджон. Неоконченный путь", *Сборник научных работ победителей конкурса, посвященного Ли Вомчжину*, Генеральное консульство Республики Корея в Санкт-петербурге, 2020.
- Я. Л. Ванюшин, "Соотношение гражданства и подданства", *Юристъ-Правоведъ*, №8, 2007.

(3) 기타

- 임경석, 「독립운동가 찍어낸 밀정계의 대부」, 『한겨레21』, 2018.6.11.
- 임경석, 「러시아 벌목장, 막일하는 사관생도들」, 『한겨레21』, 2021.9.21.
- 「カレイスカヤ通り、バーザル附近」, https://pastvu.com/p/1153379 접속일자: 2022.12.11.
- "Крестьянские начальники Южно-Уссурийского края (1902-1917 гг.)", http://rgiadv.ru/rabota-s-polzovatelyami/v-pomosch-issledovatelyu/krestyanskie-nachalniki 접속일자: 2021.11.29.
- "Крестьянские начальники", https://ru.wikisource.org/wiki/ЭСБЕ/Крестьянские_начальники 접속일자: 2021.11.29.
- "Свод законов Российской Империи", http://pravo.gov.ru/proxy/ips/?empire 접속일자: 2021.11.14.
- "Сибиряки - депутаты третьей Государственной думы(1907-1912 гг.)", Томская областная универсальная научная библиотека им. А. С. Пушкина, http://tomskhistory.lib.tomsk.ru/page.php?id=1621 접속일자: 2022.1.15.
- "Изданы манифест о введении всеобщей воинской повинности и устав о воинской повинности", Президентская библиотека имени Б.Р.Ельцина, http://prlib.ru/history/618941 접속일자: 2022.7.3.
- "Средняя Азия: Научно-литературный сборник статей по Средней Азии. Ташкент, 1896.", https://www.rusbibliophile.ru/bookprint/?book=srednyaya-aziya-nauchno-litera 접속일자: 2022.8.15.
- А. Волынец, "Иностранный легион русских царей", *Русская Планета*, 2015.2.25., https://rusplt.ru/society/inostrannyiy-legion-russkih-tsarey-15753.html 접속일자: 2022.12.15.
- Г. Обухов, "Триллер длиною в жизнь", *Дальневосточные ведомости*, 2019.12.19., http://dvvedomosti.com/2019/12/19/триллер-длиною-в-жизнь, 접속일자: 2022.8.15.

- "Южно-Уссурийское пограничное комиссарство", https://ru.wikipedia.org/wiki/Южно-Уссурийское_пограничное_комиссарство 접속일자: 2022.8.15.
- Отдел статистики и картографии Министерства путей сообщения, "Карта путей сообщения Российской Империи", 1916, https://maps.southklad.ru/forum/viewtopic.php?f=11&t=4088 접속일자: 2022.12.15.
- Н. И. Дубинина, "ПРИАМУРСКОЕ ГЕНЕРАЛ-ГУБЕРНАТОРСТВО", *Большая российская энциклопедия*, https://bigenc.ru/domestic_history/text/3165920 접속일자: 2022.12.25.

출처

○ 4장 러시아 국적 취득의 기회를 잡다 / 6장 도시 속 '내 집 마련'의 꿈

「1911년 블라디보스토크 개척리 철거와 신한촌의 건설」, 『슬라브학보』 35, 2020.

○ 4장 러시아 국적 취득의 기회를 잡다 / 5장. 정치적 방패와 그 이면 / 10장 러시아 전시체제에 참여하다

「복류하는 정체성: 한일강제병합 전후 한인의 러시아 국적 취득」, 『역사문화연구』 79, 2021.

○ 1장 까다로운 입국 과정 속 체류 전략 / 2장 귀화·취업 단속에 대응하다

「러시아의 한인 이주민 단속정책과 그 균열: 프리아무르 총독 운테르베르게르 시기(1905-1910)를 중심으로」, 『사총』 105, 2022.

○ 7장 일과 땅을 찾아서 / 11장 러시아혁명기, 두 가지 정치적 과제

「1910년대 러시아 한인의 고본단 조직과 활동」, 『한국독립운동사연구』 84, 2023.

귀화를 넘어서
러시아로 간 한인 이야기

지음 송영화 | 제1판 1쇄 발행일 2025년 2월 28일
발행인 김낙년 | 발행처 한국학중앙연구원 출판부 | 출판등록 제1979-000002호(1979년 3월 31일)
주소 경기도 성남시 분당구 하오개로 323 | 전화 031-730-8773 | 팩스 031-730-8775
전자우편 akspress@aks.ac.kr | 홈페이지 www.aks.ac.kr

ⓒ 송영화 2025
ISBN 979-11-5866-799-3 93900

· 이 책의 출판권은 한국학중앙연구원에 있습니다.
· 이 책 내용의 전부 또는 일부를 재사용하려면 반드시 저자와 발행처의 서면 동의를 받아야 합니다.
· 값은 뒤표지에 있습니다. 잘못된 책은 바꿔드립니다.